동남아시아의 역사와 문화

여성이 이끄는 세계

조흥국

이 저서는 2015년 정부(교육부)의 재원으로 한국연구재단의 지원을 받아 수행된 연구임
(NRF-2015S1A6A4A01010067)

동남아시아의 역사와 문화

여성이 이끄는 세계

초판 발행일 2019년 10월 30일

지은이 조흥국
펴낸이 유현조
편집장 강주한
편집 온현정
디자인 박정미
인쇄·제본 영신사
종이 한서지업사

펴낸 곳 소나무
등록 1987년 12월 12일 제2013-000063호
주소 경기도 고양시 덕양구 대덕로 86번길 85(현천동 121-6)
전화 02-375-5784
팩스 02-375-5789
전자우편 sonamoopub@empas.com
전자집 blog.naver.com/sonamoopub1

ISBN 978-89-7139-627-8 93910

이 도서의 국립중앙도서관 출판예정도서목록(CIP)은 서지정보유통지원시스템 홈페이지(http://seoji.nl.go.kr)와 국가자료종합목록 구축시스템(http://kolis-net.nl.go.kr)에서 이용하실 수 있습니다. (CIP제어번호 : CIP2019039336)

동남아시아의 역사와 문화

여성이 이끄는 세계

조흥국

소나무

책을 펴내며

나는 함부르크대학교 동양학부에서 17세기 후반 태국의 정치사를 다룬 박사학위 논문을 완성하고는 그 '감사의 글' 서두에서 "Der Herr ist mein Hirte, mir wird nichts mangeln"이라고 썼다. "여호와는 나의 목자시니 내게 부족함이 없으리로다"라는 성경 시편 23편 1절의 이 시구를 인용한 것은 학위 논문이 잘 마무리되기까지 내 삶에 '부족함' 없이 베풀어 주신 하나님의 은혜를 깨닫게 해 주신 영감(靈感)이었으며, 그것은 동시에 그 은혜에 대한 감사의 고백이었다.

동남아시아에 관한 나의 지난 수십 년간의 연구를 집성한 이 책 『동남아시아의 역사와 문화-여성이 이끄는 세계』 역시 여호와 하나님이 주시는 지혜가 없었으면 결코 완성되지 못했을 것이다. 집필이 끝나고 얼마 지나지 않아 "나의 영혼아 잠잠히 하나님만 바라라 무릇 나의 소망이 그로부터 나오는도다"라는 시편 62편 5절의 시구를 읽고는, 내 삶에서의 모든 활동과 모든 희망의 원천이 여호와 하나님이란 것을 다시 한 번 깨달았다. 하나님께 감사와 영광을 돌린다.

이 책의 부제목을 '여성이 이끄는 세계'로 했다. 여성의 강한 역할이 동남아시아 문화의 가장 중요한 특징이라고 보았기 때문이다. 미국의 동남아시아 역사학자이자 정치학자인 베네딕트 앤더슨(Benedict Anderson)은 동남아시아의 가장 흥미로운 공통적 요소는 모계와 부계 양쪽을 모두 중시하는 양계제와 결혼 후 신랑이 신붓집

에 가서 사는 처거제의 전통으로 나타나는 여성의 "상대적으로 좋은 사회적 지위"라고 말한다.[1]

이 책에서 동남아시아 여성의 강한 역할은 한 장에서만 논의되며, 다른 장들에서는 역사지리와 역사 개관, 식민주의, 한국-동남아 교류사 등 동남아시아 역사의 몇몇 측면 외에 토착 문화, 민간신앙, 인도의 영향, 불교, 이슬람, 종족·종교 갈등, 화인 등 동남아시아 문화의 다양한 측면을 다룬다. 영국의 동남아시아 역사학자 올리버 윌리엄 월터스(Oliver William Wolters)는 동남아시아의 문화적 다양성을 더욱 잘 밝혀내는 것이야말로 이 지역을 대상으로 한 역사 연구의 목적이 되어야 할 것이라고 말한다.[2]

내가 이러한 내용의 책을 구상하고 완성하기까지에는 많은 사람의 도움이 있었다. 독일 함부르크대학교 동양학부에서 40년 전에 대륙 동남아시아 전공의 태국 역사·문화 강의를 들었을 때, 고(故) 클라우스 로젠베르크(Klaus Rosenberg) 교수는 태국의 역사를 제대로 공부하려면 동남아시아 전체의 역사를 알아야 한다고 말하면서 학생들에게 동남아시아 역사 관련 필독서 리스트를 나눠 주었다. 그때 나는 그 리스트에 있던 몇 권의 책을 읽고는 동남아시아 역사와 문화의 전체적인 틀과 흐름에 대한 감을 잡아 가기 시작했다.

동남아시아의 토착 문화, 민간신앙, 여성, 인도의 영향, 불교, 이슬람, 화교·화인 등에 대한 나의 관심과 연구는 함부르크 민족학박물관(Hamburgisches Museum für Völkerkunde, 현 로텐바움 세계문화예술박물관Das Museum am Rothenbaum–Kulturen und Künste der Welt)의 동아시아부에서 수년간 동남아시아 및 인도의 고고학적·종교적·민속적 유물들을 조사하고 정리하는 과정에서 구축되기 시작했다. 박물관의 동아시아부 부장인 고(故) 게르노트 푸르너(Gernot Prunner) 박사와 함부르크대학교 동양학부의 대륙 동남아시아 학과의 고(故) 클라우스 벵크(Klaus Wenk) 교수는 동남아시아의 역사와 문화의 연구에서 소수민족과 화교·화인, 인도 문화, 불교, 이슬람 등에 대한 연구가 얼마나 흥미롭고 중요한지를 알게 해 주었다. 특히 나의 박사학위 논문을 지도한 전(前) 함부르크대학교의 바렌트 얀 테르빌(Barend Jan Terwiel) 교수는 불교와 민간신앙의 서로 얽혀 있는 관계에 대한 관심을 일깨워 주었다.

책을 집필하는 과정에서 동남아시아에서 사역하는 여러 선교사들의 도움을 받았다. 이 분들은 무엇보다도 동남아시아 국가들에서 특정 민속이 오늘날 어떤 상황에 놓여 있는지에 대해 종종 적절한 정보를 보내 주었다. 집필 과정에서 항상 용기를 북돋아 준 사랑하는 아내와 사랑하는 딸에게 고마운 마음을 전한다. 끝으로 이 책의 출판을 허락해 주신 소나무출판사의 유재현 선생님과 출판 작업을 위해 많은 수고를 아끼지 않으신 편집부에 감사드린다.

2019년 6월
부산대학교 연구실에서
조흥국

차 례

[지도 차례]

[그림 차례]

[표 차례]

외국어의 한글 표기방식

- 이 책에서 영어, 프랑스어, 독일어, 네덜란드어, 스페인어, 포르투갈어 등 서양어 용어들과 말레이-인도네시아어, 타이어, 베트남어, 중국어, 일본어 등 아시아 언어들의 한글 표기는 국립국어원의 2004년 규정에 따른다. 그러나 약간의 예외가 있다.
- 베트남어의 '-ach'은 '악'이 아니라 현지인의 발음인 '아익'을 고려해 'Bach Đang'은 '박당'이 아니라 '바익당'으로 표기한다.
- 태국의 국왕이었던 'Chulalongkon'은 '쭐랄롱꼰'이 아니라 장모음인 'Chulā(쭐라)'의 음가를 중시해 '쭐라롱꼰'으로 표기한다.
- 중국어는 1911년 신해혁명을 기준으로 그 이후의 인명은 이 표기법에 따르지만, 그전의 것은 한글 음독(音讀)에 따른다. 그리하여 예컨대 이 책에서 빈번하게 인용되는 '저우다관(周達觀)'은 '주달관'으로 표기한다. 그에 비해 지명은 모두 국립국어원의 외래어 표기법에 따른다.
- 동남아시아의 언어들 중에는 필리핀의 타갈로그(Tagalog)어, 라오스의 라오(Lao)어, 캄보디아의 크메르(Khmer)어, 미얀마의 버마(Bama)어 등과 같이 한글 표기가 아직 표준화되어 있지 않은 언어들이 있다. 하지만 필리핀의 국어인 타갈로그어는 오스트로네시아(Austronesia) 어족의 말레이-인도네시아어파에 속해 있다는 점을 고려해 말레이-인도네시아어의 한글 표기 규정을 따른다. 라오어는 타이어와 마찬가지로 따이-까다이(Tai-Kadai) 어파에 속해 있다는 점을 고려해 타이어의 규정을 따른다.
- 한글 표기의 표준화가 이루어져 있는 동남아시아의 언어들과 언어적인 상관성이 먼 버마어와 크메르어의 한글 표기는 단어의 음가를 중시하고 현지인의 발음 관행을 따른다. 버마어의 경우 영문 표기로 단어의 끝소리 'n'은 한글의 끝소리 'ㄴ'과 'ㅇ' 사이의 음가이지만 현지인은 일반적으로 'ㅇ'에 가깝게 발음한다. 이에 따라 'Bagan'은 '버강', 'Thanlwin'은 '땅르윙'으로 표기한다. 하지만 '양곤(Yangon)', '아웅산(Aung San)', '몬(Mon)', '샨(Shan)', '친(Chin)' 등과 같이 이미 한글 표기가 보편화되어 있는 단어들은 그대로 표기한다.

- 캄보디아의 국왕 'Jayavarman'은 '자야바르만'이 아니라 '쩨이봐르만'으로, 시하누크(Sihanouk)는 '서이하눅'으로, 캄보디아 서북부의 'Siemreap'은 '시엄립'이 아니라 '시엄리업'으로, 'Battambang'은 '바탐방'이 아니라 '밧덤봉'으로 표기한다. '크메르'는 사실 서양식 발음이고, 현지인들은 '크마에'라고 한다. 또 '캄보디아'가 아니라 '껌뿌찌어'이며, '앙코르왓'도 정확하게는 '엉꼬봣'이라고 표기해야 될 것이다. 하지만 이 용어들은 이미 국제적으로 그 발음이 거의 보편화되어 있고 한국에서도 이미 고착화되어 있어 이 책도 이에 따른다.
- 인도의 고대 경전 언어들인 산스끄리뜨(Sanskrit)어와 빨리(Pali)어도 그 한글 표기가 아직 표준화되어 있지 않다. 그렇지만 이들 언어에서의 평음·격음·경음 간 분명한 구분을 고려해, 예컨대 'cakravartin'은 '차크라바르틴'이 아니라 '짜끄라바르띤'으로, 'vipassanā'는 '위파사나'가 아닌 '비빳사나'로 표기한다.

제1장

동남아시아는 어떤 곳인가

1. 동남아시아를 알아야 할 이유

한국과 동남아시아 간의 접촉은 1970년대까지만 하더라도 한국 군대의 베트남 전쟁 참가, 한국 정부와 동남아시아 국가들 간의 극히 제한적인 외교관계, 몇몇 소수 한국 기업들의 동남아시아 진출 등이 거의 전부였다. 그러던 것이 1980년대 이후, 특히 탈냉전과 세계화의 확산 이후 그 관계가 다양해지고 증대되었다. 외교관계는 탈냉전의 기류와 더불어 다변화되었고, 한국의 정부 및 기업들과 동남아시아 정부들 및 산업계의 협력관계도 증가했다.

동남아시아 그 주변에는 중국, 인도, 일본, 미국, 러시아 등 세계 강대국들이 자리하고 있다. 믈라카(Melaka/Malacca) 해협과 순다(Sunda) 해협 등을 끼고 있는 동남아시아는 중국해에 있는 한국·일본·중국 등 동북아시아 국가들과 인도양에 있는 남아시아 및 서아시아 국가들뿐만 아니라 아프리카 나아가 유럽 국가들을 해로를 통해 연결한다. 특히 믈라카 해협은 세계 상품의 약 4분의 1과 세계 원유의 약 2분의 1이 통과하는 곳이다. 동남아시아 해역을 통해 한국 수출 화물의 약 3분의 1이 운송되며 원유의 대부분이 수입된다. 동남아시아는 쌀, 커피, 사탕수수, 팜오일, 각종 열대과일, 고무, 티크 등의 농산물과 임산자원 외에 수산물, 원유 및 천연가스와 주석 등 지하자원도 풍부하다.

2017년 현재 약 6억 5천만 명의 인구가 사는 동남아시아는 세계의 주요 수입 시장일 뿐만 아니라 비교적 저렴한 노동력을 갖춘 주요 인력 시장이기도 하다. 오늘날 중국·인도·일본·미국 등의 강대국이 동남아시아 국가들로 영향력을 확산하고 이들을 자기편으로 끌어들이려고 노력하는 것은 이 지역이 갖는 천연 및 인적 자원과 지정학적 위치 그리고 물류에서의 중요성 때문이다. 한국의 많은 기업과 자본가들도 동남아시아 국가들에 진출·투자하고 있다.

지도 1 동남아시아 국가들과 주요 도시들

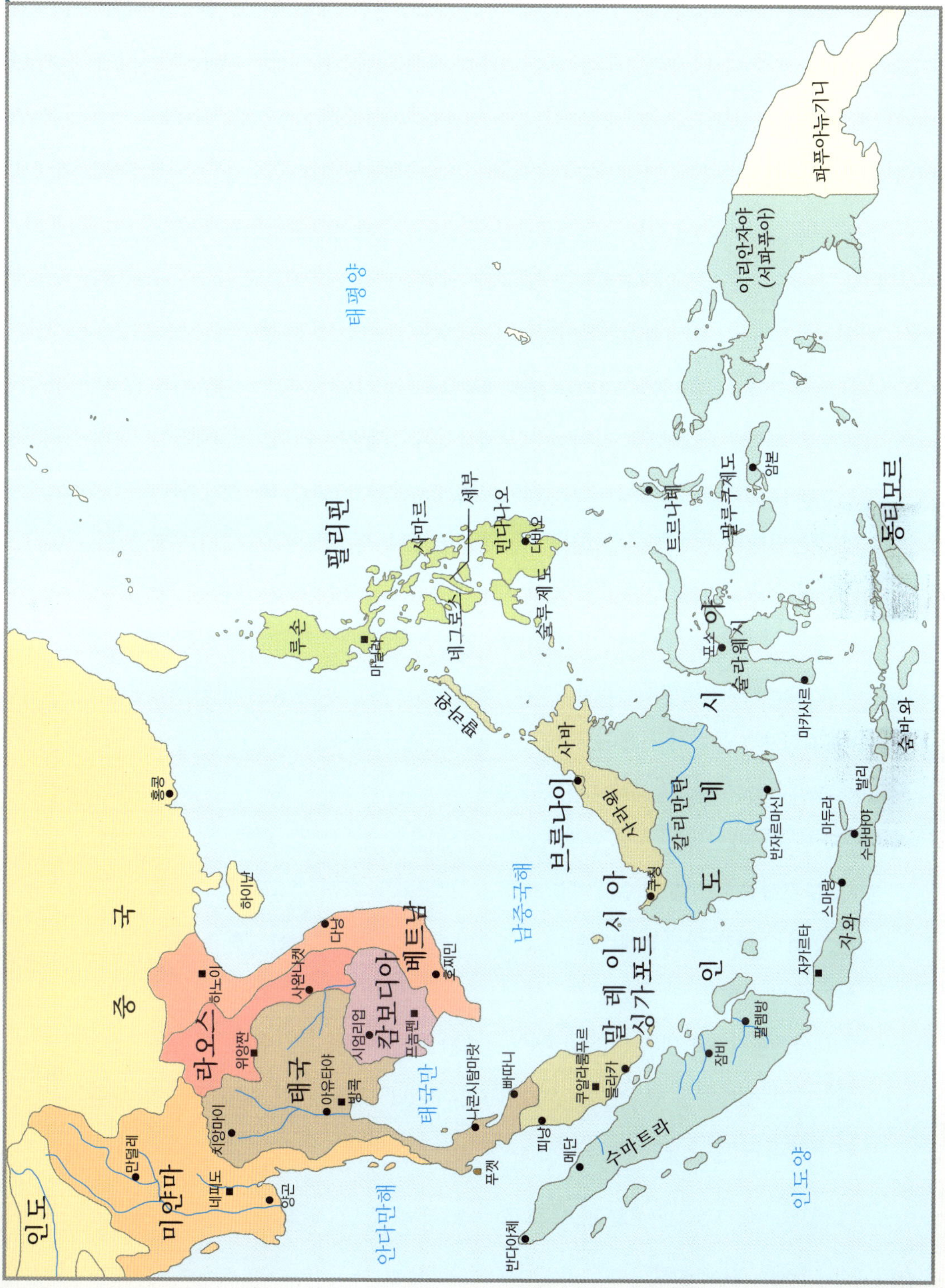

동남아시아는 한국에게 경제뿐만 아니라 국제정치 차원에서도 전략적인 이해관계가 걸려 있는 곳이다. 한국 정부는 동남아국가연합 즉 아세안(ASEAN)과의 관계를 중시해 왔다. 한국과 아세안의 관계는 1989년 11월 '부문별 대화 관계'로 시작되어 1991년 7월에는 '완전 대화상대국 관계'로 발전했다. 1990년대 후반부터 한국 정부는 아세안과 한·중·일 세 나라 간의 협의기구인 '아세안+3'을 통해 한편으로는 한국과 동남아시아 간 무역을 증대시키고, 다른 한편으로는 동남아시아 국가들과 더욱 긴밀한 외교관계를 발전시키는 동시에 동아시아 지역 협력을 강화시키기 위해 노력하기 시작했다. 이러한 변화에는 한국이 동남아시아의 중요성을 본격적으로 인식하게 된 1997년 동아시아 경제위기가 결정적인 계기로 작용했다.

동남아시아는 지리적으로 한반도에 가깝고 성장 잠재력이 큰 지역이다. 특히 한반도의 평화적 통일과 북핵 문제의 해결과 관련해 아세안 국가들과의 협력은 우리나라의 외교적 역량 강화에 도움이 될 것으로 인식되어 왔다. 그리하여 한국 정부는 2009년 6월 초에 이어 2014년 11월 말 아세안 10개국의 정상들을 한국으로 초청해 한-아세안 특별정상회담을 가졌으며, 이에 앞서 2010년 10월 아세안과의 관계를 '전략적 동반자 관계'로 격상시켰다. 2017년 11월에는 아세안 국가들과의 협력 강화가 핵심인 신남방정책이 발표되었다.

동남아시아 지역은 이처럼 우리나라에게 정치·경제적으로뿐만 아니라 이제는 사회·문화적으로도 갈수록 중요해지고 있다. 최근 들어 한국과 동남아시아 간에는 인적 교류가 활발하게 일어나고 있으며 그 규모도 매년 증가하고 있다. 동남아시아를 방문하는 한국인 수는 2000년 84만 9,000명에서 2010년 331만 9,000명, 2015년 584만 4,000명, 2018년 898만 1,000명으로 크게 증가했다. 한국을 찾는 아세안 관광객도 점차 많아져 2000년 59만 9,000명에서 2010년 103만 9,000명, 2015년 160만 8,000명, 2018년 246만 2,000명으로 늘었다. 한국에 거주 등록된 아세안 사람 수도 2000년 5만 2,870명에서 2010년 20만 9,900명, 2015년 30만 5,048명, 2017년 33만 6,894명으로 증가했다. 한국의 대학에서 한국어를 배우거나 다양한 학문 분야에서 학위를 받기 위해 공부하는 아세안 유학생의 숫자도 갈수록 늘어 2000년 297명에 불과했던 것이 2015년 7,283명, 2017년 3만 3,869명, 2018년 5만 1,790명을 기록했다.[1]

돈벌이를 위해 한국에 온 동남아시아 사람들은 수십만 명에 달한다. 또 한국 남성과 결혼해 한국에 살며 한국의 사회와 문화에 조금씩 동화되어 가는 동남아시아 출신 여성도 갈수록 많아져 2016년 9월 현재 약 6만 명에 이른다. 이와 더불어 한류의 확산에 따라 드라마, 영화, 대중가요, 패션 스타일 등 한국의 대중문화가 동남아시아의 거의 모든 나라에서 인기를 끌고 있다.

동남아시아는 이처럼 한국 정부와 한국인에게 중요하며, 더욱 큰 관심을 갖고 보다 잘 이해할 필요가 있는 지역이다. 그러나 동남아시아에 대한 우리의 이해는 종종 왜곡되어 있다. 많은 사람이 동남아시아를 여전히 정치적으로 혼란하고 사회·경제적으로 낙후되고 문화적으로 미개한 지역으로 생각하고 있으며, 야자수가 우거진 이국적 정취의 열대 관광지 정도로 생각하는 사람도 간혹 있다. 동남아시아에 대한 이러한 선입견과 편견은 다음의 두 가지 배경에서 비롯된 것으로 보인다.

첫째, 동남아시아 지역을 '남만(南蠻)'으로 보는 중국의 전통적인 시각의 답습으로, 특히 조선 왕조 시대의 동남아시아 인식에서 분명히 나타난다. 예컨대 『조선왕조실록』에는 인도네시아의 자와(Java)가 '남번(南蕃)' 즉 남양(南洋)의 야만국으로 묘사되어 있다. 소중화주의(小中華主義) 의식의 발로로 보이는 그러한 시각은 최근까지도 한국인의 의식 속에 부분적으로 남아 있지 않나 싶다.

두 번째 배경은 서양인의 동남아시아 사람들에 대한 정치·경제적 및 문화적 우월의식을 모방한 것으로, 한국 사회에 팽배해 있는 서구적 가치관 및 세계관과 연결되어 있다. 동남아시아에 대한 이러한 선입견은 동양을 퇴보된 곳으로 보아 서양에 의해 문명화 내지 근대화되어야 할 지역으로 간주하는 식민주의 시대 이후 이른바 오리엔탈리즘의 발상에 속한다. 식민주의 시대 식민지를 대상으로 하던 연구 풍토에서 탈피해 탈식민주의 시대 주권국가를 대상으로 하는 이른바 지역 연구(area studies)의 시대에 살고 있는 우리는 동남아시아 지역을 보다 정당하게 이해하려고 노력할 필요가 있다.

이 책은 동남아시아의 자연환경, 역사, 토착 문화, 인도의 영향, 민간신앙, 불교와 이슬람, 종교·종족 갈등, 여성, 화교 및 화인(華人), 한국과 동남아시아의 관계 등 이 지역의 역사와 문화의 전반적인 측면들을 다룬다. 지리적·기후적 환경은 이 지역의 역사 및 문화의 형성과 발전에 적지 않은 영향을 주었다. 동남아시아의 역사에서 특히 인도와의 관계가 중시되는 이유는 인도가 북부 베트남과 필리핀을 제외한 동남아시아 모든 지역의 고대 국가 형성과 이른바 '고전' 문화 형성에 큰 영향을 미쳤기 때문이다.

이 책에서는 종교 및 신앙이 비교적 많이 다루어진다. 종교와 신앙은 동남아시아 역사와 문화의 형성에서 중요한 역할을 했을 뿐만 아니라 오늘날의 정치·경제 및 사회·문화에도 적지 않은 영향을 미치고 있기 때문이다. 특히 동남아시아 도처에서 일어나는 지역 및 종족 분쟁의 배경에는 대개 종교가 놓여 있다. 동남아시아 국가의 대부분은 인구의 절대다수가 하나의 특정 종교를 믿는 구조이다. 미얀마·태국·캄보디아는 인구의 90퍼센트 이상이 불교도다. 인도네시아는 인구의 80퍼센트 이상이 이슬람을 믿는다. 말레이시아 역시 다수족인 말레이인을 기준으로 볼 때 무슬림 국가이며, 브루나이도 인구의 약 67퍼센트가 무슬림인 이슬람적인 국가다. 필리핀에서는 가톨릭 신자가 인구의 80퍼센트 이상을 차지하며, 동티모르는 무려 98퍼센트에 달한다.

여성에 대한 이해는 동남아시아의 문화와 사회를 제대로 알기 위한 기본적인 사항이다. 여성이 전통적으로 강한 역할을 해 온 동남아시아는 중동의 이슬람권, 남아시아의 힌두·이슬람권, 동북아시아의 유교권 등 남성 중심적 사회와 비교된다. 동남아시아를 이해하기 위한 또 다른 중요한 창은 화교·화인이다. 중국인 내지 화인은 동남아시아의 역사 형성에서 중요한 부분을 담당해 왔다. 오늘날 이 지역 인구의 약 6퍼센트를 차지하는 화교 및 화인은 동남아시아의 경제를 지배하고 있을 뿐만 아니라 여러 나라에서 정치적으로도 중요한 역할을 하고 있다.

끝으로 한국과 동남아시아는 전근대 시기의 상호 접촉에 이어 20세기 중엽 이후 외교와 무역, 한국전쟁과 베트남전쟁의 군대 파견, 관광과 스포츠 교류, 동남아시아 노동자와 결혼 이주 여성의 한국 유입, 최근의 한류 확산, '아세안+3' 등 다양한 분야에서 긴밀한 관계가 발전되어 왔으며, 그 관계에 대한 이해는 한국인의 동남아시아 이해를 위해 중요하다.

2. 다양성과 통일성의 동남아시아

동남아시아는 인도인 및 중동 지역 사람들이나 유럽인이 동북아시아로 들어오는 관문과 같은 곳이며, 동북아시아 사람들을 인도양 연안 국가들로 연결시키는 징검다리의 역할을 하는 곳이다. 바로 이러한 지정학적 위치 때문에 동남아시아에는 기원 전후부터 현대에 이르기까지 세계의 다양한 민족과 문화가 유입되었으며, 이것은 동남아시아의 가장 중요한 특징 가운데 하나로 꼽히는 '다양성'을 낳았다. 이와 같은 다양성은 유교 및 한자 문화권의 동북아시아, 힌두 및 이슬람 문화권의

그림 1 동남아시아 문화의 중층적 구조

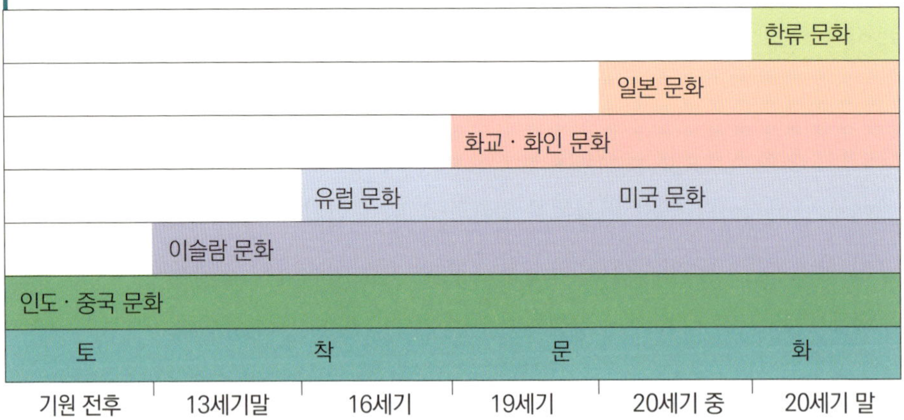

남아시아, 이슬람 문화권의 중앙아시아, 이슬람 및 아랍·페르시아 문화권의 중동과 북아프리카, 그리스정교 문화권의 러시아와 동유럽, 기독교 및 그리스·로마 문화권의 서유럽과 북미, 가톨릭 및 스페인·포르투갈 문화권의 중·남미 등 비교적 통일적인 문화 및 민족 구조를 가진 세계의 다른 지역들과 비교하면 보다 분명히 드러난다.

동남아시아의 다양성은 무엇보다도 이 지역의 문화적 구조에서 엿볼 수 있다. 동남아시아의 문화는 토착 문화를 바탕으로 한다. 이 토착 문화의 전통 위에 기원 전후부터 유입된 중국 문화와 인도 문화가 이식되어 발전했다. 특히 중국의 유교와 인도의 힌두교 및 불교 등을 포함한 외래 문화는 동남아시아 고대 왕국들의 법과 행정체계 및 의례의 수립에 큰 영향을 미쳤으며, 주민의 영적 세계를 지배해 왔다. 또 다른 외래 문화인 이슬람은 13세기 말에 인도네시아의 수마트라 섬 북단에 정착한 이후 해상무역의 흐름을 타고 말레이 반도와 도서부의 여러 지역으로 퍼져 나갔다. 16세기부터는 유럽인의 진출과 함께 서구 문화, 19세기부터는 중국인의 대규모 유입과 더불어 화교·화인 문화, 그리고 19세기 말부터는 미국 문화와 일본 문화가 들어왔다. 최근에는 한류의 영향으로 동남아시아의 문화는 더욱 다채로워졌다. 이러한 여러 외래 문화는 토착 문화와 함께 동남아시아 문화의 중층적(重層的) 구조를 이루고 있다. 또 동남아시아는 중국, 포르투갈, 스페인, 네덜란드, 영국, 프랑스, 미국 그리고 20세기에는 일본 등 다양한 식민 열강의 지배를 받은 곳으로, 그 식민주의 역사는 세계의 어느 지역보다 다채롭다.

하지만 동남아시아는 다양성의 측면으로만 이해될 수 없는 곳이다. 동남아시아가 세계의 다른 지역과 구별되는 한 지역으로서의 공통성 또는 통일성의 측면도 있기 때문이다. 그 공통성은 우선 동남아시아 국가들이 모두 다민족 사회라는 점, 그리고 태국을 제외하면 모두 식민 지배의 역사적 경험을 갖고 있다는 점에서 드러난다. 또 앞에서 언급한 화교·화인의 중요성, 그리고 베트남과 싱가포르를 제외한 모든 동남아시아 국가들에서 특정 종교가 지배적인 위상을 갖고 있다는 점도 통일성의 측면이다. 그 밖에 윗도리를 입지 않는 의복 문화, 치아 검게 물들이기, 고상가옥의 주택 문화, 밥과 물고기 중심의 식사, 젓갈과 액젓의 중시, 빈랑 씹기 등 전근대 시기의 의식주 문화와 촌락공동체의 전통, 그리고 무엇보다도 민간신앙의 전통과 여성의 강한 역할 등에서 동남아시아의 통일성이 확인된다.

3. 동남아시아 국가들의 개관

동남아시아가 다양성과 통일성 양면을 모두 갖고 있다는 점은 동남아시아를 구성하는 11개 국가들—베트남, 캄보디아, 라오스, 태국, 미얀마, 필리핀, 인도네시아, 말레이시아,

싱가포르, 브루나이, 동티모르—의 역사, 정치, 경제, 사회, 문화 등의 면모에 대한 개관에서도 엿볼 수 있다. 우선 각국의 공식 국명, 수도, 영토 면적, 인구 수, 언어, 민족, 종교, 역사, 정치체제 등은 다음과 같다.[2]

베트남

- **공식 국명:** 베트남사회주의공화국
- **수도:** 하노이
- **영토 면적:** 330,957㎢
- **인구 수:** 93,672,000명(2017년)
- **주요 언어:** 베트남어
- **주요 민족:** 비엣족, 므엉족, 크메르족, 떠이족, 타이족, 화인
- **주요 종교:** 불교, 가톨릭, 개신교, 까오다이, 호아하오
- **주요 역사:** 19세기 중엽 프랑스의 식민 진출 시작.
  1883년 베트남 전체에 대한 프랑스의 식민 지배 확립.
  1944년 독립 선언.
  1975년 베트남전쟁 종식과 베트남의 통일.
- **정치체제:** 사회주의 공화제 및 공산당 일당제

캄보디아

- **공식 국명:** 캄보디아왕국
- **수도:** 프놈펜
- **영토 면적:** 181,040㎢
- **인구 수:** 15,718,000명(2017년)

- 주요 언어: 크메르어
- 주요 민족: 크메르족, 짬족, 비엣족, 크메르러으족(고산족), 화인
- 주요 종교: 불교, 이슬람, 기독교
- 주요 역사: 1863년 프랑스 보호령.

  1953년 독립.

  1975~1978년 크메르루주 집권.
- 정치체제: 의원내각제 정부 형태의 입헌군주제

라오스

- 공식 국명: 라오인민민주공화국
- 수도: 비엔티안(위앙짠)
- 영토 면적: 236,800㎢
- 인구 수: 6,753,000명(2017년)
- 주요 언어: 라오어
- 주요 민족: 라오족, 카무족, 몽족, 화인
- 주요 종교: 불교, 기독교
- 주요 역사: 1893년 프랑스 보호령.

  1953년 독립.

  1975년 공산화.
- 정치체제: 사회주의 공화제 및 공산당 일당제

태국

- 공식 국명: 타이왕국

- 수도: 방콕
- 영토 면적: 513,120㎢
- 인구 수: 67,653,000명(2017년)
- 주요 언어: 타이어
- 주요 민족: 타이족, 라오족, 화인, 말레이족, 버마족, 까리앙족(미얀마의 꺼잉족과 동일), 몽족, 라후족
- 주요 종교: 불교, 이슬람, 기독교
- 주요 역사: 1782년 짜끄리 왕조의 시작.
  1932년 입헌군주제로의 전환.
- 정치체제: 의원내각제 정부 형태의 입헌군주제

미얀마

- 공식 국명: 미얀마연방공화국
- 수도: 네피도
- 영토 면적: 676,590㎢
- 인구 수: 53,388,000명(2017년)
- 주요 언어: 버마어, 영어, 소수민족 언어들(샨어, 꺼잉어, 까친어 등)
- 주요 민족: 버마족, 샨족, 꺼잉족, 까친족, 친족, 꺼야족, 몬족, 여카잉족, 로힝자족, 화인, 인도인
- 주요 종교: 불교, 기독교, 이슬람, 힌두교
- 주요 역사: 1824년 영국의 식민 진출 시작.
  1885년 미얀마 전체에 대한 영국의 식민 지배 확립.
  1948년 독립.

- 정치체제: 의회제 공화국

필리핀

- 공식 국명: 필리핀공화국
- 수도: 마닐라
- 영토 면적: 300,000㎢
- 인구 수: 104,921,000명(2017년)
- 주요 언어: 필리피노(타갈로그어), 영어, 지역어들(세부아노어, 일로카노어, 일롱곳어 등)
- 주요 민족: 타갈로그족, 비사야족, 일로카노족, 비콜라노족, 팡아시난족, 타우숙족, 마라나오족, 마긴다나오족, 이고롯족, 일롱곳족, 화인
- 주요 종교: 가톨릭, 이슬람, 개신교
- 주요 역사: 1565년 스페인의 식민 지배 시작.
  1898년 미국의 식민 지배.
  1946년 독립.
- 정치체제: 대통령제 공화국

인도네시아

- 공식 국명: 인도네시아공화국
- 수도: 자카르타
- 영토 면적: 1,904,570㎢
- 인구 수: 261,891,000명(2017년)
- 주요 언어: 인도네시아어, 지역어들(자와어, 순다어, 바탁어, 발리어 등)
- 주요 민족: 자와족, 순다족, 말레이족, 바탁족, 마두라족, 미낭카바우족, 부기스

족, 발리족, 파푸아족, 화인

- 주요 종교: 이슬람, 기독교, 힌두교
- 주요 역사: 16세기 말부터 네덜란드의 식민 진출 시작.

  1910년 인도네시아 전체에 대한 네덜란드 식민 지배 확립.

  1949년 독립.
- 정치체제: 대통령제 공화국

말레이시아

- 공식 국명: 말레이시아
- 수도: 쿠알라룸푸르
- 영토 면적: 330,800㎢
- 인구 수: 32,050,000명(2017년)
- 주요 언어: 말레이어, 중국어, 영어
- 주요 민족: 말레이족, 화인, 토착원주민(Orang Asli), 인도인
- 주요 종교: 이슬람, 불교, 기독교, 힌두교
- 주요 역사: 18세기 말부터 영국의 식민 진출 시작.

  1914년 말레이시아 전체에 대한 영국의 식민 지배 확립.

  1957년 말라야 독립.

  1963년 말레이시아 연방 수립.
- 정치체제: 의원내각제 정부 형태의 입헌군주제

싱가포르

- 공식 국명: 싱가포르공화국

- **수도:** 싱가포르
- **영토 면적:** 710㎢
- **인구 수:** 5,621,000명(2017년)
- **주요 언어:** 중국어, 영어, 말레이어, 타밀어
- **주요 민족:** 화인, 말레이족, 인도인
- **주요 종교:** 불교, 이슬람, 도교, 기독교, 힌두교
- **주요 역사:** 1819년 영국 식민지.
  1963년 독립 후 말레이시아 연방에 편입.
  1965년 말레이시아 연방 탈퇴와 독립.
- **정치체제:** 의회제 공화국

브루나이

- **공식 국명:** 브루나이 다루살람
- **수도:** 반다르스리브가완
- **영토 면적:** 5,770㎢
- **인구 수:** 421,000명(2017년)
- **주요 언어:** 말레이어, 영어
- **주요 민족:** 말레이족, 화인
- **주요 종교:** 이슬람, 기독교, 불교
- **주요 역사:** 1888년 영국 보호령.
  1984년 독립.
- **정치체제:** 이슬람 절대군주제

동티모르

- 공식 국명: 동티모르민주공화국
- 수도: 딜리
- 영토 면적: 14,900㎢
- 인구 수: 1,296,000명(2017년)
- 주요 언어: 테툼(Tetum)어, 포르투갈어, 인도네시아어
- 주요 민족: 말레이-폴리네시아인, 파푸아족, 화인
- 주요 종교: 가톨릭, 개신교
- 주요 역사: 16세기 중엽 포르투갈 식민지.
  1975년 동티모르 독립 선언 직후 인도네시아에 의해 점령.
  1976년 인도네시아 영토로 합병.
  수십 년간 독립 투쟁. 2002년 독립.
- 정치체제: 반대통령제 공화국

동남아시아 국가들의 경제 · 사회 현황

동남아시아 국가들은 경제 성장의 수준뿐만 아니라 경제의 구조 및 질적 성격에서도 상당한 차이가 있다. 〈표 1〉에서 알 수 있듯이, 이 지역에는 구매력 기준 2017년 1인당 국민총생산(GDP)이 8만 달러를 넘는 브루나이 및 싱가포르, 5천 달러 내외의 캄보디아·라오스·미얀마·베트남 등이 공존하고 있다. 또 산업별 고용을 보면, 농업·임업·수산업 등 일차산업에 종사하는 인구 비율이 거의 제로에 가까운 싱가포르와 약 11퍼센트의 말레이시아가 있는가 하면, 50퍼센트 내외인 캄보디아·라오스·미얀마·베트남 등이 있다. 같은 맥락에서 캄보디아·미얀마·라오스·베트

표 1 아세안 국가들의 경제 관련 주요 지표(2017년)

(단위: %)

		베트남	캄보디아	라오스	태국	미얀마	말레이시아	인도네시아	필리핀	싱가포르	브루나이
1인당 GDP (구매력/US$)		6,909	4,140	7,209	18,227	5,992	29,086	12,382	8,344	93,905	80,220
2010~2017년 GDP 성장률		6.1	7.1	7.5	3.1	7.0	5.2	5.5	6.2	3.9	-0.2
산업별 GDP 비중	농·임·수산업	14.8	20.6	15.3	6.3	25.9	8.2	12.7	8.5	0.1	0.8
	공업	35.0	33.1	35.1	36.0	31.5	38.4	40.1	34.0	59.1	63.2
	서비스업	38.8	39.3	39.4	58.1	42.5	52.0	47.2	57.5	20.4	37.9
산업별 고용 비율	농·임·수산업	40.2	54.9*	71.7**	31.5	48.9	11.3	29.7	25.4	0.1	-
	공업	25.8	20.1	15.6	22.8	18.1	27.7	22.3	18.3	15.8	-
	서비스업	34.1	25.0	12.7	45.7	27.2	61.0	48.1	56.3	84.1	-
외국인 직접투자	순유입액 (100만 US$)	14,100	2,732	1,695	9,101	4,685	9,512	22,078	10,049	63,633	460
	GDP 비율	6.3	12.4	10.0	2.0	7.0	3.0	2.2	3.2	19.6	3.8
관광객 수*** (1천 명)		10,013	5,012	4,239	32,530	2,907	26,757	11,519	5,967	16,404	219
관광 수입*** (100만 US$)		8,250	3,207	712	48,792	2,177	18,075	11,206	5,143	18,945	58
이주 노동자 송금****/피고용자 보수*****의 GDP 비율		6.2	1.7	0.7	1.5	1.1	0.5	0.9	10.5	-	-
ODA 수령액*** (100만 US$)		2,895	728	399	228	1,535	-52	-111	283	-	-

주: *2014년
**2015년
***2016년
****이주 노동자 송금: 1년 이상 외국 거주 중인 노동자의 본국 송금
*****피고용자 보수: 1년 미만 외국 거주 중인 피고용인의 보수

출처: ADB. *Key Indicators for Asia and the Pacific 2018*; ASEAN Secretariat. *ASEAN Statistical Yearbook 2018*.

남·인도네시아 등은 국민총생산 중 일차산업이 차지하는 비중에서 다른 나라들보다 높은 편이다.

동남아시아는 브루나이 같은 나라를 제외하면 전반적으로 관광객이 많다. 특히 태국은 이 지역 최대 관광국답게 2016년 약 3,250만 명의 관광객을 끌어들여 약

488억 달러의 관광 수입을 올렸는데, 이것은 그해 국민총생산의 약 12퍼센트에 해당하는 액수였다. 동남아시아 국가들이 해외 원조를 얼마나 받는지는 2016년 공적개발원조(ODA)의 수령액에서 알 수 있다. 여기서 동남아시아 지역에 대한 선진 공여국들의 개발원조가 베트남에 집중되어 있고, 최근 미얀마가 점차 중요한 개발원조의 대상국으로 부상하고 있다는 사실을 알 수 있다.

싱가포르는 전통적으로 미국, 유럽, 중국 등이 투자를 선호하는 국가다. 싱가포르를 제외하고, 2017년 외국인직접투자(FDI)에서 그 나라의 경제 규모에 비해 많은 FDI가 유입된 나라들은 그 액수가 국민총생산의 10퍼센트를 넘은 캄보디아와 라오스, 7퍼센트의 미얀마, 6.3퍼센트의 베트남 등이다. 이 중 캄보디아·라오스·미얀마 등에 대한 최대 투자국은 중국으로, 이 점은 최근 중국이 동남아시아 대륙부에서 추진하고 있는 이른바 '일대일로(一帶一路, One Belt One Road)' 사업과 긴밀한 관계가 있다. 베트남에 대한 FDI는 일본과 한국이 각각 약 35억 8,000만 달러와 약 33억 3,800만 달러로, 3위인 중국과 4위인 EU 등에 비해 약 네 배 많다. 한편 태국에 대한 최대 투자국은 전통적으로 일본으로, 2017년 일본의 FDI는 32억 5,650만 달러에 달해 2위인 EU보다 3.65배, 3위인 한국보다 무려 17배 많았다.

끝으로 〈표 1〉이 보여 주는 한 가지 흥미로운 측면은 2017년 외국 노동자의 본국 송금과 피고용자 보수를 합한 액수가 그 나라의 국내총생산에서 차지하는 비율이 베트남은 6.2퍼센트였고 필리핀은 무려 10.5퍼센트에 달했다는 점이다. 이것은 이 두 나라의 경우 외국에 나가 돈벌이를 해 가족에게 돈을 보내 주는 국민이 그만큼 많고 그 액수가 그만큼 크다는 것을 말해 준다. 특히 필리핀은 아시아에서 해외 이주자가 가장 많은 나라로 1,000만 명 이상이 약 190개 국가에 퍼져 있으며, 그중 약 70퍼센트가 여성이다. 해외 노동 이주가 많은 주원인은 자국에서의 실업문제다.

2010~2017년 국민총생산 성장률에서 엿볼 수 있는 것처럼, 태국·싱가포르·브루나이 등을 제외한 아세안 국가들은 최근 몇 년 동안 평균 6.4퍼센트의 상당한 경제 성장을 이루어 왔다. 이 추세가 계속된다면 이들 국가의 경제적 발전은 물론, 이와 더불어 여러 긍정적인 사회·정치적 변화도 기대할 수 있을 것이다.

동남아시아 국가들 간 차이는 인구 및 기타 사회 지표에서도 확인된다. 우선 합계출산율을 보면, 〈표 2〉에는 없지만 2016년 5.5퍼센트를 기록한 동티모르와 2.9퍼센트의 필리핀처럼 합계출산율이 높은 것은 두 나라에서 지배적인 종교인 가톨릭 신앙과 관련이 있다. 특히 필리핀의 경우 오래전부터 피임과 낙태를 반대한 가톨릭 교회는 필리핀 정부의 정책과 사회 여론에 적지 않은 영향을 미쳐 왔다. 한편 합계출산율에서 1.2퍼센트의 한국과 비슷한 수치를 기록한 태국과 싱가포르는 다른 아세안 국가들에 비해 출산율이 현저히 낮다. 이 두 국가는 합계출산율이 저조한 만큼 0~19세 인구 비율이 각각 24.3퍼센트, 20.8퍼센트로 다른 아세안 국가들의 평균인 34.86퍼센트보다 훨씬 낮다. 또 55세 이상 인구 비율은 각각 24퍼센트, 27.2퍼센트로 다른 아세안 국가들의 평균인 13.25퍼센트에 비해 현저히 높다. 이러한 사실은 태국과 싱가포르에서 고령화가 상당히 진행되고 있다는 것을 말해 준다.

이 두 나라 외에 베트남·미얀마·말레이시아 등도 비교적 저조한 출산율을 보여주고 있다. 이들 국가에서의 합계출산율은 인구 감소의 한계점인 2.1보다 낮거나 약간 높은 수치다. 출산율과 경제 간에는 상관관계가 존재한다고 한다. 즉 경제 성장률이 올라갈수록 출산율은 떨어진다. 태국과 말레이시아는 빠른 경제 성장으로 대학에 진학하는 젊은 인구가 늘어나고 있다. 또 여성의 사회 진출이 증가하면서 결혼을 미루는 여성이 점차 많아지고 있다. 태국은 대학 진학률이 2000년 34.9퍼센트에서 2013년 51.4퍼센트로, 말레이시아는 같은 기간 동안 25.7퍼센트에서 38.5퍼센트로 상승했다. 싱가포르는 2004년 평균 결혼연령이 남성 30.3세, 여성 27.3세

표 2 아세안 국가들의 인구 및 사회 관련 주요 지표(2017년)

(단위: %, 년)

		베트남	캄보디아	라오스	태국	미얀마	말레이시아	인도네시아	필리핀	싱가포르	브루나이
인구 증가율		1.1	1.7	2.0	0.3	0.9	1.3	1.2	1.6	0.1	1.0
성비	남	49.5	48.7	50.1	48.5	48.0	51.7	50.2	50.4	49.0	51.9
	여	50.5	51.3	49.9	51.5	52.0	48.3	49.8	49.6	51.0	48.1
0~19세 비율		30.4	38.3	42.8	24.3	37.2	33.1	25.3	40.9	20.8	30.9
55세 이상 비율		18.6	11.8	9.5	24.0	13.9	13.9	13.6	11.7	27.2	13.0
평균 기대수명	2000년	73.3	58.4	58.9	70.6	62.1	72.8	66.3	67.2	78.0	75.2
	2017년	76.5	69.9	67.0	75.5	66.7	75.5	71.1	69.2	83.1	80.7
성별 기대수명	남	71.8	67.9	65.4	71.8	64.4	73.3	69.2	65.9	80.7	80.5
	여	81.0	72.0	68.6	79.3	69.1	77.9	73.1	72.8	85.2	80.8
합계출산율* (2016년)		2.0	2.6	2.7	1.5	2.2	2.0	2.4	2.9	1.2	1.8
유아사망률 (1,000명당)		17	25	49	8	39	7.3	21	21	2.2	9.6
5세 미만 사망률 (1,000명당)		21	29	63	10	49	8.6	25	27	2.9	11.6
안전한 식수 이용 인구 비율		98	65	78	98	80	97	72	92	100	100
개선된 위생 이용 인구 비율		82	76	75	93	81	96	68	74	100	92
인터넷 이용 인구 비율	2010년	30.7	1.3	7.0	22.4	0.3	56.3	10.9	25.0	71.0	53.0
	2016년	46.5	32.4	21.9	47.5	25.1	78.8	25.4	55.5	81.0	90.0
인간개발지수**		0.694	0.582	0.601	0.755	0.578	0.802	0.694	0.699	0.932	0.853

주: *합계출산율: 한 여성이 가임 기간 동안 출산한 아이의 수
**인간개발지수(Human Development Index): 지식(교육), 생활수준(경제), 건강(보건) 등 세 가지 분야의 평균 성취도를 측정한 종합적 사회 발달 지수

출처: ADB. *Key Indicators for Asia and the Pacific 2018*; ASEAN Secretariat. *ASEAN Statistical Yearbook 2018*.

였으나, 10년 후에는 남성 31.2세, 여성 28.8세가 되었다.

동남아시아 국가들은 〈표 2〉에서 엿볼 수 있듯이, 여러 사회 관련 지표의 발달 수준에서 몇 그룹으로 나뉜다. 우선 1,000명당 유아사망률을 보면, 싱가포르는 2.2명으로 선진국 수준이며, 7~10명의 태국·말레이시아·브루나이 등이 그 아래 그룹을 형성한다. 20명 내외의 베트남·캄보디아·인도네시아·필리핀 등이 그다음이며,

라오스와 미얀마가 각각 49명, 39명으로 가장 열악하다. 1,000명당 5세 미만 사망률에서도 선진국인 싱가포르 아래로, 두 번째 그룹인 태국·말레이시아·브루나이, 세 번째 그룹인 베트남·캄보디아·인도네시아·필리핀, 그리고 라오스·미얀마의 최하위 그룹이 확인된다. 기대수명에서는 80세 이상의 싱가포르와 브루나이가 상위 그룹을, 75세 내외의 베트남·태국·말레이시아 등이 중위 그룹을, 70세 내외의 캄보디아·라오스·미얀마·인도네시아·필리핀 등이 하위 그룹을 형성한다.

안전한 식수를 이용하는 인구 비율에서 캄보디아와 라오스는 각각 65퍼센트, 72퍼센트로 가장 열악하며, 그 위로 각각 78퍼센트와 80퍼센트를 기록한 라오스와 미얀마가 포진하고 있다. 나머지 국가들은 모두 90퍼센트 이상으로 양호한 편이다. 개선된 위생 이용의 인구 비율에서도 유사한 구조를 보인다. 태국·말레이시아·싱가포르·브루나이 등이 90퍼센트 이상으로 상위 그룹을, 베트남·캄보디아·라오스·미얀마·필리핀·인도네시아 등이 82퍼센트 이하로 하위 그룹을 이룬다.

인터넷을 이용하는 인구 비율을 보면, 캄보디아·라오스·미얀마·인도네시아는 2010년만 하더라도 0.3~10.9퍼센트였으나 그 사이 크게 늘어 2016년에는 22~32퍼센트를 기록했다. 하지만 이 수치는 80퍼센트 내외의 말레이시아·싱가포르는 물론, 50퍼센트 내외의 베트남·태국·필리핀에도 크게 못 미친다. 끝으로 인간개발지수(HDI)에서는 싱가포르·브루나이의 첫 번째 그룹, 태국·말레이시아의 두 번째 그룹, 베트남·인도네시아·필리핀의 세 번째 그룹, 캄보디아·라오스·미얀마의 네 번째 그룹으로 나뉜다. 여기서 다시 한 번 동남아시아 국가들 간 발달 수준의 격차를 확인할 수 있다.

제2장

동남아시아의 자연환경과 역사지리

프랑스의 역사학자 페르낭 브로델(Fernand Braudel)은 한 지역의 생태환경과 경제적·사회적 발달의 상관성을 중시한다. 미국의 과학자이자 작가인 재레드 메이슨 다이아몬드(Jared Mason Diamond)는 "민족마다 역사가 다르게 진행된 것은 각 민족의 생물학적 차이 때문이 아니라 환경적 차이 때문이다"라고 말한다.[1] 동남아시아의 역사와 문화를 이해하려면 이 지역의 자연환경에 대한 이해가 선행되어야 할 것이다.

이 장에서는 동남아시아의 지리적·기후적 환경과 이러한 자연환경이 역사와 문화의 형성에 어떤 영향을 미쳤는지 살펴보는 역사지리를 서술한다. 우선 동남아시아 전체의 자연환경을 개관하고 그 특징을 설명한다. 이어서 대륙부와 도서부의 자연환경 및 역사지리를 살펴본 다음, 대륙 동남아시아와 도서 동남아시아 주요 국가들의 자연환경이 국가별로 서술된다.

1. 동남아시아의 지리적 환경의 특징

동남아시아의 지형은 전체적으로 보면, 알프스-히말라야 조산대가 동쪽과 동남쪽으로 뻗어나가 대륙부에서는 많은 산악과 하천 저지대의 기복이 심한 지세를, 도서부에서는 말레이 반도 및 인도네시아 군도를 형성하고 계속 동쪽으로 나가 환태평양 조산대와 만나면서 필리핀 열도를 만들어 놓은 형국이다. 지각 구조로 보면, 인도-오스트레일리아 판(Indo-Australian Plate)—대륙의 히말라야 및 티베트 고원에서 남쪽으로 인도와 미얀마 사이로 뻗어 내려오는 산맥들, 안다만(Andaman) 제도 및 니코바르(Nicobar) 제도, 수마트라 섬에서 말루쿠(Maluku) 제도까지의 인도네시아 군도—과 필리핀 판(Philippine

Plate)—필리핀 열도부터 일본 열도를 거쳐 캄차카 반도까지—을 형성하고 있다. 이 두 개의 판 즉 플레이트가 만나는 지역 및 해역에는 지진과 화산 활동이 오래전부터 일어나고 있다. 미얀마에서 수마트라·자와·말루쿠 등을 거쳐 필리핀 루손 섬까지 활 모양을 이루는 지역은 이른바 '불의 고리(Ring of Fire)'라고 부르는 환태평양 지진대 및 화산대의 일부를 이룬다.

동남아시아의 지리적 환경의 첫 번째 특징은 이 지역이 중국해 즉 동북아시아 지역과 인도양 즉 남아시아 및 서남아시아 지역 사이에 놓여 있다는 점이다. 이러한 지정학적 특징으로 인해 동남아시아의 다양성이 형성되었다(제1장 참조).

동남아시아의 지리적 환경의 두 번째 특징은 이 지역이 몬순 즉 계절풍의 영향을 받는 곳이라는 점이다. 이 때문에 아랍인은 동남아시아 지역을 '바람 아래의 땅(Lands Below the Winds)'이라고 불렀다. 이 지역 주민들의 삶에 오래전부터 지대한 영향을 미쳐 온 계절풍은 위도상의 위치에 따라 그 영향이 각기 달리 나타난다. 미얀마·태국·캄보디아·라오스·베트남·필리핀 등 북위 8도 이북 지역에는 서남 계절풍이 우기인 5월부터 10월 초까지 동북부 방향으로 불면서 많은 비를 뿌린다. 비바람은 지역에 따라 종종 엄청난 재난을 초래하는 태풍으로 발전하기도 한다. 대략 11월부터 4월까지의 건기가 되면 북부에서 남쪽으로 건조한 바람이 불면서 비가 거의 오지 않으며, 특히 3월부터 4월까지는 1년 중 가장 무더운 날씨가 이어진다.

그에 비해 적도와 그 이남에 위치한 지역에서는 강우의 패턴이나 기온이 몬순의 영향을 별로 받지 않는다. 그리하여 싱가포르 같은 곳은 연중 내내 비가 수시로 내리며, 수마트라 섬과 자와 섬 그리고 그 일대의 섬들에서는 대륙 동남아시아와는 반대로 오히려 여름철보다는 겨울철에 비가 더 많이 내린다. 건기와 우기의 이러한 차이 때문에 대륙 동남아시아 국가들은 우기 때 전쟁뿐만 아니라 내륙 지방으로의 여행이나 무역 활동을 삼갔다. 예컨대 영국은 1885년에 상부 미얀마의 민부(Minbu)에서 일어난 반란을 진압하려고 했으나 엄청난 비 때문에 군사작전을 포기하고 건기를 기다려야 했다.

동남아시아의 지리적 환경의 세 번째 특징은 이 지역이 대륙부와 도서부로 구분될 수 있다는 점이다. 이것은 동남아시아의 역사와 문화를 이해하기 위한 중요한 출발점이 된다. 대륙 동남아시아는 베트남·캄보디아·라오스·태국·미얀마, 도서 동남아시아는 필리핀·인도네시아·말레이시아·싱가포르·브루나이·동티모르 등으로 구성된다. 말레이 반도는 지리적으로 볼 때 대륙부에 붙어 있지만 말레이시아가 도서 동남아시아에 속하는 것은 문화적 기준에 의한 것이다. 즉 상좌불교 국가들인 미얀마·태국·라오스·캄보디아와 대승불교의 베트남 등 대륙 동남아시아는 불교 문화권임에 비해, 도서 동남아시아의 말레이시아·인도네시아·브루나이 등은 이슬람 문화권이다. 인구의 대부분이 중국계인 싱가포르는 오늘날 종교적으로 불교·도교·유교의 이른바 중국종교가 강하고, 필리핀은 무슬림 인구가 많은 남부를 제외하고는 가톨릭이 지배적이다. 하지만 싱가포르는 19세기 초에 영국의 식민지가 되기 전에는 말레이 무슬림이 사는 섬이었고, 필리핀도 16세기 후반에 스페인의 식민지가 되기 전까지 이슬람이 루손 섬까지 들어와 있었다는 사실을 감안한다면, 이러한 분류는 역사적인 근거를 갖고 있다.

대륙부와 도서부의 또 다른 차이는 대륙 동남아시아가 버마족·타이족·라오족·크메르족·비엣족 등 다양한 민족으로 구성되어 있는 것에 반해, 도서 동남아시아는 필리핀에서 인도네시아 그리고 말레이시아까지 대부분 민족 및 언어적으로 오스트로네시아(Austronesia) 어족의 세계에 속해 있다는 점이다. 이처럼 도서 동남아시아는 언어적으로나 종교적으로 상당한 정도의 통일성이 있는 곳이다.

2. 대륙 동남아시아의 자연환경

대륙 동남아시아의 북부는 히말라야 산맥의 동쪽 연장선처럼 뻗은 산맥들 때문에 중국과의 교통이 용이치 않다. 대륙 동남아시아에는 인도와 미얀마 간 팟카이(Patkai) 산맥, 친(Chin) 산맥, 아라칸(Arakan) 즉 여카잉(Rakhine) 산맥, 미얀마와 태국 간 도나(Dawna) 산맥, 테나세림(Tenasserim) 즉 떠닝따이(Tanintharyi) 산맥, 라오스와 베트남 간 안남(Annamite) 산맥 즉 쯔엉(Truong) 산맥 등 높고 험준한 산맥들이 발달해 국가들 간의 자연적 경계뿐만 아니라 대부분의 경우 정치적 국경도 이루고 있다. 이러한 산맥과 산맥 사이에 펼쳐져 있는 광활한 저지대에는 산맥들과 병행해 북에서 남으로 흐르는 하천들이 발달해 있다. 미얀마의 이라와디(Irrawaddy) 즉 에야워디(Ayeyarwaddy)강과 살윈(Salween) 즉 땅르윈(Thanlwin)강, 태국의 짜오프라야(Chao Phraya)강, 인도차이나 반도의 메콩(Mekong)강 등이 그것이다. 이러한 강들은 대륙 동남아시아 국가들의 정치·경제·문화적 발전에서 중요한 젖줄이 되어 왔다.

하천 유역과 하구의 삼각주(델타) 지역에 펼쳐진 넓은 충적평야에서는 일찍부터 벼농사가 발달해 주민들의 주요 정착지들이 형성되어 왔다. 대륙 동남아시아에서는 각 지역에서 역사적으로 중요한 역할을 한 민족들은 항상 농사에 유리한 강 유역, 특히 하구의 삼각주 지역에 거주해 왔다. 북부 베트남 홍강(紅江)의 월(越)족 즉 비엣(Viet)족과 태국 짜오프라야강의 타이(Thai)족이 대표적인 경우다. 미얀마의 첫 민족들 중 하나인 몬(Mon)족은 싯따웅(Sittaung)강 하류의 삼각주 지역에 정착해 미얀마의 초기 문화를 일으켰고, 6세기경에는 짜오프라야강의 하류 유역에 정착해 태국의 고대 문화의 바탕을 세웠다. 11세기에 파간(Pagan) 즉 버강(Bagan) 왕조를 세운 버마(Bama)족은 에야워디강 중류의 관개가 용이한 지역에서 그들의 정치적 세력을 구축했다. 앙코르(Angkor) 왕국을 건설한 크메르(Khmer)족은 메콩강과 연결되어

지도 2 동남아시아의 주요 산맥과 강

있는 똔레삽(Tonle Sap) 호수의 물을 끌어들여 관개시설을 발달시켰다.

하지만 북-남 방향의 산맥들의 흐름으로 인해 유역의 정착지들 간 동-서 교통은 용이치 않아 대륙 동남아시아에서 역사적으로 중요한 민족 이동이나 상업적 접촉과 문화적 교류는 주로 북-남 간에 이루어졌다. 그러나 말레이 반도의 북부, 특히 동-서 폭이 40킬로미터밖에 안 되는 끄라(Kra) 지협 일대는 떠넝따이 산맥을 비교적 쉽게 넘을 수 있어, 오래전부터 태국만과 안다만해 및 벵골만 간 사람 및 물자 이동의 육상 루트가 발달되어 왔다. 이 루트는 태국만에서 말레이 반도를 돌아 해적이 들끓는 믈라카 해협을 통과하는 것보다 종종 선호되어 최근까지 많이 이용되었다.

북에서 남으로의 역사 발달의 전형적인 예를 태국에서 찾을 수 있다. 태국에서 가장 먼저 세워진 나라는 현 영토 북단 메콩강 강변의 치앙센(Chiang Sen)에 10세기경 설립된 요녹(Yonok)이며, 그 후 13세기에 치앙마이(Chiang Mai)와 수코타이(Sukhothai)에 왕국이 들어섰다. 태국 왕조의 수도는 14세기에 아유타야(Ayutthaya)로, 그리고 18세기 말에는 현재의 수도인 방콕으로 점차 남쪽으로 내려왔다.

북-남 방향의 산맥의 발달로 인한 대륙 동남아시아의 역사지리적 특징을 잘 보여 주는 나라는 미얀마다. 미얀마 서부의 험준한 산맥들은 미얀마와 인도 간 교통에 큰 장애물이었다. 그리하여 미얀마의 저가잉(Sagaing) 지방과 인도의 마니푸르(Manipur) 지방 간 어느 정도의 왕래를 허용하는 팟카이 산맥과 친 산맥 사이에 있는 약간의 저지대를 제외하고는, 두 지역 간 육로를 통한 문화 및 상업적 교류와 정치적 접촉은 별로 이루어지지 않았다. 미얀마와 태국 간에도 양국의 국경을 따라 발달해 있는 도나 산맥과 떠넝따이 산맥으로 인해 육로를 이용한 동-서 교통이 어려워, 두 나라는 16세기와 18세기의 전쟁 외에는 서로 큰 접촉이 거의 없었다.

라오스 북부에서 캄보디아 동부까지 북-남으로 베트남의 해안과 병행해 뻗어 있는 쯔엉 산맥은 특히 라오스와 베트남 사이의 주민 이동과 교역에 큰 장애를 형성해 왔다. 그리하여 라오스는 역사적으로 베트남보다는 메콩강 건너편의 태국과 훨씬 빈번하고 깊은 문화·정치·경제적 관계를 맺어 왔다. 메콩강은 태국과 라오스를 구분하는 경계선이라기보다는 두 나라 사이의 민족과 문화의 이동 루트였을 뿐만 아니라 두 지역 간 경제적 이해관계가 공유되는 장이었다. 만약 쯔엉 산맥이 없었더라면 라오스는 공격적이고 팽창적인 베트남에 일찍이 흡수되어 오늘날 존재하지 않고 있을지도 모른다.

베트남

베트남의 영토는 전체적으로 볼 때 북에서 남으로 좁고 길게 뻗어 있는 모습이다. 북단에서 남단까지의 전체 길이는 1,650킬로미터에 달하며, 폭이 가장 좁은 곳은 50킬로미터에 불과하다. 국토의 4분의 3은 산악지대다. 특히 북부에 200킬로미터 이상 뻗어 있는 호앙리엔(Hoang Lien) 산맥은 해발 2,900~3,100미터의 산들을 품고 있으며, 동북부에는 중국과의 국경 일대에 석회암 산들이 펼쳐져 있다. 라오스와의 경계를 이루는 서부에는 북부의 타인호아(Thanh Hoa)에서 남부의 빈투언(Binh Thuan)까지 쯔엉 산맥이 1,500킬로미터 이상 발달해 있다. 해발 2,000미터 안팎의 높은 봉우리들을 품고 있는 쯔엉 산맥은 베트남 쪽으로는 경사가 매우 가파르지만 라오스와 캄보디아 쪽으로는 경사가 덜 심하다.

베트남은 북부의 홍강, 남부의 메콩강 등 두 개의 큰 강이 있다. 베트남어로 '송홍(Song Hong)'이라고 부르는 홍강은 하구에서 타이빈(Thai Binh)강과 만나 함께 홍강 삼각주를 이룬다. 홍강 삼각주에는 1만 5,000평방킬로미터의 평야가 펼쳐져 있다. 남부의 메콩강은 하구에서 여러 지류로 갈라지는데, 베트남 사람들은 그 형상을

'아홉 마리의 용'에 비유해 메콩강을 '끄우롱(Cuu Long, 九龍)'강이라고 부른다. 끄우롱강은 4만 평방킬로미터의 비옥한 메콩강 삼각주를 형성한다. 특히 삼각주 지역에는 상류에서 흘러 내려온 영양분이 풍부한 충적토가 쌓여 있다. 홍강 삼각주와 메콩강 삼각주는 베트남의 곡창 지대다. 이와 관련해 베트남 영토를 긴 막대기 양쪽에 쌀 바구니가 하나씩 매달린 형세에 비유하기도 한다.

베트남은 동남아시아에서 강우가 풍부한 나라 중 하나다. 남부는 1년 강우량이 평균 약 2,300밀리미터, 평야 지역은 약 2,000밀리미터지만, 북부 산악지대는 약 3,000밀리미터에 달한다. 한편 북부와 중부에서는 매년 태풍과 홍수가 빈번하게 찾아와 대규모의 인적·물적 피해가 초래된다. 특히 우기에 산악지대에서 빗물이 쏟아져 내려와 하천을 범람시키는 일이 종종 발생한다.

캄보디아

캄보디아는 북부는 당렉(Dangrek) 산맥에 의해, 서부는 카더몬(Cardamom) 산맥 즉 끄러반(Kravanh) 산맥에 의해 태국과 구분된다. 하지만 이 두 산맥 사이의 저지대를 통해 오래전부터 양국 간 인적·물적 접촉과 교류가 행해져 왔다. 동북부 및 동부는 북쪽에서 내려오는 쯔엉 산맥이 베트남과의 경계를 이룬다. 끄러반 산맥의 아래에는 코끼리 산맥 즉 담레이(Damrei) 산맥이 태국만 쪽으로 발달해 있어 끄러반 산맥과 더불어 캄보디아 중부 지역에서 바다 쪽으로의 진출을 방해하고 있다. 동남부는 메콩강을 통해 베트남 남부의 코친차이나(Cochinchina) 지역으로 이어진다. 캄보디아는 이처럼 북부 및 서부의 저지대와 동남부의 저지대를 통해 한쪽은 태국, 다른 쪽은 베트남과 연결되어 있어 오래전부터 이 두 나라의 침공에 노출되어 왔다.

국토의 나머지 부분은 넓은 저지대로 캄보디아 인구의 80퍼센트 이상이 산다.

이 저지대 평원은 북에서 남으로 캄보디아 영토를 관통하는 메콩강의 유역, 똔레삽 호수 일대에 퍼져 있는 하천들의 유역, 똔레삽 호수와 메콩강을 연결하는 똔레삽강의 유역 등을 포함한다. 특히 똔레삽 호수는 건기에는 약 2,500평방킬로미터인 면적이 9월이나 10월 초의 우기에는 최대 1만 6,000평방킬로미터까지 불어난다. 울창한 밀림을 끼고 있는 똔레삽 호수는 옛날부터 어획고가 풍부한 큰 어장이다. 이처럼 수산자원뿐만 아니라 풍부한 임산자원까지 포함하는 똔레삽 호수를 19세기 중엽 이 지역을 여행한 프랑스인 탐험가 앙리 무오(Henri Mouhot)는 캄보디아의 부의 원천이라고 보았다.[2]

라오스

동남아시아에서 유일한 내륙국인 라오스는 전반적으로 산악지대로 되어 있다. 영토의 동북부와 동부에서는 중국에서 내려온 산맥들 특히 쯔엉 산맥이 베트남과의 긴 경계를 만들면서 양국 간 교통에 가공할 만한 장애가 되어 왔다. 하지만 산들의 계곡 사이로 조성된 관문을 통해 두 나라 사이에 부분적인 접촉이 가능했다. 20세기 초 라오스를 방문한 프랑스인 장 르노(Jean Renaud)에 의하면, 당시 베트남에서 라오스로 갈 수 있는 세 루트가 있었다. 다낭(Danang)에서 사완나켓(Savannakhet)으로 가는 남부 루트, 빈(Vinh)에서 타켁(Thakhek)으로 이어지는 중부 루트, 빈에서 시앙쾅(Xiang Khouang)까지 가는 북부 루트가 그것이다.[3]

라오스 서북부 특히 루앙남타(Louang Namtha)주, 므앙싱(Mueang Sing)주, 우돔사이(Oudomxai)주 등에는 상당히 넓은 벼농사 평원이 발달해 있다. 메콩강 유역에도 저지대가 발달해 있으며, 특히 남부의 사완나켓에서 캄보디아와의 국경에 이르는 지역에는 비교적 넓은 평야가 펼쳐져 있다. 메콩강은 수도 위앙짠(Viang Chan) 서쪽에

그림 2 라오스 수도 위앙짠을 끼고 흐르는 메콩강. 강 건너편은 태국이다.

있는 살라캄(Xa La Kham)에서 남부의 빡세(Pakse)까지 850킬로미터에 걸쳐 태국과의 국경을 형성한다. 북부에서 남부까지 대부분의 구간이 항행 가능한 메콩강은 라오스의 중요한 교통 자원이다. 하지만 라오스에서 캄보디아로 연결되는 메콩강 부분은 두 나라 사이에 있는 콘(Khone) 폭포와 그 일대의 급류들 때문에 배로 지나갈 수 없어 자연적인 경계를 이루고 있다.

태국

태국의 영토는 북-남 길이가 1,600킬로미터 이상, 동-서 길이가 최대 870킬로미터 이상에 이른다. 태국은 북부, 동북부, 남부, 중부 등 네 지역으로 구분된다. 사람들은 태국 국토의 생김새가 코끼리 머리 같다는 말을 종종 한다. 북부가 코끼리

귀 부분이고, 말레이 반도로 내려가는 남부가 코 부분이라는 것이다. 이것은 코끼리 특히 태국에서 전통적으로 숭배의 대상인 흰 코끼리가 불교와 왕권의 상징이라는 점에서 그럴듯한 비유로 받아들여진다. 불교적 상징성은 석가모니가 태어날 때 그의 어머니 마야 왕비가 흰 코끼리가 자궁으로 들어오는 태몽을 꿨다는 설화와 관련 있다. 왕권적 상징성은 세상을 다스리는 정의로운 불교 군주인 짜끄라바르띤(Cakravartin) 즉 전륜왕(轉輪王)이 소유하는 일곱 가지 보물 중 하나가 흰 코끼리라는 점에 바탕을 둔 것이다.

북부는 중국과의 국경에서 남쪽으로 약 400킬로미터 내려온 지역까지를 포함한 곳으로, 북-남 방향의 여러 습곡산맥이 발달해 있고, 습곡들 사이로 짜오프라야강과 그 지류인 난(Nan)강, 왕(Wang)강, 욤(Yom)강, 삥(Ping)강 등이 흐른다. 이들 하천 주위에 해발 200~400미터 높이의 유역들이 펼쳐져 북부 지방의 중요한 경제 공간을 형성한다. 매홍손(Mae Hong Son) 일대의 서북단 지역은 유암(Yuam)강, 빠이(Pai)강 등의 지류를 통해 미얀마의 땅르윙강으로 배수되며, 치앙라이(Chiang Rai) 일대의 동북단 지역은 메콩강과 연결되어 있다. 북부의 습곡들이 안고 있는 산들 중에는 해발 2,000미터가 넘는 것이 여러 개 있으며, 가장 높은 것은 치앙마이 인근의 도이 인타논(Doi Inthanon)으로 해발 2,565미터에 이른다. 이러한 산악지대는 카렌(Karen) 즉 꺼잉(Kayin)족, 몽(Hmong)족, 라후(Lahu)족, 아카(Akha)족, 미엔(Mien)족, 리수(Lisu)족 등 여러 고산족들의 생활공간이다.

동북부는 동쪽과 북쪽으로는 메콩강, 남쪽으로는 산깜펭(San Kamphaeng) 산맥과 당렉 산맥, 서쪽으로는 펫차분(Phetchabun) 산맥과 동파야옌(Dong Phaya Yen) 산맥 사이에 놓여 있다. 평균 해발 200미터의 비교적 완만한 고원지대인 이 지역은 '코랏(Khorat) 고원'이라는 이름으로도 알려져 있다. 현지 주민은 자신의 지역을 흔히 '이산(Isan)'이라고 부른다. 동북부 지역은 역사적으로 라오스 및 캄보디아와 깊이 연결되어 있으며, 그에 따라 이 지역 주민은 라오인과 크메르인 요소가 강하다. 특히 라오인은 이산 지역 인구의 대부분을 차지한다.

동북부 지역의 역사지리를 형성한 자연환경에서 가장 중요한 부분은 메콩강과 코랏 고원일 것이다. 메콩강과 문(Mun)강, 치(Chi)강, 송크람(Songkhram)강 등 여러 지류는 벼농사를 포함한 농업에 유리한 생태적 환경을 제공해 왔다. 하지만 이 지역은 우기 때 서남쪽에서 부는 계절풍이 당렉 산맥과 펫차분 산맥에 의해 차단되어 강우량이 적은 편이다. 그리하여 동북부 지역은 태국의 중부 지역에 비해 농경지 가뭄이 두 배 정도 심각하다. 또한 하천들의 경사가 너무 완만하고 토양의 하층토가 대부분 라테라이트 즉 홍토로 되어 있기 때문에 비가 올 때 물이 밑으로 잘 빠지지 않아 홍수가 자주 발생한다. 2013/14년 동북부 지역의 1헥타르당 벼 수확량은 2.21톤으로, 북부의 3.78톤과 중부의 3.93톤에 비해 현저히 낮았다.[4] 이처럼 농업 생산성이 낮은 동북부는 태국에서 가장 빈곤한 지역이다.

남부는 대략 춤폰(Chumphon)주에서 말레이시아 국경에 이르는 지역으로, 서쪽의 안다만해 쪽으로는 해안을 따라 발달해 있는 산들이 가파르게 바다로 빠지는 침강해안의 지세인 데 비해, 동쪽의 태국만 쪽으로는 백사장이 길게 펼쳐진 융기해안의 지세다. 벼농사는 주로 동부 연안의 저지대에서 행해진다. 하지만 수산업은 양쪽 연안 모두에서 활발하다. 다른 주요 산업으로는 코코넛 재배와 고무 플랜테이션이 있으며, 주석 광산이 오래전부터 발달해 있다. 말레이시아와의 국경에 인접해 있는 지방의 주민은 90퍼센트 이상이 말레이계 무슬림으로, 대부분 국경 건너 말레이시아의 말레이(Malay)족에 대해 강한 결속의식을 갖고 있다.

끝으로 중부는 서쪽의 도나 산맥 및 빌라욱따웅(Bilauktaung) 산맥과 동쪽의 펫차분 산맥 사이에 놓여 있다. 짜오프라야강이 관통하고 많은 지류들과 운하들이 서로 얽혀 있는 이 지역에는 거대한 충적평야가 발달해 있으며, 14세기 중엽 이후 아유타야, 톤부리(Thonburi), 방콕 등 타이 왕국의 수도가 들어서기도 했다. 중부의 얼굴인 수도 방콕은 주변 다섯 개 주를 포함한 거대한 수도권을 이루고 있다. 인구 1,000만 명 이상이 사는 방콕 광역권은 왕궁, 정부 청사, 각종 언론기관, 여러 대학 외에도 많은 회사와 공장이 밀집한 곳으로 오늘날 태국의 정치·경제·문화의 중심을 이루고 있다.

미얀마

미얀마의 중부 저지대에는 에야워디강, 친드윙(Chindwin)강, 싯따웅강 등 세 강의 유역이 발달해 있다. 대략 1,100킬로미터의 길이에 150킬로미터의 폭으로 된 이 지역은 서쪽으로는 여카잉 산맥과 친 산맥, 북쪽과 동쪽으로는 도나 산맥과 빌라욱따웅 산맥 및 고원지대에 의해 둘러싸여 있다. 이 산맥들과 고원으로 인해 미얀마는 서쪽으로는 인도 및 방글라데시, 북쪽으로는 중국, 동쪽으로는 태국 및 라오스와 자연적 경계를 갖게 되었다. 오직 서쪽의 여카잉과 남쪽의 떠닝따이의 해안에 접해 있는 좁은 평원 지역에서만 인접 국가와의 왕래가 비교적 용이하다.

북부 및 서북부 산악지대는 미얀마의 주요 소수민족에 속하는 친(Chin)족과 까친(Kachin)족의 생활공간이다. 서부는 여카잉 산맥으로 중부와 구분되는데, 해발 1,000~3,000미터의 고봉들을 품고 있는 이 산맥 때문에 전근대 시기 에야워디강 유역의 버마족 왕국들이 육로로 이 지역을 공격하기가 쉽지 않았다. 이 지역의 좁은 해안지대는 북쪽으로 방글라데시와 연결된다. 오늘날 여카잉주를 형성하는 이 지역은 불교도인 여카잉족 외에 무슬림인 로힝자(Rohingya)족이 주요 주민 그룹을 이룬다.

에야워디강은 양곤 동남쪽의 하구에서 역사적으로 중요한 삐예(Pyay), 버강, 만달레이(Mandalay) 즉 만덜레, 어와(Ava) 즉 잉와(Inwa) 등을 거쳐 동북부의 버모(Bhamo)까지 항행할 수 있어 남-북 간 정치·경제·문화 발전에 주요 동맥으로 역할을 해 왔다. 또 버모에서 육로로 윈난(雲南)성의 주요 지역으로 갈 수 있어 인도양과 중국 남부 간 교통을 위해서도 오래전부터 중시되어 왔다. 에야워디강 하류 유역의 동쪽에는 페구(Pegu) 즉 버고(Bago) 산맥이 발달해 있고, 그 너머에 싯따웅 강이 흘러 현재 미얀마의 수도인 네피도(Naypyidaw)와 역사적인 도시인 따웅우(Taungoo)를 지나 마르타반(Martaban)만 즉 목뜨마(Moktma)만으로 빠진다. 에야워디강 유역과 싯따웅강 유역의 중부 저지대 그리고 이 두 강의 삼각주 지역의 광활한 평원은 미얀마의 주민족인 버마족의 활동 무대가 되어 왔다.

싯따웅강 동쪽에는 티베트 고원에서 발원한 땅르윙강이 샨(Shan) 고원을 지나 물메인(Moulmein) 즉 몰라므잉(Mawlamyine)에 이르러 역시 목뜨마만의 바다로 들어간다. 급류가 많은 땅르윙강은 대부분 항행이 불가능해, 그 유역에는 미얀마 역사에서 의미 있는 역할을 한 도시가 발달하지 않았다.

해발 2,000미터 이상의 봉우리가 수두룩한 샨 고원은 태국 서북부와 중국 윈난성과 라오스 북부의 산악지대로 연결된다. 오래전부터 샨 고원을 무대로 미얀마 역사에서 중요한 역할을 해 온 샨(Shan)족은 태국의 타이족과 라오스의 라오(Lao)족과 윈난의 다이(傣)족과 마찬가지로 따이(Tai)족에 속한다. 한편 샨 고원 남부에서 버고 지방을 지나 말레이 반도로 내려가 떠닝따이 지방까지 포함한 미얀마의 동남부는 또 다른 소수민족들인 꺼야(Kayah)족, 꺼잉족, 몬족 등이 주민의 주요 부분을 구성하는 지역이다.

3. 도서 동남아시아의 자연환경

도서 동남아시아의 지형적 특징은 우선 그것이 섬들의 세계라는 점에 있다. 바로 이러한 지리적 특징 때문에 주민들은 일찍부터 해상 활동에 참가해 왔다. 도서 동남아시아의 섬들은 대부분 티베트 고원과 히말라야 산맥에서부터 남쪽으로 뻗어 내린 인도와 미얀마 사이의 팟카이 산맥과 친 산맥과 여카잉 산맥, 인도양의 안다만 제도와 니코바르 제도, 인도네시아 군도와 필리핀 열도 등으로 연결되는 활 모양의 산맥 체계에 속한다. 이 산맥 체계는 수마트라 섬 서남부와 자와 섬 남부에서 산악지대를 형성한 후 동쪽으로는 말루쿠 제도와 파푸아(Papua) 즉 뉴기니(New Guinea) 섬으로, 북쪽으로는 보르네오 즉 칼리만탄(Kalimantan) 섬을 거쳐 필리핀 열도 그리고 타이완과 일본 열도로 계속 이어진다.

이 거대한 산맥 체계는 대부분 화산대 및 지진대로 이루어져 있어 도서부에서는 지진과 화산 폭발이 빈번하게 발생해 왔으며 그 피해도 종종 엄청나다. 1815년 인도네시아 발리(Bali) 섬 오른쪽의 숨바와(Sumbawa) 섬에 있는 탐보라(Tambora) 화산의 폭발로 9만 명 이상이 죽었으며, 2004년 수마트라 섬 서북부 연안의 근해에서 발생한 지진으로 인한 쓰나미로 인도네시아, 말레이시아, 태국, 미얀마 등에서만 사망자 수가 17만 명 이상으로 추정되었다. 2018년에는 술라웨시(Sulawesi) 섬 북부에서 지진과 쓰나미가 일어나 약 3천 명이 목숨을 잃었다. 발리 섬에서 말루쿠 제도의 반다(Banda) 섬까지 비교적 작은 섬들은 모두 화산 활동으로 생긴 것이다. 그에 비해 말레이 반도에는 화산이 없다.

화산대 및 지진대에는 석유와 천연가스가 매장되어 있다. 미얀마에서 필리핀에 이르는 긴 산맥들의 변두리 지역, 예컨대 미얀마의 여다나(Yadana)와 예타궁(Yetagun) 및 차욱예낭야웅(Chauk-Yenangyaung) 지역, 수마트라 섬의 아체(Aceh)와 팔렘방(Palembang) 일대, 칼리만탄 섬의 동북부 지역 등에 유전 및 가스층이 있다.

말레이 반도에서 필리핀 열도에 이르는 도서 동남아시아의 해역에는 약 2만 5천 개의 섬이 있다. 이러한 섬들로 인해 믈라카 해협, 카리마타(Karimata) 해협, 자와(Java) 해, 플로레스(Flores) 해, 술라웨시(Sulawesi) 해, 술루(Sulu) 해, 반다(Banda) 해 등에는 복잡한 해안 지형이 발달해 있다. 섬들은 상당 부분 무인도이며, 해안은 대부분 홍수림을 비롯한 열대 식물로 뒤덮여 있다. 또 길고 복잡한 해안선을 따라 곳곳에 소택지와 후미가 발달해 있다. 수마트라 섬, 칼리만탄 섬, 말레이 반도 등에는 해안에서 내륙 지방으로 작은 배로 항해가 가능한, 밀림으로 뒤덮인 강들이 발달해 있다.

말레이시아

말레이시아는 반도 말레이시아 즉 서말레이시아와 동말레이시아 두 부분으로 구분된다. 보르네오 섬 북부에 위치한 동말레이시아의 면적이 약간 더 넓다. 동말레이시아의 사라왁(Sarawak)주와 사바(Sabah)주 사이에 브루나이 왕국이 있다. 반도 말레이시아와 동말레이시아 두 지역 모두 해안은 저지대, 내륙은 산악이라는 지세 구조로 되어 있다.

반도 말레이시아에는 두 개의 산맥이 북에서 남으로 발달해 있다. 태국 국경에 인접한 크다(Kedah)에서 밑으로 약 500킬로미터 뻗어 있는 티티왕사(Titiwangsa) 산맥은 반도의 중부 내륙에서 카메론(Cameron) 고원을 형성한다. 이 산맥 동쪽에는 파항(Pahang) 지방까지 이르는 비교적 짧은 타한(Tahan) 산맥이 있다. 한편 프를리스(Perlis)에서 반도 남단의 조호르(Johor)까지 서부 해안을 따라 충적평야가 길게 뻗어 있으며, 동부 해안의 저지대에도 평원이 곳곳에 펼쳐져 있다. 말레이인들은 2,000미터 이상의 산이 즐비한 산악지대보다는 연안 저지대를 거주 지역으로 선호해 왔다.

동말레이시아 지역은 북부 해안을 따라 충적평야가 뻗어 있다. 하지만 내륙 쪽으로 들어가면 밀림으로 뒤덮인 험준한 산맥이 발달해 인도네시아의 칼리만탄과 자연적 경계를 이룬다. 보르네오 섬 지역은 전통적으로 이반(Iban)족을 포함한 토착 원주민들의 활동 공간이었다.

말레이시아의 대부분 지역은 뚜렷한 건기가 없이 연중 내내 비가 자주 오는 편이며, 특히 말레이 반도와 보르네오 섬 서북부 지역은 겨울철에 비가 가장 많이 내린다. 특히 말레이 반도는 산맥 서쪽의 토양은 홍토가 많고 중부 및 동부 지역의 땅은 많은 수분을 품고 있어 대부분 비옥하지 않다. 하지만 한 해 2,000~4,000밀리미터에 달하는 풍부한 강우량과 무더운 기온으로 도처에 열대우림이 잘 발달되어 있다.

인도네시아

인도네시아는 약 1만 3,600개의 섬으로 되어 있으며, 사람이 사는 섬은 약 6,000개다. 인도네시아 영토는 일곱 개의 지리적 단위로 구분된다. 수마트라, 자와, 칼리만탄, 술라웨시, 누사 틍가라(Nusa Tenggara), 말루쿠 제도, 서뉴기니(West New Guinea) 즉 파푸아 등이 그것이다. '동남부 도서들'이란 의미의 '누사 틍가라'는 종종 '소순다 열도(Lesser Sunda Islands)'라고도 부르는데, 발리 섬에서 서부 티모르까지의 여러 작은 섬들을 포함하고 있다. 화산대 및 지진대가 지나가는 인도네시아에서 화산 및 지진 활동이 가장 많이 일어나는 곳은 자와 섬이며, 그다음은 수마트라, 누사 틍가라, 술라웨시, 말루쿠 제도 순이다. 칼리만탄 섬과 서뉴기니는 화산 폭발이 일어난 적이 아직 없다.

수마트라 섬은 해발 2,000~3,800미터의 산들을 품고 있는 바리산(Barisan) 산맥이 서쪽 연안 가까이 북단에서 남단까지 뻗어 있어 산맥의 동-서 지역 간 교통이 거의 불가능하다. 산맥에서 믈라카 해협 쪽으로 넓게 펼쳐진 완만한 경사면을 따라 발달해 있는 많은 강들은 옛날부터 산악지대와 해안 지역 간 사람 및 물자의 이동 루트로 활용되어 왔다. 수마트라 섬 중부의 이 광대한 경사면 지역은 특히 바탁(Batak)족과 미낭카바우(Minangkabau)족의 활동 무대다. 섬 서쪽의 믄타와이(Mentawai) 해협에는 작은 섬이 여러 개 있는데, 오래전부터 해적질과 고기잡이를 하는 토착민들의 은신처로 이용되어 왔다.

자와 섬은 과거 왕조 시대와 식민 시기뿐만 아니라 오늘날에도 인도네시아 정치·경제·문화의 중심 무대다. 그것은 이 섬이 교역로의 중요한 연결고리에 위치하는 지정학적 장점 외에도 농업을 위한 유리한 자연 조건을 갖춰 일찍부터 많은 주민을 끌어들여 왔기 때문이다. 자와 섬은 동북부에 있는 마두라(Madura) 섬까지 합쳐 2015년 경우 인구가 약 1억 4,500만 명으로 인도네시아 인구 전체의 56.7퍼센트를 차지했다. 인구 비율은 과거에 더욱 높아 1980년에는 약 62퍼센트였다. 섬의 면적이 북한과 비슷한 12만 9,438평방킬로미터에 불과하다는 사실을 고려하면, 자와 섬에 얼마나 많은 사람이 밀집해 살고 있는지 알 수 있다. 인구밀도는 특히 수도 자카르타가 있는 서부 자와의 북부 해안 지역과 중부 자와의 남부 및 북부 해안의 저지대 등이 매우 높다.

자와 섬은 서른 개 이상의 활화산이 활동하는 곳으로 그 화산재는 토양에 영양소를 공급한다. 특히 완만하게 경사진 산기슭의 토지는 배수가 잘되고, 산에서 흘러내리는 강들은 논과 밭에 물과 무기염류를 운반한다. 비옥한 토양과 관개가 용이한 지형 조건은 자와 섬의 저지대에서 일찍부터 벼농사, 특히 수도(水稻) 경작을 발달시켜 왔다. 산악지대인 서부 자와의 화산 고원에서는 계단식 논에서 정교한 관개를 통해 벼농사를 하기도 하지만, 대부분의 산악지대에서는 차·커피·고무 등을 재배한다. 그러나 자와 섬에도 족자카르타 즉 요그야카르타(Yogyakarta) 동남부의 석회암 지역인 구농 스우(Gunung Sewu)처럼 농사가 거의 불가능한 지역도 있다.

인도네시아는 자와 섬의 인구학적 및 정치·경제적 중요성 때문에 크게 자와 섬과 나머지 외곽 도서들로 양분된다. 유리한 농업 조건을 갖춘 자와 섬이 인구가 많은 데 비해, 외곽 도서들은 지형이 전반적으로 벼농사에 적합하지 않아 인구밀도가 낮다. 예컨대 수마트라 섬에도 활화산이 몇 개 있지만, 대부분 알칼리성이 아닌 산성 분출물을 내뿜을 뿐만 아니라 화산재를 품은 표토가 침식되어 토양이 척박하다. 칼리만탄 섬의 해안지대는 배수가 잘되지 않고 내륙은 기복이 심한 구릉으로 덮여 있다. 술라웨시 섬은 대부분 산악지대로 넓은 저지대 평야가 거의 존재하지 않는다. 경제적 측면에서 볼 때, 자와 섬이 현지인 자급자족을 위한 벼농사로 대표된다면, 외곽 도서들은 수출용 작물을 생산하는 플랜테이션과 광산 및 유전이 발달한 지역이다.

한편 마두라 섬은 자와 섬 동북부 해안의 석회암 지형이 뻗은 곳으로, 토양이 빈약하고 벼농사는 해안의 좁은 지역에 국한되어 있어 많은 마두라족이 동부 자와로 이주해 왔다. 동부 자와는 발리(Bali)족도 많이 들어와 있는 다양한 종족의 혼합 지역이다. 자와적 요소가 가장 강한 곳은 중부 자와다. 그에 비해 서부 자와는 순다(Sunda)족이 많이 사는 곳이다. 순다족은 해협 건너 남부 수마트라 섬의 람풍(Lampung)족과 종족적으로 가까운 관계에 있다.

중부에서 동부까지 해발 3,000미터 이상의 산이 즐비한 자와 섬의 지세는 누사 틍가라의 발리 섬과 롬복 섬으로 이어진다. 누사 틍가라의 섬들은 동쪽으로 갈수록 건조해지고 토양이 척박해지며, 그에 따라 인구밀도가 점차 낮아진다. 말루쿠 제도는 18세기까지 정향(丁香, clove)과 육두구(肉荳蔻, nutmeg) 등 향료 산지로 유명했으나, 향료가 무역 상품으로 더 이상 중시되지 않는 오늘날 낙후되어 있다. 인도네시아에서 가장 낙후된 지역은 서뉴기니로, 인구밀도가 가장 낮고 원주민인 흑인계통의 파푸아족은 인도네시아 사회에 가장 통합되지 않은 소수민족이다.

칼리만탄 지역은 일 년 내내 비가 오지만 땅이 바위투성이인데다가 지금까지 화산 폭발이 일어나지 않아 토양이 척박하다. 그리하여 남부 해안 일대에만 어느 정도 주민이 살고 나머지 지역은 인구밀도가 매우 낮다. 하지만 석유, 금, 목재 등 자원이 풍부한 칼리만탄 지역은 수마트라 섬과 더불어 인도네시아의 국민총생산에서 중요한 몫을 담당한다. 이와는 달리 술라웨시 섬은 수출용 자원이 별로 없다. 사람이 어느 정도 사는 곳은 북부와 남부 지역이다. 남부는 주민들이 약간의 벼농사와 수산업과 함께 전통적으로 항해 활동에 종사해 온 지역으로, 특히 부기스(Bugis)족은 탁월한 항해 기술로 유명하다.

필리핀

필리핀은 약 7,100개의 섬들로 되어 있으며, 그중 사람이 사는 곳은 약 1,000개에 불과하다. 필리핀 열도는 북부의 루손 섬, 남부의 민다나오(Mindanao) 섬, 그리고 이 두 섬 사이에 놓여 있는 비사야(Visaya) 제도 등 세 그룹으로 나뉜다. 루손 섬과 민다나오 섬의 면적은 각각 11만 평방킬로미터, 9만 7,000평방킬로미터로, 이 두 섬이 필리핀 영토의 3분의 2를 차지한다. 민다나오 섬 서남쪽에 칼리만탄 섬 쪽으로 길게 흩어져 있는 술루(Sulu) 제도는 민다나오 섬과 함께 민다나오 군도를 형성한다. 비사야 제도의 주요 섬들로 민도로(Mindoro, 9,800㎢), 사마르(Samar, 13,000㎢), 파나이(Panay, 11,500㎢), 네그로스(Negros, 12,700㎢), 팔라완(Palawan, 11,600㎢), 레이테(Leyte, 7,000㎢), 세부(Cebu, 4,400㎢), 보홀(Bohol, 3,900㎢) 등이 있다. 이 여덟 개 섬들과 루손·민다나오를 합치면 필리핀 영토의 약 92퍼센트가 된다.

필리핀 국토 전체를 보면, 루손 섬에서 민다나오 섬까지 여러 산맥이 발달해 있는 형국이다. 산맥의 흐름은 루손, 민도로, 파나이, 네그로스, 민다나오 등 남중국해 연안에 위치한 섬들에서 해발 2,000미터 이상의 고산준령을 이루며, 특히 루손 섬과 민다나오 섬에서는 거의 3,000미터 높이까지 솟아 있다. 산들은 상당 부분 화산들이며, 일부는 아직도 활동 중이다. 1991년 폭발한 루손 섬의 피나투보(Pinatubo) 화산이 대표적인 예다.

이러한 산악지대 외에 내륙 저지대에는 충적평야가 발달해 있어 해안가 저지대와 함께 농업 생산과 도시 형성을 위한 공간을 제공해 왔다. 2015년 통계에 의하면, 루손 섬에 약 5,450만 명, 민다나오 군도에 약 2,410만 명, 비사야 제도 및 팔라완 섬에 2,230만 명이 거주한다. 루손 섬의 인구가 필리핀 전체 인구의 54퍼센트를, 민다나오 군도의 인구가 약 24퍼센트를 차지한 것이다. 민다나오 섬과 술루 제도에 인구가 많은 것은 칼리만탄 섬과 술라웨시 섬 그리고 특히 향료 산지인 말루쿠 제도와 가까운 이 지역이 일찍부터 외부 세계와 활발하게 무역 접촉을 해 왔으며, 필리핀에서 이슬람이 가장 먼저 도입된 곳이라는 점과 관련이 있을 것이다. 루손 섬은 빈번한 화산 폭발의 영향으로 토양이 비옥하다는 점 외에도 중국과 가깝고 특히 스페인 식민 통치가 집중되어 온 지역이라는 사실 때문에 많은 주민을 끌어들였던 것으로 보인다. 피나투보 화산 폭발 외에도, 마욘(Mayon) 산은 1616년부터 1978년까지 서른여섯 번, 타알(Taal) 산은 1572년부터 1976년까지 스물여섯 번 폭발했다.

그림 3 필리핀 루손 섬 이푸가오족의 계단식 논

제3장

동남아시아 역사의 개관

1. 동남아시아의 역사와 문화를 어떤 시각에서 볼 것인가

동남아시아의 역사와 문화 연구는 식민주의 시대에 본격적으로 시작되었다. 연구를 주도한 서양 학자들은 서구 중심적 시각에서 비서구권 역사와 문화를 이해하고 기술했다. 이 점에 대해 독일계 미국인 경제사학자이자 사회학자인 안드레 군더 프랑크(Andre Gunder Frank)는 다음과 같이 말한다.

> 이 역사가들은 자기 '국가/국민'의 울타리를 넘어 '유럽' 또는 '서양'이 예나 지금이나 세계 나머지 부분의 '배꼽(심장이며 영혼)'이라고 주장하기에 이르렀다.…철저히 서구 일변도의 그런 역사가가 기록하는 시간의 터널은 이집트와 메소포타미아에서 시작되어 고대 그리스와 로마를 거쳐 중세 (서)유럽을 지나 근대로 이어졌다. 페르시아인·터키인·아랍인·인도인·중국인은 어쩌다 양념처럼 다루어졌다. 아프리카·일본·동남아시아·중앙아시아의 여러 민족은 아예 언급조차 되지 않았다.[1]

동남아시아에 관해 글을 쓴 서양 학자들은 이 지역의 고대 역사와 문화가 인도와 중국의 영향에 의해 형성되었으며, 근대 역사와 문화는 16세기 유럽인들의 도래 이후 전개되기 시작했다고 주장했다. 동남아시아 역사 발전의 의존성을 강조하는 이러한 연구는 식민 지배를 정당화하는 데 기여했다. 외부적 시각에서 접근한 동남아시아의 역사와 문화에 대한 관찰은 식민주의 배경을 갖고 있으며 서구 중심적이기 때문에 토착 문화의 자율성보다는 타율성을 강조하며 특수성과 고유성을 무시하고 보편성과 일반성을 중시하는 경향이 있다. 이러한 연구 경향은 적어도 1960년대까지 동남아시아의 역사와 문화에 대한 서양 학자들의 글에서 흔히 발견될 수 있다.

반면에 동남아시아의 역사·문화에 대한 내부적 시각의 연구는 동남아시아 국가들의 정부와 현지인 학자들에 의해 주도되며, 특히 1960년대 이후 대부분의 동남아시아 국가들이 국민국가 형성의 이념적 바탕의 하나로 민족주의 역사관을 수립하는 과정에서 나타났다. 민족주의 역사관은 무엇보다도 동남아시아의 신생 국민국가들의 역사 교과서에 반영되어 역사 기술의 방향과 성격을 결정지었다. 그러한 역사관은 자국 중심의 대외관계와 자민족 특히 다수민족 중심의 국민국가 건설 및 다수민족 중심의 문화를 정당화하기 위해 종종 역사과 문화를 왜곡되게 해석해 왔다.

내부적 시각의 문제는 자민족 중심주의로 요약될 수 있다. 자민족 중심주의는 다민족의 사회구조를 갖는 동남아시아 국가들에서 종종 다수민족 중심의 국가 운영을 낳았다. 미얀마의 버마족, 낀(Kinh, 京)족이라고도 불리는 베트남의 비엣족, 태국의 타이족, 라오스의 라오족, 캄보디아의 크메르족, 인도네시아의 자와족, 말레이시아의 말레이족, 싱가포르의 화인 등이 다수민족이다. 다수민족 위주의 국가 운영은 미얀마를 비롯한 동남아시아의 여러 나라에서 다수민족과 소수민족들 간 심각한 종족 분쟁의 주원인이 되어 국민 통합을 어렵게 만들어 왔다.

외부적 시각과 내부적 시각의 이러한 특징과 문제점을 염두에 둘 때, 한국인으로서는 동남아시아의 역사와 문화를 과연 어떤 시각에서 이해해야 할 것인가? 한편으로는 외부적 시각의 오리엔탈리즘에 빠지지 않아야 하며, 다른 한편으로는 내부적 시각의 자민족 중심주의를 따르지 않아야 한다는 것은 당연하다. 그러나 외부적 시각과 내부적 시각은 상황에 따라 필요할 때도 있다.

외부적 시각은 내부적 시각에서 결여되기 쉬운 객관적 및 전체적 시각을 제공한다. 객관적·전체적 시각은 특히 동남아시아 한 국가의 역사와 문화의 많은 측면이 그 국가를 포함한 지역 전체 즉 동남아시아 혹은 아시아의 전체적 구조에서 이해되어야 한다는 점에서 중요하다. 외부적 시각은 또한 다민족 사회에서 다수민족 중심의 내부적 시각이 갖는 문제점을 드러내고, 간과되기 쉬운 소수민족의 정치·경제 및 문화적 역할에 대한 보다 정당한 평가를 가능하게 한다.

그에 비해 내부적 시각은 자국 내지 자민족의 특수성과 고유성을 보다 중시한다. 동남아시아 국가들처럼 대부분 개발도상에 있는 나라에 관한 연구에서는 그 나라의 고유한 토착적 발전 법칙을 파악하는 것이 요구된다. 예컨대 한 국가의 종교는 외부적 시각에서는 종종 배타적 민족주의를 위한 도구로 사용된다는 부정적인 평가를 받을 수 있다. 그러나 태국의 불교나 말레이시아의 이슬람처럼 특정 종교가 한 나라 및 민족의 문화적 구심점이자 정체성의 핵심으로서 국민국가의 형성 과정에서 결정적인 역할을 해 온 것을 이해하기 위해서는 내부적 시각이 동원되어야 한다.

2. 동남아시아의 선사 문명

민족들의 이동 및 형성

동남아시아의 민족들은 오스트랄로이드(Australoid)와 몽골로이드(Mongoloid)라는 두 인류 집단의 이주와 확산을 통해 이루어졌다고 본다. 동남아시아에는 오스트랄로이드가 먼저 들어와 살고 있었다. 키가 작고 곱슬머리이며 특히 피부색이 검은 오스트랄로이드는 말레이시아와 필리핀의 니그리토(Negrito)와 뉴기니 섬에서 인도네시아 동부의 섬들까지 분포해 있던 멜라네시아(Melanesia)인을 포함한다. 동남아시아

그림 4 필리핀 루손 섬 피나투보 산 일대에 사는 아이타족

뿐만 아니라 오스트레일리아 등 오세아니아 지역에도 퍼져 있었던 오스트랄로이드는 황색 인류인 몽골로이드가 아시아 대륙에서 동남아시아로 이주·확산함에 따라 점차 외곽 지역으로 쫓겨나거나 혼혈을 통해 몽골로이드에 흡수되거나 멸절되었다. 오늘날 동남아시아에 잔존해 있는 대표적인 오스트랄로이드는 말레이 반도의 스망(Semang)족과 팡안(Pangan)족, 인도네시아 서파푸아주의 파푸아족, 필리핀의 아이타(Aeta)족 등이다.

몽골로이드, 보다 정확하게는 남방계 몽골로이드(Southern Mongoloid)는 오늘날 동남

아시아의 대륙부와 도서부에 사는 다양한 민족을 포함한다. 이들은 오스트로아시아(Austroasiatic), 중국-티베트(Sino-Tibetan), 오스트로네시아(Austronesia), 따이-까다이(Tai-Kadai), 몽-미엔(Hmong-Mien) 등 다섯 어족으로 구분된다.

오스트로아시아 어족 중 동남아시아에 퍼져 있는 것은 그 하위 그룹인 몬-크메르(Mon-Khmer) 어파의 민족들로, 베트남의 비엣족, 캄보디아의 크메르족, 미얀마와 태국의 몬족, 말레이 반도와 태국 북부의 몇몇 수렵·채집 종족을 포함한다. 크메르족은 적어도 4천 년 전에 오늘날의 캄보디아와 남부 베트남에 정착한 것으로 보고 있다. 비엣족은 기원전 10세기와 8세기 사이에 베트남 북부에서 반랑(Van Lang, 文郎) 등의 왕국을 설립한 것으로 추측되며, 기원후 점차 남쪽으로 확산해 오늘날의 베트남 영토를 차지했다.

중국-티베트 어족 중 동남아시아에 있는 것은 티베트-버마(Tibeto-Burman) 어파의 민족들이다. 이들은 기원전 2000~1000년에 현 중국의 간쑤(甘肅)성 지방에서 동부 티베트 지방으로 이주해 들어온 것으로 추측된다. 이들은 그 후 쓰촨(四川)성을 포함한 서부 및 중부 중국에서 남쪽으로 이동해 오늘날 미얀마의 버마족, 까친족, 꺼잉족 등을 형성했다.

따이-까다이 어족은 윈난·구이저우(貴州)·광시(廣西)·광둥(廣東) 등 중국 남부와 베트남 서북부에서 남하해 오늘날 라오스의 라오족과 태국의 타이족과 미얀마 동북부의 샨족을 이루었으며, 그 이동은 지난 1,000년 동안 일어난 것으로 보고 있다. 몽-미엔 어족은 중국 양쯔(揚子)강 중부 유역에서 남하해 오늘날 미얀마, 태국, 라오스, 베트남 북부의 산악지대에서 이른바 '고산족'으로 살고 있는 다양한 몽(Hmong)족과 미엔(Mien)족을 형성했으며, 그 이동은 지난 수백 년에 걸쳐 진행되었다. 몽족과 미엔족은 중국에서는 각각 먀오(苗)족과 야오(瑤)족으로 불린다.

오스트로네시아 어족은 중국 양쯔강 이남 지역에서 약 6천 년 전에서 5천 년

지도 3 오스트로네시아 어족의 범위

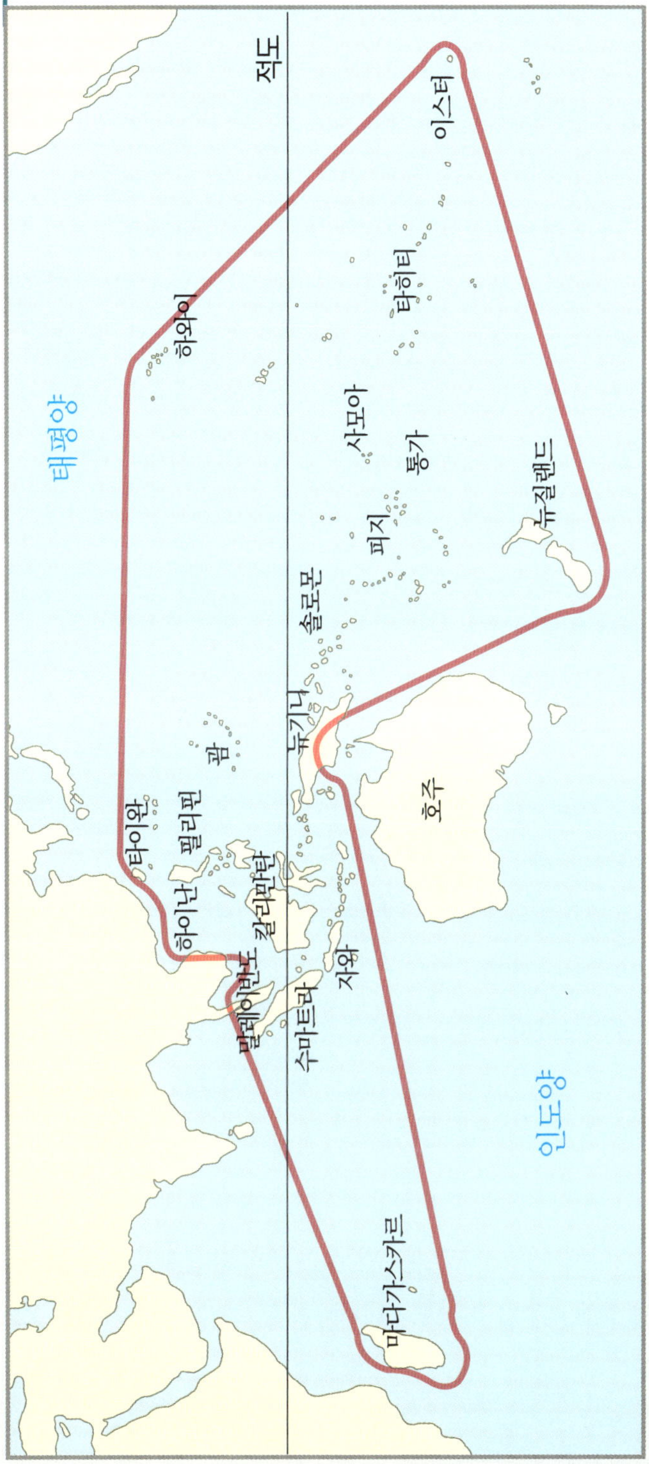

전 사이에 타이완 섬으로 이주했으며, 타이완에서 약 5천 년 전에서 4,500년 전 사이에 루손 섬을 비롯한 필리핀의 여러 섬으로 이주했다. 그들의 한 그룹은 그 후 약 4,500년 전부터 3,500년 전 사이에 필리핀 열도를 거쳐 술라웨시, 자와, 수마트라 등 인도네시아의 섬들로 퍼졌다. 다른 그룹은 약 3,500년 전부터 3천 년 전 사이에 필리핀에서 말루쿠 제도와 소순다 열도로 내려갔다. 그리하여 그들은 기원전 1000년경이 되면 루손 섬에서 수마트라 섬까지 도처에 정착해 있었다.

자와, 수마트라 등에 있던 오스트로네시아인의 일부는 약 3,500년 전부터 2,500년 전 사이에 말레이 반도와 칼리만탄 섬 그리고 인도차이나 반도까지 진출해 베트남과 캄보디아의 오늘날 짬(Cham)족과 자라이(Gia Rai)족을 비롯한 산악 지역의 여러 토착 종족을 이루었다. 그 후 오스트로네시아인은 아프리카 동부의 마다가스카르(Madagascar) 섬까지 항해했다. 그들의 후손은 마다가스카르 주민의 다수를 구성하고 있으며, 언어와 문화적 요소들이 주민들의 삶에 오늘날까지도 남아 있다. 또한 그들은 동쪽으로는 뉴기니 섬과 미크로네시아의 여러 섬들 그리고 사모아(Samoa)와 피지(Fiji) 등 폴리네시아의 섬들뿐만 아니라 뉴질랜드와 하와이, 더 나아가 타히티 섬과 마키저스(Marquesas) 제도까지 항해했다.

오스트로네시아 어족의 언어를 쓰는 사람들은 1500년경 당시 세계에서 가장 넓게 분포되어 있던 언어 집단이었다. 오스트로네시아인의 광범위한 확산을 가능하게 했던 것은 무엇보다도 그들의 뛰어난 선박 건조기술과 항해술 덕택이다. 그들은 거센 풍파를 헤쳐 나가고 장거리 항해를 할 수 있도록 선체를 여러 겹으로 만들고 가로돛을 세웠으며 특히 뱃전에 밖으로 팔처럼 뻗은 아우트리거를 붙였다. 이와 관련해 재레드 다이아몬드는 오스트로네시아 어족의 사람들을 "신석기 시대 인류 중 가장 뛰어난 항해자들"이라고 부르면서, "아우트리거가 양쪽에 달린 돛을 단 카누야말로 중국 본토로부터 오스트로네시아인의 팽창을 촉발시켰던 획기적인 기술

그림 5 필리핀 루손 섬 서부 해안의 현대판 아우트리거 보트

발전이었는지도 모른다"고 말한다.[2]

석기문화와 청동기 및 철기문화

베트남 하노이의 서남부에 위치한 호아빈(Hoa-binh)성에서 발굴된 조약돌, 박편(剝片)석기, 마제석기, 토기 등을 근거로 재구성된 동남아시아의 구석기문화는 그 지명을 따서 '호아빈 문화'라고 부른다. 호아빈 문화는 베트남 북부뿐만 아니라 캄보디아, 태국, 말레이 반도의 중부 및 북부, 수마트라 섬의 북부 그리고 중국 남부에서도 확인되며, 인도네시아와 필리핀의 섬들에서도 이와 비슷한 구석기문화가 발달되었을 것으로 추정된다. 호아빈 문화의 주민들의 생계활동은 주로 채집과 수렵 및

어로였다. 태국 동북부의 한 동굴에서 빈랑 열매를 포함한 여러 식용식물의 유물이 출토되었는데, 이로써 호아빈 구석기문화의 주민들이 원예농업에도 종사했을 것이라는 추측이 가능하다.

동남아시아의 신석기문화는 오스트로네시아인에 의해 성립되었다. 신석기문화는 약 5천 년 전에서 2,500년 전 사이에 필리핀 열도와 인도네시아 군도 그리고 말레이 반도 및 인도차이나 반도에 온 오스트로네시아인에 의해 도입되었다. 이들은 '프로토-말레이(Proto-Malay)' 즉 '제1차 말레이인'이라고 불린다. 오스트로네시아인은 또한 동남아시아의 청동기·철기문화의 성립 및 발달에서도 중요한 역할을 했다. 예컨대 남부 베트남에서 발달한 사후인(Sa Huynh) 청동기·철기문화는 짬족이 일으킨 것이었다. 청동기·철기문화를 갖고 온 오스트로네시아인은 '듀터로 말레이(Deutero-Malay)' 즉 '제2차 말레이인'이라고 불린다. 더욱 진보된 농업 기술과 철기 사용의 지식을 갖춘 이들에 의해 기원전 수백 년 전에 상당히 높은 생산력을 갖춘 농경문화가 동남아시아 도처에 발달해 있었다.

듀터로 말레이는 수시로 이동하면서 수렵과 채집으로 생계를 유지한 프로토 말레이와는 달리 정착해서 마을을 이루고 상업 및 무역에 종사했다. 듀터로 말레이는 오늘날 말레이시아의 말레이족, 인도네시아의 자와족, 필리핀의 타갈로그족 등 동남아시아 도서부의 지배적인 민족들을 형성했다. 프로토 말레이의 후손들로는 오늘날 수마트라 섬의 바탁족, 칼리만탄 섬의 다약(Dayak)족, 필리핀의 이고롯(Igorot)족 등을 들 수 있다.

3. 동남아시아의 고대 왕국

동남아시아 고대 세계의 만달라

전근대 시기 동남아시아에는 '국가(state)' 개념이 존재하지 않았다. 현대 사회과학의 토대를 놓은 학자 중 하나인 독일의 막스 베버(Max Weber)는 '국가'의 특징을, 법에 의해 규정된 행정제도가 수립되어 있으며, 구속력 있는 권위가 그 행정적 관할권 내의 모든 사람에게 미치고, 그러한 권위가 합법적으로 사용되는 것이라고 보았다. 이러한 근대적 개념의 '국가'가 동남아시아에 도입된 것은 식민주의 시기 서양인들에 의해서였다.

그렇다면 전근대 시기 동남아시아의 나라들은 서구적 기원의 '국가' 대신 어떤 개념으로 이해되고 설명될 수 있을까? 혹은 동남아시아의 토착적인 시간 및 공간적 풍토에 보다 적절하게 적용될 수 있는 '국가' 패러다임은 무엇인가? 이러한 의문에 대해 지난 수십 년 동안 여러 대안이 나왔는데, 그중 가장 널리 알려진 것이 올리버 월리엄 월터스가 1980년에 제기한 '만달라(maṇḍala)' 개념이다.

산스끄리뜨어인 '만달라'는 '둥근 것, 원, 원반' 등을 뜻하며, 여기에서 파생해 '주변 지역' 혹은 '한 왕국과 그 원근(遠近) 이웃 국가들을 포함한 지역의 범위' 등을 가리킨다. 월터스의 설명에 따르면, 만달라는 고정적인 경계가 없으며, 그 범위 내의 작은 나라들은 자신의 안전을 위해 모든 방향으로 기웃거리는, 그리고 지리적으로 규정되기 어려운 애매모호한 지역에서의 불안정한 정치적 상황을 표상한다. 이러한 만달라의 대표적인 예로 인도차이나의 앙코르 왕국을 들 수 있다. 앙코르 왕국의 만달라는 대략 11세기부터 13세기 초까지의 전성기에 오늘날 태국의 대부분 영토와 캄보디아 그리고 라오스 중부 이남과 베트남 중부 이남의 영토를 지배하다가 13세기 말 이후 쇠퇴하기 시작했다. 이 무렵 태국과 라오스에서 새로운 만달라들이 등장하기 시작했으며, 15세기에는 태국의 아유타야 왕국이 인도차이나의 강력한 만달라로 부상했다.

북부 베트남의 첫 왕국

오늘날 베트남 민족의 조상 중 핵심 부분을 이루는 락(雒/駱)족은 홍강 일대에서 부족국가를 일으켰다. 고대 베트남의 정치와 문화는 홍강 삼각주를 중심으로 전개되었다. 역사적으로 입증된 첫 왕국은 기원전 3세기 중엽에 건설된 어우락(Au-lac) 왕국이다. 보다 분명한 실체와 구체적인 역사를 보여 주는 것은 기원전 3세기에 등장한 남비엣(Nam Viet, 南越) 왕국이다. 베트남은 기원전 111년에 한(漢)의 식민지가 되어 이후 1,000년 넘게 중국의 통치를 받았는데, 이 기간 언어, 의식주, 종교, 행정 제도, 문학, 예술, 기술 등 다양한 분야에서 중국 문화가 베트남 사회에 깊이 스며들었다. 베트남 민족은 중국과의 전쟁에서 이겨 939년에 독립해 응오(Ngo, 嗚) 왕조를 세웠다. 베트남의 영토는 이 시기까지만 하더라도 현 베트남 북부에 국한되어 있었다. 그 후 여러 왕조를 거쳐 11세기 초에는 리(Ly, 李) 왕조가 들어섰는데, 1054년 국호를 다이비엣(Dai Viet, 大越)으로 정했다. 베트남은 13세기 말에는 몽골 군대의 침입을 물리쳤다.

베트남은 1407년 명(明)의 침공으로 다시 중국의 식민지가 되었지만, 레러이(Le Loi)가 저항 운동을 일으켜 1427년 중국 군대를 몰아내고 1428년 레(Le, 黎) 왕조를 세웠다. 레 왕조는 초기부터 유교 이념을 수용해 국가 제도를 정비해 나갔다. 그리하여 왕조의 창건자인 타이또(太祖) 황제(재위 1428~1443)는 유학을 장려했으며 유교 지식을 바탕으로 한 과거제도를 도입했다. 특히 타인똥(聖宗) 황제(재위 1460~1497)는 중앙집권적인 행정제도를 확립하고 베트남 역사상 최초의 성문법인 『국조형률(國朝刑律)』을 편찬해 법 행정을 체계화했다.

캄보디아의 부남과 중부 베트남의 짬빠

동남아시아 대륙부에서 베트남 다음으로 등장한 왕국은 1세기 말에 세워진 것으로 보이는 캄보디아 남부의 부남(扶南) 왕국이다. 중국 사료에 의하면, 요(徼)라는 나라로부터 '귀신을 섬기는 사람인 혼전(混塡)'이 배를 타고 부남 땅에 도달했으며 그곳의 여왕인 유엽(柳葉)을 아내로 삼고 나라를 다스렸다고 한다.[3] '요'는 인도나 말레이 반도 지역으로 간주되며, '귀신을 섬기는 자'는 인도의 브라만을 가리키는 것으로 보인다. 이 설화에서 동남아시아의 초기 왕국 건설 과정에 미친 인도의 영향의 한 면을 볼 수 있다. 부남은 3세기 초에 크게 팽창해 그 영향력이 서쪽으로는 말레이 반도 중부에서 미얀마까지 이르렀고 동쪽으로는 베트남 중부에 닿았다. 이러한 국력의 바탕에는 해상무역을 통한 경제적 힘이 있었다.

부남의 민족에 대해서는 몬-크메르 어파의 민족이라는 설, 오스트로네시아 어족의 민족이라는 설, 이 두 가지 민족의 혼합이었다는 설 등 여러 가설이 존재한다. 하지만 부남이 다른 말레이계 민족들과 마찬가지로 활발한 해상무역 활동을 전개했다는 점을 고려해 볼 때, 그들을 오스트로네시아 어족의 민족으로 보는 것이 타당할 것이다.

해상무역을 기반으로 번영했던 부남은 5세기부터 쇠퇴하기 시작했다. 그것은 무엇보다도 4세기 중국인이 동남아시아 무역에 적극적으로 참가하게 되면서 인도네시아 군도와 중국 간 직접적인 교역이 발달해 부남의 중계무역 역할이 줄어들었기 때문이었다. 약화된 부남은 5세기에 짬빠(Champa)의 공격을 받았으며 6세기 중엽에는 크메르족의 공격을 받아 멸망하고 말았다.

2세기 말에 베트남의 중부에서 짬빠 왕국이 성립되었다. 이 왕국은 중국 사료에는 처음에는 임읍(林邑)으로 알려졌다가 8세기 중엽부터 9세기 중엽까지는 환왕(環王)으로, 그 후로는 점성(占城)으로 기록되었다. 짬빠를 건설한 오스트로네시아 어족의 짬족도 항해술을 바탕으로 일찍부터 동남아시아와 인도 그리고 남중국해 연안을 연결하는 중계무역을 발전시켰다. 오늘날 꽝남(Quang Nam)과 다낭 일대를 중심으로 발전한 짬빠는 종종 군사적 원정을 통해 북쪽으로 베트남을 공격했을 뿐만 아니라 메콩강 유역으로의 진출도 꾀해 부남과 충돌했다. 특히 부남과의 전쟁은 남중국해 무역에서의 지배적인 위치를 둘러싼 경쟁에서 비롯된 것이었다.

캄보디아의 앙코르 왕국

크메르족은 인도 동북부와 중국 서남부 사이에 살다가 메콩강을 따라 내려와 처음에는 라오스 남부와 태국 동북부의 코랏 고원 일대에 정착했다. 그들은 여러 성읍국가를 세운 것으로 보이는데, 모두 부남 왕국의 영향하에 놓여 있었다. 그 성읍국가들 중 메콩강 중류 지역의 육진랍(陸眞臘)과 오늘날 캄보디아 및 메콩강 하류 지역의 수진랍(水眞臘)이라는 두 왕국이 8세기 초에 발전했다.

분열된 크메르족의 세력은 약화되어 수진랍은 790년에 인도네시아 자와 섬의 사일렌드라(Sailendra) 왕국의 침공을 받아 그 속국이 되었다. 자와에 잡혀간 크메르족 왕자 쩨이봐르만(Jayavarman) 2세는 귀국 후 사일렌드라인을 몰아내고 분열된 진랍을 통일했다. 그는 수도를 똔레삽 호수 서쪽의 시엄리업(Siemreap) 지역에 두고 802년에 앙코르 왕국을 세웠다. 진랍과 앙코르 왕국을 건설한 크메르족은 농업을 기반으로 한 민족으로서 부남의 해상무역 전통을 이어 가지 못했다.

앙코르 왕국의 역사는 많은 전쟁과 신전 건축으로 점철되어 있다. 신전들은 대개 왕실의 선조들을 모시고 신들에게 제사를 드리는 곳이었으며, 그것은 통치의 정당화를 위한 것이었다. 앙코르 왕국의 대표적인 힌두교 신전인 앙코르왓(Angkor Vat)은 12세기 전반 소리야바르만(Suryavarman) 2세 시대에 건설되었다. 가장 활발한 신전 건축 활동을 벌인 왕은 쩨이봐르만 7세(재위 1181~1218)였다. 그는 앙코르톰(Angkor Thom)이라는 도시를 완성하고 그 안에 대승불교 신전인 바욘(Bayon)을 지었다. 숱한 신전 건축과 빈번한 전쟁으로 국가의 에너지가 고갈된 앙코르 왕국은 1431년에 태국의 공격으로 멸망했다. 그 후 오늘날 프놈펜 근처로 도읍을 옮긴 캄보디아의 왕조들은 태국의 영향하에 들어갔다.

그림 6 앙코르톰의 남문(南門)

미얀마와 태국과 라오스의 불교 왕국들

미얀마의 지배 민족인 버마족의 왕조가 건설되기 전에 미얀마 땅에는 몬족과 쀼(Pyu)족의 왕국들이 있었다. 몬-크메르 어파에 속하는 몬족은 일찍이 소승불교 즉 상좌불교를 받아들였으며 인도의 법전을 수용하고 인도의 빨라바(Pallava) 문자를 본떠서 몬 문자를 만들었다. 몬족의 일부는 태국 땅으로 들어가 중부 지역에서 6세기에 산스끄리뜨어로 '드바라바띠(Dvaravati)', 타이어로는 '타와라와디'라고 부르는 문화를 형성했으며, 9세기 초에는 북부 지역에서 산스끄리뜨어로 '하리뿐자야(Haripuñjaya)', 타이어로는 '하리푼차이'라고 부르는 왕국을 건설했다. 몬족은 또한 떠통(Thaton)을 중심으로 미얀마 남부에서 지배적인 세력을 이루고 있었다. 티베트-버마 어파에 속하는 쀼족은 중국에서는 한자로 '표(驃)'로 표기된 민족으로, 2세기에 중국 서남부에서 미얀마 땅으로 들어와 중부의 삐에 근처에 왕국을 세웠다. 쀼족의 왕국은 9세기 초에 중국 윈난성의 남조(南詔) 왕국의 공격으로 멸망했으며, 이후 쀼족은 몬족 혹은 버마족에 흡수되어 그 자취가 사라지고 말았다.

중국 서남부에서 9세기에 미얀마의 에야워디강 유역 일대에 들어온 것으로 보이는 버마족은 11세기 중엽에 몬족의 세력을 꺾고 버강을 수도로 하는 왕국을 세웠다. 몬족으로부터 상좌불교와 문자를 수용한 버강 왕국은 수많은 사원과 불탑을 세웠으나 1287년 몽골 군대의 공격으로 멸망했다. 버마족 왕국의 붕괴로 몇몇 소수민족이 흥기했다. 몬족은 남부 지방에서 13세기 말 버고와 목뜨마를 중심으로 독립 왕국을 일으켰으며, 샨족은 동북부 지방에서 14세기 초 삥야(Pyinya) 왕조와 저가잉(Sagaing) 왕조를 세웠다. 이 두 왕조는 1364년 미얀마 중부의 잉와에 등장한 잉와(Inwa) 왕조로 통합되었다. 서쪽에서는 여카잉족이 1430년 므라욱우(Mrauk-U) 왕조를 건설했다.

11~12세기 앙코르 왕국의 주변에 타이족 및 라오족의 성읍국가가 많이 생겨났으며, 13~14세기가 되면 오늘날 태국 땅과 라오스 땅에 여러 왕국이 등장했다. 파응움(Fa Ngum)이라는 라오족 왕자가 크메르 군대의 도움으로 1353년 루앙프라방(Luang Prabang) 즉 루앙파방(Louang Phabang)에 세운 란상(Lan Xang)이 그중 하나다. 란상 왕국의 영역은 파응움 왕의 시대(1353~1372)에 서북쪽으로는 오늘날 중국 윈난성의 징훙(景洪)까지, 동북쪽으로는 오늘날 베트남과의 국경 일대까지, 남쪽으로는 비엔티안(Vientiane) 즉 위앙짠과 사완나켓 그리고 오늘날 태국 동북부의 나콘파놈(Nakhon Phanom)과 로이엣(Roi-et)까지 미쳤다. 란상은 15세기 초까지 인도차이나 반도에서 강국 중 하나로 행세할 수 있었으나 그 후 오랜 기간 침체에 빠졌다.

북부 태국에서는 란상보다 근 1세기 앞서서 망라이(Mangrai)가 란나(Lan Na) 왕국을 건설했다. 1259년 치앙센에서 왕위에 오른 망라이는 몬족의 하리푼차이 왕국을 멸망시키고 1292년 치앙마이를 왕국의 새로운 수도로 삼았다. 그가 도입한 상좌불교는 오늘날까지 란나의 문화적 정체성의 중요한 바탕이 되고 있다. 망라이 왕 시대 란나는 북부 태국에서 상당한 힘을 가진 나라였으나 15세기 말 이후 점차 쇠퇴해 16세기 중엽에 버마족의 따웅우(Taungoo) 왕국에게 점령되어 미얀마의 영향하에 들어갔다. 그 후 대부분의 기간 란나는 버마족의 통제하에 놓여 있다가 1776년 태국에게 정복되어 점차 태국의 영토로 편입되었다.

중부 태국에서 또 다른 타이족 왕국인 수코타이가 1240년대에 세워졌다. 수코타이 왕국의 통치 범위는 람캄행(Ramkhamhaeng) 왕의 치세(1279~1298)에 확장되었다. 수코타이는 란나와 마찬가지로 상좌불교를 받아들여 왕국의 문화적 정체성의 구심점으로 삼았다. 이 왕국은 람캄행 왕의 사후 급격하게 쇠락해 1320년이 되면 성읍국가 수준으로 위축되었고 15세기 중엽에는 소멸되었다. 타이족의 또 다른 왕국인 아유타야는 짜오프라야강 하류에 위치한 아유타야를 수도로 1351년에 창건되었다. 아유타야 왕국은 초기부터 팽창 정책을 펼쳐 1431년에 앙코르 왕국을 정복했다. 아유타야 왕국은 중국과 인도와 동남아시아 국가들과 활발하게 무역을 벌였으며, 이를 통해 강화된 왕실 재정은 왕국이 군사적으로 강력한 힘을 발휘할 수 있는 밑바탕이 되었다.

말레이 반도와 자와 섬의 힌두교 및 불교 왕국들

말레이 반도에서 2세기에 랑아수카(Langasuka) 왕국과 탐브라링가(Tambralinga) 왕국이 건설되었다. 말레이 반도에 이처럼 비교적 일찍 왕국이 등장할 수 있었던 것은 인도와 중국 간 해상 교역에서 차지하는 말레이 반도의 지정학적인 중요성 때문이었다. 인도와 중국 간 해상 교통에서 말레이 반도에 못지않게 유리한 곳은 수마트라 섬과 자와 섬이다. 7세기 중엽 수마트라에서 스리위자야(Srivijaya) 왕국이 건설되었다. 이 왕국은 부남 왕국과 마찬가지로 중국과 인도 간 중계무역을 통해 번영했다. 중국의 기록에 의하면, 12세기 초 스리위자야는 동쪽으로는 자와 섬의 왕국들과 서쪽으로는 인도양 및 아라비아해 연안의 왕국들에서 온 상선들이 중국으로 가기에 앞서 들르는 국제 무역의 중심지였다. 스리위자야는 세 번에 걸쳐 인도 촐라(Chola) 왕국의 공격을 받아 13세기에 멸망했다.

인도를 여행한 중국인 승려 의정(義淨)은 7세기 말 귀국하는 길에 수마트라의 팔렘방(Palembang)을 방문했다. 그가 쓴 인도 및 동남아시아 여행기인 『남해기귀내법전(南海寄歸內法傳)』에 따르면, 당시 팔렘방은 승려가 1천 명 이상 있을 정도로 대승불교가 번성했다. 그는 중국의 승려가 인도에 가서 불교를 배우고 불경을 읽기를 원한다면 그곳에 와서 1년 내지 2년 산스끄리뜨어를 공부하는 것이 좋을 것이라고 말한다.[4] 그가 남긴 다른 여행기인 『대당서역구법고승전(大唐西域求法高僧傳)』에 의하

그림 7 보로부두르 불교 사원

면, 실제로 당시 정고(貞固) 등 네 명의 중국인 승려는 스리위자야에 와서 3년 동안 불경을 배우고 산스끄리뜨어를 익혀 이 언어로 소통할 정도였다고 한다.[5]

자와 섬 중부에서는 750년부터 832년 사이에 사일렌드라 왕국이 번성했는데, 이 왕국의 대승불교 문화는 유명한 보로부두르(Borobudur) 불교 사원을 남겼다. 자와 섬 남부에서는 732년 힌두교 왕국인 마타람(Mataram)이 세워졌다. 이 왕국은 9세기 중엽 사일렌드라 왕조와 결탁해 자와의 통제권을 장악했으며, 929년 크디리(Kediri)로 수도를 옮기고 크디리 왕국을 세웠다. 크디리는 1222년에 일어난 싱하사리(Singhasari) 왕조에게 멸망했다. 싱하사리는 1292년까지 자와 섬 동부를 중심으로 마두라 섬과 발리 섬까지 영향력을 미쳤다. 그 뒤를 이어 일어난 마자파힛(Majapahit) 왕국은 자와 섬의 마지막 힌두교 왕국으로, 14세기 후반에 크게 번성해 말레이 반도, 칼리만탄 섬, 말루쿠 제도에 이르기까지 오늘날 말레이시아와 인도네시아의 대부분을 지배하는 해양 제국으로 발전했다. 그러나 마자파힛은 15세기에 이슬람 세력이 서쪽에서 점차 확산되면서 쇠퇴하기 시작해 1527년 이슬람 왕국인 드막(Demak)에게 정복되고 말았다.

4. 도서 동남아시아의 유럽과의 접촉

16세기 초 포르투갈의 믈라카 점령과 인도네시아로의 진출

유럽인의 동남아시아 진출은 1498년 바스코 다 가마(Vasco da Gama)가 동인도로의 항로를 개척함으로써 시작되었다. 이로써 유럽인은 당시 무슬림 상인이 지배하고 있던 향료 무역에 직접 참가할 수 있게 되었다. 그때까지 무슬림 상인은 인도네시아의 향료 산지로부터 인도를 경유해 지중해 연안의 아랍 항구들에 이르는 향료 유통로를 장악하고 있었다.

16세기 초 무슬림 상인보다 우월한 항해기술과 전투력 특히 더욱 강력한 함포를 갖춘 포르투갈인이 아시아에 진출해 인도양에 무역 기지들을 세우기 시작했다. 1511년 아폰소 데 알부케르케(Afonso d'Albuquerque)가 지휘하는 포르투갈 해군이 당시 동남아시아 향료 무역의 가장 중요한 중계무역항인 믈라카를 점령했다. 1510년대 동남아시아를 여행한 포르투갈인 토므 피르스(Tomé Pires)는 "믈라카는 상품을 위해 만들어진 도시로, 세계의 어떤 다른 도시보다 더 적절하다.…믈라카를 지배하는 자는 베네치아의 목을 누른다"고 말했다.[6] 믈라카 점령은 유럽인에게 동남아시아 시장으로의 진입로를 열어 준 중요한 역사적 사건이었다. 포르투갈인은 곧 향료 산지인 인도네시아의 말루쿠 제도로 무역 활동을 확대해 1522년에 당시 말루쿠 제도에서 무역 중심지이자 가장 강력한 정치적 세력의 거점이었던 트르나테(Ternate)에 요새를 세우는 등 인도네시아의 여러 섬에 무역 기지를 건설했다.

16세기 스페인의 진출과 필리핀의 형성

스페인의 필리핀 식민화는 페르디난드 마젤란(Ferdinand Magellan)의 1521년 필리핀 방문에 이어 1565년 미구엘 로페스 데 레가스피(Miguel Lopez de Lagazpi)의 세부 섬 점령으로 시작되었다. 스페인 군대는 우선 중부의 비사야 제도와 북부의 루손 섬을 정복해 나갔다. 스페인의 필리핀 정복이 비교적 용이하게 진행될 수 있었던 것은 무엇보다도 그 당시 루손 섬과 비사야 제도에 인구나 영토의 크기에서 어느 정도 규모를 갖춘 왕국이 없었으며, 가장 큰 정치적 단위라고 해 봤자 고작 수백 명의 주민을 가진 '바랑가이(barangay)'라고 불리는 촌락이었기 때문이었다. 토므 피르스에 따르면, 당시 루손 섬의 그러한 촌락은 왕이 없었고 장로들에 의해 통치되었다.[7] 조직적인 저항력을 갖춘 곳은 오직 술루 제도와 민다나오 섬의 몇몇 이슬람 왕국들뿐이었다.

스페인 군대는 술루와 민다나오의 이슬람 왕국들을 정복하기 위해 노력했지만, 무슬림들의 강력한 저항에 번번이 실패했다. 필리핀 전체에 스페인의 식민 지배가 확립된 것은 술루의 술탄이 항복한 1878년이었다. 이슬람이 강하게 자리 잡고 있었던 남부 지역을 제외한 필리핀 사회는 스페인의 식민 지배하에서 빠른 속도로 가톨릭화되었다. 1571년 스페인은 마닐라를 식민지의 수도로 삼고 필리핀에 자신의 또 다른 식민지인 멕시코에서 이미 확립한 식민 행정체제를 도입했다.

17세기 네덜란드의 진출과 말레이-인도네시아 세계의 변화

중상주의에 입각한 해외무역 개척에 관심이 고조되었던 17세기에는 유럽의 다른 국가들도 아시아 무역에 가담했다. 영국, 네덜란드, 덴마크, 프랑스 등의 동인도회사들은 인도양과 중국해에서의 무역을 두고 서로 경쟁했다. 특히 1619년 바타비아(Batavia) 즉 오늘날 자카르타에 본부를 세운 후 동아시아에서의 무역을 지배하기 위해 노력한 네덜란드 동인도회사는 영국의 동남아시아 진출을 좌절시키고 1641년에 포르투갈로부터 믈라카를 빼앗음으로써 17세기 말에는 동아시아 무역에서 승리자로 남았다. 네덜란드는 19세기 초까지 말레이 반도에서 인도네시아에 이르기까지 도서 세계에 광대한 식민지를 구축했다.

네덜란드의 진출로 말레이-인도네시아 세계의 정치적·경제적 판도는 큰 변화를 겪었다. 네덜란드 동인도회사는 17세기부터 말레이 반도의 주석에 대한 통제권을 장악하고, 자와 섬에서는 후추 무역을 독점하고, 술라웨시와 말루쿠에서는 향료 무역을 독점하기 위해 노력했다. 그 과정에서 인도네시아 군도의 이슬람 왕국들의 흥망성쇠는 네덜란드의 세력 팽창과 긴밀히 연결되어 전개되었다. 예컨대 자와 서부의 반탐(Bantam) 왕국은 후추 무역을 둘러싼 경쟁에서 동인도회사로부터 점차 압박을 당하다가 1680년대에는 내부의 정치적 분쟁에 개입한 동인도회사의 속국으로 전락했다. 중부 및 동부 자와의 마타람 왕국은 동인도회사의 도움으로 17세기 말에 내란을 진압하고 그에 대한 대가로 네덜란드인에게 여러 가지 무역 이권을 주었으며 영토를 할양했다. 이후 마타람은 동인도회사와 충돌하면서 점차 세력이 약화되었으며, 1755년에는 왕위 계승으로 요그야카르타와 수라카르타(Surakarta) 두 왕조로 분열되었고 네덜란드 동인도회사에 의존하는 유명무실한 왕국으로 전락하고 말았다.

5. 16~18세기 대륙 동남아시아 왕국들의 흥망성쇠

베트남

15세기 초에 건설된 레 왕조는 베트남 역사상 가장 장수한 왕조로 1788년까지 지속되었으나, 레 왕실에 의한 실제적 통치는 첫 100년 동안뿐이었다. 15세기 말 이후 레 왕조는 쇠락하기 시작해 도처에서 폭동과 반란이 빈번하게 일어났을 뿐만 아니라 조정에서는 파벌이 형성되어 권력 투쟁을 벌였다. 그 과정에서 한 세력가였던 막당중(Mac Đang Dung)이 실권을 장악하고 1527년에 황제를 칭하며 막씨 왕조를 세웠다. 이에 레 왕조 시대 군사력을 바탕으로 강력한 권력을 구축한 북부의 찐(Trinh) 가문과 남부의 응우옌(Nguyen) 가문이 레 왕실 부흥 운동을 일으켜 1592년에 막씨 정권을 무너뜨렸다. 그러나 재건된 왕조에서 황제는 명목상의 존재일 뿐, 나라는 실권을 쥔 두 가문에 의해 양분되었으며, 두 가문 사이에 1627년부터 1672년까지 전쟁이 벌어졌다.

1771년에 꾸이년(Qui Nhon) 부근의 떠이선(Tayson) 마을에서 응우옌 씨의 세 형제가 일으킨 '떠이선 반란'으로 레 왕조가 멸망했다. 그러나 떠이선 반란은 주체 세력의 분열과 응우옌푹아인(Nguyen Phuc Anh)의 활약으로 오래 지속되지 못했다. 레 왕조의 응우옌 가문 출신인 응우옌푹아인은 태국의 군사적 지원과 프랑스의 도움으로 1788년 남부를 탈환하고 1802년에는 전국을 통일해 베트남의 마지막 왕조인 응우옌 왕조를 세웠다.

레 왕조 시대에 베트남은 남쪽으로의 영토적 팽창을 이룩해 메콩강 하류 지역까지 베트남 땅으로 만들었는데, 이를 '남띠엔(nam tien, 南進)'이라고 한다. 인구는 불어나지만 북쪽의 중국이나 험준한 산맥이 가로막고 있는 서쪽의 라오스로는 뻗을 수 없었던 베트남은 팽창의 가능성을 남쪽에서만 찾을 수밖에 없었으며, 그것은 짬빠 왕국과 캄보디아의 영토적 희생을 요구했다. 짬빠의 영토는 1471년에 그 수도가 정복됨으로써 베트남의 수중으로 넘어갔다. 17세기 초부터 캄보디아에 영향력을 행사하기 시작한 베트남은 캄보디아에 속했던 메콩강 하류 지역을 점차 베트남 땅으로 만들려고 노력했으며, 그것은 18세기 중엽에 완성되었다.

미얀마

샨족의 잉와 왕조는 16세기 전반에 다시 흥기한 버마족에게 멸망했다. 버마족의 떠빙쉐티(Tabinshwehti) 왕(재위 1530~1550)은 미얀마를 재통일하고 1531년 따웅우에 새로운 왕조를 세웠다. 따웅우 왕조(1531~1752)는 버잉나웅(Bayinnaung) 왕의 재위 기간(1551~1581)에 크게 팽창했다. 그는 남부 몬족의 지역을 평정한 후 수도를 버고로 옮기고 그곳을 근거지로 삼아 동쪽의 란나 왕국을 점령한 데 이어 아유타야 왕국과 란상 왕국을 정복했다. 그러나 무리한 정복 전쟁으로 국력이 약화된 따웅우 왕조는 1752년 몬족의 대규모 공격으로 수도가 함락되어 멸망했다.

버마족의 왕조사 전통은 몬족의 군대를 격파한 알라웅퍼야(Alaungpaya)에 의해 지속되었다. 미얀마의 마지막 왕조인 꽁바웅(Konbaung) 왕조(1752~1885)를 세운 알라웅퍼야 왕(재위 1752~1760)은 1752년에 라오스의 루앙파방을 정복하고 1760년 초에는 태국의 아유타야를 공격했다. 대외적 팽창의 기세는 그의 아들 싱뷰싱(Hsinbyushin) 왕(재위 1763~1776)에 의해 최고조에 올라 정복사업이 재연되었다. 싱뷰싱의 군대는 1767년 아유타야 왕국을 멸망시키고 1784년 여카잉 지역을 정복했다. 미얀마의 세력은 그 후 18세기 말까지 계속 서쪽으로 확대되어 결국 영국령 인도와 국경 분쟁을 벌이게 되었다.

태국

아유타야 왕국(1351~1767)은 1569년 미얀마에게 수도가 정복당하는 등 일시적으로 쇠락했으나, 나레수안(Naresuan)의 군사적 영도력과 아유타야 정부의 국가 재건의 노력으로 이미 1590년대에 대륙 동남아시아의 강력한 국가로 거듭날 수 있었다. 나레수안 왕(재위 1590~1605) 시기에 태국은 활발한 대외무역을 통해 경제적으로도 번성했다. 태국의 대외무역은 17세기 전반기에 지속적으로 발전해 나라이(Narai) 왕(재위 1656~1688) 정부는 왕조 역사상 가장 활발한 외교관계와 대외무역의 번영을 경험했다. 특히 1680년대에 전개된 프랑스와의 긴밀한 관계는 양국 간 외교사절의 교환으로까지 이어졌다. 그러나 그의 친유럽적 성향은 관료사회와 불교계의 보수세력에게 반감을 불러일으켜 결국 1688년 '궁정혁명'을 통해 정부가 전복되었다.

18세기 전반 태국은 경제적 번영과 더불어 심각한 내란이나 외부로부터의 군사적 위협이 없이 정치적으로 평화를 누렸고 문학과 예술이 크게 진작되었다. 그러나 태평성대가 지속되는 동안 군사력 강화를 소홀히 한 아유타야 왕조는 1767년 미얀마의 군사적 공격을 받아 멸망했다. 단절된 왕조사 전통은 딱신(Taksin)에 의해 재건되었다. 중국인 아버지와 타이인 어머니 사이에서 태어난 그는 미얀마 군대를 쫓아낸 후 폐허가 된 아유타야를 버리고 톤부리를 수도로 삼아 톤부리 왕조(1767~1782)를 세웠다. 하지만 그는 재위 말기에 불교적 명상을 통한 신비주의적 체험을 추구하면서 불교 군주로서의 비정통적인 행동을 보였으며 중국인들에게 여러 이권을 주고 그들을 고위 관직에 중용해 관료사회의 반발을 샀다. 결국 딱신은 1782년 쿠데타로 폐위되었고, 그의 신하 중 가장 강력한 짜끄리(Chakri)가 권력을 차지했다. 짜끄리는 수도를 톤부리에서 방콕으로 옮기고 짜끄리 왕조 즉 라따나꼬신

(Ratanakosin) 왕조(1782년~현재)를 창건해 현대 태국의 바탕을 놓았다.

라오스와 캄보디아

15세기부터 약화된 란상 왕국은 몇 개의 '므앙(mueang)' 즉 성읍국가들로 분열되어 있었고 주위의 강국들에게 침범을 당했다. 이미 15세기에 베트남의 영향을 받기 시작한 란상은 1563년 수도를 루앙파방에서 남쪽의 위앙짠으로 옮겼다. 란상은 1565년에 미얀마 군대에게 점령당하는 등 수난을 겪었으나, 17세기 수린야웡사(Surinyavongsa) 왕(재위 1637~1694) 시대에 다시 강력하고 안정된 형국을 맞이했다. 하지만 수린야웡사의 사후에 라오스는 위앙짠, 루앙파방, 짬빠삭 등 세 왕국으로 분열되었고, 18세기 중엽에는 재차 미얀마의 공격을 받아 1750년대에 루앙파방이 정복되었다. 또한 미얀마 군대가 물러간 뒤 라오스는 톤부리 왕국의 공격을 받아 점령되어 1779년 태국의 속국으로 전락했다.

16세기 이후 캄보디아는 왕위 계승 과정에 아유타야 조정이 간섭할 정도로 태국에 대해 의존된 관계에 놓여 있었다. 17세기에 들어서서 베트남의 응우옌 정부가 세력을 메콩강 삼각주 지역으로 확대하기 시작했다. 베트남의 캄보디아에 대한 이러한 영토적 팽창은 곧 캄보디아에 대한 정치적 개입으로 발전했다. 캄보디아의 왕자들 사이에 왕위 계승 분쟁이 벌어졌으며, 그중 한 파벌이 1658년 베트남 측에 지원을 요청하자 응우옌 정부는 군대를 파견해 당시 수도인 우동(Udong)을 점령하고 그 파벌의 왕자를 왕위에 앉혔다. 이로써 캄보디아는 역사상 처음으로 베트남의 속국이 되었다.

메콩강 삼각주로의 베트남 진출은 18세기에 들어서서 더욱 적극적으로 전개되었다. 삼각주 지역에 정착한 베트남 주민들이 1731년에 캄보디아 사람들에게 학살된 사건이 일어나자, 응우옌 정부는 이에 대한 대가로 캄보디아로부터 미토(My Tho)와 빈롱(Vinh Long) 지방을 할양받았다. 1750년대에는 사덱(Sa Đec)과 쩌우독(Chau Đoc) 등이 베트남의 수중으로 넘어가면서 원래는 캄보디아 땅이었던 메콩강 삼각주가 모두 베트남의 영토가 되었다.

6. 18세기 말~20세기 초 식민주의 시대

스페인과 미국의 이중적 식민 지배하의 필리핀

필리핀은 행정적으로 처음에는 멕시코의 스페인 총독이 관할했으나 1821년부터 스페인 정부의 직접적인 관할로 들어갔다. 식민 통치하에서 필리핀 민중은 수도회 소유의 토지나 식민 정부가 상업작물 재배를 위해 도입한 아시엔다(hacienda)라는 농장의 노동력을 형성했을 뿐만 아니라, 종종 공공사업을 위한 부역을 담당했고 식민 정부에 공세를 납부했다. 반면에 필리핀의 토착 엘리트층은 공세와 부역을 면제받았다. 이들 중에서 하급 공무원이나 하급 단위의 지방 행정의 장이 임명되었다.

식민 정부에 협력하고 그 대가로 다양한 혜택을 받은 토착 엘리트는 경제적 부를 축적해 나가고 사회적으로도 지배적인 역할을 할 수 있었다. 18세기 말부터 19세기 말까지 '일루스트라도(ilustrado)'라고 불린 개화파 엘리트층이 형성되었다. 일루스트라도에는 필리핀 토착 엘리트 외에 필리핀 태생 스페인인과 스페인계 메스티소도 포함되어 있었으나 가장 중요한 집단은 화인 메스티소였다. 스페인이 제공한 해외유학 등 고등교육의 기회를 누릴 수 있었던 일루스트라도는 이를 통해 점차 외부 세계에 대한 지식과 민족주의적 의식을 지니게 되었다. 이들 중에서 중요한 민족주의 지도자들이 나왔다.

필리핀은 1898년 스페인-미국 전쟁에서 승리한 미국이 스페인으로부터 필리핀을 인수함으로써 미국의 식민지가 되었다. 미국은 필리핀을 자국의 문화와 경제에 편입시키기 위해 노력했다. 그리하여 필리핀은 미국 공산품의 주요 소비시장이 되었고, 미국 자본으로 설탕 가공업이 발전했으며, 사탕수수 등 필리핀의 농산물은 주로 미국으로 수출되었다. 미국은 또한 필리핀에 영어를 매개체로 하는 미국식 교육 체제를 도입했다. 이처럼 미국화되는 과정에 필리핀의 엘리트층 특히 일루스트라도가 앞장섰다. 필리핀은 정치적으로도 점차 '작은 미국(Little America)'이 되어 갔다. 미국식 민주주의 제도가 도입되어 미국의 선거법에 따라 1907년 국회의원 선거가 실시되었으며, 역시 미국의 모델에 따라 1916년 국회가 상원과 하원으로 분리되었다.

네덜란드의 식민 통치와 인도네시아의 성립

유럽에서 나폴레옹의 프랑스가 네덜란드를 점령함에 따라 1799년 네덜란드 동인도회사가 해체되기에 이르렀고, 19세기 초에는 영국이 자와 섬을 일시적으로 점령했다. 인도네시아는 나폴레옹 전쟁의 종식 후 1824년 영국-네덜란드 협정이 체결됨에 따라 '네덜란드령 동인도(Netherlands Indies)'라는 명칭으로 네덜란드의 식민지로 확정되었다.

인도네시아에 대한 네덜란드의 식민 지배가 본격화되는 시점에 자와 섬에서 식민 지배에 대항하는 반란이 일어났다. 1825년부터 1830년까지 일어난 '자와 전쟁'이 바로 그것이다. 이 반식민 운동은 요그야카르타 왕실의 후예이자 이슬람의 정신적 지도자인 디포느고로(Diponegoro) 왕자에 의해 주도되었다. 자와 전쟁이 끝난 후 자와 전 지역에 대한 실질적인 통제를 확보한 네덜란드는 이른바 강제재배 제도(Culture System)를 도입해 자와의 토지와 노동력을 본격적으로 착취하기 시작했다. 농민들은 촌락 단위로 동원되어 세계 시장에 수출할 상업작물을 재배하도록 강요받았다.

1870년대에 들어서서 식민 정부는 유럽에서의 자유주의 흐름에 영향을 받아 커피와 사탕수수를 제외한 모든 작물에 대한 강제재배를 폐지하는 등 비인도주의적인 식민 정책을 수정했다. 그러나 자유주의 정책으로 자유롭게 유입된 서양의 자본은 자와 이외의 지역으로도 뻗어 나갔으며, 이것은 인도네시아 여타 지역에 대한 확고한 통제권 확보를 위한 식민 정부의 노력과 결부되었다. 그리하여 1910년에는 인도네시아 전역에 대한 식민 지배 체제가 완성되었다.

영국 식민 지배하의 싱가포르, 말라야, 미얀마

인도와 중국 사이의 무역을 위해 동남아시아에 무역 기지와 중계무역항을 찾고 있던 영국 동인도회사는 1786년에 말레이 반도 서안의 피낭(Pinang/Penang) 섬을 획득하고 1819년에 싱가포르를 건설했다. 1820년대 초 동남아시아를 여행한 영국인 조지 핀레이슨(George Finlayson)은 싱가포르가 태풍 피해도 없어 일 년 내내 선박들에게 안전하고 편리한 정박을 제공하는 천혜의 항구일 뿐만 아니라, 무엇보다도 벵골만에서 중국과 인도네시아 및 필리핀의 수많은 섬들로 가는 길목에 위치해 있어 장차 인도양과 남중국해 및 동중국해에서 행해지는 무역의 중심지가 될 것으로 예상했다.[8] 싱가포르에는 영국의 자유무역과 자유이민 정책에 따라 많은 중국인과 인도인이 이주해 왔다. 1867년 영국의 직할 식민지로 승격된 싱가포르는 제1차 세계대전까지 동남아시아에서 무역과 금융 및 해운의 중심지로서 비약적으로 발전했다.

영국은 1800년에 피낭 섬 맞은편의 지역도 획득해 이를 '웰슬리(Wellesley)주'라고 명명했으며, 1824년 네덜란드로부터 믈라카를 양도받고 1826년에는 피낭·웰슬리·싱가포르·믈라카 등을 '해협식민지(Straits Settlements)'라는 하나의 통합된 식민 행정 단위로 묶었다. 해협식민지 정부는 말레이 반도의 주석 광산을 개발하고 영국의 상업적 이익을 더욱 잘 보호하기 위해 1870년대부터 이 지역에 대한 영국의 식민 지배를 확대하기 시작했다. 그리하여 1896년에 페락(Perak)·슬랑오르(Selangor)·파항·느그리슴빌란(Negri Sembilan)이 '연방말레이주(Federated Malay States)'라는 단위로 묶여 영국의 행정적 통제하에 놓였다. 영국은 1909년에는 크다·프를리스·클란탄(Kelantan)·트릉가누(Trengganu)를 태국으로부터 할양받았고 1914년에는 조호르를 식민지로 삼았다. 이로써 말레이 반도에서의 영국 식민지는 확정되었다. 한편 1841년에 제임스 브루크(James Brooke)라는 영국인이 브루나이 왕국으로부터 사라왁을 획득했고, 1888년에는 사바와 브루나이 왕국이 영국 보호령이 되었다. 이로써 보르네오 섬의 북부 지역도 모두 영국의 관할하에 들어갔다.

미얀마가 영국의 식민지가 된 것은 한편으로는 19세기 이후 동남아시아로 세력을 확대하려던 영국의 의도에서 비롯되었지만, 다른 한편으로는 당시 미얀마의 꽁바웅 왕조의 팽창 정책이 영국의 이해관계와 충돌한 결과이기도 했다. 1824~1826년의 제1차 영국-미얀마 전쟁에서 패배한 미얀마는 영국에게 서부의 여카잉 지방과 남부의 떠닝따이 지역을 할양했다. 1852~1853년의 제2차 영국-미얀마 전쟁으로 미얀마의 남부 지역은 모두 영국의 통제에 들어가게 되었다. 그 후 영국에게 위협을 느낀 미얀마 정부는 프랑스와의 외교관계를 추구하기도 했으나, 이것은 오히려 역효과를 낳았다. 1880년대 제국주의적 팽창에서 프랑스와 경쟁하고 있었던 영국은 1885년의 제3차 영국-미얀마 전쟁에서 당시 수도였던 만덜레를 점령해 미얀마 전체를 식민화했다.

프랑스령 인도차이나의 형성

프랑스가 1858년 다낭을 공격했을 때 표면적으로는 당시 베트남 정부의 탄압을 받고 있던 가톨릭 신부 및 신도들의 보호라는 종교적 동기가 있었지만, 그 이면에는 영국처럼 동양에서 식민지를 확보하려는 경제적 동기 및 영국에 대한 경쟁심이 깔려 있었다. 프랑스는 1859년에 사이공(Saigon) 바로 위의 쟈딘(Gia Đinh)성을 공격했고 1862년에는 베트남 정부와 사이공 조약을 체결해 코친차이나의 몇몇 주요 지방을 식민지로 만들었다. 1874년에는 베트남 북부의 젖줄인 홍강뿐만 아니라 하노이와 하이퐁(Haiphong) 그리고 중부 해안의 꾸이년 등 주요 항구들이 개방되었다. 프랑스는 1883년 당시 베트남의 수도였던 후에(Hue)를 공격했다. 후에의 조정이 결국 항복해 그해 8월 체결된 협정에 따라 베트남은 프랑스의 보호국으로 전락했다.

프랑스가 캄보디아를 식민지로 만든 데에는 이 나라가 오래전부터 베트남과 태국의 간섭과 통제에 지쳐 있었다는 것에서 득을 본 점이 있었다. 베트남의 응우옌 왕조는 1812년에 캄보디아를 속국으로 만든 데 이어 1835년부터는 캄보디아를 문화적으로 베트남화하기 위해 노력했다. 베트남의 이러한 정책은 캄보디아인의 광범위한 반베트남 저항 운동을 불러일으켰다. 당시 캄보디아의 베트남에 대한 적대감은 캄보디아의 왕실 연대기에 1840년 크메르인들이 베트남인들을 죽이기로 합심했다고 기록될 정도였다. 이러한 상황에서 1840년대에 태국이 군사적으로 개입해 1848년에 캄보디아는 태국의 영향하에 들어갔다. 이후 노로돔(Norodom) 왕(재위 1860~1904)은 방콕 조정의 지속적인 정치적 간섭에 대항해 프랑스에 의지하는 정책을 취했는데, 이것은 캄보디아가 1863년 협정을 통해 프랑스의 보호령이 되는 결과를 낳았다.

프랑스는 태국의 속국인 라오스도 식민지로 만들기 위해 라오스가 베트남의 속국이었다는 역사적인 사실을 입증할 자료를 수집하는 한편 새로운 자원을 개발하려는 목적으로 메콩강 탐사를 추진했으며, 방콕 정부는 이를 저지하기 위해 노력했다. 그 결과 1892~1893년 양측은 여러 차례 충돌했다. 이에 프랑스 정부는 1893년 태국의 짜오프라야강 하구를 전함으로 봉쇄하는 '빡남(Paknam) 사건'을 일으켰다. 프랑스와의 정면충돌을 감당할 수 없었던 방콕 정부는 결국 라오스를 프랑스에게 할양했다.

이렇게 완성된 프랑스령 인도차이나는 베트남 남부의 코친차이나, 중부의 안남(Annam), 북부의 통킹(Tong King), 그리고 캄보디아와 라오스 등 다섯 부분으로 구성되어 있었다. 사이공을 수도로 하는 코친차이나는 식민지로, 나머지 부분들은 보호령으로 분류되었으며, 전체를 총괄하는 총독부가 하노이에 설치되었다.

라따나꼬신 왕조 치하 태국의 독립 유지와 근대화

태국이 식민화를 모면한 것은 한편으로는 태국이 영국의 식민지와 프랑스의 식민지 사이에 일종의 완충국으로 놓여 있던 지정학적인 위치 때문이기도 하지만, 다른 한편으로는 19세기 중엽부터 20세기 초까지 국왕을 중심으로 한 태국의 지도자들이 주도한 현명한 근대화의 노력 덕분이기도 하다. 오늘날에도 태국 사회의 구심점으로 작용하고 있는 왕실의 기반은 라따나꼬신 왕조를 창건한 라마 1세(Rama I, 재위 1782~1809)에 의해 마련되었고 그 후 역대 왕들을 거치면서 더욱 다져졌다.

태국 역시 주변의 나라들과 마찬가지로 19세기 초부터 서양에 의한 식민화의 위협에 직면했다. 1820년대에 시작된 태국의 무역 개방에 대한 서양의 압박은 계속 가중되어 1855년 태국과 영국 간 '보링(Bowring) 조약'이 체결되었다. 방콕 정부가 자국의 상업적 문호를 완전히 개방하는 이 불평등 조약의 체결에 동의한 것은 무엇보다도 아편전쟁과 1852년의 일본의 강요된 개항 그리고 제2차 영국-미얀마 전쟁에서 입증된 서양의 우월한 무력과 그 잠재적 위협 때문이었다.

태국의 몽꿋(Mongkut) 왕(재위 1851~1868) 정부는 개방 이후 서양 국가들과 외교적 관계를 맺고 서양인들을 고문으로 정부에 고용하며 서양의 사회적·정치적 제도들을 도입하고 시대에 뒤떨어진 전통적인 제도들을 폐지하는 등 다양한 측면에서 국가를 근대화하기 시작했다. 국가의 근대화와 서양의 위협으로부터의 보호를 위한 실제적 부담은 몽꿋의 후계자인 쭐라롱꼰(Chulalongkorn) 왕(재위 1868~1910)에게 주어졌다. 라마 5세로도 알려진 그의 개혁은 무엇보다도 1892년의 행정 개혁에서 절정을 이루었다. 그러나 그러한 노력에도 불구하고 태국은 영국과 프랑스의 위협에 영토를 부분적으로 할양하지 않을 수 없었다. 쭐라롱꼰 왕은 개혁 과정에서 왕권을 강화하기 위해 노력했는데, 이것은 한편으로는 귀족 관료사회에 대해 왕권을 강화하려는 그의 의지에서 비롯되었으나, 다른 한편으로는 국가 근대화를 왕실 중심으로 추진하겠다는 그의 정책에서 나온 것이었다.

7. 19세기 말~20세기 중엽 민족주의 시대

필리핀

필리핀의 근대적 민족주의 운동은 19세기 후반부 스페인으로 간 일루스트라도에 의해 전개되었다. '프로파간다(Propaganda) 운동'을 조직한 그들은 스페인 정부에게 필리핀 사람들의 평등과 자유를 요구했으며 동향인들에게는 타갈로그 문학과 토착적인 예술 그리고 필리핀 고유의 역사를 중시함으로써 필리핀 정체성을 모색해 나갈 것을 권유했다. 프로파간다 운동의 주도자 중 한 명인 호세 리살(Jose Rizal)은 1892년에 귀국해 '필리핀 동맹'을 조직했다. 리살은 곧 체포되었고, 같은 해 민족주의 운동은 안드레스 보나파시오(Andres Bonafacio)가 결성한 '카티푸난(Katipunan)'을 중심으로 혁명적인 노선으로 전환되었다. 그러나 일루스트라도의 협력을 획득하는 데 실패한 보나파시오의 리더십하에서 카티푸난 운동은 지지부진했다.

그 후 에밀리오 아기날도(Emilio Aguinaldo)가 카티푸난의 리더십을 계승했다. 그는 1898년 스페인-미국 전쟁의 와중에서 필리핀 독립을 선언하고 '필리핀공화국(Philippine Republic)'을 선포했다. 1899년에는 미국과 필리핀공화국 간 전쟁이 일어났으나, 1901년 아기날도가 체포된 후 필리핀인의 미국에 대한 모든 저항은 종식되었다. 아기날도 본인 스스로 미국에 대한 충성을 약속했으며, 카티푸난 운동의 주축을 이루고 있었던 일루스트라도들은 미국과의 협력을 선택했다. 그것은 이를 통해 자신들의 이해관계가 보호되고 증대될 수 있다고 판단했기 때문이었다. 미국의 식민 통치 기간 필리핀에서는 심각한 민족주의 운동이 일어나지 않았다. 그것은 한편으로는 필리핀 사회의 지도자 역할을 해 온 일루스트라도와 미국 식민 정부 간 협력 관계가 유지되었기 때문이며, 다른 한편으로는 미국이 식민 지배의 초기부터

그림 8 필리핀 바탕가스(Batangas)주 타알(Taal)시 시청 입구에 있는 호세 리살 동상

필리핀의 독립을 약속해 주었기 때문이었다.

필리핀의 독립을 보장하는 존스 법(Jones Act)이 1916년에 통과되었다. 1934년 미국은 10년 후 필리핀의 독립을 위한 준비 단계로 필리핀에 자치령 지위를 부여했다. 이에 따라 1935년에 필리핀 현지인들로 구성된 정부가 출범했다. 미국은 필리핀의 식민지 경영에서 일루스트라도를 비롯한 엘리트층을 협력자로 삼아 이들에게 필리핀에서의 정치적 지위와 경제적 이권을 독점하도록 허용했다. 그러나 이것은 차후 과두 엘리트 지배 체제라는 필리핀 정치의 고질적 문제의 뿌리가 되었다.

인도네시아

1890년 자와 섬의 블로라(Blora) 지방에서 수론티코 사민(Surontiko Samin)이 주동한 농민 반란이 일어나 세금을 거부하는 등 식민 정부에 대항했다. 그러나 이른바 '사민 운동'은 민족적 정체성이 결여된 국지적인 저항 운동에 불과했다. 인도네시아 최초의 근대적 민족주의 운동은 1908년에 창설된 부디 우토모(Budi Utomo)였다. 토착민 의사를 양성하는 자와 의사학교(Dokter Djawa School)의 학생들을 중심으로 시작된 부디 우토모는 자와 문화의 발전과 근대적 유럽식 교육의 확대가 필요하며 이를 바탕으로 자와 사람들이 식민 정부에 대해 더욱 많은 요구를 할 수 있다고 보았다. 그러나 이 운동은 전통적인 엘리트층의 이해관계를 대변한 것이었고 그 영향도 자와 섬과 마두라 섬에 국한되었다는 한계를 갖고 있었다. 보다 보편적인 근대적 민족주의 운동은 이슬람 신앙을 배경으로 1912년에 출범한 사레캇 이슬람(Sarekat Islam) 즉 '이슬람 동맹'으로, 광범위한 사회적 개혁을 통한 인도네시아 무슬림의 이해관계 보호가 그 목적이었다.

사레캇 이슬람의 대중 운동이 식민 정부의 강경한 탄압으로 약화되자 여기에서 사회주의자들이 떨어져 나와 1920년에 공산당을 세워 인도네시아의 농민과 노동자의 지지를 얻기 위해 노력했다. 그러나 인도네시아의 민족주의 운동을 성공적으로 주도한 것은 1927년에 수카르노(Sukarno)를 중심으로 결성된 인도네시아국민당이었다. 명칭에서도 알 수 있듯이, 이 시점에 '인도네시아'라는 개념은 인도네시아인들 사이에서 점차 퍼지고 있었으며, 민족주의자들은 이를 통해 민족적 정체성을 표출하려고 했다. 1928년 10월에 열린 인도네시아국민당의 청년 조직 회의에서 "하나의 민족, 하나의 조국, 하나의 언어로서의 인도네시아"라는 구호가 등장했으며, 적·백 이중색의 국기가 채택되고 국가가 제창되었다. 이들은 현재 인도네시아의 국기와 국가로 사용되고 있다.

미얀마, 싱가포르, 말라야

동남아시아의 영국 식민지 중 식민 지배에 대한 저항이 가장 격렬했던 곳은 세 차례의 전쟁을 통해 정복된 미얀마였다. 1886년 2월 미얀마가 영국령 인도의 한 주로 편입되자 왕족, 군대 지휘관, 불교 승려 등이 주축이 된 현지인들이 식민 통치에 저항했다. 그러나 서로 연합되지 않은 저항 세력들은 1895년경에 거의 대부분 진압되었다.

교육을 받은 젊은이들 중 식민 지배로 위협받는 불교의 전통을 지킴으로써 미얀마의 문화적 정체성을 유지할 수 있다고 본 자들이 있었으며, 이들을 중심으로 1906년에 청년불교도협회(Young Men's Buddhist Association)가 설립되었다. 청년불교도협회는 점차 여러 단체를 산하에 수용했으며 1921년에는 버마협회총회(General Council of Burmese Associations)로 발전했다. 근대적 교육의 확산으로 증가된 고등교육에 대한 수요로 1920년 랑군(Rangoon)대학이 세워졌으며, 그 졸업생들을 주축으로 1932년에 도버마아시아용(Dobama Asia-yon) 즉 '우리 버마협회'가 설립되었다. 스스로를 '떠낑(thakin)' 즉 '주인님'이라고 부른 '우리 버마협회'의 회원들은 강한 주권의식을 갖고 있었으며 조국의 독립을 궁극적인 목표로 내세웠다. 이 단체는 아웅산(Aung San), 우누(U Nu), 네윈(Ne Win) 등 후에 미얀마의 정치에서 중요한 역할을 한 인물들을 배출했다.

한편 1933년에 미얀마를 영국령 인도에서 분리하기로 결정한 영국 정부는 현지인에게 자치 정부를 허용하기로 했다. 이에 따라 1936년에 총선거가 실시되고 이듬해에 헌법이 제정되어 미얀마의 첫 정부가 탄생했다. 이로써 미얀마인들은 비록 영국 총독의 통제하에 있었으나 자치 정부의 활동을 통해 점차 정치적·행정적 경험을 쌓을 수 있었다.

영국의 또 다른 식민지인 싱가포르와 말라야(Malaya)에서의 민족주의 운동은 전반적으로 온건한 성격이었는데, 그것은 무엇보다도 두 지역의 주민이 식민 지배 체제에 대해 불만이 별로 없었기 때문이었다. 지정학적으로 유리한 위치에 있던 싱가포르의 무역은 영국의 적극적인 관심 속에서 지속적으로 발전했다. 싱가포르 인구의 대부분을 차지한 화인은 20세기에 들어서서 민족주의적인 정치 활동도 전개했다. 특히 싱가포르에서 태어나 현지 상황에 깊은 관심을 갖고 있는 해협 화인들은 1900년에 해협화영협회(Straits Chinese British Association)를 설립해 식민지의 행정과 입법에서 화인의 참정권을 요구했다.

말라야도 식민 지배 기간에 큰 경제적 발전을 보았다. 특히 1890년대 말에 고무 재배가 도입된 이후 수출 경제가 크게 발전했다. 경제적 발전은 많은 외국인 노동력을 필요로 해 특히 중국인과 인도인이 대거 유입되었는데, 이것은 인구의 증가와 민족 구성의 변화를 가져왔다. 말레이 반도의 연방말레이주 인구는 1891년 21만 8,000명에서 1931년 170만 명으로 늘었다. 그 과정에서 1891년만 하더라도 말레이인이 인구의 53퍼센트였으나 1931년이 되면 그동안 중국인과 남아시아인의 이주로 중국계가 42퍼센트, 인도인 및 스리랑카 출신 인도계가 22퍼센트를 차지하게 된 반면, 말레이인은 35퍼센트로 그 비율이 줄어 중국계보다 적어졌다.[9] 점차 증가하는 중국계와 인도계 인구에 경계심을 갖게 된 말레이인은 1930년대 말 자신의 이해관계를 지키려는 정치적 활동을 전개하기 시작했다.

베트남, 캄보디아, 라오스

프랑스의 식민 통치에 대해 인도차이나 반도 세 나라의 민족주의자들이 보여 준

반응은 그 성격과 정도에서 각각 달랐다. 간단히 말하면, 민족주의적 저항이 라오스에서는 매우 미약했으며, 캄보디아에서는 1880년대 중엽 국왕에 대한 거친 대우에 분노해 일어난 항거 외에는 없었다. 프랑스는 이 두 나라에서 왕실과 관료사회를 유지시켰을 뿐만 아니라, 이들 전통적 지배 엘리트층이 그 백성에 대해 영향력을 행사하도록 허용했다. 그 때문에 이들 나라에서는 엘리트층이 민족주의 운동을 이끌 동기나 필요성을 별로 갖지 못했다. 그에 비해 베트남에서는 반식민 저항과 민족주의 운동이 강하게 일어났다.

베트남인들의 초기 반프랑스 저항으로 1860년대에 '조국 수호 투쟁'의 기치를 내걸고 일어난 의군(義軍)과 베트남 전체가 식민화된 후 전개된 근왕(勤王) 운동이 있었다. 이들은 왕정 시대의 전통을 고수하기 위한 전근대적 성격의 항쟁이었다. 그에 비해 20세기 초 판보이쩌우(Phan Boi Chau)와 판쭈찐(Phan Chu Trinh) 등이 일으킨 민족주의 운동은 그 기본 정신에서 외국의 영향을 받은 근대적인 성격을 띠고 있었다. 판보이쩌우는 중국의 양계초(梁啓超)의 영향을 받아 『월남망국사(越南亡國史)』를 쓰는 등 민족주의적 정서를 고취시키는 저술 활동을 했고 인재 양성을 위해 일본으로 유학생을 파견하는 '동유(東遊) 운동'을 전개했다. 판쭈찐은 군주제를 폐지하고 서구식 근대화와 개혁을 바탕으로 독립을 달성해야 한다고 주장하면서 1907년 하노이에 동경의숙(東京義塾)을 설립해 학생들에게 근대적인 교과 내용을 가르쳤다.

베트남의 민족주의 운동은 1920년대 이후 공산당과 국민당의 출현으로 훨씬 급진주의적인 성격을 띠게 되었다. 베트남국민당은 1930년 2월에 감행한 무장 봉기가 실패한 후 세력이 크게 약화되었다. 국민당의 와해 후 민족주의 운동은 호찌민(Ho Chi Minh)이 중심이 된 인도차이나공산당의 주도하에 놓였다. 그러나 농촌을 중심으로 소비에트 운동을 전개한 공산주의자들의 활동은 1931년 프랑스 군대에 의해 진압되었고 이후 침체에 빠졌다. 그럼에도 불구하고 궁극적인 목표인 독립을 성공적으로 이끌어 낸 것은 공산주의자들이었다. 그들의 호소가 베트남 민중에게 광범위한 지지를 얻을 수 있었던 것은 마르크스-레닌주의 이념 때문이라기보다는 민족의 독립을 최우선으로 내세운 민족주의적 성격 때문이었다.

태국의 민족주의와 입헌군주제 수립

태국의 민족주의는 한편으로는 서양 열강에 의한 식민화의 위협으로부터 나라를 지키고 다른 한편으로는 서구의 모델을 좇아 근대화를 이룩하려는 힘으로서 태동되고 전개되었다. 그러한 태국의 민족주의는 왕권이 국가의 중심이고 근대화는 왕실 중심으로 추진되어야 한다는 쭐라롱꼰 왕에 의해 그 바탕이 조성되었고, 와치라웃(Vajiravudh) 왕(재위 1910~1925)에 의해 계승되었다.

와치라웃은 국민이 국왕과 불교와 국가에 충성심을 가져야 하며 이 세 요소의 바탕 위에 태국이라는 나라가 서 있을 수 있다고 보았다. 그는 태국의 역사에서 민족주의를 본격적으로 추진해 이를 제도적·공식적 차원으로 발전시킨 국왕으로 평가된다. 영국에서 유학한 그는 서양의 관행을 좇아 처음으로 국경일을 제정하고, 각각 국가·불교·왕실을 상징하는 적색·백색·청색의 삼색으로 된 현행의 국기를 확정했다.

왕권 중심으로 근대 국가를 건설하려는 태국 왕실의 노력에도 불구하고 19세기 말부터 서양의 민주주의적 사상과 제도에 대한 관심이 점차 확대되었고 그와 함께 절대군주제에 대한 비판이 나타나기 시작했다. 의회 민주주의는 1932년 혁명을 통해 절대군주제가 무너지고 입헌군주제가 수립됨으로써 실현되었다. 혁명의 주역은 유럽에서 유학한 소장 법학자와 장교들로, 이들은 왕실 중심의 국가 운영 방식에 강한 불만을 품고 있었다. 그들은 처음에는 헌법을 제정해 의회 민주주의의 이상에 따라 국가를 운영하기 위해 노력하는 것처럼 보였다. 그러나 곧 주역들 사이에서 내분과 권력 투쟁이 일어나 1933년 6월에 군부가 쿠데타를 일으켜 정권을 잡았다. 그 이후 태국에서 군부 쿠데타는 정권 장악과 유지를 위한 가장 효과적인 수단으로 간주되어 2010년대까지 빈번하게 발생했다.

일본의 동남아시아 점령

20세기 중엽까지의 동남아시아 역사에서 간과할 수 없는 하나의 중요한 사실은 제2차 세계대전 당시 동남아시아가 일본에게 점령되었다는 것이다. 1937년 중일전쟁의 발발 이후 중국과의 전쟁이 장기화됨에 따라 일본 정부는 프랑스령 인도차이나를 군사기지로 삼고 남쪽의 도서부 세계를 점령해 자원을 확보하겠다는 남방 진출 전략을 추구했다. 일본의 동남아시아에 대한 군사적 지배는 1940년 7월 베트남 북부에 대한 공격으로 시작되어 1942년 7월 미얀마의 점령으로 완성되었다.

일본 군국주의자들은 점령기 동안 말라야와 싱가포르와 필리핀에서 일본에 반대하는 많은 사람을 죽였다. 베트남에서는 전쟁 말기에 북부 지방에서만 약 100만 명이 굶어 죽었는데, 일본군의 곡물 수탈이 주원인이었다. 일본군은 또한 동남아시아의 청년과 여성을 일본군의 총알받이로 혹은 정신대의 '위안부'로 끌어갔다. 이러한 만행은 말라야, 베트남, 필리핀 등에서 반일 무장 투쟁을 불러일으켰다. 일본은 점령 기간 동남아시아의 엘리트와 민족주의 지도자들을 자기편으로 끌어들여 전쟁 말기에 이들로 하여금 '독립'을 선포하도록 종용하거나 허용했다. 하지만 그것은 어디까지나 일본이 중심이 된 '대동아공영권' 내에서의 독립에 불과했다.

8. 독립과 현대 동남아시아의 변화

독립과 국민 통합의 과제

일본의 동남아시아에 대한 지배와 군사적 활동은 부정적인 측면에도 불구하고 제2차 세계대전 이후 동남아시아 역사의 전개에서 중요한 의미를 갖는다. 일본군의 점령은 서양인의 무장을 해제하고 식민 지배 체제를 중단시켜 동남아시아 사람들에게 서양인의 식민 지배도 붕괴될 수 있다는 것을 보여 주었을 뿐만 아니라, 특히 민족주의 운동가들에게 활동의 공간을 열어 주었다. 이로써 제2차 세계대전 후 동남아시아 국가들에서는 민족주의적 독립 운동이 새로운 활기를 갖게 되었다.

동남아시아 국가들이 독립을 획득한 방식은 다양했으며, 독립 이후 모든 나라에서 국민 통합의 문제가 나타났다. 인도네시아가 1949년 12월 네덜란드에게서 독립하기까지 4년에 걸친 인도네시아들인의 투쟁도 있었지만, 결정적인 역할을 한 것은 미국을 위시한 국제 사회의 중재였다. 인도네시아는 네덜란드와 전쟁 중이던 1948년에 이슬람 신정국가 수립을 추구한 '다룰이슬람(Darul Islam)' 반란을 겪었다. 이 무장 반란은 인도네시아인들에게 이슬람 국가를 세우려는 정치적·종교적 시도에 대한 부정적인 시각을 심어 주었다. 그리하여 인도네시아 정부들은 인구의 80퍼센트 이상이 무슬림임에도 불구하고 항상 세속적인 국가를 지향해 왔다. 그것은 수많은 섬으로 이루어져 있고 많은 민족과 언어와 다양한 종교를 포함하는 인도네시아가 이슬람 국가가 되면 나라가 사분오열될 수 있다는 우려 때문이었다. 초대 대통령인 수카르노(재임 1945~1967)가 '다양성 속의 통일성'을 국가 운영의 기본 철학으로 삼은 것은 그러한 배경에서였다.

1946년 미국으로부터 주권이 완전히 이양된 필리핀은 동남아시아에서 가장 일찍 그리고 평온하게 독립을 이루었지만, 독립 후 공산주의자의 무장 반란과 남부의 모로(Moro) 즉 무슬림의 이슬람 분리주의 운동이 필리핀 정부들을 계속 괴롭혔다. 영국의 식민지인 미얀마와 말라야와 싱가포르도 비교적 평화로운 과정을 통해 독립했다. 미얀마와 말라야가 필리핀보다 늦게 독립했던 것은 무엇보다도 잠재적인 민족 갈등의 문제 때문이었다. 소수민족들이 인구의 약 30퍼센트를 차지하는 미얀마에서 독립과 관련된 협상의 관건은 다수민족인 버마족과 소수민족들 간의 관계였다. 미얀마에서 소수민족들의 국민 통합 문제는 1948년 1월 독립 이후에도 해결되지 않았으며 오늘날까지 계속되고 있다.

말라야 독립의 선결 조건은 말레이인·화인·인도인 사이의 협력이었다. 화인과 인도인이 인구의 약 반을 차지하는 상황에서 민족 간 협력 문제는 1954년 세 민족 집단의 대표적인 정당들이 동맹을 결성해 이듬해의 선거에서 승리함으로써 잠정적으로 해결되었다. 1957년에 독립한 말라야는 그 후 1963년에 보르네오 섬의 사바와 사라왁 그리고 싱가포르를 합병해 '말레이시아연방'이 되었다. 그러나 말레이인이 정치적 권력을 쥐고 경제적으로는 화인과 인도인이 우세한 말레이시아에서 국민 통합은 1969년 말레이인과 화인 간의 유혈 폭동 사태에서 볼 수 있듯이 쉽지 않은 과제였다. 한편 1965년에 말레이시아연방을 탈퇴해 독립한 싱가포르는 말레이시아와 비슷한 민족 구성을 갖고 있으나, 인구의 4분의 3을 차지하는 화인이 정치·경제·문화에서 다른 민족들을 압도하는 까닭에 민족 갈등이 그다지 심하지 않았다.

다민족 국가인 태국에서도 남부의 말레이계 무슬림과 북부의 고산족들과 관련된 국민 통합의 문제가 있다. 특히 말레이계 무슬림의 국민 통합 문제는 분쟁 지역이 말레이시아와의 국경 지역이며 그들이 필리핀의 모로와 마찬가지로 이슬람 분리주의를 지향한다는 점에서 쉽게 해결될 전망이 보이지 않는다.

인도차이나 국가들의 공산화

호찌민은 1945년 9월에 하노이에서 '베트남민주공화국'을 선언하고 독립을 선포했다. 그러나 프랑스는 베트남에 대한 식민 지배를 포기하려고 하지 않았으며, 이로써 제1차 인도차이나전쟁이 일어났다. 프랑스의 야욕은 1954년 5월 디엔비엔푸(Dien Bien Phu) 전투에서의 패배로 좌절되었다. 그해에 열린 제네바 회담의 결정에 따라 베트남은 북위 17도 선을 기준으로 분할되었다. 남과 북의 대립 과정에서 남베트남에서 1950년대 후반부터 다양한 공산주의자 그룹이 활동하기 시작했다. 뒤에 '베트콩(越共)'이란 이름으로 알려진 이들은 북베트남뿐만 아니라 소련과 중국으로부터도 군사 지원을 받았다. 이들의 활동이 갈수록 확대되자 1964년부터 미국이 군사적으로 개입하기 시작했으며, 이로써 제2차 인도차이나전쟁 즉 베트남전쟁이 시작되었다. 자연을 황폐화시키고 300만 명 이상의 인명을 앗아간 베트남전쟁은 1975년에야 끝났으며, 베트남은 전쟁의 승자인 북베트남에 의해 통일되었다. 통일 후 베트남 정부가 당면한 가장 큰 과제는 그동안 자본주의 체제하에 있던 남부를 사회주의 체제로 통합시키는 것이었다.

캄보디아와 라오스의 독립은 1953년 프랑스 정부가 두 나라의 완전 독립을 인정한다는 선언과 이듬해의 제네바 회담을 통해 이루어졌다. 그러나 두 나라에서 공산주의의 위협이 사라진 것은 아니었다. 캄보디아에서는 크메르루주(Khmer Rouge), 라오스에서는 빠텟라오(Pathet Lao)라는 공산주의 세력이 점차 확대되었다. 냉전 시대 열강의 이해관계에 휘둘리던 이 두 나라의 정치인들은 중립주의를 표방함으로써 국가의 주권을 지키려고 노력했지만, 그러한 노력은 베트남전쟁의 소용돌이 앞에서 아무런 효과가 없었다. 결국 베트남전쟁이 공산주의자의 승리로 끝난 1975년에 캄보디아와 라오스도 각각 크메르루주와 빠텟라오가 정권을 잡아 공산주의 국가가 되었다.

탈식민 시대 동남아시아의 정치적·경제적 변화

탈식민 시대 동남아시아의 신생 독립국들과 태국은 전체주의 혹은 권위주의적 정치 형태를 보여 주었다. 전체주의는 1975년에 공산화된 인도차이나 국가들에서 뚜렷이 나타났다. 1962년부터 '버마식 사회주의(Burmese Way to Socialism)'의 기치하에 계획경제를 추진한 미얀마도 전체주의 범주에 속한 나라였다. 그에 비해 군부 정권이 지배하던 태국과 인도네시아, 마르코스(Marcos) 시대의 필리핀, 리콴유(Lee Kuan Yew, 李光耀) 수상과 그의 인민행동당(People's Action Party)이 장기 집권한 싱가포르, 정부 여당인 암노(UMNO)의 지배 체제가 공고하게 자리 잡은 말레이시아는 모두 권위주의 국가였다.

그러나 경제적 발전, 교육의 확산, 특히 1980년대 말부터의 탈냉전과 시장경제의 확대는 동남아시아 국가들의 정치와 경제에 큰 변화를 일으켰다. 필리핀에서는 1986년에 '민중의 힘'으로 마르코스 정권이 몰락했으며, 미얀마에서는 1988년에 비록 '미완의 민주화'로 끝났지만 군부 독재에 대한 민중 저항이 일어났다. 태국에서는 1992년에 재집권을 시도하던 군부가 시민의 강력한 반발에 퇴진하고 문민정부가 들어섰으며, 인도네시아에서는 수하르토(Suharto, 재임 1968~1998)의 정권이 1998년 마침내 종식되었다. 베트남은 1986년에 도이머이(doi moi) 즉 '쇄신' 정책을 채택한 이후 시장경제를 본격적으로 도입함으로써 점차 전체주의 체제에서 탈피하고 있다. 라오스에서도 비슷한 시기에 시장경제로의 전환이 일어나기 시작했다. 크메르루주의 지배하에서 '킬링필즈(Killing Fields)'의 비극을 겪은 캄보디아는 사회주의 체제를 버리고 1993년에 친서방적인 자본주의 국가로 탈바꿈했다.

탈식민 시대에 동남아시아의 권위주의적 국가들은 대부분 정치적 안정을 바탕으로 빠른 경제성장을 추구하는 이른바 '발전국가'를 지향했다. 이에 따라 그들은

1970년대까지 경공업에 치중한 수입대체 산업을 집중적으로 육성했다. 필리핀을 제외한 동남아시아의 '발전국가'들은 1980년대부터는 수출 지향 산업을 추진하기 시작했다. 이를 위해 그들은 미국과 일본 등 서방 선진국들과 국제통화기금(IMF) 및 아시아개발은행(ADB) 등 다국적 금융기관들로부터 많은 자본을 끌어들였다. 그러나 이로써 동남아시아의 경제는 세계경제에 대한 의존도가 높아졌으며, 이것은 1997년에 태국과 인도네시아에서 금융위기가 일어난 주요 원인이 되었다.

탈식민 시대에 들어서서 동남아시아 국가들은 정치적·경제적으로 다양한 변화와 발전을 보여 주었는데, 그 변화와 발전에는 어느 정도 일반화될 수 있는 특징과 추세가 확인될 수 있다. 우선 국제정치적으로 보면, 동남아시아 국가들은 제2차 세계대전 후 냉전 체제의 이념적 양극화에 따라 공산주의권, 비동맹 운동의 중립주의권, 친서방적인 자본주의권으로 나뉘었다. 그중 친서방적인 국가들은 1955년에 동남아조약기구(SEATO)를 결성했다. 태국, 말레이시아, 싱가포르, 인도네시아, 필리핀 등은 회원국들 간 경제 및 안보에서의 협력 강화를 목표로 1967년에 동남아국가연합 즉 아세안(ASEAN)을 창설했다. 1980년대 말부터 시작된 냉전 체제의 해체와 더불어 나타난 세계화의 흐름과 시장경제의 확산은 동남아시아의 국제정치적 질서에도 큰 영향을 주었다. 그리하여 동남아시아 국가들 간 점차 이념적 차이보다는 실용적인 경제 협력을 우선시하는 분위기가 강화되어, 아세안은 1995년에 사회주의 국가인 베트남을, 1997년에는 역시 사회주의 국가인 라오스와 군부 독재의 미얀마를, 1999년에는 캄보디아를 회원국으로 받아들였다.

제4장

식민주의의 배경 및 동기와 영향

1. 동남아시아에서의 식민주의의 의미

동남아시아에 대한 서구 식민주의의 동기로는 일반적으로 기독교의 전파와 경제적 이익 추구라는 두 가지 측면이 중시된다. 이 중 기독교 전파의 동기는 가톨릭 국가인 이베리아 반도의 포르투갈과 스페인 그리고 프랑스에서 보다 강하게 나타났으며, 프로테스탄트 국가인 영국과 네덜란드 등에서는 그다지 큰 역할을 하지 않았다. 그에 비해 상업적 이익의 동기는 식민 열강이 예외 없이 모두 중시한 측면이었다.

서양 국가들은 산업화에 따라 아시아와 아프리카 등에서 자원 공급지 및 상품 수요지인 새로운 시장을 개척하기 위해 노력했다. 전통적으로 농경 사회인 동남아시아에서 서양 자본은 무엇보다도 농업에 집중되었다. 벼농사가 상업화되었고 특히 플랜테이션이 도입되어 사탕수수, 후추, 담배, 고무 등 상업작물이 대규모로 생산·수출되었다. 서양인은 조선업과 광산업 등에도 투자했으며 이를 위해 항만과 철도 및 도로를 건설해 주요 항구들과 도시들을 농업·광업 및 공업 지역과 연결시켰다.

식민주의는 동남아시아 근·현대사에 경제적으로뿐만 아니라 정치적·사회적으로도 지속적이며 깊은 영향을 미쳤다. 식민 지배를 통해 동남아시아에서 몇몇 새로운 국가가 탄생했고 국경이 확정되었다. 동남아시아 국가들에 소개·도입된 서구의 의회민주주의 정치사상은 그 국가들의 전통적인 절대군주 체제에 대한 회의를 불러일으켰으며, 서구식 행정 체제는 동남아시아의 전통적인 정치 제도를 대체해 정치 체제의 혁신을 초래했다.

식민주의의 사회적 영향으로는 무엇보다도 동남아시아의 전통적 공간이 상업화되고 도시화된 점을 들 수 있다. 동남아시아 도시들은 전통적으로 주로 정치와 문화의 중심지였으나, 서양의 식민 통치와 특히 경제적 영향으로 이제는 시장과 무역이 도시의 중심축을 형성하게 되었다. 또 식민 지배 체제가 확립·확장됨에 따라 베트남의 사이공, 말레이시아의 쿠알라룸푸르, 인도네시아 수마트라 섬의 메단(Medan) 등이 새로운 행정 및 교통 중심지로 등장했으며, 싱가포르, 미얀마의 양곤, 베트남의 하이퐁, 말레이시아의 피낭 등 수출 무역을 위한 새로운 항구 도시들이 발전했다.

2. 식민주의의 배경 및 동기

군사력의 우위

대략 15세기 말부터 시작된 서구 식민주의 시기에 유럽인은 아시아인에 비해 군사적으로 우세했다. 그리하여 16세기 초 아시아 해역에서 향료 무역을 지배하고 있던 무슬림 상인들보다 우월한 항해술과 더욱 강력한 함포로 무장한 포르투갈인들은 인도와 동남아시아로 진출해 여러 곳에서 무슬림 상인 세력을 몰아내고 식민지 및 무역기지를 건설했다. 유럽인들은 현지인들과의 접촉에서 군사력을 과시했을 뿐만 아니라 자신의 목적을 추구하기 위해 종종 무력을 행사하는 데 주저하지 않았다.

포르투갈인들이 동남아시아에 처음 진출했을 때만 하더라도 현지인들은 총과 대포에 대해 잘 몰랐던 것으로 보인다. 예컨대 1511년 믈라카를 공격한 포르투갈 함대가 쏜 포탄에 어떤 사람은 머리, 어떤 사람은 팔 또는 다리가 날아갔다. 그러자 주민들은 포환의 생김새를 보고 놀라면서 "둥글지만 사람을 죽이는 데는 충분할 만큼 날카로운 이 무기의 이름은 뭔가?"라고 물었다고 한다.[1] 당시 믈라카에는 인도와 중국 등에서 수입된 대포들이 있었지만, 대부분 전시용이었고 그것을 제대로 다룰 줄 아는 사람이 별로 없었다. 안토니우 갈방(Antonio Galvão)이라는 포르투갈인이 1544년 말루쿠 제도를 여행한 후 쓴 글에 의하면, 16세기 초 그 지역의 토착민들은 포르투갈인들이 화승총을 쏘는 것을 보고는 그들의 입에서 사람을 죽이는 불이 뿜어진다고 상상했고, 또 대포 쏘는 소리가 들리고 여기에다가 포르투갈인 얘기가 나오면 심지어 산모가 아기를 유산했다고 한다.[2]

서양인들이 동남아시아에서 추구하려는 목적은 종종 현지의 전통적 정치·사회 구조 및 경제적 이해관계와 상충되었으며, 흔히 상호 무력 충돌로 연결되었다. 예컨대 향료의 한 종류인 육두구를 독점하려던 네덜란드 동인도회사는 그 생산 지역인 인도네시아 동부의 반다(Banda) 제도에서 현지 토착 세력과의 협상이 진척되지 않자 1621년 열두 척의 함대를 그리로 파견했다. 네덜란드 병력은 거기서 약 1만 5천 명의 현지 주민을 학살하거나 당시 동인도회사의 본부가 있던 바타비아로 데려와 노예로 삼았으며 일부는 외딴섬들에 버렸다. 동인도회사는 반다 제도에 네덜란드인들과 노예 인부들을 이주시켜 육두구를 생산하게 하고 그 생산물을 모두 동인도회사에 납품하도록 했다. 동인도회사는 향료의 다른 종류인 정향도 독점하기 위해 그것이 생산되는 암본(Ambon)과 트르나테 등에서 1656년까지 자신에게 저항하는 모든 현지인 세력을 무력으로 제압하고 정향이 암본에서만 재배되도록 했다.

서양 열강은 동남아시아에서 식민지를 본격적으로 확보하고 확대하기 위해 노력한 19세기에도 이를 위해 종종 군사력에 호소했다. 특히 영국은 왕실 독점의 전통적인 무역 체제를 갖고 있던 태국과 미얀마가 문호 개방에 불응하자 군사적 위협을 가했으며 때로는 그들을 상대로 실제 전쟁을 벌였다. 예컨대 영국 동인도회사가 태국의 문호를 개방시키기 위해 1822년 파견한 존 크로퍼드(John Crawfurd) 사절은 태국은 작은 나라이기 때문에 동인도회사가 정복할 마음만 품으면 두세 척의 전함으로도 가능하다고 말하면서 방콕 정부를 압박했다.[3] 영국은 미얀마에 대해서는 군사적 공격을 실제로 결행해 1880년대 중엽까지 세 번의 전쟁을 통해 이 나라를 식민지로 만들었다.

유럽 중심주의

식민주의 시대 서양인은 동남아시아 세계에 대해 군사적 자신감뿐만 아니라 문화적 우월감도 갖고 있었다. 서양 문명과 서구적 생활방식을 절대적 규범으로 간주한 그들은 동남아시아 토착민의 문화를 저급한 것으로 멸시했으며 현지인을 '야만적' 내지 '미개한' 인종으로 격하시켰다. 그러한 차별은 포괄적으로 흔히 '유럽 중심주의(Eurocentrism)'라고 부르는 서양인의 문화 우월주의 내지 문화 이기주의적 발상에서 비롯된 것이었다. 식민주의 시대 유럽 중심주의의 태도는 두 가지 현상으로 표출되었다. 하나는 동남아시아의 토착 문화에 대한 멸시였고, 다른 하나는 동남아시아의 현지 사회에 대한 이른바 '문명화 사명(civilizing mission)'이었다. 프랑스의 인류학자 클로드 레비스트로스(Claude Lévi-Strauss)는 비서구 문화에 대한 서구인의 자세에 관해 다음과 같이 말한다.

> 우리는 우리의 형태라고 자부하는 형태와는 가장 동떨어진 도덕적, 종교적, 사회적, 미학적 등의 문화 형태들을 무조건 거부해 버린다. 그것은 예기치 않은 상황에 처했을 경우 우리 각자에게서 찾아볼 수 있는 태도이고, 그러한 이유에서 가장 오래되었으면서 또 굳건한 심리적인 기반 위에 자리 잡고 있는 태도다. 미개인의 관습, 그건 우리 것이 아니다. 그런 것을 허용해서는 안 된다고 생각한다. 우리와는 이질적인 생활방법, 믿거나 또는 사고하는 방법과 만나면 수많은 야비한 반응의 그와 같은 전율, 바로 그러한 혐오를 나타낸다.[4]

레비스트로스에 따르면, '야만'을 의미하는 용어 'savage'는 '숲으로부터'를 뜻하는 라틴어 'silvaticus'에서 파생한 것으로, 거기에는 원주민을 밀림에 사는 존재 혹은 심지어 원숭이 같은 동물로 간주하는 서구인의 시각이 깔려 있다. 독일의 역사학자 위르겐 오스터함멜(Jürgen Osterhammel)은 '문명화 사명'의 인식을 다음과 같이 설명한다.

> 16세기 이베리아 국가들 및 영국의 식민지 이론가들 이래, 유럽의 팽창은 보편적인 사명의 달성으로 웅대하게 표현되었다. 이러한 보편적인 사명으로는 이교도 전도라는 신의 구원 계획에 대한 기여, '야만인' 혹은 '미개인'의 문명화라는 위업, 특권을 수반한 '백인의 부담' 등이 언급되었다. 여기에는 항상 자신의 문화적 우월성에 대한 확신이 근거로 놓여 있었다.[5]

이러한 '문명화 사명' 의식을 바탕으로 유럽인들은, 예컨대 제국주의 시대 영국의 정치가인 아서 제임스 밸푸어(Arthur James Balfour)가 1910년 영국의 하원에서 행한 연설에서 말한 것처럼, 서구의 식민 통치가 식민지에 정치적 발전을 가져올 뿐만 아니라 결국에는 온 인류에게 유익을 갖다줄 것이라고 생각했다.[6]

경제적 이해관계

상업적 이익에 대한 관심은 16세기 포르투갈과 스페인뿐만 아니라 17세기 네덜란드, 영국, 프랑스 등 유럽 국가들이 동남아시아에 진출한 주된 동기였다. 경제적 이해관계는 서양 열강이 19세기 이후 동남아시아에서 식민지를 획득하는 그리고 식민지를 경영하는 과정에서도 가장 중요한 동기를 이루었다.

유럽 열강은 19세기 초부터 동남아시아 및 동북아시아로의 본격적인 식민 진출에 나섰다. 이러한 변화는 한편으로는 1810년대 중엽 나폴레옹전쟁이 끝나자 서구인들이 유럽 밖으로 식민 진출의 눈을 돌릴 수 있게 되었고, 다른 한편으로는 18세기 후반 이후 계속 발달해 온 산업혁명이 자원을 획득하고 상품을 판매하는 시장으로서 새로운 식민지를 요구했기 때문이었다. 19세기 이후 서양의 아시아 진출은 중국과 동남아시아에 집중되었는데, 특히 중국의 자원 개척과 시장 개방을 중시해 그 가능성을 찾기 위해 애를 썼다. 그 과정에서 무엇보다도 영국과 프랑스 간에 대륙 동남아시아의 하천들과 육로를 통한 중국 내륙으로의 진출을 둘러싼 경쟁이 일어났다.

영국은 19세기 초에 싱가포르를 식민지로 구축했고, 1820년대 제1차 영국-미얀마 전쟁에서 승리한 후 미얀마의 서부와 남부 연안 지역을 식민지로 만들면서 인도차이나로의 진출을 모색했다. 이 점은 조사이어 콘더(Josiah Conder)가 1830년 런던에서 출판한 『근대적인 여행자(The Modern Traveller)』에 잘 드러나 있다. 이 책은 영국이 향후 몇 년 이내 무역사무소를 베트남 중부의 주요 항구인 다낭에 개설하고 합작회사를 설립해 북부 베트남의 금광 개발을 추진하며, 영국의 기선들이 사이공의 하천들을 따라 왕래할 뿐만 아니라 메콩강도 운항할 것이라고 전망했다.[7]

동아시아에 대한 식민 진출과 관련해 유럽인이 관심을 갖고 있던 주요 이슈 중 하나는 메콩강을 따라 올라가 중국 서남부에 도달하는 것으로서, 당시 미얀마에서 영국 상인들과 군인들은 그 가능성에 대해 실제로 논의했다. 중국 내륙 시장을 영국에 앞서 선점하려는 프랑스도 메콩강의 개척과 이용에 대해 적지 않은 관심을 갖고 있었다. 프랑스의 그러한 관심은 메콩강 삼각주를 개발하고 특히 1860년대 캄보디아를 식민지로 만들고 1890년대 초 라오스를 식민화하기 위한 노력으로 전개되었다.

기독교의 전파

서양인의 해외 식민 진출에서 기독교의 전파 즉 선교는 종종 경제적인 이해관계 못지않게 중요한 동기가 되었다. 유럽인의 초기 기독교 전파는 한편으로는 15세기 로마교황청의 선교 정책에 따라, 다른 한편으로는 포르투갈 정부와 스페인 정부의 선교 열정에 의해 추진되었다. 예컨대 포르투갈의 '항해사 엔히크(Enrique o Navegador, 1394~1460)' 왕자는 자국의 해양 진출을 적극적으로 지원하면서 동인도의 원주민들을 기독교로 개종시켜 그들의 도움으로 이슬람 세력에 대해 승리를 거두겠다고 선포했다. 엔히크의 그러한 의지를 높이 평가한 로마교황청은 1455년에 「로마누스 폰티펙스(Romanus Pontifex)」라는 교서(敎書)를 발행해 포르투갈에게 모로코와 인도 사이의 모든 지역에서 토착 왕국들을 정복하고 그 원주민들을 기독교로 개종할 권한을 부여했다.

기독교는 16세기 초 이후 서양인들의 무역 및 정치적 이해관계와 함께 동남아시아에 유입되었다. 그러한 측면은 개신교보다는 가톨릭에서 더욱 분명하게 나타났다. 동남아시아에 가톨릭이 본격적으로 도입된 것은 포르투갈이 믈라카를 점령하면서부터였다. 알부케르크는 1511년 믈라카를 공격하기에 앞서 그의 대원들에게 "우리는 이 나라에서 무슬림을 내쫓고 이 마호메트교의 불길을 꺼 버려 이것이 이후로는 다시 일어서지 못하도록 함으로써 우리의 주님께 위대한 봉사를 행할 수 있다"고 말했다.[8] 포르투갈은 1641년에 믈라카를 네덜란드에게 빼앗긴 후 동남아시아에서 그 영향력이 현저하게 줄었다. 그럼에도 불구하고 포르투갈에 의한 동남아시아에서의 가톨릭의 영향은 동티모르에서 엿볼 수 있다. 동티모르는 비록 2017년 현재 약 130만 명 인구의 작은 나라이지만, 인구의 약 95퍼센트가 가톨릭을 믿고 있다.

그림 9 1565년 4월 세부(Cebu) 섬에 도착한 레가스피 원정대의 가톨릭 전파를 묘사한 그림의 일부(18세기, 마닐라의 성 어거스틴San Augustin 박물관)

가톨릭 전파의 열정은 스페인도 포르투갈에 못지않았다. 스페인의 마젤란은 1521년 필리핀에서 한 현지인 추장을 만나 그에게 기독교를 전파하면서 "모든 우상을 불태워라. 그리고 우상 대신 십자가를 세워라. 모든 사람이 매일 무릎을 꿇고 십자가를 경배해야 한다"[9]고 명령했다. 스페인은 16세기 후반 필리핀에 식민지를 건설한 이후 1898년 이 열도를 미국에 양도하기까지 300년 이상 가톨릭을 전파해, 오늘날 필리핀은 인구 1억 명의 약 85퍼센트가 가톨릭을 믿는 세계 최대의 가톨릭 국가 중 하나가 되었다.

가톨릭은 베트남에도 전파되었다. 프랑스 선교사들에 의해 17세기부터 본격적으로 도입된 가톨릭은 오래전부터 불교와 도교가 민중의 신앙으로, 유교가 엘리트층의 신앙이자 국가 행정의 이념으로 자리 잡고 있었던 베트남에서 탄압받았다. 베트남 조정의 기독교 금지 정책은 특히 1840년대 이후 더욱 엄격히 시행되어, 1848년부터 1860년까지 유럽인 신부 25명, 현지인 사제 300명, 현지인 가톨릭 신자 약 3만 명이 살해되었다고 한다. 그러한 상황은 당시 가톨릭교회의 영향력하에 놓여 있었던 프랑스 정부의 군사적 개입을 초래했으며, 결국 베트남이 프랑스의 식민지로 전락하는 것으로 이어졌다. 가톨릭은 공산주의 체제하에서 퇴보와 침체를 겪어 왔지만, 그럼에도 불구하고 오늘날 신도수가 인구의 약 6퍼센트에 달하는 베트남 최대의 기독교 교파를 이루고 있다.

동남아시아에서 네덜란드인들에 의해 17세기부터 시작된 개신교 선교는 19세기 이후 영국과 미국의 선교사들을 중심으로 본격적으로 전개되었다. 영국이 동남아시아에서의 개신교 선교에서 네덜란드보다 늦었던 것은 무엇보다도 18세기까지 인도의 식민지 경영에 매여 있었기 때문이었다. 하지만 영국은 1820년대 중엽 미얀마 영토의 일부를 식민지로 획득하고, 특히 1824년 네덜란드와 조약을 체결함으로써 말레이 반도로의 식민 진출이 자유롭게 되자 신속하게 개신교 선교사들의 진출을 지원했다. 그 과정에서 식민지 확보 및 운영에 대한 영국 정부의 이해관계와 선교단체 및 선교사들의 협력이 종종 나타났다.

미국의 개신교 선교사들은 19세기 초 미얀마와 태국 등에 진출하면서 동남아시아에서의 선교 활동을 시작했다. 그러나 그들의 선교는 미국 정부와는 상관없이 주로 교회 차원에서 혹은 선교단체 차원에서 이루어진 것이었다. 미국의 개신교 선교 활동은 1898년 미국의 식민지가 된 필리핀에서 활발하게 일어났다.

3. 식민주의의 영향

식민주의는 정치·경제·사회·문화의 모든 분야에서 동남아시아에 지속적이고 큰 영향을 미쳤다. 그 영향은 서양의 어느 국가에 의한 식민 지배였는가에 따라 그리고 식민 통치를 받은 동남아시아 국가의 독특한 사회적·문화적 구조 및 역사의 특수성과 맞물려 나라마다 달리 나타났다. 식민 통치를 받지 않은 태국도 19세기 후반부터 20세기 전반까지 식민주의 열풍을 피해 가지 못해 정치적으로 입헌주의 국가가 되었고 경제적으로 서구 자본주의에 종속되었다. 이 점과 관련해 미국의 정치학자 리처드 올드리치(Richard J. Aldrich)는 태국이 20세기 초에 유럽의 '경제적 위성국(economic satellite)'이었을 뿐만 아니라 서구 제국주의의 확장된 정치적 지배하에 놓여 있었다고 해석한다.[10] 여기서는 동남아시아에 대한 식민주의 영향을 이 지역의 여러 나라에 걸쳐 일반적으로 일어난 변화를 중심으로 살펴본다.

국가 및 지역 개념의 형성

필리핀은 스페인에 의한 식민화 이전에는 하나의 영토 및 국가로 통합되어 있지 않았으며, '바랑가이'라는 촌락이 가장 큰 정치적 단위였다. 오늘날 필리핀 국가와 민족을 가리키는 '필리핀'은 토착민이 원래 갖고 있지 않았던 개념이다. '필리핀'이란 용어는 스페인이 16세기 후반에 필리핀의 여러 지역을 정복한 후 당시 스페인 국왕인 펠리페(Felipe) 2세(재위 1556~1598)의 이름을 따라 정복지에 붙인 명칭이었다. 그러나 현재 필리핀 국민은 '필리핀' 혹은 이로부터 파생한 '필리피노(Filipino)'라는 용어를 중심으로 필리핀이라는 나라와 민족과 문화에 대한 정체성을 갖고 있다. 다시 말하면, 스페인의 식민주의적 접근을 통해 탄생된 '필리핀'이 이제는 필리핀 사람들의 자신에 대한 민족주의적 접근의 구심점이 되어 있는 것이다.

이와 같은 식민주의와 민족주의의 상호관계는 '인도네시아(Indonesia)'라는 용어에서도 확인된다. '인도네시아'는 영국의 인류학자 제임스 리처드슨 로건(James Richardson Logan)이 1850년 동인도의 도서 세계를 지칭하기 위해 '인도(Indo, Indies)'와 '섬(-nesia)'를 합성해 처음 만들었다. 이 용어는 그 후 1884년 독일의 민족학자 아돌프 바스티안(Adolf Bastian)이 인도양의 마다가스카르 섬과 태평양의 타이완 섬 사이에 놓여 있는 섬 세계를 가리키기 위해 사용했다. 이후 이 용어는 학술 서적에서 광범위하게 사용되었고, 네덜란드도 자신의 식민지에 대한 공식 명칭인 '네덜란드령 동인도' 대신 이 용어를 점차 선호하게 되었다. 마침내 1948년에는 자카르타의 네덜란드 식민 행정부에 의해 이 용어가 공식적으로 인정되기에 이르렀다.

이처럼 유럽인에 의해 만들어지고 도입된 '인도네시아'는 인도네시아 현지인에 의해서도 1920년대부터 자신의 정체성을 가리키는 개념으로 점차 받아들여져 1930년대 이후 널리 사용되었다. '인도네시아'는 1949년에 독립한 인도네시아의 공식적 국가 명칭이 되었고, 오늘날까지 인도네시아 정부와 국민의 국가적 정체성 의식 형성에서 핵심적 지표가 되어 있다.

'동남아시아(Southeast Asia)'라는 용어도 식민주의 시대 서양인의 외부적 시각을 통해 발명된 것이다. 이 용어는 미국인 목사 하워드 맬컴(Howard Malcom)이 1840년에 출판한 『동남아시아에서의 여행(Travels in South-Eastern Asia)』이라는 여행기에서 처음으로 등장한 것으로 보인다. '동남아시아'는 1850년 제임스 리처드슨 로건이 발표한 「동남아시아의 민족학(The Ethnology of South Eastern Asia)」이라는 논문에서 다시 사용되었다. 그 후 미국인 프랭크 빈센트(Frank Vincent)가 이 용어를 적용해 『흰 코끼리의 나라: 동남아시아의 풍경과 장면(The Land of the White Elephant: Sights and Scenes in South-Eastern Asia)』이라는 여행기를 1873년에 출판했다.

'동남아시아' 개념은 20세기에 들어서서 구미 세계에 점차 퍼졌다. 특히 1939년에는 오늘날 '동남아시아'의 가장 일반적인 영어 표현인 'Southeast Asia'가 루퍼트 에머슨(Rupert Emerson)의 「동남아시아에서의 전망: 네덜란드령 인도, 프랑스령 인도차이나, 영국령 말라야(The Outlook in Southeast Asia: Netherlands Indies, French Indochina, British Malaya)」라는 논문에서 나타났다. 이러한 '동남아시아'가 정치적 개념으로 국제적으로 인정되어 정착한 것은 태평양전쟁이 한창이던 1943년에 영국과 미국이 일본군을 저지하기 위해 스리랑카에 설치한 연합국 사령부를 '동남아시아 사령부(South-East Asian Command)'라고 명명한 이후였다.

아시아의 동남부에 있는 지역을 전체적으로 가리키고 파악하기 위해 서양인들에 의해 만들어진 '동남아시아'는 이 지역 토착민들에게는 원래 존재하지 않았던 개념이었다. 다양한 문화와 상이한 역사의 배경을 가진 현지인들은 대부분 지역 전체에 대한 이해가 없었을 뿐만 아니라 그에 대한 필요성도 없었을 것이다. 그러나 최근에 들어서서 동남아시아 역내에서 '동남아시아' 개념을 중심으로 지역에 대한 정체성이 형성되어 가고 있다. 그것은 특히 아세안이라는 조직을 통해 '동남아시아 지역주의(Southeast Asian Regionalism)'라고 일컬을 수 있는 매우 구체적인 형태를 띠고 있다.

그리하여 1987년 12월 아세안은 마닐라 선언(Manila Declaration)에서 "정치적·경제적·문화적 결합을 바탕으로 한 '아세안 지역주의'는 동남아시아의 미래를 위해 그 어느 때보다 극히 중요하다.…아세안은 어떠한 상황에서도 역내 단결과 협력을 추구할 것이다"라고 강조했다.[11] 동남아시아 지역 정체성을 중시하는 관점은 '하나의 동남아시아(One Southeast Asia)' 개념으로 발전해, 아세안은 1994년 5월 마닐라에서 "우리는 동남아시아가 하나의 공동체가 되어야 한다고 믿는다. 이 공동체는 21세기에…하나의 주요 경제적·문화적·윤리적 실체가 되어야 할 것이다"라고 선언했다.[12]

국경의 확정

동남아시아에서 식민주의를 통해 국가의 영토 범위가 확정된 대표적인 사례는 필리핀과 인도네시아다. 앞에서 보았던 것처럼, 두 나라의 많은 섬들은 식민 통치를 통해 비로소 한 국가의 영토로 합쳐질 수 있었다. 말레이시아와 태국 그리고 태국·미얀마·라오스·캄보디아·베트남 등 대륙 동남아시아 국가들 간의 국경이 현재와 같은 형태로 되어 있는 것도 서구 식민 지배의 소산이라고 할 수 있다.

식민주의 전의 시기 동남아시아의 왕국들 간 그리고 이들과 중국, 인도, 방글라데시 등의 나라들 간에는 사실 오늘날과 같은 국경 개념이 없었다. 이 나라들의 영토 범위는 '국경'이 아니라 '변경(frontier)' 개념으로 보다 잘 설명될 수 있다. 중심부의 권력이 거의 미치지 못하는 '변경'은 대개 세습적이며 반독립적인 토호 세력에 의해 지배되고 인접 국가의 주민과 문화 그리고 정치적 영향이 수시로 들락거릴 수 있는 공간이었다. 따라서 '변경'은 중심부의 권력 정도에 따라, 그리고 인접한 나라들과의 정치적·경제적·문화적 관계에 따라 달라질 수 있는 곳이었다.

동남아시아 국가들 간의 이러한 '변경' 개념과 달리, 베트남은 중국과의 관계에서 명확한 경계를 중시했던 것으로 보인다. 베트남이 15세기 초 중국과의 전쟁에서 승리해 명나라의 지배에서 벗어난 후, 응우옌짜이(Nguyen Trai, 1380~1442) 장군은 다음과 같은 시(詩)에서 북쪽에 있는 중국과 남쪽에 있는 베트남이 서로 국경으로 구분되는 별개의 국가라는 점을 강조했다.

> 우리 다이 비엣 국(國)은 진실로 문명된 국가이다.
> 산천의 봉역(封域)이 다르듯이 남북의 풍속 또한 다르다.
> 우리는…한(漢)·당(唐)·송(宋)·원(元)과 더불어
> 각각 그 나름의 영토에서 제국(帝國)을 이루었다.[13]

동남아시아의 전통적인 '변경'은 서구의 식민 통치를 통해 '국경'으로 바뀌었다. 태국의 경우, 변경 지역에서 프랑스와 영국 등 유럽 식민 열강과의 영토 갈등이 빈번해지자 방콕 조정은 1885년 측량청을 설립해 영국인 토지 측량 전문가를 두 명 고용했다. 태국 정부는 이들의 도움으로 왕국 전역에 과학적인 측량을 실시했으며, 그 결과 제작된 지도를 바탕으로 변경을 국경으로 만드는 작업에 본격적으로 착수했다.

식민주의 시대 국경 긋기는 사실 대부분 자의적으로 이루어진 정치적 작업이었다. 동남아시아에서 그 대표적인 사례로 태국과 영국령 말라야의 국경을 들 수 있다. 태국 남단에는 말레이시아와 인접한 나라티왓(Narathiwat), 빠따니(Pattani), 얄라(Yala), 사뚠(Satun) 등의 주가 있다. 이 지방들은 주민의 약 4분의 3이 말레이계 무슬

림으로, 민족적으로 그리고 언어와 관습 등 문화적으로 말레이 세계의 일부라고 할 수 있다. 이 지역이 오늘날 불교가 지배적인 태국 영토의 일부가 되어 있는 것은 수백 년에 걸친 태국의 말레이 반도로의 팽창 때문이었다. 태국은 18세기 말에 이들 지방뿐만 아니라 그 남쪽에 위치한 트릉가누, 클란탄, 크다 등도 자신의 영향하에 두고 있었다. 태국과 말레이시아 간 현재의 국경은 말라야를 지배하던 영국과 태국이 맺은 1909년 조약으로 확정되었다. 이 조약을 통해 트릉가누, 클란탄, 크다 그리고 크다에서 분리된 프를리스는 영국령 말라야에 속하게 되었고, 나라티왓, 빠따니, 얄라, 사뚠은 태국의 영토로 인정되었다. 이 네 지방의 주민 대부분이 말레이인이자 무슬림이란 점은 무시되었고 영국과 태국의 상호 정치적 타협의 차원에서 국경이 일방적으로 만들어졌던 것이다.

민족주의 운동

식민주의 시기에 동남아시아의 경제는 외형적으로는 성장과 번영을 이루었지만, 내부적으로 볼 때 주민의 실제 삶은 오히려 더욱 빈곤해진 경우가 많았다. 식민 지배를 받은 동남아시아의 여러 국가에서 무엇보다도 쌀과 상업작물의 수출이 확대되었으며, 그 과정에서 특히 현지인 지주, 식민 관리, 화상(華商), 고리대금업자 등이 큰 이익을 보았다. 반면에 소작농을 포함한 대부분의 농민은 부채가 느는 등 더욱 가난해졌다. 그것은 무엇보다도 자신의 이익을 유지하고 확대하는 것에만 관심을 갖고 있던 식민 정부들이 이를 위해 현지 사회의 엘리트층과 화상 같은 상업자본가의 협력을 중시해 이들에게는 혜택을 베풀었지만, 농민의 상황에 대해서는 신경을 별로 쓰지 않았기 때문이었다.

이러한 현실과 더불어 동남아시아의 대부분 국가들에 도입된 서구식 교육을 통해 근대적인 현지인 엘리트가 배출되었다는 사실을 중시할 필요가 있다. 서양인들은 동남아시아의 식민지들에 서양의 사상과 학문을 보급시켰을 뿐만 아니라 근대적인 서구식 교육을 도입했다. 서구식 교육의 도입은 한편으로는 식민지에 대한 '문명화 사명'의 동기에서 비롯되었지만, 다른 한편으로는 식민 행정을 위해 현지인 인력을 양성할 필요가 있었기 때문이었다.

그러나 이러한 배경에서 도입된 서구식 교육을 받은 현지인들 중에는 식민 지배에서 비롯된 자국의 경제적·사회적 문제를 새롭게 인식하고, 나아가 정치적 독립을 위해 노력하는 자들이 나타나기 시작했다. 그들은 근대화가 대부분 서양인과 현지인 엘리트 및 지주 등 일부 계층 그리고 화상과 인도 상인 등 아시아 이민에게만 이익을 주었지 토착 민중은 그 혜택에서 배제되었다는 현실을 자각한 후 식민 체제를 비판하며 민족주의 운동에 나섰다. 이처럼 동남아시아에서 민족주의 운동을 이끈 사람들은 대부분 서구식 근대적 교육을 받은 현지인 엘리트들이었다.

복합사회의 형성

식민주의 시대 동남아시아에서의 경제적 변화와 도시화에 따라 외국에서 많은 노동력이 유입되었다. 특히 영국이 지배하는 식민지에는 19세기 중엽부터 인도인과 중국인이 대규모 이주해 그 나라에서의 인구가 대폭 증가했을 뿐만 아니라 종족집단 간 인구 구조가 변화했다. 앞에서 본 것처럼, 말레이 반도의 영국령 식민지에서는 1891년 약 22만 명이던 인구가 1931년 170만 명으로 불었는데, 그 증가는 대부분 중국인과 인도인의 유입 때문이었다. 특히 1931년경 중국인은 토착민인 말레이인보다 더 큰 인구 집단이 되었다.

인도인 이주민의 문제는 특히 미얀마에서 잘 엿볼 수 있다. 영국은 19세기 중엽까지 남부 미얀마를 식민화한 이후 에야워디강 삼각주 지역에서의 농업과 공업에 필요한 인력을 인도에서 데려오기 시작했다. 그에 따라 인도인은 이미 1872년에 미얀마 인구의 약 5퍼센트인 14만 명이 되었고 1931년에는 100만 명을 넘어 인구의 7퍼센트를 차지했다. 식민주의 시대 미얀마의 상업 및 공업을 지배한 것은 다른 동남아시아 국가들에서와는 달리 화인이 아니라 인도인이었다. 그러한 경제적 위상은 그들이 버마인에게 혐오의 대상이 된 주요인이었다. 그리하여 1930년 남부 미얀마에서 농민들의 경제적 불만으로 사야산(Hsaya San) 반란이 일어났을 때 화인도 일부 피해를 보았지만 반란 농민들에게 집중적으로 공격받은 것은 식민 관리들과 특히 고리대금업자들을 포함한 인도인 상인들이었다.

식민주의 시대 유입된 외국인으로 인한 사회적·경제적 문제는 화교·화인들에서 가장 뚜렷하게 나타났다. 오늘날 동남아시아에서 화인은 약 3,800만 명으로 이 지역 전체 인구의 약 6퍼센트를 차지하며 대부분의 국가에서 시장을 지배하고 있다. 그들의 이러한 인구학적·경제적 위상은 서양의 식민 진출을 배경으로 형성·발전된 것이다. 유럽인들은 이미 동남아시아의 여러 나라에서 활동하고 있는 중국인들을 협력자 내지는 중개인으로 활용했으며, 중국인들은 그 상황에 부응해 동남아시아로 이주해 왔다. 화인 연구가인 왕경우(王賡武)의 표현을 빌리면, "중국인의 무역은 유럽인의 깃발을 따라갔다."[14]

이러한 점에서 가장 중요한 시기는 특히 영국이 아시아에서 지배적인 영향력을 구축한 19세기였다. 영국은 중국인들을 불러들여 싱가포르, 말레이 반도, 보르네오 섬 등에서 플랜테이션과 광산업 그리고 무역과 관련된 각종 일에 필요한 인력으로 활용했다. 프랑스령 인도차이나 국가들과 네덜란드령 인도네시아에서도 비록 중국인 이주민의 숫자는 작았지만 비슷한 상황이 전개되었다. 이로써 동남아시아의 여러 나라에서 인구의 적지 않은 부분을 차지하며 경제적으로 힘이 있지만 토착민 사회로 동화되는 것을 거부하는 화인들과 이를 질투하고 혐오하는 토착민들 간 갈등과 마찰의 장이 마련되었다.

화인 및 인도인과 토착민의 갈등은 복합사회(plural society)의 개념으로 설명될 수 있다. 식민 지배하의 미얀마에서 영국 식민 당국의 공무원이자 역사학자로 활동한 존 시드넘 퍼니벌(John Sydenham Furnivall)에 따르면, 동남아시아의 식민지들에서 나타나는 복합사회의 상층부에는 서양인, 하층부에는 토착민, 그 중간에는 화인·인도인·아랍인 등 아시아 이주민이 있었다. 이 세 집단은 정치적 관심과 경제 활동의 목적이 서로 다르고 언어·종교·관습 등 문화도 대부분 같지 않아, 그들 사이에 어떤 공통된 국가적 의지와 사회적 요구를 찾는 것은 거의 불가능했다.[15] 이러한 복합사회에서는 식민 정부 같은 외부에서 온 통제력이 없어지면 내부 집단들 간에 분쟁이 쉽게 발생할 수 있다. 독립 후 동남아시아 여러 나라의 국민국가 형성 과정에서 발생한 특히 토착민과 아시아 이주민의 종족 갈등은 그러한 배경에서 이해될 수 있다.

무역 활동의 퇴보와 경제적 빈곤

동남아시아의 왕국들은 17세기 초까지 한편으로는 역내의 왕국들 간, 다른 한편으로는 인도, 이란, 아랍 국가들, 터키, 일본 그리고 특히 중국과 활발한 무역 관계에 있었으며, 이를 통해 경제적으로 번성하고 있었다. 동남아시아의 무역 시장에서는 중국, 일본, 인도, 이란 및 중동에서 온 상인뿐만 아니라 말레이 상인, 자와 상인, 술루 상인, 부기스 상인, 수마트라 섬 서북부의 아체 상인 등 도서 동남아시아의 토착민들도 왕성한 활동을 펼치고 있었다. 이와 관련해 안드레 군더 프랑크는 18세기까지 중국을 중심으로 한 아시아가 세계 경제에서 주도적 지위를 차지하고

있었다고 말한다.[16]

그러나 동남아시아 시장에서 토착 상인들의 활동은 17세기 이후 점차 위축되어 이 지역의 주요 국내 도매상과 국제무역은 대부분 외국 상인들의 손에 넘어갔다. 이것은 이 지역 토착민들의 경제가 전반적으로 퇴보하게 된 주요인 중 하나가 되었다. 그러한 변화는 통치자들이 외국 상인의 무역은 환영하고 고취한 반면 정치적인 위협이 될 수 있는 토착민의 무역 활동은 억제했기 때문이기도 했지만, 보다 중요하게는 동남아시아에서 시장을 지배하고 무역을 독점하려는 유럽인의 탐욕 때문이었다.

16세기 초 포르투갈의 믈라카 점령은 믈라카 해협 일대에서 말레이 상인을 포함한 무슬림 상인들의 향료 무역을 침체시켰다. 스페인은 16세기 말 필리핀 남부의 술루 제도와 인도네시아 동부의 말루쿠 제도 즉 '향료 제도'를 공격했다. 이로써 이 지역과 긴밀한 무역 관계에 있었던 보르네오 섬 북부의 브루나이 왕국의 경제적·정치적 위상이 약화되었다. 유럽인의 식민 진출로 토착민의 무역 활동이 위축된 것은 인도네시아의 향료 시장에 대한 네덜란드의 독점 추구에서 가장 명백히 그리고 가장 큰 규모로 나타났다.

네덜란드 동인도회사는 17세기 초부터 향료가 생산되는 지역을 점령했을 뿐만 아니라 생산방식과 거래를 통제하기 위해 애썼다. 1656년까지 말루쿠 제도의 향료 생산 섬들을 정복한 동인도회사는 1669년에 술라웨시 섬의 마카사르(Makasar) 왕국의 주요 항구들을 점령해 그 일대의 향료 거래를 통제했으며, 1683년에는 자와 섬 서북부에 위치한 반튼(Banten) 왕국을 굴복시켜 그 일대의 후추 무역을 독점했다. 특히 마카사르 왕국과 반튼 왕국이 네덜란드에게 점령된 이후 무역 시장에서 현지인의 역할이 축소되었을 뿐만 아니라 결국에는 종식되었고, 이것은 이 지역들에서의 경제적 성장의 지체뿐만 아니라 심지어 정치적·문화적 발전의 중단으로 이어졌다.

그리하여 17세기 말에 되면 인도네시아의 왕족과 귀족 중에는 네덜란드 동인도 회사의 위세에 눌려 그리고 불안한 시장에 질려 후추 생산 및 거래에서 손을 떼고 자급자족적 경제로 돌아가려는 자들이 많았으며, 향료 생산이 통제되면서 향료 무역에서 배제된 토착민들은 대부분 빈곤해졌다. 17세기 말 이후 필리핀에서 인도네시아, 보르네오 섬 그리고 말레이 반도에 이르는 도서부 세계의 국제무역 시장 혹은 국내 도매시장에서 토착민은 더 이상 두드러진 역할을 하지 못했다. 그 분야의 경제 활동은 대부분 서양인 그리고 무엇보다도 화인 등 외래 아시아 상인의 손에 넘어갔다.

오늘날 동남아시아는 싱가포르와 브루나이를 제외하면 전반적으로 경제력이 약하다. 그 원인으로 식민주의를 통한 토착민 무역 활동의 퇴조라는 측면 외에 이 지역 국가들의 경제를 대부분 화인이 지배하고 있다는 측면도 한번 따져 볼 필요가 있다. 문제는 한 나라에서 소수민족으로 사는 화인이 비록 그 나라의 국민이지만 토착민에 비해 국가에 대한 애착심이나 충성심이 적다는 점이다. 동남아시아의 화인은 사업을 할 때 일반적으로 단기적 전망을 바탕으로 한 빠른 수익을 중시한다. 따라서 화인 사업가들 중에는 연구·개발에 투자해 기술과 생산력을 갖춘 제조업을 구축하는 것보다는 상업·금융업·부동산 등 비제조업 부문에서 활동하는 자들이 많다. 이 점과 관련해 1990년대 중엽 아시아 상위 500개 화인 기업의 사업을 부문별로 분석해 보면, 1위가 부동산 개발 및 토지 사업으로 이 부문에 119개 기업이 망라되어 있었다. 2위는 은행·금융·보험 부문으로 여기에 73개 기업이 있었으며, 3위는 호텔·관광 분야로 47개 기업이 이 분야에 속했다.[17] 이러한 경제적 활동의 성격을 갖는 화인이 동남아시아에 많이 있는 것은 앞에서 본 식민주의의 배경 때문에 가능했던 것이다.

동남아시아의 경제력의 취약성에 대한 식민주의의 영향과 관련해 끝으로 식민주의 시기 서양 정부들이 동남아시아의 공업 발전에 소홀했다는 사실을 중시할 필요가 있다. 동남아시아의 식민지들에 대한 서양의 투자는 대부분 담배, 차, 사탕수수, 고무, 팜오일, 주석, 석유 등 농업 및 광업 분야에 집중되었다. 유럽과 미국 등에서 19세기에 경제적 호황과 더불어 인구가 늘고, 특히 1860년대 이후 동남아시아에서 생산되는 차·커피·설탕·고무·주석 등에 대한 수요가 증가하자 서양인들은 식민지들에서 농업과 광업은 적극적으로 육성했지만 공업에 대해서는 신경을 쓰지 않았다. 이와 유사한 상황이 카리브해 연안의 라틴아메리카 식민지들에서도 일어났다. 그곳에서도 서양인들은 농업 생산을 육성한 반면 공산품은 서양 국가들에서 수입하도록 하고 현지인의 무역과 공업 생산을 법적으로 금지함으로써 지역 경제를 식민 본국에 종속시켰다. 정치학자 해롤드 크라우치(Harold Crouch)는 동남아시아에서 농업과 광업만 중시한 서양 열강의 식민지 경제정책을 다음과 같이 평가한다.

> 식민지 경제가 산업화 과정에 있던 유럽과 미국의 필요를 충족시키기 위해 변형됨에 따라 식민 통치는 농업혁명과 광업혁명을 유발했다. 그러나…유럽과는 달리 농업혁명은 산업혁명으로 이어지지 않았다. 오히려 식민지 경제와 산업국 경제의 통합은 식민지의 산업 발전 가능성을 막아 버렸고, 전통적인 가내공업은 수입관세 면제 지역으로 유입되는 값싼 공산품에 자리를 내주어야 했다. 식민지가 원료 공급처이자 공산품 시장이 되는 와중에서 고전적인 식민지 경제가 형성되었다.[18]

그리하여 예컨대 필리핀에서 스페인 식민 정부는 세입 증대를 위해 담배·사탕수수·마닐라삼 등 상업작물의 생산을 장려했다. 네덜란드는 자와 섬에서 19세기에 상업적 농경을 집중적으로 발전시켰다. 프랑스는 캄보디아에서의 천연자원 개발이 수익 가능성이 낮다는 것을 알고 농민들로부터의 징세로 세수를 증대하는 방안에 집중해 농촌 기반의 전통적 경제를 유지하는 정책을 추구했다. 미얀마의 경우 19세기 후반 현지인들 사이에서 공업 발전에 관심이 있었지만, 영국은 그것을 지원하지 않았다. 그 이유는 무엇보다도 영국이 미얀마의 다수민족인 버마족을 차별해 그들을 근대적인 경제적·사회적 활동에서 배제했기 때문이었다. 동남아시아에서 유일하게 식민 지배를 모면한 태국도 1855년 보링 조약을 체결한 이후 서양 열강 중심의 세계경제 체제에 편입되었다. 그리하여 태국은 열강의 '경제적 위성국'으로서 20세기 중엽까지 "서양 공업의 시장이 되었고 수출용 농산물의 생산지가 되었다."[19]

기독교의 전파와 역할

동남아시아에서 기독교의 역사는 기독교가 도입된 나라의 식민 지배 경험 유무, 식민 지배를 받았다면 어떤 서양 열강에 의해서였고 식민 통치의 성격이 어떠했는지, 또 식민 통치의 기간이 얼마나 지속되었는지에 따라 국가마다 달리 전개되었다. 하지만 기독교가 적지 않은 사회적·문화적 영향을 미쳤다는 것은 동남아시아의 대부분 지역에서 공통된 현상이었다. 기독교는 16세기 포르투갈과 스페인에 이어 수세기간 여러 서양 국가들에 의해 도입되어 오늘날 동남아시아 도처에 퍼져 있다. 특히 가톨릭은 필리핀과 동티모르에서 각각 스페인과 포르투갈에 의한 식민 통치의 역사적 배경을 바탕으로 오늘날 인구의 대부분이 믿는 지배적인 종교가 되어 있다.

기독교는 동남아시아의 다른 몇몇 국가들에서 비록 그 나라의 지배적인 종교는 아니지만 작지 않은 교세를 갖고 있다. 미국의 여론조사기관이자 사회적 이슈를 연구하는 퓨리서치센터(PEW Research Center)에 의하면, 2010년경 싱가포르와 말레이시아의 기독교인 비율은 각각 18.2퍼센트와 9.4퍼센트다.[20] 이 두 나라는 모두 영국 식민 통치를 받았던 국가라는 역사적 배경 외에 화인이 각각 약 75퍼센트와 23퍼센트의 높은 인구 비율을 차지하고 있다는 요인도 중시되어야 한다. 이 나라들에서 기독교인은 상당 부분 화인이다. 화인은 식민주의 시기부터 서양인의 종교를 받아들이는 데 토착민보다 적극적이었다. 기독교인 인구에서 화인이 큰 비중을 차지하는 측면은 다른 동남아시아 국가들에서도 확인된다.

2010년경 베트남의 기독교인 인구 비율은 8.2퍼센트인데, 대부분 가톨릭 신자이다. 베트남에서 가톨릭교회의 위상은 앞에서 본 것처럼 프랑스 식민주의와 깊은 연관이 있다. 미얀마의 기독교인은 7.8퍼센트며, 대부분 개신교도다. 인도네시아는 기독교인 인구 비율이 9.9퍼센트며, 브루나이는 9.4퍼센트다.[21] 미얀마와 인도네시아와 브루나이의 기독교인 인구 비율이 비교적 높은 것은 식민주의의 배경도 있지만, 보다 중요한 요인은 기독교인이 대부분 소수민족들이며, 소수민족들이 이 세 나라에서 인구의 약 30~40퍼센트를 차지한다는 점이다. 인도네시아의 대표적인 기독교인 소수민족은 수마트라 섬 서북부 내륙 지방에 사는 바탁족으로, 오늘날 약 600만 명의 바탁족 인구 중 3분의 2인 400만 명이 개신교 기독교인이다. 미얀마 서북부 및 북부의 소수민족인 친족과 까친족은 각각 인구의 90퍼센트, 60퍼센트가 기독교인이며 대부분 개신교다.[22] 브루나이의 기독교인 소수민족은 '오랑 아슬리(orang asli)'로 불리는 토착 원주민인데, 이 점은 말레이시아에서도 확인된다. 특히 말레이시아의 사바주와 사라왁주에 사는 오랑 아슬리 부족 중 기독교인이 많다.

상좌불교 국가들인 태국·캄보디아·라오스에서는 2010년경 기독교인 비율이 각각 1퍼센트, 1퍼센트, 1.5퍼센트다.[23] 이 수치는 다른 동남아시아 국가들에 비해 매우 미약하지만 과거에 비해 크게 증가한 것이다. 예컨대 태국의 경우, 1980년경 그 비율은 0.34퍼센트 그리고 1993년 0.52퍼센트에 불과했다.[24]

| 그림 10 라오스 위앙짠의 한 개신교 교회

동남아시아에서 기독교가 특히 소수민족들 사이에 비교적 더욱 쉽게 확산될 수 있었던 것은 다음과 같은 두 가지 측면에서 설명될 수 있다. 첫째, 산악 지역에 사는 소수민족들의 경우 그들은 종종 기독교의 신을 자신들의 지역 수호신보다 훨씬 강력한 힘을 가진 존재로 간주했을 뿐만 아니라, 기독교가 불교나 이슬람 등 자신들이 사는 나라의 지배적인 종교에 필적할 만한 종교이자 서양인들의 종교라는 점에서 더욱 권위 있는 종교라고 인식했다. 그들은 자신들을 지배해 온 저지대 다수민족이 믿는 종교에 대해 종종 일종의 거부감을 갖고 있었다. 이 측면과 관련해 미국의 동남아시아 정치학자인 제임스 스콧(James C. Scott)은 "산악 지역은 정치적 반항의 공간이었을 뿐만 아니라 문화적 거부의 공간이기도 했다"고 말한다.[25]

또 다른 측면은 산악 소수민족들의 민간신앙의 성격과 관련된 것이다. 저지대에 사는 무슬림 혹은 불교도 다수민족 주민들은 자신의 국가와 사회에 대한 정치적·경제적·문화적 이해관계 속에 살고 있기 때문에 다른 종교로 개종하기가 어렵다. 그에 비해 산악 소수민족들은 그러한 이해관계가 없는 민간신앙을 보다 쉽게 포기할 수 있다.

개신교는 동남아시아에서 최근 젊은 층을 중심으로 빠르게 확산되었다. 예컨대 싱가포르의 시티하비스트 교회(City Harvest Church)는 창립된 지 불과 25년 만인 2015년 출석 성도가 약 3만 명에 달했다. 신자의 대부분은 20~30대 청년으로 교인 평균 나이가 20대 중반이었다. 기독교는 오늘날 싱가포르의 신세대에게 강한 영향력을 발휘하고 있는 것으로 보인다. 기독교는 말레이시아를 비롯한 다른 동남아시아 국가들에서도 젊은 층 사이에서 비교적 큰 호응을 얻고 있다.

기독교는 동남아시아의 여러 국가에서 역동적인 사회적·문화적 영향을 발휘해오고 있다. 기독교 선교는 이 지역의 근대화와 깊이 연관되어 전개되었다. 기독교 선교단체들과 선교사들은 그들이 활동한 동남아시아 나라의 근대화에 적지 않게 기여했다. 그것은 특히 교육 분야에서 뚜렷이 나타났다. 선교단체들은 대부분 현지인의 교육을 중시했다. 예컨대 가톨릭의 예수회는 1859년 필리핀에 아테네오 데 마닐라(Ateneo de Manila)대학을 설립했다. 개신교 선교사들은 신학교뿐만 아니라 유치원, 초·중·고등학교와 대학도 세웠다. 이러한 미션스쿨들에서 영어 등 서양 언어들과 근대적인 지식과 기술을 배운 현지인들은 공공 부문과 여러 전문직 그리고 비즈니스 분야에서 점차 지도적인 역할을 했다.

기독교 선교사들은 또한 의료 및 보건 부문에서도 적극적인 활동을 펼쳤다. 스페인의 가톨릭계는 필리핀에 이미 16세기 후반에 서구식 진료 시설과 의료 기술을 도입했다. 개신교 선교단체의 의료 사역은 19세기 이후 전개되기 시작했다. 예컨대 태국에서는 미국인 선교사들에 의해 1837년에 천연두 예방접종이 도입되었다. 서양의 선교사들은 또한 신문과 잡지를 발행해 동남아시아의 근대적인 저널리즘 발달을 도왔으며 새로운 농업 기술을 농민들에게 가르치기도 했다. 이러한 활동을 통해 기독교는 근대적 세계관과 지식을 갖춘 현지인 지식인들을 배출했으며 현지인의 건강 개선과 사회적 진보에 기여했다.

제5장

동남아시아의 토착 문화

1. 기층문화로서의 토착 문화

중층 구조로 된 동남아시아 문화의 바탕을 이루는 토착 문화는 이 지역에 유입된 인도 문화, 중국 문화, 이슬람 문화, 유럽 문화 등으로부터 때로는 영향을 받아왔으며 때로는 영향을 주었다. 토착 문화는 그것이 어떤 종류의 것인가에 따라 그리고 나라에 따라 또 그것이 농촌 혹은 도시 등 지역에 따라 그 사정이 약간씩 다르겠지만, 대략 19세기 후반 전근대 시기까지는 동남아시아 사회에서 유효하게 기능했다. 토착 문화는 서양인들이 들여온 근대 문명과의 만남을 통해 그리고 무엇보다도 유일신 신앙을 강조하는 배타적인 이슬람 혹은 기독교에 의해 약화되거나 심지어 어떤 것은 소멸되기도 했다. 그럼에도 불구하고 토착 문화는 동남아시아에서 오늘날까지 상당 부분 존속하고 있으며, 어떤 부분은 현지 주민의 삶에 여전히 적지 않은 영향을 미치고 있다.

이 책에서 동남아시아의 토착 문화는 주택, 음식 및 기호품, 의복 및 몸 장식 등 의·식·주 문화 외에 촌락 공동체 문화, 전통적 기술과 산후조리 그리고 민간신앙과 여성의 강한 역할 등을 포함한다. 이러한 토착 문화의 많은 부분은 이른바 '향토 지식' 내지는 '토착 지식' 혹은 '전통 지식' 등의 범주에 속한다. 이 장에서 살펴보려는 동남아시아의 토착 문화는 부분적으로는 종종 현대적인 상황도 고려되겠지만, 대부분 전근대 시기를 중심으로 한 것이다. 앞에서 언급된 토착 문화의 여러 측면 중 민간신앙과 여성의 강한 역할은 그 주제들의 비중을 고려해 이어지는 장들에서 별도로 다루어진다.

2. 주택 문화

고상가옥

계절풍의 영향을 받는 동남아시아의 전통적인 가옥은 다음의 두 가지 특징이 있었다. 첫째, 숲에서 용이하게 획득할 수 있는 나무, 야자잎, 대나무 등이 건축 재료로 사용되었다는 점이다. 둘째, 집은 대개 기둥 위에 세워진 이른바 '고상가옥'이었다는 점이다. 오늘날에도 동남아시아 몇몇 나라의 농촌 지역에서 종종 볼 수 있는 이러한 고상가옥은 땅과 집 바닥 사이에 공간을 두지 않은 중국식 가옥이나 중국의 영향을 받은 베트남의 집과 확연히 구별된다. 그리하여 17세기에 라오스의 수린야웡사 왕은 라오스와 베트남 간 경계를 정할 때 기둥 위에 집짓고 사는 사람은 라오스에 속하고 땅에 붙어 집짓고 사는 자는 베트남에 속한 것으로 했다.

고상가옥은 전근대 시기 동남아시아를 방문한 한국인, 중국인, 서양인 등에 의해 도처에서 관찰되었다. 중국인 조여괄(趙汝适)이 1225년경 편찬한 『제번지(諸蕃志)』에 의하면, 인도네시아 자와 섬의 서부 지역에 사는 순다족 주민들은 땅에 기둥을 세우고 그 위에 지은 집에서 살았는데, 지붕은 니파야자 나무껍질로 되어 있었다. 자와 섬 중부 지역 주민들의 집에 대해서는 기둥 높이도 제시되어 있는데, 땅바닥에서 마루까지 20피트 즉 약 6미터 혹은 그 이상이라고 말한다.[1] 명 왕조 시대 정화(鄭和) 제독과 함께 1430년대에 동남아시아를 여행한 중국인 마환(馬歡)에 따르면, 당시 믈라카 주민들의 집 역시 고상가옥 형태로 지어져 있었다.[2]

1802~1803년 약 1년간 필리핀 루손 섬 북부에서 체류했던 조선 사람 문순득(文淳得)의 표류 여행기 『표해시말(漂海始末)』에 의하면, 당시 그 지역의 집들은 "주춧돌은 없고 땅을 파서 기둥을 세우고 높이 2~3장(丈) 위에 층집을 만들어서 거처하

그림 11 태국-미얀마 국경 지대의 한 꺼잉족 마을의 고상가옥

는 방으로 하여 사다리를 두고" 오르내리도록 되어 있었다.[3] 2~3장이면 약 6~9미터의 높이다. 1830년대 동남아시아의 여러 나라를 방문한 미국인 에드먼드 로버츠(Edmund Roberts)는 필리핀의 마닐라 근처에 사는 타갈로그족 주민들의 집이 기둥 위에 세워져 있으며 대나무와 야자잎으로 지어져 있다고 기록한다.[4]

1620년대 베트남의 코친차이나를 방문한 프랑스인 알렉상드르 드 로드(Alexandre de Rhodes) 신부는 그 지역 주민들의 집을 "물이 빠지도록 [바닥이] 밑으로 열릴 수 있게 건축되며, 이 때문에 항상 거대한 기둥 위에 얹힌다"라고 묘사했다.[5] 코친차이나 주민들의 집은 조지 핀레이슨이 관찰한 것처럼 1820년대에도 고상가옥이었다.[6] 태국도 마찬가지였다. 1680년대 말부터 1720년대 초까지 인도양 및 중국해 연안의 나라들을 방문한 스코틀랜드인 알렉산더 해밀턴(Alexander Hamilton)에 의하면, 당시

수도 아유타야 일대에 사는 토착민들의 집은 땅에서 약 3미터 높이의 기둥들 위에 지어진 것으로, 그것은 범람으로부터의 안전을 위한 것이었다.[7] 1880년대 중엽 태국 북부 지방을 여행한 영국인 홀트 핼릿(Holt S. Hallett)은 치앙마이 일대에 사는 따이족 주민들의 집이 모두 땅에서 6~8피트 즉 1.8~2.4미터 높이의 기둥들에 지어진 고상가옥으로, 집 밑은 정원이나 밭일을 위한 농기구를 비롯한 여러 물건을 두고 밤에는 가축을 매어 두는 공간으로 이용되고 있다고 관찰했다.[8]

미얀마의 고상가옥 모습은 1907년 말부터 1908년 중엽까지 인도와 동남아시아의 여러 나라를 여행한 미국인 여성 엘른 펙(Ellen M. H. Peck)이 만덜레에서 관찰한 현지인의 집에 대한 다음의 묘사에 잘 나타나 있다.

> 시골 지역의 집들은 대개 땅에서부터 4피트 내지는 6피트 높이의 기둥들 위에 대나무로 세워져 있는데, 그것은 홍수, 파충류 동물들 그리고 다른 재난으로부터 보호하기 위한 것이다. 마루는 대개 길게 쪼갠 대나무로, 그리고 초가지붕은 코끼리풀(elephant grass)로 되어 있다. 집의 벽들은 대나무로 되어 있고, 길거리 쪽으로는 베란다를 두고 열려 있다.[9]

땅에서 마루까지의 기둥 높이가 기록에 따라 다른 것은 관찰된 집이 어느 나라에 있는 것인지, 고지대이냐 저지대이냐, 어떤 계층에 속한 사람의 것이냐에 따른 차이였을 것이다. 대략적으로 말하면, 집의 기둥은 태국과 도서 동남아시아의 것이 미얀마와 인도차이나 국가들의 것보다 더 높았으며, 지배층의 집이 일반 백성의 집에 비해 더 높게 지어졌다.

나무와 잎 등 가벼운 건축 재료로 된 고상가옥은 종종 그 기둥들이 땅에 박힌 것이 아니라 땅 위에 얹혀 있는 형태로 지어졌다. 그러한 집은 쉽게 지을 수 있었을

그림 12 베트남 후에(Hue) 인근의 한 마을의 주택

뿐만 아니라 신속한 이사 내지는 건물 자체의 이동을 가능하게 했다. 17세기 말 태국을 방문한 프랑스인 시몽 드 라루베르(Simon de La Loubère)는 아유타야에서 발생한 화재로 사라진 300채 집들이 이틀 만에 다시 지어졌으며, 국왕이 왕궁에 앉아 대포 사격을 구경하는 것을 방해하는 집 세 채를 불과 한 시간 만에 다른 곳으로 치워 버렸다고 말한다.[10] 19세기 초 영국의 사신으로 동남아시아의 여러 나라를 방문한 존 크로퍼드는 보통의 집을 한 채 짓는 데 한 사람의 하루 노동량으로 계산할 때 60일 이상 걸리지 않는다고 추측했다. 심지어 미얀마에서는 19세기 초에 서양인을 위한 방 네 칸짜리 집을 버마인 노동자들이 네 시간 만에 완성했다고 한다.

이러한 재료 및 구조의 특징을 갖는 가옥은 비가 많이 오고 고온다습한 생태환경에서 생활하고 또 홍수뿐만 아니라 파충류를 포함한 야생동물의 위협으로부터 보호하기 위해 필요한 주택 문화였다. 여성 작가 킹묘칫(Khin Myo Chit)은 20세기 중

엽 전후 시기 미얀마에서 우기의 더운 날 대나무 마루에 누워 바닥 틈새로 올라오는 산들바람을 즐기는 것이 시골 서민의 쾌락 중 하나였다고 묘사했다.[11] 그러나 고상가옥은 베트남 북부에서는 이미 11세기 전에 점차 사라졌고 그 대신 중국식 집이 도입되었다. 16~17세기가 되면 자와, 발리 등에서도 땅 위에 바로 집을 짓기 시작했으며, 남부 베트남과 말루쿠 지역에서도 근대에 이르러 집 건축이 점차 그러한 방식으로 바뀌었다. 이러한 변화가 일어난 곳은 무엇보다도 인구밀도가 높아지고 기둥에 쓸 목재를 구하기가 점차 어렵게 된 지역이었다.

고상가옥과 관련된 민간신앙

고상가옥의 건축과 구조 및 기능에는 주민들의 민간신앙이 얽혀 있다. 1870년대 말부터 1880년대 초까지 미얀마에서 활동했으며 '스와이 요(Shway Yoe)'라는 필명으로 글을 쓴 영국인 제임스 조지 스콧(James George Scott)에 의하면, 버마족의 집은 땅에서 7~8피트 높이로 지어졌으며 기둥이 대개 여섯 개였는데, 사람들은 기둥의 목재를 고를 때 신중을 기했다. 그들은 목재를 모양새에 따라 나무의 양쪽 끝이 같은 두께면 남성, 나무의 밑동이 두꺼우면 여성, 중간 부분이 불룩한 것은 중성, 윗동이 두꺼운 것은 사람 잡아먹는 귀신 등으로 구분하면서, 귀신의 기둥은 재앙과 사망을, 중성의 기둥은 비참과 불행을 불러오며, 남성의 기둥은 별다른 해 없이 무난하고, 여성의 기둥은 행운과 명예를 갖다 준다고 믿었다. 그들은 또한 집을 지을 때 무엇보다도 집터가 괜찮은지 그리고 공사를 언제 시작하는 것이 좋을지 주술사에게 물었다. 그렇게 지은 집에서 남쪽에 있는 기둥이 가장 중시되었다. 그것은 그 꼭대기에 집의 수호신이 거한다고 보았기 때문이었다. 그리하여 식구 중 누군가가 죽으면 염습한 시신을 입관하기 전에 그 기둥 가까이에 두었다.[12]

그림 13 토라자족 고상가옥 통코난(인도네시아 자카르타 타만미니 공원)

기둥 꼭대기를 신성한 곳으로 간주하는 이 같은 풍속은 고상가옥의 공간적 구조에 대한 동남아시아 사람들의 전통적 인식에 근거한 것이다. 이에 따르면 집 밑의 아랫부분은 가축의 공간이고, 계단을 올라가 마루에 이르면 사람의 거주 공간이고, 집의 가장 윗부분은 정령의 세계와 연결되는 조상들의 공간으로 가신신앙(家神信仰)을 위한 제단과 기물을 두는 곳이다. 그리하여 예컨대 인도네시아 술라웨시 섬의 토라자(Toraja)족은 '통코난(tongkonan)'이라 부르는 자신의 고상가옥의 공간이 동물들이 있는 집 밑의 동물계, 가족이 거주하는 인간계, 지붕의 하늘계 등 세 부분으로 구성되어 있다고 본다.

3. 음식 문화

밥과 물고기

동남아시아에서 식사의 기본은 전통적으로 밥 즉 쌀밥과 물고기였다. 벼농사가 생계의 근간을 이루는 동남아시아에서 쌀은 주민의 주식이었다. 말레이 속담에 "쌀이 없으면 아무것도 없다"는 말이 있다. 대부분의 도시와 촌락이 하천 및 그 지류나 해안 지역에 형성되어 있는 동남아시아에서 물고기는 주민의 주요 단백질 공급원이었다. 동남아시아에서 농민과 어민은 엄격히 구분될 수 없는 경우가 흔하다. 근해 어업에 종사하는 어민이 집 근처에서 논일이나 밭일을 하거나 호수나 하천 주위에 사는 농민이 농사 틈틈이 고기잡이에 나서는 모습을 흔히 볼 수 있다.

그 전형적인 예로 똔레삽 호수 일대에 사는 캄보디아 농민들이 있다. 똔레삽과

이 호수 일대에 거미줄처럼 발달해 있는 하천들과 지류들은 민물고기가 많기로 유명하다. 6월이 되면 범람하기 시작하면서 강과 지류와 호수뿐만 아니라 그 일대의 논들도 물에 잠긴다. 그리고 엄청난 양의 물고기 떼가 전통적인 산란 습관을 좇아 바다에서 강을 거슬러 올라온다. 그러면 이 지역에 사는 농민들은 고기잡이 도구를 챙겨 얕은 강과 논에서 물고기잡이에 나선다.

밥과 물고기가 동남아시아 주민의 식생활에서 주요소라는 점은 베네치아 출신 안토니오 피가페타(Antonio Pigafetta)가 16세기 초 필리핀 민다나오 섬의 한 촌장 집에서 밥과 물고기가 메뉴의 전부인 저녁식사를 대접받았다는 그의 여행기 기록에서 엿볼 수 있다.[13] 15세기 전반 수마트라 섬 동부 연안의 주민이 생계를 위해 농업과 어로에 종사했다는 마환의 기록도 당시 이 지역 사람들의 식생활이 밥과 물고기 중심으로 이루어졌다는 것을 간접적으로나마 입증한다.[14]

태국과 라오스에서는 전통적으로 식사를 각각 '카오쁠라 아한(khao pla ahan)', '카오빠 아한(khao pa ahan)' 즉 '밥·물고기 음식'이라고 불렀다. 쌀과 생선이 타이인의 기본 음식이라는 사실은 17세기 태국을 방문한 유럽인들의 여행기에 나타난다. 예컨대 1630년대 네덜란드 동인도회사의 아유타야 상관장이었던 예레미아스 판 플릿(Jeremias van Vliet)은 밥, 물고기 그리고 약간의 채소가 타이인의 보통 식사였다고 전한다.[15] 1680년대 여러 해 동안 태국에서 파리외방선교회(Société des Misions Étrangères de Paris) 선교사로 활동한 프랑스인 니콜라 제르베스(Nicolas Gervaise) 신부에 의하면, 태국 일반 백성의 식단은 밥과 약간의 과일 그리고 햇볕에 말린 생선으로 이루어져 있었다.[16]

젓갈과 액젓

동남아시아의 물고기와 관련된 음식 문화에서 간과할 수 없는 중요한 부분은 젓갈과 액젓이다. 바닷가나 호수 및 강 부근에 사는 주민들은 잡은 생선을 바로 익혀 먹기도 했지만, 동남아시아 사람들은 물고기를 대부분 말리거나 절인 형태로 소비해 왔다. 그것은 한편으로는 저장 문제와 관련된 것이기도 했지만, 다른 한편으로는 특히 생선을 절여 발효시킴으로써 독특한 풍미를 얻을 수 있었기 때문인 것으로 보인다. 제임스 조지 스콧은 버마족 사람들이 '응아삐(ngapi)'라고 부르는 젓갈을 소량이나마 곁들이지 않으면 제대로 된 식사를 하지 못했다고 느낄 것이라고 말한다.[17] 이것은 비록 19세기 말 미얀마에서의 사례지만, 젓갈에 대한 애정은 동남아시아의 다른 나라들에서도 서로 약간의 차이는 있겠지만 오늘날까지도 마찬가지다.

소금에 절여 발효시킨 물고기 소비는 동남아시아에서 오래전부터 젓갈과 액젓 등 두 가지 형태로 이루어져 왔다. 페이스트 형태의 젓갈과 간장 같은 액젓이 만들어지는 방식은 크메르인들, 특히 호수나 하천 주위 혹은 내륙 지방에 사는 주민들의 경우 다음과 같다. 우선 다양한 종류의 민물고기를 대가리를 잘라낸 다음 몸통 부분을 나무통에 넣어 빻아 죽처럼 만든다. 그것을 바나나 잎으로 덮고 그 위에 돌을 얹어 하루 정도 삭힌 다음, 여기에 생선의 10분의 1 비율 정도의 소금을 부어 이긴다. 그렇게 만든 반죽을 자리에 펼쳐서 온종일 햇볕에 쬔다. 이것을 장독에 담아 낮에는 뚜껑을 열어 두고 밤에는 덮어 두기를 여러 날 반복하면, 내용물이 발효되면서 위에서부터 점차 액체로 변한다. 이렇게 위에 뜬 액체가 크메르어로 '뜩뜨러이(teuk trey)'라고 부르는 액젓이며, 밑에 가라앉은 것이 크메르어로 '쁘라혹(prahok)'이라 부르는 젓갈이다. 크메르인들은 밥에 비벼 먹는 쁘라혹을 더 좋아한다고 한다.

태국과 라오스에서는 액젓을 '생선 물'이라는 뜻의 '남쁠라(nam pla)', '남빠(nam pa)'

라고 각각 부르는데, 만드는 방식은 뜩뜨러이와 비슷하다. 한편 베트남에서는 액젓을 '느억맘(nuoc mam)' 즉 '절인 생선 물'이라 하는데, 뜩뜨러이와는 달리 바닷고기, 그것도 주로 멸치류인 까껌(ca com)으로 만든다. 필리핀 사람들이 즐겨 먹는 파티스(patis)라는 액젓도 작은 생선으로 만들지만, 때로는 새우를 쓰기도 한다.

동남아시아의 다른 나라들에서는 액젓뿐만 아니라 젓갈을 만들 때 대부분 새우를 쓴다. 베트남에서 젓갈로 널리 애용되는 맘똠(mam tom)은 새우를 갈아 소금을 넣어 발효시킨 것이다. 새우젓은 미얀마에서는 '응아삐', 태국과 라오스에서는 '까삐(kapi)', 말레이시아에서는 '블라짠(belacan)', 인도네시아에서는 '트라시(terasi)', 필리핀에서는 '바고옹 알라망(bagoong alamang)'이라고 부른다. 필리핀에는 새우젓 외에도 멸치 같은 작은 생선으로 만든 '바고옹 이스다(bagoong isda)'라는 젓갈이 있다.

인도네시아에서는 고추를 주원료로 한 삼발(sambal)이라는 매운 양념에 넣어 만든 '삼발 트라시'라는 소스가 인기다. 이처럼 젓갈을 다른 양념이나 식재료와 섞어 별미의 소스를 만드는 것은 태국에서 오래전부터 행해져 왔다. 제르베스 신부에 의하면, 시암(Siam)인들은 까삐를 후추·생강·계피·정향·마늘·양파·육두구 그리고 여러 다른 허브와 함께 섞어 소스를 만들었는데, 타이어로 '남프릭(nam phrik)'이라고 부르는 이 소스는 특히 고기 요리에 풍미를 더해 입맛을 돋우었다고 한다.[18] 19세기 중엽 영국의 사신으로 태국에 온 존 보링(John Bowring)도 남프릭에 주목해 이를 다음과 같이 소개한다.

> 남프릭이라고 불리는 소스는 시암에서 모든 계층이 사용한다. 이것을 만들 때는 상당한 양의 고추를 절구에 빻아 거기에 까삐(새우 페이스트), 후추, 마늘, 양파를 첨가한다. 이들을 잘 섞은 후 여기에 소량의 소금물과 레몬즙을 더한다. 생강, 타마린드, 호리병박씨도 넣는다. 남프릭은 가장 식욕을 돋우는 양념 중 하나다.[19]

빈랑 씹기

동남아시아의 또 다른 중요한 음식 문화로 빈랑(檳榔) 씹기가 있다. 빈랑 씹기 풍속은 동남아시아뿐만 아니라 과거에는 인도와 중국 남부에도 퍼져 있었지만, 그 기원은 동남아시아라고 본다. 이 점과 관련해 이미 구석기 시대에 태국에서 빈랑 열매가 식용식물이었다는 고고학적 발견과 '빈랑(binlang)'이란 단어 자체가 말레이어라는 사실에 주목할 필요가 있다. 빈랑은 기호품으로 동남아시아에서 오래전부터 사람들의 일상생활뿐만 아니라 여행이나 싸움터에 나갈 때도 필수 휴대품이었다.

『제번지』에 의하면, 13세기 초 수마트라 섬 서북부 지역의 한 왕국의 통치자는 종일 빈랑을 씹었는데, 그때 진주 가루를 함께 씹었다고 한다.[20] 15세기 초 동남아시아의 여러 나라를 방문한 중국의 공진(鞏珍)은 오늘날 베트남 중부 지방에 있었던 짬빠 왕국의 주민들이 빈랑을 온종일 씹고 있었는데, 그것이 입에서 떨어지는 것을 보지 못했다고 이야기한다.[21] 마환은 15세기 초 자와 섬 사람들이 남녀 모두 빈랑을 씹는데, 그것이 "그들의 입에 없는 경우가 결코 없다"고 전한다.[22] 빈랑 씹기에 대한 이러한 집착은 16세기 중엽 말루쿠 제도에서도 관찰되었다. 1854년부터 1862년까지 말레이 반도와 인도네시아의 섬들을 여행한 영국의 탐험가이자 박물학자인 앨프리드 러셀 월리스(Alfred Russel Wallace)는 빈랑 씹기가 말레이족의 특징 중 하나라고 보면서 그들이 어릴 때부터 빈랑을 씹는다고 말한다.[23]

빈랑 씹기의 '빈랑'은 후춧과 식물인 빈랑 잎 즉 구장(蒟醬) 잎과 빈랑 열매(areca nut)를 일컫는 것으로, 여기에 기본적으로 석회가 포함된다. 석회는 대개 생석회를 사용했지만, 지역에 따라 종종 조개껍질을 갈아서 쓰기도 했다. 빈랑 씹기가 어떻게 이루어지는지는 19세기 말 미얀마에서의 사례에 대한 조지 스콧의 묘사에서 잘 엿볼 수 있다. 이에 따르면, 버마족 사람들은 생석회에 물을 부어 만든 소석회

그림 14 빈랑 잎, 빈랑 열매, 석회

를 빈랑 잎에 약간 바른 후 거기에 반으로 쪼갠 빈랑 열매와 담배를 얹어 함께 말아 입안에 넣고 씹어 즙을 짜 먹었다.[24]

여기서 본 담배처럼 그리고 앞에서 소개한 13세기 초 수마트라 섬의 한 국왕의 진주 가루 사례처럼, 빈랑 씹기에는 빈랑 잎, 빈랑 열매, 석회 등 기본적인 세 요소 외에 다른 첨가물이 들어갈 수 있었다. 에드먼드 로버츠는 1830년대 자와 섬 주민들이 담배와 아선약(gambier)을 함께 넣어 씹었다고 말한다.[25] 존 크로퍼드에 의하면, 말레이 반도 및 인도네시아 지역의 사람들과 캄보디아인들이 빈랑을 씹을 때 아선약을 첨가했던 반면, 코친차이나의 베트남인들은 담배만 넣었지 아선약은 쓰지 않았다.[26] 킹묘칫은 20세기 중엽 전후 시기 미얀마에서는 석회가 엷게 발린 빈랑 잎에 빈랑 열매 한 조각, 담뱃잎, 아선약, 향신료 아니스(anise) 등을 얹어 한입에 들어갈 크기의 보기 좋은 쌈으로 만든 다음 거기에 정향 한 조각을 꽂았다고 쓰고 있다.[27]

빈랑 잎, 빈랑 열매, 석회 등 세 가지를 함께 씹으면 입 안에 붉은색의 침이 가득 생긴다. 그래서 영국 사절단의 일원으로 1820년대 초 태국을 방문한 조지 핀레이슨은 방콕 일대의 타이인들이 빈랑을 늘 씹기 때문에 입과 입술이 항상 불그죽죽하다고 쓴다.[28] 킹묘칫에 의하면, 미얀마 여성들은 빈랑 쌈을 우아하게 싸고 그것을 고상하게 씹어 입술을 루비처럼 붉게 만드는 것을 중시했다. 립스틱이 알려지기 전인 대략 20세기 전반 미얀마에서는 여성이 치장하고 외출할 때 입술을 매력적으로 보이게 하기 위해 빈랑을 씹었다고 한다.[29]

조지 스콧은 빈랑 열매가 취하게 하는 효과가 있다고 말한다. 이 점을 보다 정확히 말하면, 빈랑 열매, 빈랑 잎, 석회 등 세 가지 요소가 화학적으로 결합해 '아레콜린(arecoline)'이라는 중독성의 알칼로이드가 만들어지기 때문이다. 뇌 및 중추신경을 이완시키는 알칼로이드 성분은 긴장을 풀어 주면서 정신을 몽롱하게 만들 수 있다고 한다.

빈랑 씹기의 이러한 효과와 관련해 베트남에서는 "빈랑 씹기는 이야기의 시작이다"라는 속담이 있다. 즉 빈랑을 씹어야 비로소 자신의 속내를 드러내는 대화를 한다는 것이다. 조지 스콧이 19세기 말 미얀마에서 빈랑을 씹어야 버마어를 잘한다는 통념이 있었다고 말하는 것도 같은 맥락에서 이해된다. 또 그는 당시 불교 승려들이 빈랑 씹기가 명상 수련을 위한 좋은 자극제가 된다고 생각해 빈랑을 지속적으로 씹는다고 전하는데,[30] 이 역시 빈랑의 정신적 효과와 관련된 것으로 보인다.

동남아시아에서 빈랑은 일상적인 기호품으로서의 기능 외에 전통적으로 다양한 용도로 사용되어 왔다. 손님을 접대할 때 빈랑을 내놓는 것은 기본이었다. 그리하여 말레이 고전문학 작품인 『항투아 이야기(Hikayat Hang Tuah)』를 보면, 자와의 마자파힛 왕국의 궁정에서는 외국 사신을 접대할 때 식사 후에 빈랑을 내왔다고 한다.[31] 핀레이슨은 19세기 초 방콕에서 한 태국 왕자의 저택을 방문했을 때 빈랑 세트가 먼저 제공되었다고 말한다.[32] 엔지니어로서 1881년경 미얀마를 여행한 프랑스인 마헤 드 라 부르도네(Mahé de la Bourdonnais)는 만덜레에서 티보(Thibaw) 왕(재위 1878~1885)을 알현했을 때 왕이 왕좌에 앉는 동안 비빈 중 하나가 그의 앞에 금으로 된 빈랑 박스와 씹은 빈랑을 뱉는 타구를 놓아 두는 모습을 관찰했다.[33]

빈랑은 신랑 집에서 신부 집으로 보내는 결혼 예물의 가장 중요한 품목 중 하나였고, 조상신에게 바치는 제물에도 들어갔다. 인도네시아 발리 섬에서는 오늘날에도 거의 모든 제물에 빈랑 열매, 빈랑 잎, 석회 등 세 가지가 기본으로 포함되어야 한다. 빈랑은 연애 및 구애의 도구로도 종종 사용되었다. 20세기 초 미얀마에서는 소녀가 마음에 드는 청년에게 빈랑 쌈을 만들어 건넴으로써 애정을 표시했다. 말레이시아에서는 여성이 성공적인 임신을 위해 빈랑 잎의 즙을 먹었고, 자식을 낳지 못한 여성은 빈랑 열매를 질 안에 넣었다. 인도네시아의 티모르 섬에서는 산모가 출산을 준비하는 과정에서 빈랑을 씹어야 했으며, 출산 후에는 산모와 시어머니가 함께 빈랑을 씹는 것이 관행이었다.

빈랑 씹기는 오늘날 동남아시아의 도시 사람들 사이에서는 거의 보기 어렵지만, 시골과 특히 소수민족 주민들 중에는 빈랑을 씹는 자들을 종종 만날 수 있다. 빈랑 씹기는 미얀마에서 요즘도 여전히 많은 사람이 행하고 있다. 특히 남성의 반 이상이, 여성의 16퍼센트가 빈랑을 상습적으로 복용한다. 미얀마에서 '꽁야(kunja)'라고 부르는 빈랑 쌈은 주의력을 향상시키고 에너지를 증대시키고 가슴을 시원하게 해주고 배고픈 것을 억제해 주는 등의 효능을 갖는 각성제로 간주된다. 미얀마 양곤

그림 15 미얀마 양곤의 빈랑 노점상

의 한 택시기사는 "택시를 몰기 시작하면 졸릴 때가 있어요. 그럴 때 꽁야를 먹으면 깨어 있는 데 도움이 됩니다"라고 이야기한다. 심지어 한 청년은 "난 그게 없으면 못 살아요"라고 말한다.[34]

4. 의복 문화와 몸 장식

의복 문화

전근대 시기에 동남아시아를 방문한 중국인·유럽인·중동인 등은 이 지역 주민이 대부분 윗몸에 아무것도 입지 않고 맨발로 다니는 모습을 보았다. 7세기 전반에 편찬된 중국의 『양서(梁書)』에 따르면, 오늘날 말레이 반도의 빠따니 일대에 있었던 것으로 추정되는 랑아수(狼牙脩)라는 나라에서는 남녀 모두 웃통을 벗고 다녔다.[35] 13세기 말 중국 원나라의 사절단을 따라 캄보디아를 방문한 주달관(周達觀)은 당시 크메르인이 남녀 모두 천 하나로 허리를 감는 것 외에는 다른 옷이 없어 가슴을 드러낸 채 맨발로 지냈으며 국왕의 비빈도 마찬가지였다고 기록했다. 그는 또 군인도 맨발에 몸을 다 드러낸 모습이었다고 전한다.[36] 정화를 따라 동남아시아를 여행한 비신(費信)이 1436년경 편찬한 『성사승람(星槎勝覽)』에는 당시 수마트라 섬 서북부에 있는 사무드라(Samudra)의 여성들이 아랫도리에는 채색 옷을 입고 있었으나 윗도리에는 아무것도 입지 않았다고 전한다.[37]

페르디난드 마젤란의 원정대와 함께 16세기 초 필리핀을 방문한 이탈리아인 안토니오 피가페타는 당시 민다나오 섬과 팔라완 섬 주민들이 "벗고 다닌다"고 묘사했다.[38] 역시 16세기 초 동남아시아를 여행한 볼로냐 출신 이탈리아인 루도비코 디 바르테마(Ludovico di Varthema)에 의하면, 말레이 반도의 믈라카에서 남성은 대개 허리에서 아래로 내려오는 사롱을 입고 상체는 벌거벗고 다녔으며 여성은 사롱 위에 짧은 셔츠를 입었다.[39] 시몽 드 라루베르가 관찰한 17세기 말 타이인들은 남성과 여성 모두 맨발로 다녔고 약 3미터 길이의 천으로 허리와 허벅지를 감아 무릎까지 내려오도록 입는 파눙(phanung) 외에는 다른 옷을 입지 않았다. 관리들만 파눙 위에

그림 16 12세기 말~13세기 초 크메르인들의 일상생활 옷차림(바욘 신전의 부조)

면 셔츠를 입었으며, 오직 부유한 여성들만 스카프 같은 것을 윗몸에 걸쳤다.[40] 하워드 맬컴에 의하면, 1830년대 미얀마 사람들은 여성이든 남성이든 일할 때 윗도리를 입지 않았다.[41] 장 르노의 여행기에 따르면, 외부와의 접촉과 교류가 적어 전통적 관습이 더 오래 지속된 라오스에서는 심지어 1920년대에도 동네 청춘 남녀들이 보름달이 뜬 저녁에 서로 만나 악기를 연주하고 즉흥시를 부르며 결혼 배우자를 찾는 모임에 소녀들이 "젖가슴을 드러내고 엉덩이를 흔들며" 나갔다.[42]

이와 같은 기록들에서 알 수 있는 것은 전근대 동남아시아의 여러 나라에서 일반 사람의 기본적인 의복은 허리에 둘러 무릎 정도에 이르도록 입는 사롱 즉 요포

형(腰布型) 하의 하나만으로 구성되어 있어 신발은 물론 윗도리를 입는 문화가 발달되어 있지 않았다는 것이다. 라루베르가 비록 태국의 관리들이 상체에 셔츠를 입었다고 말하지만, 태국의 왕실 연대기에 따르면 19세기 중엽에도 조신들이 웃통을 드러낸 채 어전회의에 참석하자 당시 국왕인 몽꿋이 "시암은 문명화된 나라로서 문명화된 방식을 알고 있으므로 우리는 미개했던 선조들의 방식에 집착해서는 안 될 것이다. 따라서 국왕과 알현하기 위해 나아올 때는 누구나 상의를 입도록 한다"[43]라고 말했다는 사실을 고려할 때, 태국에서도 관리들이 대개 윗도리를 입지 않았던 것 같다.

태국 여성의 윗도리 의복 문화와 관련해 조지 핀레이슨은, 1820년대 초 나이 든 여성은 일반적으로 위에 아무것도 입지 않았지만 중년 및 젊은 여성은 가슴 둘레를 짧은 천으로 감싸고 어깨와 팔은 드러냈다고 말한다.[44] 태국 여성의 이러한 옷차림은 전통적 관습이 보다 강하게 유지된 시골에서는 더욱 노출적으로 나타났다. 그리하여 1884년경 홀트 핼릿은 치앙마이에서 약간 북쪽에 있는 한 마을에서 나이 든 여성의 가정을 방문했을 때 자신의 일행을 맞이한 그 집 식구들을 묘사하면서, 주인 여성과 그 딸과 14~24세 정도의 네 명의 손녀가 모두 머리는 말쑥하게 손질하고 꽃으로 장식하고, 손가락에는 보석을 차고, 귓불에는 원통형 장식품을 꽂고, 손목에는 팔찌, 목에는 근사한 금목걸이를 두른 나들이 차림인데, 허리 위쪽으로는 아무것도 입고 있지 않았다고 전한다.[45]

전근대 시기 동남아시아 주민들은 전반적으로 의복 특히 상체를 가리는 윗도리에 별로 신경을 쓰지 않았던 것으로 보인다. 그것은 첫째 이 지역의 고온다습한 기후 때문이었고, 둘째 동남아시아 사람들이 대부분 재봉하는 법을 아직 몰랐기 때문이었던 것으로 보인다. 또 다른 이유로 이 지역 주민들이 몸 자체의 아름다움을 중시했다는 측면도 있다. 그리하여 재봉된 옷과 심지어 직조된 셔츠가 도입된 지

그림 17 전근대 시기 태국 농촌 마을 주민들의 옷차림(동북부 지방 우본Ubon의 왓 퉁시말렝Wat Thung Si Maleng 사원의 벽화 일부)

한참 지난 19세기 초에도 자와인·발리인·타이인 등은 공식적인 자리에 나갈 때조차 상체를 가능한 많이 드러내려고 하는 데 주저하지 않았다. 이와 관련해 존 크로퍼드는 19세기 초에 자와인은 "정장을 하고서도 거의 벗은" 모습이었다고 말한다. 또 제임스 브루크의 여행기에 의하면, 남부 술라웨시에서는 19세기 중엽에도 결혼식 때 신랑은 상의를 아예 입지 않았으며, 신부와 다른 미혼 여성들은 긴 블라우스를 걸쳤지만 그 옷감이 너무 투명해 속살이 다 비쳤다고 한다.[46]

소매가 달린 윗도리는 중국 문화의 영향을 받은 베트남에는 비교적 일찍 들어왔다. 그리하여 이미 13세기 초 북부 베트남의 주민들은 비록 맨발이었지만 의복은 중국과 비슷했다.[47] 동남아시아의 다른 나라들에서는 상의를 입는 의복 문화가 베트남에 비해 늦게 도입되었다. 도서 동남아시아 지역에서 윗도리 착용이 퍼지게 된 데에는 이슬람과 가톨릭 및 스페인의 영향이 결정적이었던 것으로 보인다. 예컨대

16세기 중엽 필리핀의 토착민 여성은 옷을 입어도 몸을 제대로 가리지 않았지만 1660년대 초에는 "목걸이, 스커트, 신발, 작은 망토 즉 검은 베일 등 스페인식 옷과 장식품을 착용하기 시작했다."[48] 술라웨시 섬의 마카사르 여성은 1607년경만 하더라도 윗몸을 다 드러낸 모습이었지만, 1646년 말 드 로드 신부가 마카사르를 방문했을 때는 "남성은 허리 위쪽으로 벗고 다니지만, 여성은 머리에서 발까지 완전히 덮어 얼굴조차 볼 수 없을 정도"로 변해 있었는데,[49] 그것은 17세기 초에 수용된 이슬람의 영향 때문이었다.

귓불 장식

동남아시아 사람들은 전근대 시기 의복이 아닌 다른 수단과 방식으로 몸의 장식에 신경 썼던 것으로 보인다. 그중 하나가 귓불 장식이었다. 12세기에 건설된 앙코르왓의 부조들에 새겨진 당시 신이나 군인들을 보면, 거의 모두 귓불이 아래로 길게 처져 있다. 당시 캄보디아 사회에서는 왕이나 장군 등 신분이 높은 사람일수록 귓불이 더 넓고 길었으며, 귓불에는 영락없이 다양한 형태의 장식품이 달려 있었다. 루도비코 디 바르테마에 의하면, 16세기 초 미얀마 국왕의 두 귀는 보석의 무게 때문에 귓불이 "손바닥 반" 정도의 길이로 처져 있었다.

귓불에 구멍을 뚫고 귓불을 아래로 늘리는 풍속은 캄보디아뿐만 아니라 필리핀, 칼리만탄 섬, 자와 섬, 발리 섬, 태국, 미얀마 등 동남아시아 도처에서 확인되었다. 귓불에 크고 멋진 장식품을 달기 위해서는 구멍을 가능한 한 넓게 늘릴 필요가 있었다. 귓불의 구멍을 넓히는 방식은 지역마다 그리고 시기에 따라 달랐다.

라루베르에 따르면, 17세기 말 태국에서 어떤 자들은 귀에 구멍을 내되 장식품을 넣을 만큼의 크기 이상으로는 뚫지 않고 귓불 끝부분을 늘렸으며, 어떤 자들은

그림 18 앙코르왓 회랑의 부조에 묘사된 아수라(asura)들의 귓불 장식

구멍을 낸 다음 점차 그것을 늘려 더욱 큰 장식품을 집어넣을 수 있도록 했다. 또 라오스에서는 그 구멍이 거의 자신의 주먹을 밀어 넣을 정도로 컸으며 귓불의 끝이 어깨에 닿을 정도로 길게 늘어졌다.[50] 1783년부터 1806년까지 미얀마에서 가톨릭 선교사로 활동한 이탈리아인 빈첸티우스 산제르마노(Vincentius Sangermano) 신부는 당시 미얀마 사람들이 남녀 모두 귓불 뚫는 것을 일종의 통과의례로 여겼으며, 귓

불 구멍에 금으로 된 얇은 판을 둥글게 말아 꽂아 두고는 그 판이 자체의 탄성으로 점차 풀리면서 구멍이 계속 커지도록 만들었다고 말한다.[51] 조지 스콧에 따르면, 도금된 금속판이 사용되기도 했다.[52]

프랑스인 부르도네 역시 미얀마에서 귓불 천공이 일종의 성인식처럼 치러졌다고 기록하지만, 구멍을 넓히는 방식에 대해서는 달리 설명한다. 그에 의하면, 1880년대 초 미얀마 사람들은 바늘로 귓불에 구멍을 낸 다음 그 구멍에 코끼리풀 줄기를 집어넣되 그 숫자를 점차 늘려 마침내 직경 0.5인치에 길이 1인치 크기의 나무로 된 원통형 장식품이 들어갈 수 있을 때까지 구멍을 넓혔다고 한다. 그가 '나둥(nadung)'이라고 했지만 정확한 발음은 '나따웅(nataung)'인 이 장식품은 당시 미얀마에서 거의 모든 사람이 귓불에 꽂고 다녔는데, 그것은 일종의 민족성의 표시였다고 한다.[53] 한편 독일인 아돌프 바스티안(Adolf Bastian)이 1864년 초 캄보디아에서 관찰한 바에 따르면, 당시 크메르인들은 만 4세 혹은 5세에 다섯 개 정도의 나뭇조각을 귓불 구멍에 꽂기 시작해 해가 갈수록 그 숫자를 늘려 만 15세가 되면 열두 개 내지는 열세 개까지 꽂을 정도가 되었고, 아예 처음부터 쐐기를 찔러 두는 사람도 있었다고 한다.[54]

귓불 천공 및 장식의 풍습은 중국 문화를 수용한 베트남에서는 물론, 식민 통치를 통해 유럽 문화가 들어갔거나 이슬람의 영향이 유입된 곳에서는 일찍부터 사라졌던 것으로 보인다. 특히 스페인 문화와의 접촉이 활발했던 루손, 민도로, 세부 등 필리핀 주요 섬들의 저지대 주민들 사이에서 그리고 네덜란드의 식민지이자 이슬람의 영향이 비교적 강했던 자와 섬 등 인도네시아의 몇몇 지역에서는 이미 17세기가 되면 그 풍습을 찾아보기가 힘들어졌다.

그에 비해 식민화가 19세기 중엽 이후 일어났거나 미얀마 남부처럼 비교적 이른 시기인 19세기 초에 식민화된 곳이라도 토착 사회와 문화에 대한 유럽의 영향이 깊고 크지 않았던 대륙 동남아시아의 상좌불교 국가에서는 귓불 장식의 풍습이 19세기에도 지속되었다. 예컨대 하워드 맬컴에 의하면, 1830년대 중엽 미얀마에서는 남녀 모두 귓불 구멍에 금, 은, 뿔, 대리석, 나무 혹은 종이로 된 원통형 장식품을 꽂고 다녔으며, 그 크기가 어떤 경우 당시 미국의 1달러짜리 은화보다 더 컸다.[55] 아돌프 바스티안은 1863년경 태국 동남부의 사깨오(Sakaeo)에 사는 라오인 및 크메르인 여성들이 귀를 잡아당겨 늘어지게 한다고 전하는데,[56] 이것은 비록 구멍에 대한 언급은 없지만 귓불 천공의 풍속이 이들 종족에서 유행하고 있었음을 암시한다.

그러나 상좌불교 국가들에서도 19세기에 귓불 천공 및 장식 문화에서 여러 변화가 나타났으며 심지어 쇠퇴하기 시작했던 것으로 보인다. 맬컴에 의하면, 이미 1830년대 미얀마 사람들은 전통적인 원통형 귓불 장식에 더 이상 신경 쓰지 않았던 듯하며, 귓불 구멍을 꽃으로 장식하거나 피우다 만 엽궐련을 꽂아 두는 곳으로 이용하고 있었다.[57] 이 점은 조지 스콧이 1870년대 말에서 1880년대 초 사이 미얀마의 귓불 장식과 관련해, 왕족이나 부자들은 금이나 보석이 박힌 금 장식품을 착용했으며, 이렇게 비싼 것을 감당할 수 없는 사람은 호박(琥珀)으로 만족했지만, 가난한 사람은 속이 빈 유리관이나 종이 혹은 천을 둥글게 만 것이나 엽궐련을 그 구멍에 넣고 다닌다고 묘사한 것에서도 엿볼 수 있다.[58] 홀트 핼릿은 1880년대 태국 치앙마이 근처의 따이족 마을들에서 젊은 남성들이 귓불 구멍에 반쯤 피운 엽궐련을 찔러 두거나 꽃을 꽂고 다니는 모습을 보았다.[59] 치앙마이가 미얀마의 중부 지역과 지리적으로 가깝고 두 지역 간 경제적·문화적 접촉이 전통적으로 빈번했다는 점을 고려하면, 핼릿의 관찰은 맬컴이 기록한 변화의 연장선상에서 이해될 수 있다.

바스티안은 1864년경 캄보디아에 갔을 때 귓불에 구멍을 뚫고 장식품을 꽂는 풍습은 오직 여성들에게서만 볼 수 있었다고 말한다.[60] 부르도네는 1880년대 초 미얀마에서 귓불에 '나둥'을 끼고 다니는 사람이 점차 적어졌는데, 그것은 특히 남성

에게서 강하게 나타나는 현상으로 여성은 귓불에 구멍을 뚫는 것에 보다 적극적이었다고 쓴다.[61]

귓불 장식 문화는 오늘날 동남아시아에서 거의 사라졌지만, 몇몇 고산족이나 밀림 오지의 종족들에게는 아직도 남아 있다. 그리하여 말레이시아에 속한 칼리만탄 섬 북부에 있는 사라왁 주의 고산 지대에 사는 클라빗(Kelabit)족이나 인도네시아에 속한 칼리만탄 섬 동부 지역에 사는 다약(Dayak)족은 20세기 후반에도 밑으로 축 처진 귓불에 묵직한 장식품을 매단 나이 든 주민의 모습을 흔히 볼 수 있었다.

치아 검게 물들이기

전통 시대에 동남아시아에는 치아를 검게 만드는 풍습이 널리 퍼져 있었다. 『항투아 이야기』는 16세기 초까지 존속한 동부 자와 섬의 마자파힛 왕국의 공주를 묘사하면서 입술이 꽃 같고 이빨은 검붉은 색이라고 말한다.[62] 17세기 초 베트남을 여행한 조선인 조완벽(趙完璧)에 따르면, 당시 베트남 사람들은 어른이 되면 치아를 검게 만들었다고 한다.[63] 1691년 베이징에 간 조선의 사신 민암(閔黯)은 거기서 베트남 사신 일행을 만났는데, 그들의 이빨이 모두 마치 옻칠한 것처럼 검었다고 전한다.[64] 에드먼드 로버츠는 1830년대 태국 방콕의 한 고위 관료 저택에서 본 여성 연극배우의 치아가 "흑단(黑檀)처럼 검었으며" 그 집의 어린 여자아이들의 치아도 마찬가지로 새까맣다고 묘사했다.[65]

조완벽이 '칠치(漆齒)'라고 표현한 이 습속은 문자 그대로 치아를 검게 칠하거나 옻칠하는 것이 아니었다. 이 습속은 베트남어로는 '뉴옴랑(nhuom rang)' 즉 '치아 물들이기'라고 하는데, 여기서 알 수 있듯이 그것은 치아를 검게 물들이는 것이었다. 이러한 사실은 산제르마노 신부가 18세기 말에서 19세기 초 사이의 미얀마 사회를 관찰하면서 당시 미얀마 사람들이 "아주 어릴 때부터 모두 이빨을 검게 물들이는 데 익숙해 있다"고 기술한 것에서도 확인된다.[66]

그림 19 베트남 여성의 검은 치아

치아 물들이기는 나라마다 그리고 시대에 따라 다양한 방식으로 이루어졌던 것으로 보인다. 제르베스 신부의 기록에 의하면, 17세기 말 태국에서는 14~15세가 되면 자신의 이빨을 검고 반짝거리게끔 만들기 위해 우선 레몬즙으로 이빨을 깨끗하게 한 다음 어떤 액체로 이빨을 문질러 붉게 만들고 그 위에 코코넛 태운 것을 덧칠했으며, 이런 과정을 통해 이빨이 검게 되면 입안의 부기가 가라앉고 이빨들이 단단해질 때까지 사흘간 누워 지냈다고 한다.[67]

해밀턴은 17세기 말에서 18세기 초 사이 베트남 동낀(Đong Kinh) 지방에서 행해진 치아 물들이기 방식을 다음과 같이 묘사했다.

> 소녀들은 치아를 매우 희게 간수하다가 결혼하고 나면 흑석(黑石)처럼 검게 물들인다. 그것은 어떤 약초의 즙을 사흘 동안 매일 연속적으로 입안에 머금고 있음으로써 이루어지는데, 그렇게 하고 나면 검은 색조가 그 이후 영원히 지속된다.[68]

북부 베트남 지역에서의 이러한 치아 물들이기 방식과는 달리, 20세기 초 베트남인들은 일반적으로 진딧물과 벌레의 분비물에서 획득되는 동물성 수지(樹脂)를 사용했다. 이 동물성 수지는 베트남어로 '까인끼엔(canh kien)'이라고 하는데, 한자로는 '가마랍(加麻拉)' 즉 '검랙(gumlac)'이다. 스틱랙(stick lac)의 일종인 '검랙'은 북부 태국을 포함한 인도차이나 지역에서 많이 자라는 특정 나무에 서식하는 특별한 종류의 개미에서 나온 분비물이다. 레몬즙이나 쌀로 빚은 술에 타 희석시킨 까인끼엔을 며칠 동안 발효시켜 반죽으로 만들어 이것을 이빨에 꾹꾹 눌러 붙였다. 이빨이 붉게 변하면 그 위에 철 성분과 타닌 성분이 섞인 녹반(綠礬, copperas)을 칠했다. 마침내 까인끼엔 반죽이 녹반과 화학반응을 일으키면 치아가 검푸른 빛이 감돌고 윤기 나는 새까만 색으로 변했다.

에드먼드 로버츠는 타이인의 "석탄처럼 검은 이빨이 극도로 역겹다"고 기록했다.[69] 하지만 핀레이슨에 의하면, 당시 타이인들 사이에서는 "검은 이빨만 아름다운 것으로 간주되었다."[70] 현대의 미학적 감각으로는 이해하기 쉽지 않은 이 습속이 전근대 시기 동남아시아의 여러 나라에서 행해진 것은 어떤 이유에서였을까?

제르베스 신부는 당시 태국에서는 악마나 동물의 이빨이 흰 것과 달리 사람은 이빨이 검어야 한다는 믿음이 퍼져 있었다고 전한다.[71] 검은 치아에 대한 이와 비슷한 설명은 다른 동남아시아 국가에서도 발견된다. 맬컴은 1830년대 중엽 미얀마 사람들에게 왜 이빨을 검게 만드느냐고 묻자, 사람은 개나 원숭이같이 이빨이 희어서는 안 된다는 대답을 들었다.[72] 베트남인들은 자신들을 이빨이 흰 중국인들과 구별했으며, 나아가 이빨이 흰 귀신이나 야만인 혹은 짐승과 달리 사람의 치아는 검어야 한다고 생각했다. 식민주의 시대 사이공의 프랑스 총독 관저에서 열린 파티에서 한 프랑스인이 베트남인 고위 관리에게 춤추고 있는 프랑스 여성이 아름답지 않느냐고 묻자, 그는 "프랑스 여성이 매우 아름다운 것은 사실이지만, 유감스럽게도 그들의 이가 개 이빨처럼 희군요"라고 대답했다고 한다.[73]

동남아시아에서 흑치(黑齒) 풍속은 이슬람 및 서양 문화와의 접촉을 통해 점차 사라졌다. 맬컴은 치아를 검게 만드는 풍속이 당시 미얀마에서 여전히 보편적이었지만, 이미 수도인 어와에서는 인기가 하락하고 있었고 양곤 등 영국의 지배하에 놓여 있는 지역에서는 그러한 추세가 더욱 심했으며, "외국인과의 교류가 증가함에 따라 이 관습은 아마 폐물이 될 것이다"라고 썼다.[74] 하지만 서양과의 접촉이 비교적 적은 지역에서는 흑치 풍습이 상당히 오랫동안 존속해, 북부 베트남에서는 1938년경만 하더라도 농민의 약 80퍼센트가 검게 물들인 치아를 갖고 있었다고 한다.

5. 촌락공동체 문화

벼농사를 중심으로 한 농업이 신석기 시대부터 청동기 시대에 걸쳐 동남아시아의 여러 지역 특히 하천 유역에서 발달했으며, 이러한 농경문화를 바탕으로 마을이 형성되고 발달했다. 촌락공동체는 동남아시아의 중요한 토착 문화적 전통 중 하나로 꼽을 수 있다. 비교적 강한 마을 주민 간의 유대관계 및 마을에 대한 강한 정체성을 보여 주는 촌락공동체 전통은 동남아시아의 여러 나라에서 확인된다. 마을은 베트남에서는 '싸(xa, 社)', 캄보디아에서는 '품(phum)', 라오스와 태국에서는 '반(ban)', 미얀마에서는 '묘(myo)', 말레이시아와 인도네시아에서는 '캄퐁(kampung)' 혹은 '데사(desa)', 필리핀에서는 '바랑가이(barangay)' 등으로 불린다. 마을의 전통적인 내부 단결과 유대관계는 특히 농촌 지역에서 오늘날에도 상당 부분 엿볼 수 있다. 여기서는 베트남의 '싸', 말레이시아와 인도네시아의 '캄퐁' 및 '데사', 필리핀의 '바랑가이'를 중심으로 동남아시아의 촌락공동체 전통을 살펴본다.

베트남의 싸

베트남의 '싸'는 원래 씨족 단위의 마을이었다. 그리하여 싸는 종종 씨족의 성을 따라 이름이 붙여져, 예컨대 당싸(Đang Xa) 즉 '당씨 혈족의 마을', 도싸(Đo Xa) '도씨 혈족의 마을' 등의 촌락이 성립되었던 것이다. 이러한 동성(同姓) 마을은 처음에는 하나의 성씨였다가 인근 지역 주민들과의 통혼을 통해 점차 친족 구성이 복잡해지기도 했다. 독일의 인도차이나 전문가인 오스카 베겔(Oskar Weggel)은 베트남의 싸만큼 견고한 사회적 결합체를 상상하기가 힘들다고 말하면서, 베트남 마을은 내부에서 보면 유기적 세포처럼 작동하는 하나의 폐쇄된 독립적인 세계이며 외부에서 보면 마치 성벽을 가진 요새 같은 모습을 취하고 있다고 쓴다.[75]

싸의 촌락공동체 성격은 사실 베트남의 북부 및 중부 지역이 남부보다 강하다. 싸는 북부 및 중부 지역에서는 오래전부터 존재해 있었지만, 남부 메콩강 삼각주 지역의 싸는 18세기나 되어서야 형성되기 시작했다. 마을에 대한 정체성 및 주민 상호간의 유대관계와 관련된 베트남의 토착 문화적 전통은 북부 및 중부 지역에 보다 많이 남아 있다. 남부에서 싸의 촌락공동체 전통이 약한 데에는 베트남의 근·현대사적 배경이 있다. 싸의 동질성은 19세기 후반 프랑스에 의해 먼저 식민화되었고 식민 통치를 통해 유럽 문화의 영향이 보다 강했던 남부 베트남에서 위기를 맞이하기 시작했다. 특히 20세기 중엽에는 제1차 인도차이나전쟁의 발발과 함께 마을 주민이 친공·반공의 이념으로 분열되어 남부 베트남의 촌락공동체적 동질성은 더욱 약화되었다.

지역에 따른 촌락공동체적 성격에서의 차이는 싸의 겉모습에서 이미 어느 정도 엿볼 수 있다. 베트남 마을의 '성벽'은 북부 및 중부 지역에서는 대개 울창한 대나무 숲으로 되어 있으며, 마을 입구에는 과거에 차단기 형태의 출입문이 있기도 했다. 그에 비해 남부의 마을은 대나무 울타리가 없고, 그 대신 선인장으로 둘러싸여 있는 경우가 종종 있다. 또 북부 및 중부의 싸들은 대개 집들이 밀집해 있지만, 남부는 집들이 흩어져 있는 경우가 많으며, 그에 따라 마을의 면적이 북부나 중부보다 넓다.

베트남 마을에는 나름대로 향약(鄕約)이 있어 마을의 헌법으로 기능해 왔다. 그리하여 "나라에는 법, 마을에는 향약"이라는 말이 있는 것처럼, 중앙 정부의 법이나 제도와는 별도로 싸에는 그 자체의 전통과 관습이 있었다. 베트남 마을의 전통적인 자율성과 자치성은 "황제의 법은 마을의 관습에 양보한다", "마을의 전통이 왕권을 능가한다", "마을에서의 (관리 등용) 잔치 없이는 관위(官位)도 없다" 등과 같은 속담 및 격언에 반영되어 있다. 프랑스 식민 정부는 19세기 말과 20세기 초에 향약을 개혁하기 위해 두 번이나 시도했지만 모두 실패로 돌아갔다. 이에 프랑스령 인도차이나의 총독 폴 두메르(Paul Doumer, 재임 1897~1902)는 베트남의 마을이 별도의 왕국임을 시인했다고 한다.

싸에서 가장 중요한 부분은 딘(Đinh, 亭)으로, 싸의 공동체 성격은 딘과 깊이 연결되어 있다. 대개 마을의 중앙에 있는 딘은 마을과 관련된 중요한 회의가 열리는 마을회관일 뿐만 아니라 축제 및 마을 잔치, 교육, 의료, 재판, 행정 등 마을 주민들의 공동생활과 관련된 각종 행사가 벌어지는 곳이다. 딘은 특히 마을의 조상신을 비롯한 마을 수호신의 사당으로서 기능을 담당해 왔다. 딘은 한마디로 마을의 전통과 질서 및 단결의 상징이었다. 베트남 사람들은 딘이 구심점을 이루는 이러한 싸에 대해 옛날부터 강한 정체성을 지녀 왔으며, 그러한 정체성 의식은 그들이 어디로 가든지 간에 따라다녔다.

말레이시아와 인도네시아의 캄풍 및 데사

말레이시아, 인도네시아, 브루나이 등에 사는 오스트로네시아인 민족의 마을은 '캄풍' 혹은 '데사'라고 불린다. '캄풍'은 동사로는 '불러 모으다'·'무리를 만들다', 명사로는 '마을'·'거주지' 등을 뜻한다. '캄풍'은 일정한 공간을 가리키지만, 베트남의 '싸'와는 달리 명확히 구분된 지리적 경계가 없다. 하나의 캄풍을 이루는 것은 주민들의 동질적인 문화·사회·정치·경제적 가치관 및 이해관계와 이를 바탕으로 한 그들의 유기적인 상호작용이다.

캄풍의 촌락공동체적 모습과 특징에 대해서 20세기 중엽에 행해진 몇 가지 흥미로운 관찰과 묘사가 있다. 첫째 사례는 20세기 중엽 싱가포르의 말레이인 캄풍에 대한 것이다. 중국인·말레이인·인도인·아랍인·페르시아인·유럽인 등 다양한 종족이 사는 싱가포르에서 말레이인은 그들만의 독특한 촌락공동체를 이루고 살았는데, 1949~1950년경 탄종(Tanjong)이 그러한 캄풍 중 하나였다. 탄종의 말레이인들은 주변의 다른 종족들과 얼굴 및 피부색 등 신체적 특징뿐만 아니라 의복, 걸음걸이, 자세 등에서도 구별되었다. 그들은 또 말레이어를 구사하며 통과의례 등과 관련된 그들만의 전통 관습 즉 아닷(adat)을 준수하고 무슬림이라는 종교적 정체성을 갖고 있었다. 중국인이 지배하는 싱가포르라는 다종족 사회에서 탄종 마을의 말레이인들은 '키타 오랑 믈라유(kita orang Melayu)' 즉 '우리 말레이인'이라는 종족 정체성을 지니고 있었다. 이러한 여러 특징을 바탕으로 그들은 촌락공동체적 단결의식을 보여 주고 있었다.[76]

두 번째 사례는 자카르타 광역시에 속한 우탄(Utan)이라는 농촌 캄풍이다. 1954년에 행해진 조사에 따르면, 이 마을의 주민들은 자신들을 때로는 '오랑 바타위(orang Batawi)' 즉 '바타비아(자카르타의 식민 시대 명칭) 사람', 때로는 '오랑 믈라유(orang

Melayu)' 즉 '말레이인'이라고 불렀다. 그들의 촌락공동체적 모습은 '톨롱므놀롱(tolong menolong)' 즉 '상호 협동'에서 나타났는데, 그것은 특히 '공동체적 상호부조', '호혜적 품앗이' 등을 뜻하는 '고통로용(gotong royong)'을 통해 구현되었다. '고통로용'은 인도네시아 및 말레이시아의 캄풍들에서 가정들 간 유대관계의 기본이었다. 그리하여 한 집이 상을 당하면 이웃 주민들과 친척은 부의금을 낼 뿐만 아니라 장례식과 관련된 여러 일을 도왔다. 집을 지을 때 마을 주민들이 자발적으로 와서 돕는 것도 '고통로용'의 전통이었다. 그러나 우탄 마을에 대한 조사가 행해진 1950년대 중엽이 되면 장시간의 육체노동이 필요한 집짓기는 대부분 같은 캄풍 주민들의 품앗이가 아니라 삯꾼을 고용해 이루어지고 있었다.[77]

또 다른 사례는 인도네시아의 소순다 열도에 속한 숨바와(Sumbawa) 섬의 라락(Rarak)이라는 캄풍이다. 섬 서북부 산악지대와 저지대 사이에 놓여 있는 이 마을은 1950년대 약 400명의 주민이 살고 있었다. 집들은 마을 중앙의 모스크를 중심으로 퍼져 있었다. 캄풍의 전통적인 행사와 정기적인 의례는 대개 모스크 주변에서 치러졌다. 마을 주위의 산비탈 지대에서 짓는 이동식 벼농사로 기본 생계를 유지하는 라락 마을 주민들은 당시 자카르타의 인도네시아 중앙 정부를 구심점으로 하는 국민 내지 시민으로서의 의식이 희박했다. 그것은 무엇보다도 1949년에야 독립한 인도네시아에 대한 국가적 소속감이나 국가에 대한 충성심 내지 정체성을 확인하고 발전시킬 기회가 거의 없었기 때문이었다.

마을 사람들의 소속감이나 유대의식은 전통적인 아닷을 기반으로 한 캄풍에 있었다. 즉 그들의 가장 강력한 충성심의 대상은 자신이 그 구성원을 이루는 촌락공동체였으며, 캄풍이 마을 주민들이 갖는 정체성의 구심점이었다. 말레이 속담에 "렌 데사(len desa), 렌 아닷(len adat)" 즉 '마을이 다르면 관습도 다르다'는 말이 있다. 그리하여 예컨대 이 마을 주민과 결혼해 라락 마을에 들어와 사는 다른 섬 혹은 다른 캄풍 출신의 사람이 이 마을의 전통 관습, 특히 결혼 협상이나 유산 상속 등 민감한 문제를 따지고 들면 종종 "여기서 하는 방식이 마음에 들지 않으면, 네가 왔던 곳으로 도로 가면 될 게 아니냐?"는 핀잔을 들었다고 한다. 라락 마을 주민들은 문화와 삶의 기준이 되는 자신의 캄풍의 아닷이 다른 캄풍의 아닷과 어떻게 다른지를 마을 간 축구시합, 결혼식에서의 북치기 및 노래 부르기 경연 등의 방식에서 나타나는 차이를 통해서도 잘 알고 있었다.[78]

필리핀의 바랑가이

필리핀의 마을은 '바랑가이' 혹은 '발랑가이(balangay)'라고 부른다. 스페인의 마젤란 일행이 1521년 민다나오 섬 동북부의 레이테(Leyte) 섬 남쪽에 있는 작은 섬 리마사와(Limasawa)에 들렀을 때 필리핀 토착민들이 보트를 타고 스페인들의 선박에 다가왔는데, 그 보트는 토착어로 '발랑하이(balanghai)'였다고 한다. 말레이어로 '발랑(balang)'은 보트의 한 종류를 가리킨다. 필리핀을 연구하는 학자들 중에는 토착민들이 보트 즉 '발랑하이'를 타고 어떤 지역에 도착해 거기에 마을을 세우고는 그것을 '바랑가이' 혹은 '발랑가이'로 불렀다고 보는 사람이 적지 않다.[79] 다시 말하면, '바랑가이'의 어원이 '보트'를 뜻하는 '발랑하이'라는 것이다.

바랑가이는 스페인 정복자들이 오기 전 필리핀의 여러 섬에서 사회적·정치적 기본 단위였으며, 자립적·자율적 마을공동체 내지는 독립적인 성읍국가 및 왕국이었다. 바랑가이는 몇몇 가구로 이루어지기도 하지만 대개는 30~100가구가 살았으며, 규모가 큰 것은 주민 수가 2천 명이 넘기도 했다. 주민들은 한 가문에서 출발한 혈연으로 연결되어 있는 경우가 더러 있었는데, 이것은 대개 작은 규모의 바랑가이에서 볼 수 있었다. 바랑가이 몇 개가 동맹을 결성해 하나의 큰 바랑가이로 연합되기

그림 20 필리핀 바탕가스(Batangas)주의 바우안(Bauan)군에 속한 한 바랑가이 회관

도 했다.

바랑가이의 통치자는 일반적으로 '다투(datu)'라고 불렸다. '다투'는 기본적인 의미로는 '촌장'이지만, 민다나오 섬과 비사야 제도 등에서는 '제후' 즉 지역의 통치자 혹은 '군주'를 뜻하기도 했다. 루손 섬에서는 큰 규모의 바랑가이 통치자를 '라하(raha)'라고 칭했다. 다투는 세습이 원칙이었으며, 만약 자식이 없이 다투가 죽으면 마을 주민들이 새로운 다투를 선출했다. 다투는 다른 바랑가이와의 동맹 체결, 새로운 법 제정, 전쟁 등 바랑가이의 주요 사항에 대한 결정에서 마을의 장로들과 협의하고 그들의 동의를 획득해야 했다. 바랑가이 주민들은 다투를 마을의 구심점으로 간주했으며 그에게 복종했다.

스페인 식민 정부는 지방 행정의 기본 단위에 대한 명칭으로 '바랑가이' 대신 '바리오(barrio)'를 도입했다. 그러나 '바랑가이'는 독립 후 1970년대에 마닐라 정부에 의해 부활되어 오늘날 행정 단위의 용어로 사용되고 있다.

6. 항해·조선 기술 및 산후조리

고대 동남아시아에서의 항해 및 조선 기술의 발달

고대 동남아시아에서는 지역 특유의 조선 기술이 발달해 있었다. 앞에서 언급한 것처럼, 오스트로네시아인은 일찍이 가로돛과 아우트리거가 장착되어 있고 선체가 여러 겹인 배를 만들어 장거리 항해를 할 수 있었다. 3~8세기의 중국 측 기록에 의하면, '곤륜박(崑崙舶)'으로 불린 동남아시아 선박들은 다수의 돛대와 돛이 장착되어 있었고 두 개의 키가 선현에 부착되어 있었다. 또 갑판과 선체를 제작할 때 쇠못 등 철 대신 나무로 된 장부촉으로 널빤지를 서로 연결해 용골과 결합시켰고 선체는 여러 겹으로 이루어져 있었다. 항해 기술과 관련된 선박 건조의 이러한 특징은 유럽의 것과는 물론이고 쇠못을 사용하고 선미 쪽에 하나의 키를 두는 중국 선박과 확연하게 구별되는 것이었다.

이러한 동남아시아의 배는 4~40톤급의 작은 규모는 말레이어로 '프라후(prahu)', 250~1,000톤급의 큰 규모는 '종(jong)'이라고 불렀다. 이 '종'에서 유럽인들이 16세기부터 중국의 범선을 가리키는 용어인 '정크(junk)'가 파생했다. 특히 '종'은 15~17세기 '무역의 시대'에 동남아시아 해역뿐만 아니라 동남아시아 국가들과 인도 및 중

그림 21 인도네시아 보로부두르 사원 부조에 묘사된 8~9세기 '곤륜박'

국과의 무역에서도 중요한 역할을 했다.

출산 후 불 옆에서의 산후조리

동남아시아의 대륙부 국가들에는 산모가 출산 후 불 옆에 누워 산후조리를 하는 독특한 풍습이 과거에 있었으며, 지금도 일부 지역에서 행해지고 있다. 산제르마노 신부에 의하면, 18세기 말에서 19세기 초 사이 미얀마에서는 아기를 출산하자마자 집 안에 불을 피웠는데, 가까이 가면 화상을 입을 정도로 그 열기가 상당히 뜨거웠다고 한다. 산모는 배 부위에 아무것도 걸치지 않은 채 자궁 부분을 불 쪽으로 두고 10~15일간 계속 누워 있어야 했다. 불 옆에 누워 있는 동안 산모의 복부

피부는 종종 불에 데어 부풀어 올랐으며 마치고 나면 살갗이 타서 검게 변했다.[80]

미얀마의 불 쬐기 산후조리 풍속은 1830년대 하워드 맬컴에 의해서도 묘사되었다. 그에 따르면, 출산 후 산모는 뜨거운 불 앞에서 며칠 동안 몸을 쬐어야 하는데, 그동안 식구들은 바깥에서 바람이 들어오지 못하도록 모든 통풍구를 막았으며, 만약 산모의 몸에 이상이 생기면 산모가 불 쬐기를 제대로 하지 않아 땀을 충분히 내지 않았기 때문이라고 생각했다고 한다. 당시 미얀마 사람들이 이러한 전통적인 산후조리 방식을 얼마나 중시했는지는 산모 불 쬐기에 들어가는 장작이 한 가정에서 평상시 몇 달 동안 사용하기에 충분할 만큼의 양이었다는 점에서 엿볼 수 있다.[81]

미얀마의 전통적인 산후조리는 산제르마노에 따르면 산모의 자궁 부분을 덥히는 것이, 맬컴에 따르면 자궁 덥히기와 더불어 땀을 내는 것이 목적이었던 것 같다. 이 풍속의 이중적 목적의 측면은 19세기 말 조지 스콧의 미얀마 사회에 대한 서술에서도 확인된다. 그에 따르면, 당시 미얀마에서는 출산 직후 산모의 몸 전체에 심황 뿌리 가루를 바르고 집 안에 큰 불을 피워 불 옆에 산모를 눕히고 집에 있는 요와 이불을 최대한 많이 몸 위에 덮었다고 한다. 그사이 산파는 '세제인(se sein)'이라는 녹색의 탕약을 조제하는데, 산모는 그것을 1주일 동안 계속 마셔야 했다. 이 기간 산모는 또 '오웁뿌(oup pu)'로 몸을 데워야 했다. '오웁뿌' 즉 '뜨거운 벽돌'은 장작불로 벌겋게 달군 원형 혹은 마름모꼴의 벽돌로, 달궈진 오웁뿌를 물에 잠깐 빠트렸다가 건져낸 다음 옷가지에 싸서 산모의 몸 위에 얹어 두었다. 산모는 그 밖에 심황 뿌리 가루를 틈틈이 몸에 바르고, 토기에 넣어 강한 불에 익힌 다음 공 모양으로 만든 흑종초(Nigella sativa)라는 식물의 냄새를 맡아야 했다. 산모가 이 모든 것을 감당하는 것은 출산 과정에서 생성되었을 수 있는 유해한 체액을 몸에서 몰아내기 위해서라고 한다. 마지막 날인 일곱째 날 산모는 심황 가지와 다른 여러 식물의 잎 및 풀 등을 넣어 끓인 물이 담긴 항아리의 아가리 위에 얼굴을 숙이고 이불을 뒤집어 쓴 채 약 한 시간 앉아 있어야 했다. 그러고는 찬물로 목욕을 하면 모든 과정이 끝났다. 스콧이 보기에 세상에서 가장 힘든 이러한 산후조리 과정을 거치고 나면 산모의 외모가 10~15년은 늙어 버려서 15세의 어린 엄마가 첫아기를 낳고 나면 30세의 '아줌마'가 된다고 묘사한다.[82]

'오옵뿌'를 이용한 산후조리는 약간 변형된 형태로 오늘날에도 특히 시골에서 행해지고 있다고 한다. 산모는 출산 직후 오옵뿌를 물에 담가 약간 식힌 다음 천이나 옷을 깔고 그 위에 7일 동안 쪼그려 앉아 땀을 내 몸의 불순물을 배출한다. 벽돌 대신 끓인 물을 담은 용기를 배 위에 올려놓아 땀을 내기도 한다. 여기서 관건은 땀의 분비다. 이를 위해 종종 비닐이나 플라스틱으로 된 천막 안에 산모가 들어가 있게끔 하고 그 곁에는 약초와 함께 끓인 물이 담긴 큰 그릇을 둔다.

태국에서도 이와 비슷한 산후조리 풍습이 있다. 1890년대 영국인 군의관 존 맥그리거(John Macgregor)는 동부의 쁘라찐부리(Prachinburi) 부근의 한 마을에서 출산 후 산모가 불 옆에 지내면서 수시로 약초 달인 물을 마시는 것을 보았다.[83] 태국에서의 전통적 산후조리 방식은 영국인 외교관 레지널드 르 메이(Reginald Le May)에 의해 보다 구체적으로 묘사되어 있다. 1910년대 치앙마이와 람빵(Lampang)에서 부영사로 활동하면서 태국의 여러 지방을 여행한 그의 기록에 따르면, 당시 태국 중부 지역에서는 첫 아기를 출산한 후 산모는 30일간 장작불에 정면으로 누워 있어야 했는데, 그 불이 계속 뜨겁게 유지되도록 관리하는 것은 남편과 친정어머니의 몫이었다. 그 기간은 두 번째 아기부터는 짧아지지만 최소 15일은 되어야 했다. 처음 출산한 산모는 머리를 15일은 북쪽으로 15일은 남쪽으로 두어야 했으며, 그 기간 동안 천으로 된 검은 띠로 복부뿐만 아니라 특히 관자놀이 부분의 이마를 단단히 묶어야 했는데, 그것은 피가 머리로 솟구치는 것을 막기 위해서였다. 또 식구들은 산모가 누워 있는 방을 면으로 된 흰색 실로 두르고 모든 문과 창문은 닫아 두었는데,

그것은 취약한 상태에 있는 산모를 악령으로부터 보호하기 위한 것이었다고 한다. 르 메이는 적지 않은 육체적 고통을 수반했을 이 풍습이 당시 얼마나 중시되었던지, 그 과정을 겪지 않은 산모는 마을 사람들에게서 좋지 않은 평판을 평생 들을 각오를 해야 했다고 말한다.[84]

태국 중부 지역에서의 이 같은 산후조리 풍습은 1950년대에도 관찰되었다. 미국 코넬대학교의 인류학자들은 방콕 동쪽의 민부리(Minburi) 근처에 있는 방찬(Bang Chan) 마을에서 여성이 출산 후 15일간 불 옆에 누워 지낸다는 사실을 발견했다. 타이어로 '유파이(yu fai)' 즉 '불가에 있다'라고 불리는 이 풍습은 이 지역 주민에게는 산모의 몸속에 있을 불필요한 수분을 말린다는 생리적인 의미만 있는 것이 아니었다. 거기에는 이 지역에서 여성이 임신의 고생을 겪은 후 출산 후 '유파이'를 통해 육체적으로 '익었을' 뿐만 아니라 문화적으로도 '성숙한' 사람으로 인정받게 된다는 보다 중요한 사회적 의미가 내포되어 있었다.[85] '익다'와 '성숙하다'는 타이어로 모두 '숙(suk)'이다.

태국의 '유파이' 풍습은 중부 및 남부 지역에서는 거의 사라져 오늘날에는 동북부의 라오인이나 몽(Hmong)족 등 태국 외곽의 산악 지역에 사는 일부 소수민족에게서만 볼 수 있다. 르 메이에 따르면, 이 풍습은 프랑스령 인도차이나 국가들에서 20세기 초까지 전반적으로 행해지고 있었다.[86] 라오스에서는 '유파이'가 요즘도 비교적 널리 행해지고 있어 시골뿐만 아니라 위앙짠에서도 이 방식으로 산후조리를 하는 사람이 많다. 이들은 출산 후 배 부위에 약 1개월간 숯불을 쬐어야 산모의 체중이 정상으로 내려가고 자궁이 원래 크기로 회복된다고 믿는다. 베트남과 캄보디아에서도 그 풍습이 일부 시골 지역에서 여전히 지켜지고 있는데, 대부분 숯불을 침대 밑에 두는 형태로 행해지며, 특히 캄보디아에서는 산모가 뜨겁게 달군 돌 위에 앉거나 돌을 배 위에 얹어 두는 방식으로 이루어진다고 한다.

제6장

동남아시아 민간신앙의 특징과 역할

1. 동남아시아 종교 문화에서 민간신앙의 위치

동남아시아의 문화를 말할 때 대개 인도와 중국의 문화적 영향을 강조하는데, 그것은 이 지역의 문화가 마치 외래 문화로만 대표된다는 느낌을 준다. 하지만 이 책의 앞부분에서 이야기한 것처럼, 동남아시아 문화의 중층적 구조에서 이 지역의 토착적인 문화 전통이 그 바탕에 깔려 있다는 점이 중시되어야 한다. 토착적인 문화 전통은 민간신앙에서 잘 엿볼 수 있다.

동남아시아의 민간신앙으로는 정령 숭배 및 조상신 숭배, 주술신앙 및 샤머니즘 등이 있다. 정령 숭배의 전형적인 예는 수호 정령에 대한 신앙이다. 미얀마인은 사람마다 '레이뱌(leip-bya)' 즉 '나비 정령'이라는 수호 정령이 있고 그것에 자신의 생명이 깃들여 있다고 믿는다. 레이뱌는 사람이 잠잘 때 몸 밖으로 나와 돌아다니며 사람이 죽으면 몸에서 완전히 떠난다고 한다. 이와 비슷한 개념의 수호 정령을 태국과 라오스에서는 '콴(khwan)'이라고 부른다(콴에 대해서는 뒤에 상세하게 설명될 것이다). 말레이인은 '스망앗(semangat)'이라고 부르는 수호 정령에 대한 신앙을 갖고 있는데, 특히 이 개념을 벼농사에도 연결해 '스망앗 파디(padi)'라고 부르는 '벼의 정령'을 소중히 여긴다.

여러 민간신앙 가운데 사람들의 삶에서 부딪치는 각종 문제의 해결과 관련해 보다 중시되는 것은 주술신앙일 것이다. 사람들은 병의 치료, 물질적 행운, 애정 획득, 합격, 승진, 전쟁에서의 안전, 적의 파멸 등 다양한 목적을 위해 주술신앙에 의지하는데, 이때 주문·문신·호부(護符) 등을 이용한다. 주문은 사람 혹은 물체를 대상으로 행해져 그 사람이나 물체가 모종의 주술력을 지니도록 하기 위한 것으로, 거기에는 대개 특별한 제의가 수반된다. 문신은 문신이 새겨진 몸이 주술적인 힘을 갖도록 하는 것으로, 그 주술력이 그 사람을 다른 사람의 눈에 더욱 매력적으로 혹은 더욱 용감하게 비치게 하고 또 질병과 사고 심지어 전쟁에서 칼날이나 총알로부터 보호해 준다고 본다.

호부는 실로 그 종류가 다양하다. 집·사무실·자동차 안에 붙이는 종이로 된 부적이 있는가 하면, 경문(經文), 특별한 주문 또는 비전적(祕傳的) 도형이 그려져 있거나 새겨져 있는 나뭇조각, 돌, 얇은 금속판 등을 몸에 차거나 피부 밑에 넣어 다니기도 한다. 태국, 캄보디아 등의 상좌불교 국가들에서는 목걸이 호부가 인기 있다. 대개 메다용(médaillon) 형태로 된 호부의 이미지로는 신으로 숭배되는 역대 국왕, 힌두 신, 민간신앙의 신, 카리스마적 불승, 붓다 등이 있다. 이 중 사람들이 가장 많이 찾는 것은 카리스마적 승려의 이미지와 불상이다. 태국에서는 타이어로 '프라크르앙(phra khrueang)'이라 부르는 불상 호부를 몇 개씩이나 목에 걸고 다니는 사람을 종종 볼 수 있다. 영험이 있다고 소문난 불상 호부는 대개 카리스마적 승려가 제작한 것으로, 이러한 호부는 시장에서 높은 가격으로 거래된다.

기괴한 방식으로 만드는 호부도 있다. 태국과 캄보디아 등에서는 임신부의 자궁에서 태아를 꺼내 완전히 건조시킨 후 거기에 주문을 불어 넣는다. 불교의 주술적 힘이 스며들도록 하기 위해 태아를 불상 앞에 두기도 한다. 사람들은 타이어로 '꾸만통(kuman thong)', 크메르어로 '고안 끄록(goan krok)'이라고 부르는 이 태아 호부가 그 소유자의 집을 지킬 뿐만 아니라 그가 시키는 모든 것을 수행한다고 믿고 있다.

1880년대 중엽 홀트 핼릿은 자신이 여행한 미얀마, 태국, 라오스 등 대륙 동남아시아 국가들에서 불교는 민중의 오래된 민간신앙 위에 퍼져 있는 "베니어판"에 불과하다고 썼다.[1] 13세기 말 태국 수코타이 왕조의 람캄행 왕의 비문에 따르면, 비록 당시 불교가 수코타이 사회에 꽤 널리 퍼져 있었지만 프라 카풍(Phra Khaphung)이라는 산신(山神)은 왕국 내의 다른 모든 신보다 더욱 강력한 존재로 인식되어 조정과 민간에서 경배하는 대상이었다.[2] 주달관의 기록에 의하면, 13세기 말 캄보디아의 앙코르 왕국에서는 왕궁 내의 한 금탑에 머리가 아홉 개인 뱀 정령이 거하면서 그 땅을 다스렸으며, 국왕은 매일 밤 그 금탑에 가서 여자로 변신한 그 정령과 동침해야 화를 입지 않았다고 한다.[3] 당시 앙코르 왕국에는 힌두교 외에도 불교가 상당히 들어와 있었다. 수코타이의 프라 카풍과 앙코르의 뱀 정령은 모두 지역 수호신으로 간주되었던 것으로 보인다.

인도네시아와 말레이시아 등에서는 이슬람이라는 '베니어판' 아래에 토착 민간 신앙이 깔려 있다. 이러한 측면은 중부 자와의 내륙 지방과 남쪽 해안 지역에서 오래전부터 내려오는 로로 키둘(Loro Kidul) 전설에서 엿볼 수 있다. 자와의 연대기에 기록된 전설에 따르면, 세노파티(Senopati)라는 농민 출신의 한 남성은 마타람 지역의 통치자가 이슬람 수용을 거부하자 1570년대 중엽 그 지역을 정복하고 주민들이 이슬람을 믿도록 했으며 마침내 1580년대 중엽 마타람에 이슬람 왕조를 건설하고 그 첫 왕인 파늠바한 세노파티 인갈라가(Panembahan Senopati Ingalaga, 재위 약1584~1601)가 되었다. 이처럼 이슬람을 중시한 세노파티였지만, 자와 섬 남쪽 바다를 다스리는 여신으로 숭배되는 로로 키둘을 만나 사흘을 함께 보낸 후 그녀의 주술적 힘에 의지해 여러 왕국을 정복해 마타람을 자와에서 가장 강력한 왕국으로 만들었다고 한다.[4] 토착 정령 신앙의 산물인 로로 키둘 숭배가 이슬람과 더불어 존중되는 모습은 『스랏 수르야 라자(Serat Surya Raja)』 즉 『왕들의 태양의 책』에 보다 뚜렷하게 그려져 있다. 이 책은 요그야카르타의 술탄 하믕쿠부워노 2세(Hamengkubuwono Ⅱ, 재위 1792~1812, 1826~1828)가 왕세자였던 1774년에 쓴 것인데, 그는 여기서 로로 키둘 그리고 알라(Allah)가 자신을 도와 분열된 마타람 왕국을 재통일하고 네덜란드인들을 이슬람으로 개종시킬 것이라고 말한다.[5]

인도네시아 자와 섬의 무슬림 가운데 정령 숭배의 전통을 갖고 있는 '아방안(abangan)'은 이슬람의 알라를 경외하지만, 이와 더불어 자연 정령과 조상신 및 지역 수호신 등도 믿고 토착적인 관습도 중시한다. 발리 섬의 힌두교는 토착적인 종교 의식 등 민간신앙적 요소가 섞여 '아가마 힌두 발리(agama hindu-bali)' 즉 '발리 힌두교'라는 독특한 힌두 문화의 형태를 취하고 있다. 동남아시아의 토착적인 민간신앙은 이처럼 불교와 이슬람 등 뒤에 유입된 세계 종교와 밀접하게 얽혀 있다.

민간신앙을 다루는 이 장은 동남아시아 국가들 중에서 대륙부는 태국·미얀마·베트남, 도서부는 인도네시아와 말레이시아에 초점을 맞춘다. 대륙부의 라오스에서 특히 상좌불교를 믿는 다수민족인 라오룸(Lao Loum)은 그 민간신앙의 구조와 내용이 종족적으로 가까운 타이족과 비슷하기 때문에 라오스의 민간신앙이 어떠한지는 태국의 사례를 통해 어느 정도 이해될 수 있을 것이다.

2. 태국의 민간신앙

태국은 인구의 90퍼센트 이상이 불교를 믿는 나라다. 그러나 그들의 불교는 주술신앙 등 다양한 민간신앙과 밀접하게 연결되어 있다. 불교가 들어오기 전부터 타이 사회에 널리 퍼져 있던 민간신앙은 불교와 함께 오늘날 타이인의 일상생활뿐만 아니라 영적 생활을 지배한다.

업(業)과 윤회 사상을 기초로 하는 불교는 명상 수련을 통해 해탈 및 열반을 획득하거나 공덕 축적을 통해 다음 생애에는 더 행복한 존재로 태어나기를 바라는 세계관과 인생관을 지향한다. 이러한 내세 지향적인 카르마(karma) 법칙은 인간이 살아 있는 동안 갖는 현실적인 욕구나 미래에 대한 기대 및 희망을 충족시켜 주지 않는다. 사실 사람들은 내생에서의 어떤 목표 달성보다는 현생에서 당장 눈앞에 놓여 있는 문제의 해결에 더 큰 관심을 갖고 있다. 그리하여 태국 불교도들은 절에 시주하고 매일 아침 탁발공양하고 불상에 금박을 붙이며 불상 앞에 합장해 기도하면서, 돈을 잘 벌고 시험에 합격하고 좋은 배우자를 만나 결혼하고 남편 및 연인의 애정을 획득하고 무병장수하는 등 세속적·현실적 목적을 추구한다. 그들은 이를 위해 다양한 형태의 민간신앙에 의지한다. 태국의 민간신앙에서 가장 중요한 개념은 '피(phi)'와 '콴'이다.

피 신앙

피는 강, 바다, 산 등에 거하는 자연 정령뿐만 아니라 조상신, 토지신, 마을 및 지역 수호신, 죽은 사람의 망령 등 타이인의 삶과 관련된 모든 초자연적인 존재를 망라하는 신을 가리킨다. 태국의 왕실학술원에서 편찬한 백과사전에 따르면, 사람의 눈에 보이지 않는 신비롭고 초자연적인 존재인 피는 경우에 따라 그 형상을 드러내기도 한다. 피는 유익할 수도 있지만 해악을 끼칠 수도 있다. 또 피에는 높은 단계의 피와 낮은 단계의 피가 있다. 예를 들면, 성(城)이나 도시의 수호신은 높은 단계의 피로 분류되는데 비해, 밀림의 정령, 출산 중 죽은 산모의 망령, 아귀(餓鬼) 등은 낮은 단계의 잡귀에 속한다.[6]

타이인 특히 농촌에 사는 사람들은 늘 피를 의식하면서 생활하는 것 같다. 그리하여 '와이피(wai phi)' 즉 피에게 합장하고 절을 올리는 것은 기본적인 의무다. 또한 '핏피(phit phi)' 즉 피를 거스르는 짓은 위험한 것으로 간주되며, 그럴 경우 피를 달래기 위해 제사 등 적절한 위무가 따라야 한다.

피에 대한 신앙은 여러 형태로 나타난다. 우선 가신(家神) 혹은 조상신인 피가 있다. 태국 중부의 농촌 주민들은 '피반(phi ban)' 혹은 '피르안(phi ruean)'이라는 집의 신

그림 22 방콕의 왓 프라깨오에서 '와이피'를 행하는 타이인

을 섬긴다. 그들은 피반이 생전에 자신이 소유했던 집을 배회하면서 후손들이 '핏피'을 할 때는 종종 해악을 끼친다고 믿는다. 그리하여 집 주인은 매일 저녁 거실의 선반 위에 얹어 놓은 제단의 향과 초에 불을 붙이고 절을 올린다. 또 집안의 큰 행사가 있을 때는 피반에게 제물을 바치고 제대로 된 제사를 드린다. 조상신은 태국 중부 지방에서는 '피뿌야따야이(phi puya tayai)' 즉 '할아버지-할머니 신'으로, 동북부 지방에서는 '피뿌따(phi pu ta)' 즉 '할아버지 신'으로 불린다. 조상신은 종종 마을 수호신으로 섬겨지기도 한다.

또 프라품 짜오티(phra phum chao thi) 혹은 줄여 프라품(phra phum)이라는 '택지신' 혹은 '토지신'인 피가 있다. 프라품은 주택을 포함한 건물이 세워진 땅의 수호신 내

그림 23 태국 논타부리(Nonthaburi)주 방풋(Bangphut)군 한 마을의 집 마당에 있는 산프라품

지는 영적 소유자로 간주된다. 따라서 사람이 사는 공간에는 농가든, 아파트든, 상점이든, 호텔이든, 쇼핑몰이든, 관청이든 혹은 심지어 절이든 간에 '산프라품(san phra phum)'이라고 불리는 프라품의 사당이 있다.

또 다른 피의 형태로 '락므앙(lak mueang)'이라고 불리는 도시 수호신이 있는데, 그것은 대개 기둥 모습으로 되어 있으며 기둥에 신상이 새겨져 있는 것도 있다. 태국에서 가장 유명한 락므앙은 방콕의 '프라 락므앙(phra lak mueang)'으로, 짜끄리 왕조의 창건자 라마 1세가 왕조의 불교적 전통을 상징하는 왓 프라깨오(Wat Phra Kaeo) 일명 '에메랄드 사원'을 1782년에 건설하면서 그 맞은편에 세운 사당에 안치되어 있다.

태국의 여러 도시에는 도시의 가장 중요한 불교 사원 옆에 락므앙 사당이 자리 잡고 있다. 이것은 태국에서 민간 신앙과 불교가 얼마나 깊이 서로 결합되어 있는지를 보여준다.

그림 24 방콕의 프라 락므앙 사당

피 신앙의 독특한 형태로 역대 국왕이나 왕족 혹은 그 지역에서 역사적으로 중요한 인물에 대한 숭배가 있다. 태국 중부의 우통(Uthong)에서는 14세기 중엽 아유타야 왕조를 창건한 우통 왕의 신령이 도시의 수호신으로 받들어 모셔진다. 방콕의 톤부리에서는 1767년에 톤부리 왕조를 창건한 중국계 딱신 왕의 피가 섬겨진다. 동북부의 코랏 즉 나콘랏차시마(Nakhon Ratchasima)에서는 19세기 초 이 도시를 라오스의 공격으로부터 수호하는 데 결정적인 역할을 한 것으로 사람들이 믿고 있는 쿤잉 모(Khunying Mo) 일명 타오 수라나리(Thao Suranari)라는 여인의 피가 큰 인기를 차지한다. 라오스의 루앙파방에서는 전설적인 여왕 낭꽝히(Nang Kwang Hi)가 이 도시의 '피므앙(phi mueang)' 즉 도시 수호신으로 숭배되고 있다. 역대 국왕의 신령 중 오늘날 타이인이 가장 숭배하는 것은 라마 5세 즉 쭐라롱꼰 왕이다. 방콕의 국회의사당 광장에 있는 라마 5세의 동상에는 사람들이 수시로 와 제물을 바치고 소원을 빈다.

그림 25 방콕의 쭐라롱꼰대학교 캠퍼스 내 라마 5세 동상에게 '와이피'를 올리는 대학생

콴 신앙

태국 민간신앙의 또 다른 중요한 개념인 콴은 '생명의 정령', '생명의 정수(精髓)', '수호 정령' 등을 뜻한다. 타이인들은 콴이 사람의 머리 정수리에 깃들어 있다고 믿는다. 이 때문에 태국에서는 다른 사람의 머리 특히 정수리 부분에 손대는 것이 금기로 되어 있다. 태국 왕실학술원의 백과사전에 의하면, 콴은 실체가 없는 것으로 사람이 태어날 때부터 그 몸 안에 들어가 거한다. 콴은 보통의 상태에서는 사람의

몸속에 있지만, 잠을 자거나 아프면 몸에서 나갈 수 있고 죽으면 몸에서 영원히 이탈한다.[7] 1950년대 실시한 한 인류학적 조사에 의하면, 중부 태국의 농촌 주민들은 콴이 몸을 떠나 있으면 그 사람을 가리켜 "콴을 잃었다"고 말하고 콴을 도로 불러오는 의식을 행했다.[8]

타이인들은 콴이 이처럼 인간의 삶과 긴밀하게 연결되어 있다고 보아, 주요 통과의례 시 '탐콴(tham khwan)'이라는 의식을 행한다. '콴을 행하다'라는 뜻을 가진 탐콴 의식은 다음의 경우에 치러진다. 첫째 1개월 된 아기의 머리카락을 자를 때, 둘째 11~13살이 되어 상투를 자를 때, 셋째 정신적 혹은 육체적 질병이 있을 때, 넷째 남성이 승려가 되기 위해 출가할 때, 다섯째 결혼할 때 등이다. 동북부 지방에서는 이사를 갈 때도 탐콴 의식을 행한다.

남성의 불문 출가 때 행해지는 탐콴 의식은 수호 정령인 콴이 절에서의 생활 동안 그를 질병이나 다른 불행으로부터 보호하기 위한 것이다. 결혼식의 탐콴 의식에서는 신부와 신랑의 콴을 결합시키기 위해 '몽콘 파팻(mongkhon fa faet)'이라고 부르는 실로 두 사람의 머리를 서로 연결시킨다. 아기가 생후 한 달이 되었을 때 행하는 탐콴 의식은 자연 정령인 콴이 아기 몸으로 들어오도록 하기 위한 것이다. 타이인들은 이 의식을 통해야 아기가 비로소 정상적인 사람으로서 가족의 구성원이 된다고 믿는다.

3. 미얀마의 민간신앙

인구의 약 90퍼센트가 불교를 믿는 미얀마는 태국과 마찬가지로 민간신앙이 만

연되어 있다. 미얀마의 민간신앙에서 가장 중요한 개념은 아마도 낫(nat)일 것이다. 하지만 낫 신앙과 더불어 미얀마 사람들 특히 버마족의 삶과 깊이 연결되어 있어 그들의 일상생활에서 그리고 각종 통과의례와 주요 행사에서 널리 진지하게 행해지는 중요한 민간신앙은 점성술과 수비학(數秘學) 그리고 요일 운수에 대한 신앙이다. 이러한 것들은 대부분 인도의 천문학과 점성술에 근거한 것으로, 이 점은 미얀마에 대한 인도의 오랜 그리고 광범위한 문화적 영향의 한 측면을 보여 준다.

요일 운수 신앙

버마족 사회에서 요일은 수요일이 두 부분으로 구분되어 1부터 8까지의 숫자를 구성하며, 각 요일 및 숫자에 여덟 방위와 여덟 가지의 동물 그리고 일식·월식을 일으키는 라후(Rahu) 및 태양과 여섯 개의 행성이 각각 하나씩 연결되어 있다. 또 월요일부터 토요일까지의 각 요일에 버마어의 자음이 몇 개씩 배치되어 있고, 일요일은 모음만 갖는 요일로 되어 있다.

버마족은 자식이 태어나면 출생 요일에 해당하는 자음 및 모음을 바탕으로 이름을 짓는 것이 보통이다. 그리하여 미얀마에서는 이름에서 그 사람의 출생 요일을 대개 알 수 있다. 예컨대 독립 미얀마의 초대 총리를 지낸 우누(재임 1948~1958, 1960~1962)는 '누(Nu)'의 'n'이 토요일 자음이기 때문에 토요일에 태어난 사람이다.

버마족은 자식의 생년월일과 요일, 출생 시각 및 십이궁(十二宮) 그리고 부모의 이름 등을 함께 기록해 보관한다. 버마어로 '자따(zata)'라고 부르는 이 출생표는 과거에는 전통적인 방식에 따라 마른 종려나무 잎에 철필로 기록되었다. 미얀마 사람들은 자따를 평생 소중히 보관하면서, 불문으로의 출가, 결혼, 이사, 사업 등 중요한 일이 있으면 이것을 점성술사에게 갖고 가 운수를 물어본다. 또 "금요일의 딸은 월

그림 26 쉐다공 사원 불탑의 금요일 생일 참배객들을 위한 미니 사당

요일의 아들과 결혼해선 안 된다"는 민요처럼,[9] 결혼 배우자를 고를 때나 친구 혹은 사업 파트너를 선택할 때도 서로의 출생 요일을 따진다. 그들은 심지어 월요일과 금요일 그리고 자신이 태어난 요일에는 이발이나 머리 감는 것을 삼간다. 또 버마족 불교도들은 양곤의 쉐다공(Shwedagon) 사원에서 흔히 볼 수 있듯이 불탑에 불공을 드릴 때 자신의 출생 요일에 해당하는 방위 지점에 가서 경배하고 기도한다. 종종 참배객의 편의를 위해 탑 주위의 방위 지점에는 각 요일에 해당하는 여덟 개의 사당이 세워져 있기도 하다.

점성술과 수비학

버마족 불교도 중에는 불교에 열심이면서 동시에 점성술에 매달리는 사람이 많다. 그것은 특히 정치 지도자들에게서 종종 확인되는데, 대표적인 예로 우누 총리를 들 수 있다. 우누 총리는 불교를 국교로 만들기 위해 애쓸 정도로 불교에 헌신적이었지만 점성술에 대한 그의 의존 또한 유명하다. 1948년 미얀마의 독립 선포는 처음에는 영국과의 합의에 따라 1월 6일 거행될 예정이었다. 하지만 우누는 새로운 미얀마의 탄생을 위한 길시(吉時)를 제시한 점성술사의 말에 따라 1월 4일 오전 4시 20분 독립 선언식을 거행했다. 그는 1954년 5월 17일 불력(佛歷) 2500년을 기념하면서 의미 깊은 불교 행사인 결집(結集)을 개최했는데, 그 시작 시간을 오후 12시 12분으로 잡은 것도 점성술사의 계산에 따른 것이었다. 우누는 1960년 1월 중국 방문을 불과 며칠 앞두고 중국 정부에 이미 확정된 그의 베이징 도착을 48시간 미루겠다고 통보했다. 그가 국빈 영접을 위한 중국 외교부의 모든 준비를 엉망으로 만든 이 같은 외교적 결례를 범한 것은 원래의 도착 날짜가 위험하다고 판단해 다른 날짜를 산출해 낸 한 점성술사의 말을 믿었기 때문이었다.

숫자와 개인의 성격 및 운명, 그리고 숫자와 특정 사건 사이의 상관성을 믿는 수비학은 유럽과 중동, 인도와 중국 등에서 오래전부터 유행해 왔다. 특히 결혼, 이사, 여행, 직업의 변경, 새로운 사업의 개시 등 주요 행동의 최적 시점을 알고자 할 때 사람들은 종종 수비학에 의존해 왔다. 앞에서 본 숫자로 환산되는 출생 요일의 운수는 수비학의 일환으로 볼 수 있다. 또 숫자의 해석과 그 해석에 따른 실행의 여부와 실행 시점의 결정은 대개 점성술사를 통해 이루어지는데, 이 점에서 수비학은 점성술과 깊이 연결되어 있다.

미얀마의 정치 지도자들 중에는 중요한 정책을 결정·시행하고 특히 국가적인 행사나 의식을 치를 때 수비학에 의존하는 자가 적지 않다. 그 과정에서 그들은 특정 숫자를 선호하거나 회피하며, 자신의 '행운'의 수가 확정되면 하려는 일의 관련 날짜나 시간, 사람 및 물건의 수를 그 숫자에 짜 맞추려고 노력한다. 예컨대 1962년부터 1988년까지 독재자로 권력을 휘두른 네윈은 '9'를 자신의 운명을 위한 상서로운 수로 간주했다. 그리하여 그는 점성술사의 조언에 따라 1987년 9월 화폐 개혁을 실시할 때 기존의 25짯, 35짯, 75짯, 100짯짜리 화폐를 무효화하고 대신 45짯짜리와 90짯짜리를 발행했는데, 45와 90은 모두 9로 나누어지는 수다. 이에 반해 그는 '8'을 불길한 숫자로 혐오했다. 국민의 자유를 억압하고 나라를 빈곤에 빠트린 25년 이상의 독재에 대항해 양곤의 학생과 시민이 1988년 반정부 시위를 벌일 때 그들은 8월 8일을 택했을 뿐만 아니라 데모를 오전 8시 8분에 시작했다. 비록 그들의 봉기는 기관총으로 무장된 군대에 의해 3천 명 이상이 살해되는 등 잔인하게 진압되어 실패로 끝났지만, '8'은 그들에게 점성술적으로 길한 숫자였다.

1990년대 초부터 2010년대 초까지 미얀마를 통치한 땅쉐(Than Shwe) 장군은 '11'이 자신의 행운의 수라고 보았다. 이 숫자에 대한 그의 수비학적 믿음은 2005년 말에 실시된 수도 이전에서 나타났다. 그는 수도를 양곤에서 네피도(Naypyidaw)로 옮기기로 작정하고는 새로운 수도의 정확한 위치, 이사 시간 등을 모두 점성술사의 조언을 받아 결정했다. 그리하여 11월 6일 오전 6시 37분 몇몇 행정부처의 짐을 실은 중국제 트럭들이 네피도로 향하기 시작했다. 그러나 본격적인 이사는 11월 11일 오전 11시에 시작되었으며, 이사를 위해 11개 대대와 1,100대의 군용 차량이 동원되었다.

낫 신앙의 개념

미얀마인의 삶에 지대한 영향을 끼친 민간신앙에 대한 이해는 '낫' 개념에 대한 이해에서 출발한다. 정령, 신 등을 뜻하는 낫은 토지, 강, 산, 나무 등의 자연 정령과 조상신, 개인 수호신, 택지 수호신, 절 수호신, 마을 수호신 등 다양한 개인 및 지역 차원의 수호신을 포함한다. 또 낫은 미얀마 역사에서 실존한 혹은 전설적 인물로서, 16세기에 국가를 재통일하고 새로운 왕조를 세운 떠빙쉐티 왕처럼 영웅적인 인물이 낫으로 떠받들어 모셔지는 경우도 있지만 대개는 비극적인 최후를 맞이

그림 27 미얀마 버강의 쉐찌공(Shwezigon) 사원의 수호 낫

한 망령을 일컫기도 한다.

미얀마 사람들은 질병의 치료, 가정의 행복, 사업의 성공 등을 위해 낫에게 빈다. 집을 지으면서 첫 번째 기둥을 세우기 전에 우선 택지의 낫에게 제물을 바친다. 또 사업을 새로 시작하기 전, 먼 곳으로 항해하기 전, 자동차를 장만한 후 첫 운행하기 전, 구입한 수레를 처음으로 끌고 나가기 전 등에도 자신이 섬기는 낫에게 제사를 올린다. 그 밖에 동네 차원에서 축제나 운동경기를 거행할 때도 먼저 동네 수호신에게 제사를 지낸다.

낫 신앙은 우리나라의 무속신앙처럼 낫브웨(nat pwe) 즉 굿이 있고, 낫꺼도(nat kadaw) 즉 무당이 있으며, 낫꺼도가 낫브웨 때 부르는 낫땅(nat than) 즉 무가(巫歌)가

그림 28 미얀마 만덜레 왕궁 내의 수호신 밍뷰싱(Min Byushin, 白馬神)

있다. 낫브웨는 낫꺼도와 마을 주민들이 함께 어우러져 이루어진다. 낫꺼도는 굿을 의뢰한 사람 혹은 가정의 요구에 따라 굿을 행하는데, 굿판에서는 종종 낫꺼도뿐만 아니라 마을 사람들도 술을 마신다.

이러한 낫 신앙의 측면은 절제와 수행을 중시하고 무엇보다도 술 마시는 것을 금하는 불교와 전혀 다른 모습이다. 요란한 음악이 울려 퍼지고 술에 취한 사람들이 광란에 가까운 춤을 추는 낫브웨는 본질적으로 비타협적이고 엄격한 윤리질서를 강조하는 미얀마의 불교 사회에서 주민들에게 모종의 해방감을 제공하는 파격의 공간이 된다. 여기서는 낫 신앙을 미얀마인들에게 오늘날에도 인기 있는 역사적 혹은 전설적 인물들의 몇몇 낫을 중심으로 살펴본다.

낫 신앙 체계의 확립

낫 신앙은 버마족에 앞서 미얀마 중부 지역을 중심으로 활동하기 시작한 쀼족 사회에서 이미 성행했다. 공식적인 역사 서술에 따르면, 상좌불교가 미얀마에 도입된 것은 버강 왕조를 세운 어노여타(Anawratha) 왕(재위 1044~1077) 시대였다. 불교의 후원자가 되기로 작정한 어노여타 왕은 당시 민간에 유행하던 낫 신앙을 없애려고 했다. 그러나 그 시도가 실패하자 그는 낫 신앙을 불교 밑에 편입해 공식적인 종교의 틀 안에 두었다.

낫 신앙의 역사에서 어노여타 왕의 역할은 낫 신앙과 불교를 융합한 것이었다. 버강 왕조가 창건된 11세기 초, 미얀마에서는 많은 낫이 숭배되고 있었다. 어노여타는 그중 36위의 낫을 선정해 이 낫들 위에 불교에서 신들의 왕으로 간주되는 떠쟈밍(Thagyamin)을 두었다. 인도의 빨리어로 '삭까(Sakka)'라고 불리는 떠쟈밍은 인드라(Indra)를 가리키며, 한자로는 제석(帝釋)으로 표기된다. 이것은 한편으로는 불교가

그림 29 미얀마 만덜레 인근의 한 동네에서 열린 낫브웨

민간신앙을 수용한 것이었고, 다른 한편으로는 민간신앙이 불교의 권위를 인정한 셈이었다. 이로써 낫 신앙은 존속할 수 있었고, 불교는 민간신앙과 심각한 마찰 없이 미얀마 사회에서 지배적인 종교로 계속 발전할 수 있었다.

미얀마의 역사에서 어노여타 왕은 종종 독실한 불교 군주로 소개된다. 그러나 그는 절충주의적 종교관을 가진 인물이었던 것으로 보인다. 낫 신앙에 대한 그의 태도는 미얀마의 『유리궁전(Glass Palace) 연대기』에 묘사되어 있다. 이에 따르면, 어노여타 왕이 붓다의 치아 사리 하나를 획득하기 위해 간달라(Gandhala)라는 왕국을 방문했을 때 그 나라 왕이 자신을 무시해 상대하지 않자, 신하를 시켜 산디 낫(Sandi nat)의 신상을 밧줄로 묶고 나무줄기로 그것에 매질을 가하도록 했다. 37낫 중

하나인 산디 낫은 간달라 왕국의 모든 사람이 숭배하는 그 지역의 수호신이었다. 그 낫이 아파 비명을 지르자 간달라의 국왕은 결국 어노여타를 영접했으며 그가 사리를 취하도록 허락했다고 한다.[10]

어노여타 왕의 통치 시기에 확립된 낫 신앙의 체계는 그 후 17세기까지 새로운 낫이 추가되어 기존의 낫을 대체하는 등 여러 변화를 겪었다. 하지만 전체 37위로 구성된 낫 신앙의 구조는 유지되었다. 오늘날 알려져 있는 37위의 낫 리스트는 보도퍼야(Bodawpaya) 왕의 시대(1781~1819)에 확정되었다.

마하기리 낫

낫들은 떠자밍을 제외하고는 상호 간 어떤 위계질서가 없으며, 다만 민간신앙에서 어떤 기능을 하는가, 낫브웨에서 어떤 역할을 하는가, 어떤 낫이 더 인기가 많은가 등의 차이밖에 없다. 낫들 중 가장 인기 좋고 가장 중시되는 낫은 마하기리(Mahagiri) 낫이다. '큰 산'이라는 뜻을 가진 마하기리 낫의 유래에 대해서는 『유리궁전 연대기』에 다음과 같은 전설이 있다.

에야워디강 상류에 있는 떠가웅(Tagaung) 왕국에 응아띵데(Nga Tinde)라는 젊은 대장장이가 여동생과 함께 살고 있었다. 그는 다 자란 코끼리의 상아를 비틀어 뽑을 정도로 엄청난 힘을 갖고 있었다. 떠가웅의 왕이 두려움을 느껴 죽이려고 하자 응아띵데는 깊은 정글로 피신했다. 이에 왕은 그의 여동생을 왕비로 맞아들인 후 그녀에게 오빠를 한 고을의 수령으로 임명하겠다고 약속했다. 왕의 약속을 믿은 그녀는 오빠에게 사람을 보내 왕궁으로 오도록 했다. 하지만 응아띵데가 오자 왕은 그를 붙잡아 사가(saga)나무에 묶고 태워 죽이도록 했다. 왕비는 자기 때문에 오라버니가 죽는다고 부르짖으며 화염 속에 뛰어들어 함께 타죽었다. 오누이는 이 나무의 정령이 되어 사람이든 짐승이든 나무의 그늘에 들어오는 것은 다 죽였다. 이에 떠가웅 사람들은 그 나무를 뿌리째 파내 에야워디강에 떠내려 보냈다. 나무가 버강 왕국에 이르자 사람들은 그것을 건져내 나무에 오누이 낫의 상을 새겨서 인근의 뽀빠(Popa) 산 정상에 안치했다. 응아띵데의 정령은 뽀빠 산의 산신인 마하기리 낫이 되었다. 여동생의 정령은 흐나마도지(Hnamadawgyi) 낫 즉 '위대한 여동생의 낫'으로 불렸다. 버강의 국왕과 대신과 백성은 매년 한 번씩 뽀빠 산에 올라가 마하기리 낫에게 경배를 올렸다. 연대기에 따르면, 이 사건은 띵리짜웅(Thinlikyaung) 왕의 시대(344~387)에 일어났다.[11]

따웅봉 형제 낫

낫 신앙에는 미얀마의 토착적인 정령 신앙 외에도 인도의 점성술, 연금술, 주술 신앙 등이 포함되어 있다. 특히 주술신앙과 연금술의 요소는 어노여타 왕 시대에 만들어진 따웅봉(Taungbyon) 형제 낫 신앙에서 잘 나타난다. 『유리궁전 연대기』에 따르면, 인도 출신의 두 형제가 파선을 당해 목뜨마만 연안의 떠통에 와, 떠통의 국왕의 국사(國師)로 있던 불교 승려의 휘하에 들어갔다. 어느 날 숲속에서 연금술을 닦던 고행자가 죽어 있는 것을 우연히 발견한 그 승려는 두 제자에게 그 시신을 익혀 먹으면 질병에 걸리지 않고 영원히 죽지 않으며 열흘 거리를 하루에 주파할 수 있고 엄청나게 무거운 것도 들 수 있는 괴력을 지니게 된다고 이야기해 주었다. 시신을 메고 돌아온 두 형제는 스승이 왕궁에 간 사이에 그 시신을 불에 구워 먹고는 초자연적인 힘을 지니게 되었다. 떠통의 국왕은 이들을 두려워해, 어느 날 자고 있던 형을 붙잡아 죽였다. 이에 동생은 도망쳐 버강 왕국으로 가 어노여타 왕을 섬겼다. 어노여타 왕은 그에게 하루에 열 번씩 뽀빠 산에 가 사가나무의 꽃을 따 갖고 오는 일을 시켰다. 어느 날 뽀빠 산에서 여자로 변신한 한 정령이 그를 꾀어 동침해 두 아들을 낳았다. 그 후 그는 어노여타 왕에게 위험한 존재로 비쳐 결국 죽임을 당했다. 아버지의 초자연적인 능력을 물려받은 그의 두 아들은 어노여타 왕 군대의 장수가 되었다. 그러나 쉐삐(Shwepyi) 형제라고 불린 이들 역시 위험시되어 만덜레 인근의 따웅봉 마을에서 처형되었다.[12] 어노여타 왕에 의해 '따웅봉 낫'의 이름으로 37낫 반열에 포함된 이 형제의 낫은 그 후 따웅봉의 수호신으로 섬겨졌으며, 신상은 그 지역의 가장 중요한 불교 사원의 맞은편에 있는 사당에 안치되었다.

낭만적 성격의 낫들

마하기리 낫이나 따웅봉 형제 낫은 모두 억울한 죽임을 당한 비극성으로 미얀마인들의 정서에 호소한다. 그러나 37낫들 중에는 낭만적 성격 때문에 사랑을 받는 것도 있다. 그 대표적 사례는 쪼스와(Kyawswa) 낫이다. 전설에 따르면, 쪼스와는 버강 왕조의 알라웅시뚜(Alaungsithu) 왕(재위 1113~1167)의 대신이었음에도 불구하고 말 타고 돌아다니며 노름을 즐기고 술을 좋아하는 등 방종하게 살았다. 뽀빠 마을에서 야자 술을 만드는 사람의 딸과 결혼한 후에도 그는 닭싸움 노름판에서 밤을 지새우고 불꽃놀이를 쫓아다니고 술독에 빠져 지내다가 어느 날 술을 너무 많이 마셔 죽었다. 우밍쪼(U Min Kyaw)라고도 불리는 쪼스와 낫의 신상에는 술병과 싸움닭이 함께 있다. 쪼스와 낫의 낫브웨에서 낫꺼도는 화려한 승마 바지를 입으며, 굿판에는 럼주나 위스키 등 독주가 종종 마련되어 있다. 쪼스와 낫은 불량배와 부랑자 사이에서 수호신으로 인기가 높다.

쪼스와 낫처럼 기분에 따라 살다가 죽어 낫이 된 다른 사례들로는 쉐시띵(Shwe Sit Thin) 낫, 밍예 아웅딩(Minye Aungdin) 낫, 마웅 밍뷰(Maung Minbyu) 낫 등이 있다. 쉐시띵은 버강의 소흐니(Sawhnit) 왕(재위 1297~1325)의 왕자로, 반란군 진압의 임무를 받았으나 임무 수행 대신 닭싸움에 탐닉해 허리까지 땅에 묻히는 벌을 받고 죽었다. 밍예 아웅딩은 어와의 한 왕자로 아편과 술에 빠져 헤어나지 못하고 죽었다. 그는 항상 하프를 들고 있고 술병과 술잔이 옆에 놓여 있는 모습으로 그려진다. 마웅 밍뷰 역시 어와의 한 왕자로 술과 아편을 너무 좋아하다가 어느 날 아편을 너무 많이 복용해 죽었다. 마웅 밍뷰 낫은 대개 술병이 앞에 놓여 있고 나팔을 부는 모습으로 표현된다.

역사적 공동체로서의 낫

37위 낫들은 각각의 운명과 관련해 신상의 부속물뿐만 아니라 낫브웨 때 낫꺼도의 복장과 바쳐지는 제물에서도 구별된다. 예컨대 마하기리 낫은 대장장이의 망치와 부채를 들고 있는 형상을 취하는데, 부채는 사가나무에 묶여 불에 탈 때의 뜨거움을 식히기 위한 것이다. 그러한 마하기리 낫의 제단을 사가나무의 꽃으로 장식하는 것은 적절하지 않다. 대신 코코넛 열매가 제물에 포함되는데, 코코넛 오일이 화상을 달래는 데 좋기 때문이다. 따웅봉 형제 낫의 제단에는 돼지고기가 금기다. 그것은 그들의 부친이 인도 출신 무슬림이었기 때문이다.

미얀마인들이 낫브웨를 열어 낫에게 제물을 바치고 경배하는 것은 비극적 운명을 동정하면서 낫을 위무하고 이를 통해 자신의 운명에 간섭하는 낫과 좋은 관계를 맺기 위해서다. 낫 신앙에 대한 미얀마인들의 이러한 자세는 국가적 차원에서도 표출되어 왔다. 미얀마의 역사에서 통치자들은 불교 군주로서의 강한 이미지와 그에 따른 역할에도 불구하고, 어노여타 왕의 사례에서 본 것처럼 거의 모두 낫 신앙을 중시했을 뿐만 아니라 그것을 직접 실행했다. 『유리궁전 연대기』는 쉐찌공

그림 30 뽀빠 산

(Shwezigon)과 아낭다(Ananda) 등 유명한 불교 사원을 완공하고 여러 불탑을 세운 버강 왕조의 짠싯따(Kyansittha) 왕(재위 1084~1112/13)이 1084년 "왕위에 오르자 낫들을 숭배했다"고 기록하고 있다.[13] 독실한 불교도로 평가되는 밍동(Mindon) 왕(재위 1853~1878)은 국가의 공식적인 낫브웨를 완전히 폐지하지 못하고 일 년에 여덟 번 거행하는 것으로 축소했다. 그러나 낫 신앙에 대한 정부의 지원은 그의 후계자인 티보 왕 시대에 부활되었다. 독실한 불교도인 우누 총리는 낫 신앙의 영적 중심으로 간주되는 뽀빠 산 정상에 불교 사원을 건축하면서 그와 동시에 마하기리 낫 사당도 다시 세웠다. 1962년 정권을 장악한 군부도 낫 신앙을 묵인했는데, 군부 인사들 중에는 낫 신앙에 의지하는 자가 적지 않았다.

낫 신앙은 미얀마인의 역사인식에 깊이 배어 있는 것으로 보인다. 그들은 국가적인 위기와 재난 시 37위 낫들이 자신들과 항상 함께 있다고 믿는다. 그리하여 19세기에 일어난 영국-미얀마 전쟁에서 미얀마 군대가 영국 군대에 패배해 후퇴하자 따웅봉 형제 낫과 백마를 탄 아웅스와마지(Aungswamagyi) 낫이 미얀마의 굴욕을 함께 슬퍼했으며, 미얀마의 마지막 국왕인 티보가 1885년 영국 군인들에게 포로로 끌려갈 때 왕궁에 있는 37위 낫 신상들이 눈물을 흘렸다는 전설이 있다. 또 제2차 세계대전 때 미얀마를 점령한 일본과 연합국 간 전쟁에서 1943년 4월 연합군의 공중 폭격으로 만달레에 큰 화재가 일어나자 따웅봉 형제 낫이 사람들을 도와 불을 끄는 모습이 목격되었다고 한다. 비록 그것이 전해 내려오는 이야기일지라도, 여기서 낫이 미얀마인들에게 국가적인 운명공동체의 중요한 부분으로 인식되어 왔다는 것이 드러난다.

4. 베트남의 민간신앙

베트남의 민간신앙은 주술신앙, 조상신 숭배, 지역 수호신 신앙 등 크게 세 범주로 구분될 수 있다. 민간신앙 차원에서 볼 때 베트남인들의 신에 대한 개념은 각종 자연 정령 외에 조상의 혼령, 역사적 혹은 전설적 인물의 신령, 토지신, 부엌신, 옥황상제 등 도교의 다양한 신들을 포함한다. 이러한 민간신앙 차원의 신들에 대한 베트남인들의 자세와 접근은 한마디로 '터턴(tho than)' 즉 '신에게 제사하다'로 요약될 수 있을 것이다.

도교는 베트남 민간신앙의 가장 중요한 영역의 하나로, 도교를 바탕으로 한 베

그림 31 베트남 부적

트남인들의 민간신앙은 응옥호앙(ngoc hoang, 玉皇) 즉 옥황상제를 중심으로 이루어져 왔다. 베트남인들은 옥황이 인간세계에서 일어나는 모든 일을 통제하고 주관하며, 인간의 생활과 관련 있는 신들이 해마다 그에게 올라가 자신들의 활동을 보고하고 그 업적에 따라 이들이 신들의 위계질서에서 승진 혹은 강등된다고 믿는다. 인간의 삶과 관련된 중요한 신들로 산신, 용왕 등 자연신과 조상신 외에 특히 성황(城隍) 즉 서낭신, 조왕(竈王) 즉 부엌신, 토공(土公) 즉 토지신 등이 있다. 베트남인들은 특히 조왕과 토공이 자신들의 가정에서 한 해 동안 일어난 일을 옥황에게 보고하기 위해 음력 12월 23일에 하늘로 올라가며, 그 보고에 따라 옥황이 자신들의 가정에 내릴 상벌을 결정한다고 믿는다. 그래서 그들은 조왕과 토공이 자신들을 위해 옥황에게 좋은 말을 해 주기를 바라는 마음에서 그날 이들에게 제사를 지내는데, 특히 살아 있는 잉어를 제물로 바친다. 그것은 잉어가 용으로 변해 그 두 신을 태워 옥황에게 잘 데려다 준다고 보기 때문이다.

베트남 사회에는 다른 동남아시아 국가들과 마찬가지로 주술신앙이 광범위하게 퍼져 있다. 베트남인들은 자신의 보다 행복한 미래를 위해 손금 혹은 관상을 보며, 좋은 배우자와의 결혼을 위해 사주를 따지고, 조상의 묘를 쓸 때 집안이 잘되기를 바라는 마음에서 풍수지리를 본다. 또한 악령 또는 잡귀로부터 자신이나 가정을 보호하기 위해 무당 혹은 점쟁이를 찾아가며 금기를 지키고 부적을 사용하고 각종 의례에 호소한다. 예컨대 그들은 개고기를 좋아하지만, 매월 음력 초하루에는 삼간다. 그 이유는 초하룻날에 개고기를 먹으면 한 달 내내 식구들 간 화목이 깨지고 가정사가 잘 돌아가지 않는다고 믿기 때문이다. 또 악령이 집안으로 침투하는 것을 막기 위해 음양오행의 밧꾸어이(bat quai) 즉 팔괘(八卦)를 출입문 상단에 달며, 질병 등 불행이 들어오지 못하도록 방의 모서리에 부적을 붙인다. 개인적인 안녕을 위해 부적을 몸에 착용하는 경우도 흔하다. 이러한 부적은 대부분 베트남어로 '터이팝(thay phap)' 즉 법사(法師)라고 불리는 주술사에게 의뢰해 제작한다.

왕조 시대까지 왕성하게 유지되어 온 민간신앙은 19세기 후반 프랑스의 식민 통치 이후 서양 문물의 유입에 따른 근대화 그리고 특히 식민 행정의 통제를 통해 부분적으로 힘을 잃었다. 민간신앙은 1950년대 공산당 정부가 북베트남에서 실시하기 시작한 사회주의 개혁 이후 각종 의례가 축소되거나 심지어 폐지됨에 따라 더욱 약화되었다. 그러나 1980년대 후반 도이머이 즉 개혁 정책의 도입 이후 민간신앙이 점차 부활하고 있다. 심지어 하노이 남쪽의 틴리엣(Thinh Liet)에서는 1990년대 초 호찌민이 마을 수호신으로 숭배되기도 했다. 여기서는 베트남의 민간신앙을 '터턴'의 역할이 두드러지게 나타나는 조상신 숭배와 지역 수호신 신앙을 중심으로 살펴본다.

조상신 숭배

베트남인들은 조상의 신령이 가정 혹은 그 주위에 항상 존재하면서 자손의 삶에 간여한다고 믿어 조상신에 대한 숭배를 중시해 왔다. 1620년 중부 베트남의 응우옌 정부의 수도인 후에를 방문한 드 로드 신부에 따르면, 베트남인들은 가족의 행복이 조상을 얼마나 잘 경외하는가에 달려 있다고 믿어 조상에 대한 제사를 위해 어떠한 수고와 비용을 아끼지 않았다. 그는 당시 베트남 조정의 관료들이 조상숭배를 할 줄 모르는 유럽인의 문화를 멸시했다고 말한다.[14]

베트남 민간신앙의 중요한 영역 중 하나인 조상신 숭배는 특히 유교의 영향으로 조상에 대한 효심이 중요한 요소가 되어 있다는 점에서 다른 신령에 대한 숭배와 그 성격이 다르다. 하지만 조상신 숭배도 민간신앙으로 발전하면서 다양한 기복 및 주술신앙적 요소를 지니게 되었다. 조상 숭배의 주술신앙적 측면은 무엇보다도 장례식에서 엿볼 수 있다. 베트남에서는 사람이 죽으면 '찌에우혼(chieu hon, 招魂)' 즉 '영혼 부르기' 의식을 치른다. 사람이 숨을 멈추면 망자의 옷을 들고 망자가 있는 집의 지붕에 올라가 북쪽으로 망자의 이름을 세 번 부른다. 그러고는 내려와 그 옷을 시신 위에 놓는다. 이 의식은 죽은 자가 혹시 다시 살아날 수도 있다는 기대에서 나온 것이다. 찌에우혼 의식은 매장 후 사흘째 날부터 사흘간 또다시 행해진다. 이 사흘간의 초혼 의식은 망자의 혼령이 집안의 자손에게 복과 행운을 갖다주도록 하기 위해서다. 장례식의 또 다른 주술신앙적 요소로 '방마(vang ma)' 태우기가 있다. 망자를 위해 태우는 지전(紙錢), 종이상여 등을 가리키는 '방마'를 태우는 것은 혼령에게 저승으로의 여비와 운송수단을 제공한다는 의미가 있다. 방마 태우기는 부엌신과 토지신의 승천을 위한 제사뿐만 아니라 주요 절기의 의례에서도 행해진다.

조상 숭배를 위해 베트남인들은 집의 특정 공간에 제단을 둔다. 큰 집에 사는 부유한 가정에서는 집의 중채에 화려한 제단을 설치하기도 한다. 제단에는 조상의 위패 외에 향로, 촛대, 화병 등이 놓인다. 위패는 부계 조상은 왼쪽에, 모계 조상은 오른쪽에 둔다. 조상신 외에 부처, 토지신 등 다른 신령이 모셔지는 경우도 있다.

조상에 대한 제사는 베트남인의 삶에서 생활화되어 있다. 자식의 출생, 결혼, 합격, 수상, 승진, 가옥 건축 등과 같은 경사뿐만 아니라 가족의 중병, 사망, 재정적 손실 등 불행한 경우에도 그리고 농산물의 수확을 앞두거나 가족 중 한 사람이 먼 길을 떠나는 등 의미 있는 일이 있을 때에도 조상에게 제사를 드린다. 하지만 조상에 대한 가장 중요한 제사는 우리나라에서와 마찬가지로 조상이 죽은 날 즉 기일(忌日)에 지내는 기제(忌祭)와 설 등 명절에 지내는 차례(茶禮) 등이다. 기제는 당일에 죽은 조상에게만 드린다. 그에 반해 차례는 여러 조상에게 드리는 것으로, 대개 부모·조부모·증조·고조까지가 대상이다. 특히 기제는 장남 혹은 제사를 상속받은 집안의 대표가 주관하는데, 이때 모든 자손이 모여 제사에 참여하는 것이 원칙이다.

지역 수호신 신앙

베트남 민간신앙의 또 다른 중요한 영역은 지역 수호신 특히 성황신 숭배다. 타인호앙(thanh hoang) 즉 성황은 마을 수호신으로, 마을의 딘에서 그에 대한 제사가 이루어진다. 성황은 전설적인 인물의 신령도 있으나, 대부분 역사적인 실존 인물의 혼령이 신으로 받들어 모셔진 것으로, 특히 국가나 지역 및 마을의 발전에 공헌한 사람의 신령이 성황으로 숭배된다.

국가를 위한 영웅적 행위로 성황이 된 대표적인 사례로는 541년 북부 베트남에서 중국의 지배에 항거한 리비(Ly Bi), 938년 바익당(Bach Đang)강 전투에서 중국 군대에 대한 결정적 승리를 통해 베트남의 독립을 이룩한 응오꾸옌(Ngo Quyen), 13세기 말 몽골군의 공격을 물리친 쩐꾸억뚜언(Tran Quoc Tuan) 즉 쩐흥다오(Tran Hung Đao), 15세기 초 봉기를 일으켜 베트남을 명나라의 지배에서 해방시키고 레 왕조를 설립한 레러이 등이 있다. 이 중 몽골의 침공으로부터 나라를 지킨 쩐흥다오는 베트남 북부 홍강 삼각주의 하이즈엉(Hai Duong)성의 찔린(Chi Linh)현에 그의 사당이 있다.

끼엡박(Kiep Bac)이라고 부르는 그의 사당에서 매년 열리는 끼엡박 축제는 베트남에서 민족적 영웅을 기리는 축제 가운데 가장 성대한 것으로, 음력 8월 15일부터 20일까지 열린다. 쩐흥다오 같은 유명한 인물은 전국 수십 개의 마을에서 지역 수호신으로 받들어 모셔진다.

베트남 마을의 성황은 이러한 역사적 인물에 대한 기념 외에도 다양한 배경을 갖고 있다. 특정 수공업이 발달한 어떤 마을은 그 수공업의 선조 장인(匠人)이, 어떤 마을은 마을을 맨 처음 세운 사람의 신령이 성황이다. 어떤 마을에서는 불교 승려의 혼령이, 또 다른 어떤 마을에서는 도교의 노자(老子)가 성황으로 모셔진다. 이것은 베트남 민중이 전통적으로 불교, 유교, 도교 등에 대해 개별적으로 접근해 불교 신자, 유교 신자, 도교 신자 등으로 각기 구별된 신앙생활을 하는 것이 아니라, 세 종교가 융합된 땀자오(tam giao, 三教)라는 제설혼합주의적 신앙을 영위해 온 것과 동일한 맥락에서 이해될 수 있다.

마을의 성황은 왕조 시대 베트남 황제의 책봉을 받아야 공식적인 자격이 부여되었다. 그러나 산신이나 용왕 같은 자연신은 마을 주민들에 의해 자율적으로 마을의 성황으로 선택되는 경우도 있었으며, 어떤 해안 지역에서는 고래가 수호신으로 숭배되기도 했다. 하지만 마을마다 성황이 있는 것은 아니었다. 거기에는 마을이 새로 세워졌거나, 있던 성황이 다른 지역으로 떠난 후 아직 돌아오지 않았다고 믿는 경우 등 여러 이유가 있을 수 있다. 그러한 경우에도 마을은 성황 대신 다른 명칭의 마을 수호신을 두었다.

성황 및 마을 수호신에 대한 제사는 음력 정월 초하루의 설, 음력 3월 5일의 청명, 음력 5월 5일의 단오, 음력 8월 15일의 중추 등 주요 절기마다 마을 공동체 차원에서 지내져 왔다. 이러한 성황 및 마을 수호신 숭배는 베트남에서 마을의 정체성의 구심점 역할을 하면서 전통적으로 마을 주민들의 상호 유대를 강화하는 데 기여해 왔다.

베트남의 남쪽으로의 영토적 팽창, 이른바 '남띠엔' 과정을 통해 지역 수호신 신앙에 중부 및 남부의 소수민족들 특히 짬족과 크메르족의 민간신앙적 요소가 섞이게 되었다. 그리하여 예컨대 짬빠 왕국의 여신이었던 포 나가르(Po Nagar)는 오늘날 카인호아(Khanh Hoa)성의 냐짱(Nha Trang) 지역에서 짬족의 숭배 대상일 뿐 아니라 비엣족에 의해 쭈어응옥(Chua Ngoc, 主玉)이란 이름의 지역 수호신으로 받들어 모셔진다.

캄보디아와 국경을 접한 안장(An Giang)성의 쩌우독(Chau Đoc)현에는 바쭈어쓰(Ba Chua Xu, 婆主處) 사당이 있는데, 음력 4월 말에 열리는 바쭈어쓰 축제에는 매년 100만 명 이상의 인파가 몰린다. '지역을 주재하는 여인' 혹은 '지역의 공주'라는 뜻의 바쭈어쓰는 크메르족 기원이라는 설도 있고 짬족 기원이라는 이야기도 있지만, 어쨌든 오늘날 많은 베트남인들에 의해 메콩강 삼각주 지역의 수호신으로 숭배되고 있다.

또 크메르족이 많이 사는 남부 연안의 속짱(Soc Trang)성에서는 바덴(Ba Đen) 즉 '검은 여인'이라고 불리는 크메르족 기원의 신령이 숭배된다. 모든 종류의 질병을 고치고 육체적 해 특히 교통사고로부터 지켜 준다는 소문이 나 있는 이 여신의 사당을 크메르족뿐만 아니라 비엣족도 많이 찾는다. 바덴을 지역 수호신으로 숭배하는 비엣족 중에는 심지어 이 여신을 비엣족 기원이라고 생각하는 자가 적지 않다. 캄보디아와의 국경 지방인 떠이닌(Tay Ninh)성의 한 산에도 바덴 사당이 있는데, 매년 수십만 명이 순례한다고 한다.

5. 인도네시아와 말레이시아의 민간신앙

인도네시아와 말레이시아는 무엇보다도 유일신 종교로서 비이슬람적 신앙에 대해 배타적인 이슬람이 지배하는 국가들이라는 점에서 불교권의 대륙 동남아시아 국가들에 비해 민간신앙의 사회·문화적 영향력이 약하다. 그럼에도 불구하고 주민의 삶이 전통적으로 벼농사 혹은 해양 활동과 긴밀히 연결되어 있으며 열대의 밀림이 발달한 이 지역에도 민간신앙이 광범위하게 퍼져 있다. 그리하여 인도네시아에서는 1970년대 후반 자와 섬에 사는 무슬림의 약 70퍼센트가 토착적 관습을 중시하는 아방안으로 분류될 정도로 주민들 사이에서 민간신앙이 강한 효력을 발휘해 왔다.

인도네시아와 말레이시아는 모두 다양한 민족으로 구성되어 있다. 말레이시아는 인구 중 중국계가 약 23퍼센트, 인도계가 약 7퍼센트를 차지한다. 인도네시아는 주요 섬들에 독특한 관습과 신앙을 가진 종족이 하나 혹은 둘 이상 있다. 모든 종족 그룹을 다 아우르는 민간신앙을 다루는 것은 무리라고 본다. 여기서는 이 두 나라의 다수민족을 형성하는 오스트로네시아 어족 즉 넓은 의미의 말레이족을 중심으로 그 민간신앙을 살펴본다.

두쿤과 일무

인도네시아와 말레이시아의 민간신앙에서 가장 중요한 개념 중 하나는 두쿤(dukun)이다. 두쿤은 주술력 내지는 특별한 능력 및 지식을 이용하는 광범위한 의미의 주술사·마법사 등을 가리킨다. '두쿤'과 비슷한 의미로 사용되는 파왕(pawang)과 보모(bomoh)가 있다. '파왕'은 무속적인 제의를 하는 샤먼을, '보모'는 말레이시아에

그림 32 인도네시아의 한 두쿤

서 주술사를 지칭할 때 쓰는 용어다.

두쿤은 많은 기능과 역할을 행하며 그에 따라 종류가 다양하다. 영매(靈媒)인 두쿤 프레왕안(prewangan), 마술 특히 흑주술을 쓰는 두쿤 시히르(sihir), 사주 등의 숫자로 점치는 두쿤 프탕안(petangan) 등은 초자연적인 주술력에 보다 많이 의지하는 주술사들이다. 그에 비해 산파인 두쿤 바이(bayi), 약초를 포함한 전통적인 약을 조제하는 두쿤 잠피(jampi), 피부 밑에 작은 금속을 넣어 치료하는 두쿤 수숙(susuk), 안마사인 두쿤 피짓(pijit), 할례 시술사인 두쿤 찰락(calak) 등은 전문적인 기술을 보다 많이 사용하는 두쿤이다. 한편 결혼 주례인 두쿤 트만텐(temanten)은 전문적인 주술사라기보다는 결혼에 필요한 의례 절차를 알고 있는 경험 많은 사람인 경우가 흔하다.

두쿤 바이 즉 산파와 같이 여성에게 국한되어 있는 경우를 제외하면, 두쿤은 대개 여러 분야에 걸쳐 기능을 담당한다. 그리하여 한 사람의 두쿤이 마을 주민이 아플 때는 약초를 처방하거나 영매로서 제의를 통해 치료에 나서기도 하고, 그의 미래를 점치거나, 잃어버린 물건을 찾아 주거나, 간단한 주문도 외우고 부적도 만들어 주기도 한다. 이러한 올라운드 플레이어 두쿤을 '두쿤 비아사(biasa)' 즉 '보통 두쿤'이라고 하는데, 마을 주민들의 삶에서 가장 필요로 하는 두쿤은 바로 이 '두쿤 비아사'다.

두쿤 가운데 순전히 주술사로서의 활동으로 생계를 유지하는 자는 별로 없다. 대부분의 두쿤은 작은 규모지만 자작농을 하거나 다른 직업을 갖고 있다. 달리 말하면, 두쿤으로서의 활동은 파트타임 직업인 셈이다. 다른 생계수단을 갖고 있음에도 두쿤으로 활동하는 것은 이를 통해 어느 정도 사회적 명망을 얻을 수 있을 뿐만 아니라 약간의 부수입도 기대할 수 있기 때문이다. 두쿤은 대개 아버지로부터 자식에게 이어지는데, 특히 두꾼 비아사에서 흔히 발견된다. 하지만 두쿤이 되는 것은 개인에게는 위험한 일로 간주된다. 만약 그가 영적으로 강하지 않을 때는 이용하고자 하는 초자연적인 주술력이 그를 파멸시킬 수도 있기 때문이다.

인도네시아와 말레이시아의 민간신앙에서 두쿤과 관련된 또 다른 중요한 개념은 일무다. 아랍어로 '학문'·'체계적 지식'을 뜻하는 '일므(ilm)'에서 파생된 '일무(ilmu)'는 인도네시아와 말레이시아의 민간신앙적 맥락에서는 '추상적인 지식', '초자연적 기술' 등을 가리키며, 특히 토착적인 정령 숭배 요소와 이슬람 유입 전의 힌두-불교적 요소 등이 혼합된 '주술적 지식 내지 힘'으로 이해되기도 한다.

두쿤이 되려면 그리고 두쿤으로서 활동하려면 일무를 습득해야 하는데, 거기에는 두 가지 방식이 있다. 하나는 자신과 아무런 친척 관계가 없는 다른 두쿤을 구루(guru) 즉 스승으로 삼아 그에게서 일무를 배우는 것으로, 여기에는 고행과 훈련이 수반된다. 다른 하나는 생존해 있거나 이미 사망한 친족 두쿤에게 일무를 전수받는 일종의 세습이다. 예컨대 말레이시아 느그리슴빌란의 보강(Bogang) 마을에서 1980년대 활동한 팍 다웃(Pak Daud)이라는 두쿤은 그의 부친과 장인에게서 일무를 전수받았는데, 그 과정에서 그는 오랜 기간 금식과 기도를 하는 것 외에도 특정 음식들에 대한 금기를 포함한 다양한 사항에 대한 금기를 지켜야 했으며, 특히 자아에 대한 통제력을 개발하기 위해 집중력을 키워야 했다. 어떤 두쿤은 선대 두쿤의 일무를 물려받기 위해 고인의 무덤 위에 앉아 그 신령과의 접촉 및 교감을 시도하기도 한다.

두쿤이 일무로써 할 수 있는 것은 그 일무가 어떤 종류인가에 따라 다르다. 일무는 산파술, 안마, 할례 시술, 사주 점술, 부적 제작, 약초 제조 등 그 종류가 다양하다. 희한한 일무도 있다. 예컨대 자신이 도둑질하려고 들어간 집의 사람들이 깊이 잠들도록 하는 일무가 있는가 하면, 잃어버린 물건을 찾아 주는 일무, 부유하게 만들어 주는 일무, 다른 장소에서 무슨 일이 벌어지고 있는지를 알아맞히는 일무, 어디에 우물을 파야 항상 좋은 물이 나오는지를 알려 주는 일무, 어디에 집을 지어야 집주인이 무병·장수하는지를 알려 주는 일무, 남의 애정을 끌 수 있도록 해 주는 일무, 미래의 사건을 예언하는 일무, 상해를 입지 않게 하는 일무 등이 있다. 마지막에 언급된 일무는 1940년대 후반 인도네시아의 혁명기에 크게 유행한 적이 있었다. 당시 자와 섬 동부의 수라바야(Surabaya)에서 영국 군대를 상대로 전투가 벌어졌을 때 싸우러 나가는 약 100명의 청년들은 그 지역의 지도적인 두쿤 중 하나가 주문을 불어넣어 끓인 차 한 잔씩 받아 마셨는데, 이것으로 그들은 다치지 않을 것이라고 믿었다.

두쿤의 병 치료

현대 의술이 널리 보급되기 이전에 사람들이 두쿤을 찾는 가장 흔한 이유는 아마 병 치료였을 것이다. 두쿤은 병 치료의 일무를 이용해 재물뿐만 아니라 사회적 명망도 얻을 수 있었다. 두쿤은 실제적인 치료에 앞서 병의 성질과 원인, 치료 방법 등을 알아내기 위해 애를 쓰는데, 대개 자와어로 '프탕안'이라고 부르는 숫자점을 치거나 명상을 통해 직관적 통찰을 획득하고자 했다. 혹은 이 두 가지를 다 할 수도 있다. 프탕안은 가정과 마을의 중요한 행사를 위해 길일을 택할 때도 사용되지만, 병의 치료에서는 환자의 출생일과 병에 걸린 날 그리고 관련된 다른 여러 숫자를 조합하고 계산해 병의 원인을 점치고 적절한 치료 방식을 알아내는 것이 그 목표다. 두쿤은 명상을 통해서도 병의 성질과 치료법을 파악하기 위해 노력하는데, 그것은 배우기 쉽고 비교적 빨리 적용할 수 있는 프탕안에 비해 다년간의 수련을 요하며 실제로 적용·응용하는 것이 보다 복잡하고 어렵다고 한다.

병의 성질과 원인이 파악되면 그에 알맞은 치료법이 처방되는데, 거기에는 마사지 같은 물리적 치료 외에 각종 허브 요법이 있다. 매독에 걸린 사람에게는 수은을 삼키게 하고, 이질 환자에게는 까맣게 태운 계란을 은과 함께 비벼 먹인다. 또 아픈 부위의 피부 밑에 작은 가느다란 귀금속 특히 금 조각을 넣는 '수숙'이라는 일무가 여러 경우에 적용된다. 예컨대 두통을 앓는 사람은 이마 피부에, 눈병이 있는 자는 눈 근처의 피부에, 위장이 좋지 않는 자는 배꼽 근처의 피부에 가늘고 얇은 금 조각을 넣는다.

마사지든, 허브 테라피든, 금 조각을 넣는 처방이든, 두쿤은 시술 전에 언제나 마법에 호소한다. 그리하여 예컨대 약초를 처방할 때 약초를 한 손에 들고 주문을 읊은 다음 약초에 침을 뱉거나 그 위로 입김을 보낸다. 사실 주문과 그에 따르는 주술력이 두쿤의 치료 행위에서 가장 중요하다. 만약 그의 주술력이 강하면 쿤이 허브를 쓸 필요도 없을 것이다. 그래서 앞에서 소개한 1940년대 인도네시아 수라바야에서의 사례처럼, 주문을 읊고 침을 뱉은 차를 처방하는 경우가 흔하다. 두쿤은 이 차를 환자로 하여금 마시게 하거나 배꼽에 문지른다.

두쿤의 흑주술

지난 수십 년간 근대적 교육의 확산과 특히 이슬람 개혁 운동의 영향으로 두쿤의 활동 공간이 갈수록 축소되었고, 심지어 두쿤의 존재를 부정적으로 보는 시각이 증가되었다. 오늘날 앞에서 언급한 것처럼 일반적인 질병을 치료하는 주술사로서의 수요가 크게 떨어진 상황에서 두쿤은 주로 정신적 질환 특히 말레이어로 '한투(hantu)'라고 부르는 악령에 씌었거나 흑주술의 공격을 받은 사람을 치료하는 경우가 점차 많아지고 있다. 그리하여 보통 두쿤보다는 영매로서의 기능이 보다 전문화된 파왕 즉 샤먼의 역할이 갈수록 커지고 있다. 다음은 태국 남부의 한 말레이족 무슬림 마을에서 어떤 기독교 선교사가 목격한 흑주술의 사례다. 이 이야기의 공간은 비록 태국에 속해 있지만 그 내용은 말레이족 주술신앙의 전형적인 모습을 보여 준다.

압둘은 자신의 가족을 방문한 누이와 처남 이스마일과 대화하는 것을 꺼렸다. 압둘은 특히 이스마일을 증오했는데, 그가 자기의 삶에 대해 너무 자신감이 넘쳐 있고 잘난 체하기 때문이었다. 누이는 처남이 사 준 금팔찌와 금목걸이를 차고 있었다. 압둘의 아내는 그런 이스마일을 칭찬하고 특히 그의 성공적인 사업을 부러워했다. 질투심과 증오로 찬 압둘은 이스마일에게 해를 입히기로 작정하고는 다음 날 그 지역의 악령 주술사 즉 '보모 한투(bomoh hantu)'를 찾아가 이스마일을 저주하고 싶다고 말했다. 압둘과 보모는 그날 밤 늦게 이스마일의 집에 갔다. 주술사는 한걸음에 발코니로 올라가 먼지로 덮여 있는 발코니의 창문에 벌거벗은 여인의 그림을 그리고 거기에 이스마일이라는 이름을 썼다. 그러고는 그 위에 아랍어로 된 저주의 주문을 불어넣었다.

그다음 날 이스마일의 딸이 이상한 절망감에 빠져 통제가 불가능할 정도로 흐느껴 울기 시작했다. 더욱 심각하게도 이스마일의 아내가 몹시 아프기 시작했다. 병원으로 옮겨진 그녀를 진찰한 의사는 신체적으로는 아무런 문제가 없다고 했다. 이 말을 들은 이스마일은 자신이 저주 즉 흑주술의 공격을 받았다는 것을 알아차렸다. 그는 흑주술을 떨쳐내기 위해 보모를 찾아갔다. 그 보모는 부부가 함께 팀을 이루어 일하고 있었다. 주술사 부부 중 아내가 실제적인 능력을 갖고 있었는데, 말레이 문화에서는 흥미롭게도 여성이 이러한 초자연적 능력을 지니고 있는 경우가 적지 않다. 이스마일에게 그때까지의 상황에 대한 이야기를 들은 아내 보모는 흑주술의 저주가 내려졌기 때문이라고 말했다. 그녀는 이스마일의 집에 도착하자 즉시 발코니의 창문에 그려져 있는 그림을 지적했다. 남편 보모는 주문을 불어넣은 물 한 양동이를 갖고 와 창문의 그림을 지워 버렸다. 그러자 이스마일의 딸과 부인은 괜찮아졌다.[15]

큰두리

광의의 말레이족 민간신앙의 중요한 특징은 한편으로는 주로 정령 숭배를 기초로 한 주술신앙으로 이루어져 있으며, 다른 한편으로는 그 지역에 오랜 역사를 통해 들어온 힌두교·불교·이슬람 등과 뒤섞인 제설혼합주의적 성격을 갖는다는 점이다. 민간신앙의 이러한 특징은 말레이-인도네시아어로 큰두리(kenduri) 혹은 슬라마탄(selamatan), 자와어로는 슬라므탄(slametan)이라고 칭하는 의례 및 잔치에서 잘 드러난다.

미국의 인도네시아 종교 연구자인 클리포드 기어츠(Clifford Geertz)에 따르면, 큰두리에는 인도네시아 및 말레이시아의 말레이족 무슬림들의 민간신앙적 측면이 잘 나타난다. 큰두리는 출생, 결혼, 사망, 할례 등 주요 통과의례나 임신, 이사, 가옥 신축, 개업, 승진, 수확 등 축하할 특별한 일이 있을 때 행해진다. 친족, 친구, 이웃, 동료 등이 참가하는 큰두리를 통해 사람들은 공동체의 협력과 상호부조를 통한 사회적 통합을 도모한다.

큰두리의 주요 내용은 공동 의례와 장만한 음식을 함께 먹는 잔치다. 큰두리에서 핵심 부분은 음식을 공유하는 것이다. 그것은 원래 자연 정령이나 조상신 등에게 음식을 바치고 이를 통해 초자연적 존재가 식구 및 마을 사람들을 보호해 준다는 믿음, 그리고 귀신이 먹고 (그대로) 남긴 음식을 사람들이 나눠 먹고 이를 통해 상호 유대관계와 공동체 의식을 강화한다는 생각에서 비롯되었다.

큰두리의 민간신앙적 측면은 의례의 인사말에서 잘 드러난다. 1950년대 자와 섬의 한 마을에서 행해진 큰두리를 보면, 인사말은 선지자 무함마드에 대한 경의를 표하는 등 이슬람적으로 시작되지만 곧 자와의 대장장이 신, 땅과 물의 신, 마을을 처음 세운 사람의 신령 및 마을 조상신 등을 부르고, 마지막으로 마을을 지키는 지신(地神)과 네 방위와 중앙에 거주하는 초자연적 존재들에게 마을을 지켜 달라는 기도를 드리는 등 정령 신앙적 내용으로 끝난다. 그러나 1970년대 이후 이슬람 부흥 운동의 영향으로 큰두리의 내용이 알라에 대한 감사와 축복의 요청으로 거의 다 채워지는 등 본래의 민간신앙적 성격이 감춰지고 심지어 큰두리 행사 자체가 오늘날 점차 사라지고 있다.

인도네시아의 정치 지도자들의 민간신앙

인도네시아 특히 아방안 전통이 강한 자와 섬의 정치 지도자들 중에는 주술에 많은 관심을 갖고 있으며 심지어 주술에 관해 두쿤 못지않은 지식을 갖고 주술을 이용하는 자가 적지 않다. 대표적인 인물들로 수카르노 대통령, 수하르토 대통령, 수카르노의 딸인 메가와티 수카르노푸트리(Megawati Sukarnoputri) 대통령(재임 2001~2004), 요그야카르타 술탄 하믕쿠부워노 9세(재위 1940~1988), 그 후계자 하믕쿠부워노 10세(재위 1988년 이후) 등을 들 수 있다. 이들은 모두 통치를 위해 종종 주술력에 의존한 것으로 알려져 있다.

수카르노는 1950년대 공식석상에서 인도네시아가 이리안자야(Irian Jaya) 즉 서파푸아를 네덜란드에게서 되찾게 해 달라고 여신 로로 키둘에게 빌었다. 16세기 말에 형성되기 시작한 로로 키둘 컬트는 특히 중부 자와의 왕실에서 중요한 전통으로 이어져 내려왔다. 그리하여 세노파티의 후예인 하믕쿠부워노 9세는 자신의 생일인 6월 21일 자와 섬 남부의 파도치는 바닷가에 가서 로로 키둘에게 매년 제사를 드렸는데, 그 제물에는 여성 의복 한 벌과 자신의 손톱 및 머리카락 등이 포함되어 있었다고 한다.

주술신앙을 중시한 인도네시아 정치인들 주위에는 대개 두쿤이 있었다. 수하르토의 경우 그의 아내 시티 하르티나(Siti Hartinah, 1923~1996)와 수조노 후마르다니(Sudjono Humardani, 1919~1986) 장군이 대표적인 두쿤이었다. 인도네시아인들이 흔히 이부 티엔(Ibu Tien)으로 부르는 수하르토의 부인은 중부 자와의 수라카르타 왕실의 후예로 상당한 주술적 능력의 소유자로 알려져 있었다. 수하르토의 최측근 관료 중 하나인 수조노는 정령 신앙과 힌두-불교 및 이슬람 수피즘(Sufism)의 신비주의적 요소 등을 포함한 크바티난(Kebatinan) 즉 자와 신비주의에 정통한, 강력한 두쿤으로 소문나 있었다. 하지만 수하르토는 중요한 정책을 결정할 때 그 어떤 두쿤에게도 의지하지 않았다고 한다. 자신이 어떤 두쿤보다 더 큰 영적인 힘을 갖고 있다고 믿은 그는 1991년 출판된 자서전에 "수조노 자신이 나에게 경의를 표했다. 그래서 수조노가 신비주의에서 나의 스승이라고 생각하는 사람들은 틀렸다. 이에 관해 그가 나에게 물었으면 물었지 그 반대는 아니었다"[16] 고 썼다.

수하르토는 예언, 공중 부양, 무기에 상해 입지 않기 등 통상 두쿤이 자랑하는 초자연적인 능력을 추구하는 것보다 명상을 통해 국가 운영을 위한 영감과 영적인 힘을 획득하는 것을 중시했다. 그는 중부 자와의 디엥(Dieng) 고원에 있는 석회암 동굴들에서 명상하기 위해 종종 자카르타에서 전용 헬리콥터를 타고 그리로 날아갔다. 그가 특히 애용한 곳은 스마르(Semar) 동굴이었다. 자와의 가장 큰 토착 신령이 있다고 소문난 이 동굴은 자와의 여러 왕들이 방문한 곳이기도 했다. 수하르토는 1974년에 당시 서양 정치 지도자들 중 가장 가깝게 지내던 호주의 에드워드 거프 휘틀럼(Edward Gough Whitlam) 총리(재임 1972~1975)가 인도네시아를 방문했을 때 그를 스마르 동굴에 데리고 가기도 했다.

제7장

여성의 지위와 역할

1. 여성의 역할이 강한 동남아시아

동남아시아의 중요한 토착적 전통 가운데 하나는 여성의 강한 역할이다. 전근대 시기에 동남아시아의 대부분 국가들에서 여성은 상좌불교, 유교, 이슬람 등 그 나라의 지배적인 종교에서 그리고 국가 행정 및 법 체제에서 남성보다 지위가 낮았다. 하지만 그들은 가정과 사회 특히 경제적 활동에서는 전통적으로 남성에 비해 열등한 위치에 있지 않았으며, 오히려 많은 경우 남성보다 더욱 능동적이고 활발한 역할을 보여 주었다.

여성의 역할이 강한 동남아시아 문화의 이러한 측면은 동북아시아의 유교권, 남아시아의 힌두교권, 서아시아의 이슬람권 등 남성 중심적 문화와 대조를 이룬다. 1526년 제작된 것으로 알려진 한 중국 지도는 중국 서남부 지역을 그 아래쪽 지역과 구분하면서 동남아시아를 "여성을 귀하게 여기고 남성을 천하게 보는" 야만인 지역으로 규정했다.[1] 동남아시아에도 오래전부터 유교와 힌두교와 이슬람이 유입되어 사회와 문화에 적지 않은 영향을 미쳐 왔지만 경제적 활동에서 능동적이고 가정과 마을에서 주도적인 여성의 강한 역할은 없어지지 않았다.

동남아시아 여성의 이러한 역할은 출산이 갖는 모종의 주술적·제의적 힘과 연관된 것으로 인식되었으며, 그 역할은 특히 벼농사의 모내기와 수확, 채소 재배, 베 짜기, 시장에서의 장사 등에서 두드러졌다. 이 때문에 동남아시아에서는 전통적으로 여성을 높게 평가해 왔다. 7세기 중엽에 편찬된 중국의 『진서(晋書)』에 따르면, 오늘날 베트남 중부 및 남부 지역에 있었던 짬빠 왕국에서는 "귀녀천남(貴女賤男)" 즉 여자를 귀하게, 남자는 천하게 여겼다.[2] 포르투갈인 신부 안토니우 갈방은 16세기 중엽 인도네시아의 말루쿠 지역에서 "딸이 많으면 많을수록 그는 더욱 부자다"라고 관찰했다.[3]

여성의 높은 가치와 강한 역할은 결혼 및 가정생활과 마을에서의 활동에서 나타났는데, 그것은 중국, 인도, 중동 등에서의 상황과는 확연히 달랐다. 예컨대 동남아시아 도처에서 결혼 시 신랑 측에서 신부 측에 돈이나 기타 재산 가치가 있는 것을 보냈다. 일종의 몸값 지불로 볼 수 있는 이러한 관행은 여성의 높은 경제적 가치를 반영하는 것이었다. 또 결혼 후 부부는 대개 남편의 마을이 아니라 아내의 마을에 살림을 차렸으며, 재산은 부부 공동으로 소유·관리되었고 유산은 아들만이 아니라 아들과 딸 모두에게 상속되었다.

동남아시아에서 여성은 가정의 경제적 주도권을 쥐고 살림을 맡아 이끌었으며, 시장에서의 장사도 여성의 몫이었다. 이러한 여성의 경제적 자립성과 사회적 자율성은 이혼에서도 나타난다. 동남아시아의 대부분 지역에서 이혼을 제기하는 것은 아내였다. 게다가 남녀 간 성적 관계도 여성 중심으로 이루어져 남성이 여성에게 성적으로 매력 있는 존재로 비치는 것이 요구되었다. 그리하여 전근대 시기 동남아시아 도처에서 남성은 성기를 수술해 거기에 다양한 형태의 금속 핀이나 금속 구슬을 삽입했는데, 그것은 본질적으로 여성의 성적 쾌락을 위한 것이었다. 또 전근대 시기 동남아시아에서 부부가 일찍 단산(斷産)하는 풍습이 있었는데, 그 원인 중 하나는 아내가 스스로 출산을 조절하고 제한했기 때문이다. 이 측면 역시 동남아시아 여성의 자율성의 한 증거로 볼 수 있다.

동남아시아 여성의 강한 역할은 농업 중심의 자급자족적 전통 사회와 대가족 제도에 기반을 둔 것이었다. 이러한 여성의 전통적인 역할은 비교적 일찍부터 식민화된 필리핀과 인도네시아에서 여성 중심적 가정 구조와 가계 운영을 못마땅하게 본 유럽의 식민 정부와 선교사에 의해 약화되었다. 식민 통치 이전 필리핀에서는 여성이 장사를 하고 살림을 주도하는 것은 물론, 심지어 마을의 촌장이 되는 경우도 있었다. 그러나 스페인 식민 당국은 가톨릭의 가부장적 가치관에 근거를 둔 법을 필리핀 사회에 도입해 남편이 호주로서 재산을 관리하고 가족을 부양하며 아내는 재산과 이혼에 대한 권리가 없으며 매사에 남편에게 순종할 의무가 있다고 규정했다. 인도네시아에서는 독립 후 정부가 서구적 가치관에 입각한 부계 친족 제도와 핵가족 제도를 도입하고 남편의 가장으로서의 위상을 강조하는 정책을 펼쳤다.

특히 여성의 경제적 역할이 약화된 것은 16세기 이후 유럽인 및 중국인 상인의 유입과 20세기 중엽 이후 산업화와 긴밀한 관계가 있다. 동남아시아 시장에서 유럽 상인과 화상의 활동이 증가하자 해외무역과 도매업 분야에서 토착민 여성의 상업 활동이 위축되었으며, 대신 남성의 역할이 강화되었다. 여성의 상업 활동은 주로 소매업에 국한되었다. 동남아시아의 여러 나라에서 자국의 경제 성장을 추구한 정부들은 제조업을 중심으로 한 수출산업을 발달시키기 위해 외국인 투자를 가능한 한 많이 유치하려고 했으며, 이를 위해 저렴한 노동력을 확보하고 제공하기 위해 노력했다. 그러한 산업 정책에 따라 많은 여성이 농촌 사회에서의 삶의 기반을 포기하고 도시 및 공단 지역에서 남성보다 상대적으로 낮은 임금을 받는 근로자로 일했으며, 이로써 그들의 가정과 마을에서의 전통적인 역할이 약화되거나 심지어 상실되었다.

동남아시아 여성의 지위와 역할을 다루는 이 장은 세계의 여타 지역과 현저하게 달리 나타나는 동남아시아 여성의 강한 역할을 중점적으로 살펴볼 것이다. 여기서 지위와 역할은 구분되어 사용된다. 지위는 보다 공식적인 차원에서 나타난 제도적 측면에서의 상황을 가리키며, 역할은 보다 비공식적인 차원에서의 실제 일상생활과 관련된 상황에 적용된다. 여성의 강한 역할은 동남아시아 토착 문화의 연장선상에서 이해될 수 있다. 이 장에서 여성의 지위와 역할은 특히 제도적 환경의 특징을 고려해 동남아시아를 미얀마·태국·라오스·캄보디아의 상좌불교권, 베트남의 유교권, 인도네시아·말레이시아와 남부 필리핀의 이슬람권 등 세 지역으로 구분해 서술될 것이다. 역할과 관련해서는 이들 세 문화권에서 나타나는 결혼 방식과 가정에서의 상속 및 재산 소유권, 여성의 가정에서의 역할, 경제적 활동, 성관계 등을 중심으로 살펴본다. 그에 비해 지위 부분에서는 상좌불교, 유교, 이슬람 등 세 문화권의 제도적 환경이 고찰될 것이다.

2. 상좌불교권 국가들에서의 여성의 지위와 역할

제도적 차원

전근대 상좌불교권 동남아시아 국가들에서 여성은 남성에 비해 사회의 제도적 내지는 공식적 차원에서 열등한 위치에 있었는데, 그러한 공식적 차원으로 무엇보다도 불교와 국가 행정 체제가 중요했다. 수백 년 동안 이들 국가의 이념과 문화의 바탕을 형성해 온 상좌불교는 남성 중심의 종교였다. 상좌불교의 경장(經藏, Suttapīṭaka)에 속하는 『소송경(小誦經, Khuddakapāṭha)』의 「보경(寶經, Ratanasutta)」은 여성은 남성을 위해 봉사하는 존재이기 때문에 남성에 비해 열등하다고 규정하면서, 불교 수행의 최종 목표인 해탈과 열반에 도달할 수 있는 것은 비구 즉 출가한 남성 승려만 가능하다고 말한다. 이것은 상좌불교에서 남성이 여성보다 영적으로 높은 존재로 자리매김 되어 있음을 보여 준다.

상좌불교에서 여성이 남성에 비해 차별받는 가장 두드러진 제도 중 하나는 여성이 승려 즉 비구니가 될 수 없다는 점이다. 라오스의 여성 학자 마유리(Mayoury)는 라오스의 여성이 불교를 통해 사회적으로 격하되는 본질적인 원인으로 남성 지향적인 승려 세계에 여성의 참여가 금지되어 있다는 사실을 꼽는다.[4] 상좌불교에서 여성의 수계 즉 승가(僧伽)로의 허입이 인정되지 않는 근거로는 종종 붓다가 여성은 자제하지 못하고 질투가 많고 탐욕적이고 지혜가 부족하고 여성의 마음에는 인색함과 시기와 색욕이 늘 따라 다닌다고 말했다는 경장의 『증지부(增支部, Aṅguttaranikāya)』의 한 대목, 그리고 여성이 출가하지 않으면 불법(佛法) 즉 불교의 진리가 1,000년 지속하지만 여성이 출가하면 오직 500년만 지속할 것이라는 율장(律藏, Vinayapiṭaka)의 『소품(小品, Cullavagga)』에 있는 붓다의 선언이 제시된다. 또 기원전 1세기 이후 불교의 초기 역사에서 여성은 '붓다' 즉 깨달은 자가 되기 전에 존재하는 다섯 가지 영적 단계—브라흐마, 인드라, 사천왕(四天王), 전륜왕(轉輪王), 보살(菩薩)—중 하나도 달성할 수 없으며, 한평생 세 가지 종류의 예속 즉 결혼 전까지는 부친, 결혼 이후에는 남편, 늙어서는 자식에게 의존된 삶을 감당해야 하기 때문에 '붓다'가 될 수 없다는 인식이 확고하게 자리 잡았다.

이처럼 열반으로의 길이 막힌 여성으로서 할 수 있는 것은 불교의 윤회 법칙에 따라 내생(來生)에서 남성으로 태어나기를 바라는 수밖에 없다. 그리하여 태국의 수코타이 왕조 시대 한 모후(母后)는 14세기 말 절을 건축해 헌납하면서 비문을 남겼는데, 거기서 그녀는 "나의 공덕 행위에 힘입어 내가 미래에는 남자로 태어나게 하소서"[5]라고 기원했다고 한다. 상좌불교권 여성은 내생에서 불교의 궁극적 목표 달성에 더욱 유리한 존재로 태어나려면 수코타이 왕국의 모후처럼 시주를 통해 공덕을 최대한 많이 축적해야 했고, 이를 위해서는 적극적인 경제 활동을 통해 돈을 가능한 한 많이 벌어야 했다. 그러나 시주 혹은 보시는 항상 승가 즉 비구를 대상으로 행해져야 공덕으로 인정되었다. 이것은 여성이 공덕의 구조에서 본질적으로 남성의 후견을 받는 불리한 위치에 있었다는 것을 의미한다. 그에 비해 남성은 출가하면 모든 경제적 활동을 하지 않아도 되며, 이제 스스로 공덕의 근원이 되어 사

그림 33 만달레의 한 불교 사원에서 참배하는 미얀마 여성들

회적으로 존경받는 위치에 있게 된다. 이 때문에 상좌불교권 국가들에서 부모들은 전통적으로 아들에게 출가해 가족의 명예와 위신을 세우도록 권하는 데 비해, 딸에게는 가정의 살림에 도움 되는 활동을 맡기는 데 주저하지 않았다.

여성이 차별받고 이로 인해 사회에서 불리한 위치에 있도록 만드는 다른 중요한 상좌불교의 제도는 절이 제공하는 교육이었다. 근대 교육이 도입되기 전까지 교육은 불교 사원에서 승려들에 의해 이루어졌으며, 그 교육은 오직 남성에게만 제공되었다. 제임스 조지 스콧은 미얀마에서 여성이 남성에 비해 불리한 한 가지 중요한 측면은 여성이 교육을 받지 못한다는 것이라고 지적하면서, 이 때문에 여성이 절에

서 기도할 때 다음 생애에서는 남성으로 태어나게 해 달라고 빈다고 말한다.[6] 여성을 배제시킨 것은 무엇보다도 비구와 여성의 신체적 접촉에 대한 우려 때문이었다. 교육 내용은 주로 읽기와 쓰기 그리고 간단한 산수 정도였으나, 그마저도 배우지 못한 여성은 사회적·정치적 활동에서 남성에 비해 처음부터 불리한 위치에 놓여 있을 수밖에 없었다.

동남아시아의 상좌불교권 국가들에서 여성이 남성보다 사회적으로 열등한 지위에 있도록 만든 또 다른 배경은 국가 행정 체제 및 법에서 찾을 수 있다. 전근대 상좌불교권 왕국들의 국정은 대부분 남성 중심으로 운영되었다. 국왕은 거의 모두 남성이었고, 관료 사회도 대부분 남성이었다. 국왕과 그 관리들은 남성 중심으로 사회를 통제하고 지배하기 위해 노력했으며, 이를 위해 특히 가부장적인 가정 및 사회 질서를 중시했고 국가의 법도 가부장적인 이해관계에 따라 남성에게 유리하게 제정했다. 조정에서 만든 문서들에는 일반적으로 남성이 지배하고 여성은 복종하는 가정이 이상적인 가정으로 제시되어 있다.

가부장적인 가정 질서의 한 사례로 캄보디아의 『쯔밥 스러이(Chbap Srey)』가 있다. '여성 규범'을 뜻하는 『쯔밥 스러이』는 운문 형식으로 되어 있는 일종의 여성 품행 지침서로서 우리나라의 '내훈(內訓)'과 비슷한 성격의 책이라고 할 수 있다. 주로 불교 승려들에 의해 작성되어 수세기 동안 캄보디아 사회에서 전승되어 온 『쯔밥 스러이』는 2007년까지 학교에서 공식적으로 가르쳤으며 그 후에도 교과 내용에 부분적으로 포함되었다. 『쯔밥 스러이』는 여성이 평화롭고 안온한 가정을 만들기 위해 검소해야 하고 또 말할 때는 부드럽고 상냥해야 하며 남편을 존중하고 남편에게 항상 너그러워야 한다고 말하면서, 특히 아내는 남편을 섬길 때 다음과 같이 해야 한다고 가르친다.

> 너는 가족의 남자들이 식사를 마칠 때까지 참았다가 그 후에야 먹어야 한다.
> 너는 남편을 언제나 그리고 모든 것에 우선해 섬기고 존중해야 한다.
> 너는 남편의 머리를 만지려면 먼저 존경의 표시로 그에게 고개를 숙인 후에야 그렇게 할 수 있다.[7]

태국에도 여성 품행 지침서가 있었다. 『수파싯 손 잉(Suphasit Son Ying)』이 그것으로, 태국의 유명한 시인 순톤푸(Sunthon Phu, 1786~1855)에 의해 대략 19세기 전반에 창작되었다. '여성을 위한 교훈'을 뜻하는 『수파싯 손 잉』은 아내에게 남편을 섬기는 방법을 다음과 같이 가르친다.

> 네 남편을 매일 존경하고 그에게 순종하라.…
> 요와 베개를 털어 잠자리를 준비하라. 어떤 먼지도 날리지 않게 하라.
> 남편이 잠자러 오면 그의 발치에서 공손히 그를 맞이하라.…
> 남편보다 먼저 잠에서 깨도록 서둘러라.
> 남편이 세면할 물을 준비해 두고 모든 것이 끝나면 밥을 짓고 카레를 만들어 식사 준비를 하라.…
> 남편이 화를 내면 그에게 복종하라.[8]

국가의 법의 가부장적인 측면은 19세기 중엽까지 유효했던 태국의 법에서 엿볼 수 있다. 이에 따르면, 남편은 아내를 팔 권리가 있었으며, 그것도 사전에 아내에게 통보할 필요 없이 이루어질 수 있었다. 이에 대한 법적 근거는 남편은 자유인이지만 아내는 그에게 종속된 존재라는 것이었다. 여기에는 "남자는 사람, 여자는 물소"로 보는 태국 속담에 담겨 있는 남녀 차별의 전통적인 인식이 반영되어 있다. 당시 태국의 문명화에 큰 관심을 갖고 있던 라마 4세 즉 몽꿋 왕은 1868년 이 법을 폐지하고 증인의 참석하에 문서로 작성된 아내의 동의가 있어야 남편이 아내를 팔 수 있다는 내용의 새로운 법을 제정했다.

인도의 고대 법전인 『다르마샤스뜨라(Dharmaśāstra)』를 바탕으로 1756년 미얀마에서 편찬된 『당마땃(Dhammathat)』은 영국 식민 시대 전까지 미얀마 법정에서 사용되었는데, 거기에 남편이 아내를 처벌할 수 있는 경우가 다음과 같이 규정되어 있다.

- 아내가 습관적으로 술을 마실 때
- 아내가 가사 임무를 게을리 할 때
- 아내가 여성에게 친절한 남성에게 호감을 보일 때
- 아내가 다른 사람의 집으로 돌아다니는 것을 좋아할 때
- 아내가 집의 문이나 창문 앞에서 너무 자주 서성거릴 때
- 아내가 남편에게 화를 잘 내고 다투기를 좋아할 때
- 아내가 옷 입는 것과 먹는 것에서 낭비가 심할 때
- 아내가 자신의 미모와 결혼 시 갖고 온 지참금에 대해 너무 으스댈 때

이런 경우 남편은 처음에는 참고 다른 사람의 면전에서 아내를 타일러야 한다. 그래도 아내가 말을 듣지 않으면 그녀를 혼내 줄 수 있으며 심지어 때릴 수 있다. 그렇게 해도 아내가 바뀌지 않으면 그녀를 집에서 쫓아낼 수 있다. 『당마땃』은 아내가 남편을 처벌할 수 있는 경우에 대한 조항이 없다. 다만 남편이 결혼 후 3년 동안 아내에게 옷을 주지 않을 때, 그리고 남편이 타지로 가서 3년간 혹은 전쟁에 나가 6년간 혹은 장사하러 나가 7년간 혹은 종교적인 목적으로 나가 10년간 소식이 없을 때, 아내는 재혼이 가능하다고 규정하고 있다. 하지만 『당마땃』의 이혼 규정

은 여성에게 불리하게 되어 있다. 그에 따르면, 한쪽이 일방적으로 이혼을 원할 경우 그것이 남편이면 그는 모든 재산을 아내에게 주고 자신은 오직 옷 한 벌만 갖고 집에서 나가야 하지만, 그것이 아내이면 남편은 자신이 모든 재산을 차지하는 것은 물론이고 그녀를 노예로 팔 수 있다.[9]

그 밖에 상좌불교권 국가들에서 전통 왕국 시대 일반 백성 사이에서는 일부일처제가 일반적인 풍습이었으나, 왕족과 관료들 사이에서는 일부다처제가 성행한 것도 사회가 남성 중심적인 국왕 및 관료에 의해 지배되고 있었다는 점을 반영하는 것이었다.

실제적 차원

상좌불교권 동남아시아 국가들에서 여성의 일상생활에서의 강한 역할은 우선 가정에서 나타난다. 전근대 시기 태국 가정에서 주도적인 역할을 한 것이 아내였다는 점은 태국을 방문한 여러 외국인의 관찰에 의해 입증된다. 정화 제독을 따라 15세기 초에 동남아시아를 여행한 공진은 태국 사회를 다음과 같이 묘사했다.

> 국왕이 형벌을 내리려고 하든지 평민이 장사를 하든지 간에 크고 작은 일은 모두 반드시 그 부인에 의해 결정된다. 그것은 부인의 재능과 견식이 남자보다 뛰어나기 때문이다.[10]

장-바티스트 그랑장(Jean-Baptiste Grandjean)이라는 프랑스 신부는 1844년 치앙마이를 여행했는데, 그에게 그 지역의 여성-남성 관계는 다음과 같이 비쳤다.

> 여성에 관해 말하자면, 그들은 남성보다 더 능동적이고 부지런하고 지적이다. 그들은 남편에 대해 의심할 바 없는 지배권을 갖고 있다. 그들은 남편에게 불만이 있으면 그를 버릴 수 있다.[11]

제임스 조지 스콧에 의하면, 19세기 말 미얀마의 가정에서 살림을 맡아 가사를 실제로 운영하는 것은 여성이었다. 예컨대 농촌에서는 대개 아내가 수확물을 판매했는데, 그것은 남편보다 가격 흥정에서 더 뛰어났기 때문이었다. 심지어 촌장이 출타 중일 때 그 아내가 남편 대신 모든 공무를 처리했다고 한다. 그리하여 스콧은 "결혼한 버마 여성은 어떤 유럽의 여성보다 훨씬 자율적이다"고 하면서, 미얀마에서는 아내가 집의 실질적인 주인으로서 남편을 쥐어흔든다고 결론짓는다.[12]

동남아시아 상좌불교권 국가들에서 여성의 적극적인 경제적 역할은 다양한 기록으로도 입증된다. 오늘날 동남아시아에서 여성의 상업 활동은 시장에서의 소매나 행상 및 노점상 등 소규모 장사에 국한되어 있는 것처럼 보이지만, 전근대 시기에는 사정이 달랐다. 1290년대 중엽 캄보디아를 여행한 중국인 주달관은 당시 이 나라의 상업이 여성의 영역이었다고 말한다. 그의 기록에 따르면, 중국인 상인이 캄보디아에 오면 우선 현지인 여성 한 명을 집에 들이는 것이 필수적일 정도로 크메르 여성의 장사 수완이 뛰어났다고 한다.[13]

17세기 말에서 18세기 초까지 동남아시아의 여러 나라를 구경한 알렉산더 해밀턴은 "시암의 여성은 물품을 구입하는 유일한 상인이며, 그들 중에는 매우 크게 장사하는 이들도 있다. 남편은 그 아내의 근면에 의해 대개 유지된다"라고 썼다.[14] 1830년대 초 태국을 방문한 에드먼드 로버츠에 의하면, 당시 하층 계급의 여성은 농사일의 대부분을 감당했을 뿐만 아니라 보트 행상에도 나서는 등 "주요 상인이며, 매우 기민하고 약삭빠른 것으로" 알려져 있었다.[15] 비슷한 시기에 태국을 여행

그림 34 태국 수상시장의 여성 보트 행상

한 영국인 조지 윈저 얼(George Windsor Earl)은 방콕 남쪽에 있는 짜오프라야강 하구에서 현지 주민이 밤낮 생활하는 이른바 '떠다니는 집(floating house)'에 이른 아침부터 날염된 옷감, 종이우산, 설탕에 절인 과자와 떡, 과일, 그릇 등 각종 물품을 펼쳐 놓고 장사하는 것을 보았는데, 그 광경을 "이 일이 완전히 여성들에 의해 행해지고, 남성들은 갑판에 앉아 엽궐련을 피우든가 자신의 카누를 타고 돌아다닐 채비를 한다"고 묘사했다.[16] 여성이 보트 행상을 하는 이러한 풍경은 오늘날에도 예컨대 방콕에서 서남쪽으로 약 100킬로미터 떨어진 랏차부리(Ratchaburi)주의 담넌사두악(Damnoen Saduak) 수상시장에서 흔히 만날 수 있다.

프랑스인 비강데(Paul Ambrose Bigandet) 신부는 19세기 중엽 태국과 미얀마의 여성에 대해 논하면서 "버마와 시암에서는 여성이 남성과 거의 완전히 평등하다. 여성

그림 35 라오스 루앙파방의 여성 노점상

은 집 안에서만 생활하지 않는다. 그들은 길거리에서 자유롭게 돌아다니며 가게를 운영하고 시장을 거의 독점하고 있다. 그들은 남성의 노예가 아니라 동료라고 말할 수 있다. 그들은 적극적이고 부지런하며 수고와 노력을 통해 가정을 유지하는 데 자신의 몫을 다한다"고 말한다.[17]

미얀마 여성의 능동적인 경제 활동에 대해 1870년대 초 이 나라를 방문한 미국인 프랭크 빈센트는 버마인 남성들은 놀랄 정도로 게으르지만 여성들은 부지런하다고 기록했다.[18] 엘른 펙은 20세기 초 미얀마의 만덜레에서 "시장의 모든 사업이 여성들에 의해 행해진다"고 관찰하면서 "그들은 재산을 자신의 권리로 소유할 수 있고 자신의 소득에 대한 권리를 갖고 있다. 이 때문에 그들은 매우 부지런하고 실행력이 있다"고 말한다. 그에 비해 남성들은 "매우 게으르고, 자신이 방해받지 않

고 삶을 즐길 수 있다면 아내가 사업하는 것을 아주 바란다"고 묘사했다.[19]

『쯔밥 스러이』의 남성 중심적 훈계와는 상관없이 캄보디아에서는 오늘날에도 많은 가정이 아내에 의해 주도된다. 크메르인들은 종종 가정의 행복이 아내가 살림을 어떻게 살고 집안을 어떻게 이끌어 가는지에 달려 있다고 말한다. 아내는 남편이 벌어다 주는 돈을 관리할 뿐만 아니라 집에서 식구들에게 지시를 내린다. 그리고 일이 있을 때 최종 결정은 대개 아내의 몫이다. 그리하여 캄보디아에서는 남편이 아내에게 의존되어 사는 것이 결코 부자연스럽지 않다. 이혼도 아내가 예컨대 바람을 피우는 등 나쁜 버릇을 고치려고 하지 않는 남편을 버리기로 결정함으로써 성사되지, 그 반대의 경우는 일반적으로 없다.

가정 살림에서 여성의 주도적 역할은 '카무(Khamu)족' 혹은 '끔무(Keummu)족'이라고 불리는 라오스 북부의 소수민족 사회에서도 발견된다. 이 종족 출신인 담롱 타야닌(Damrong Tayanin)의 진술에 의하면, 카무족 사람들은 "가정에 나이 든 여성이 있으면 집의 모든 것이 순조롭게 돌아간다. 그리고 가정에 젊은 여성이 있으면 집 아래의 터에 장작이 가득하고 물통에는 신선한 물이 가득하고 모든 바구니에는 쌀이 가득할 것"이라고 믿는다. 카무족 여성들은 다양한 채소를 어디에 심어야 하는지, 어떤 종류의 볍씨를 어떤 토양에 뿌려야 하는지 등에 대해 남성들보다 더 잘 알아 농사도 여성 특히 나이 든 여성이 주관한다.[20]

사회와 가정에서 동남아시아 상좌불교권 여성이 보여 주는 이러한 강한 경제적 역할은 결혼하기 전 연애 과정에서 그리고 결혼 과정과 결혼 후의 생활에서 나타난다. 홀트 헬릿에 따르면, 19세기 말 태국 치앙마이 일대에서는 연애할 때 남성이 여성에게 지배당했으며 연애 관계가 단절되어 그 책임 소재를 가릴 때 여성의 말이 결정적인 증거로 받아들여졌다. 그리고 그 경우 남성은 여성 측 가족의 여성들에게 무례를 저질렀다는 이유로 이른바 '정신적 벌금(spirit-fine)'을 물어야 했는데, 이 '정신적 벌금' 풍속은 당시 태국 북부 지역에서 평민뿐만 아니라 왕족과 귀족 사이에서도 엄격히 준수되었다고 한다.[21]

태국에서는 결혼할 때 신랑 측이 신부 측에 전통적으로 '카 남놈(kha namnom)' 즉 '젖값'을 지불하는데, 그것은 신부의 경제적 가치를 고려한 일종의 신부 몸값이다. 특히 아내의 강한 경제적 역할은 결혼 후 남편이 아내의 친정집에서 생활하는 이른바 처거제와 깊이 연결되어 있다. 1680년대 태국의 아유타야를 방문한 프랑스 사신 시몽 드 라루베르의 여행기에 의하면, 당시 결혼식이 끝난 후 신혼부부는 신부의 친족 집 마당에 세워진 집에 들어가 사는데, 그 집은 신랑이 자신의 비용과 수고로 지은 것이었다. 그들은 그 집에서 몇 개월 살다가 자신들이 원하는 곳을 택해 다시 집을 지어 분가했다.[22] 1830년대 초에 태국으로 와서 24년 동안 가톨릭 선교사로 활동한 프랑스인 장-바티스트 팔르구아(Jean-Baptiste Pallegoix) 신부도 이러한 17세기 말의 묘사와 비슷하게, 신랑이 결혼 전에 장인의 토지에 집을 하나 먼저 짓고 결혼 후 여기서 한두 달 산 다음에야 자신이 원하는 곳으로 아내를 데리고 갈 수 있다고 말한다.[23]

19세기 후반 태국의 북부 지역에서 관찰된 바에 따르면, 신랑이 처갓집 터에 사는 기간은 수개월보다 훨씬 길었다. 19세기 중엽부터 20세기 초까지 50년 이상 태국과 라오스에서 개신교 선교사로 사역한 미국인 대니얼 맥길버리(Daniel McGilvary)는 당시 태국에서 결혼 후 남편이 아내의 가족과 함께 살면서 자신의 가족에게서 떼어 놓아져 아내의 가족과 동질화되었으며, 잠정적이지만 심지어 아내 집안의 종과 같은 신분으로 지내는 것이 이 나라의 거의 보편적인 관습이었다고 말한다.[24] 영국인 르 메이에 의하면, 1910년대 태국 북부 지역에서 부부는 결혼 후 신부의 부모 집에서 계속 살았다.[25]

한편 미얀마의 경우 산제르마노 신부에 따르면, 18세기 말~19세기 초 시기에 버마족은 결혼하면 신랑이 혼인 지참금을 갖고 가 3년간 신부의 부모 집에 들어가 살았다.[26] 제임스 조지 스콧은 19세기 말 미얀마에서 결혼 후 부부가 신부의 친정집에서 2~3년 살았다고 말한다. 스콧의 관찰에 따르면, 당시 미얀마에서는 결혼식이 신부의 부모 집에서 열렸으며, 결혼식 및 잔치 비용은 신랑이나 그의 부모가 다 냈다. 그리고 신랑은 처갓집에서 사는 동안 처가 식구의 부양을 위해 일했으며, 만약 사위가 장인·장모와 함께 살지 않으려고 하는 것은 겉치레나 심지어 교만으로 간주되었다.[27]

신랑의 혼인 지참금 및 처거제 풍속은 캄보디아에서도 확인된다. 크메르인 사회에서는 오늘날에도 결혼할 때 신랑이 신부 집에 지참금을 갖다주어야 하며, 결혼 후 신랑은 자신의 집을 떠나 신부의 집에 가 산다. 크메르인의 결혼이 여성 주도적으로 이루어진다는 것은 혼례가 끝나고 신혼부부가 첫날밤을 보내기 위해 신방으로 이동할 때 신랑이 종종 신부 드레스의 끝자락을 쥐고 신부를 따라가는 모습에서도 엿볼 수 있다.

상좌불교권 동남아시아 국가들에서 오늘날의 처거제 모습과 그에 따른 여성의 강한 역할은 미국의 인류학자 술러밋 헤인스 포터(Sulamith Heins Potter)가 1970년대 치앙마이 근처의 한 농촌에서 행한 현지조사에서 잘 드러난다. 이 연구에 따르면, 첫딸이 결혼해 처음에는 남편과 함께 친정에서 살면서 친정 부모를 모시지만, 둘째 딸이 결혼하면 자신은 분가해 나가고 그 역할이 둘째 딸에게 넘어간다. 이러한 모습은 이미 1910년대에 레지널드 르 메이에 의해 관찰된 것으로, 당시 북부 태국에서는 "만약 여성 측 가정에 한 명 이상의 딸이 있어 둘째 딸이 결혼하기를 원하면, 첫째 딸 부부는 집을 떠나 자신들만의 거처를 세웠다."[28] 그리고 마지막에는 막내딸이 친정 부모를 끝까지 돌보고 이와 더불어 집과 집에 딸린 토지의 소유권을 어머니로부터 물려받는다.

태국의 가정에서 그 권위는 남성 연장자 즉 주로 아버지에게 있으며, 그것은 처거제의 풍습에 따라 아들이 처가의 동네에 가서 살기 때문에 아들이 아니라 사위에게 넘어간다. 이처럼 한 가정의 권위는 형식적으로는 아버지에게서 사위로 이어지기 때문에 그 구조가 남성 중심적인 것처럼 보인다. 그러나 앞에서 볼 수 있듯이, 적어도 태국의 농촌 사회에서 한 집안의 권위는 어머니-막내딸의 연결 구조로 되어 있다. 이것은 유교문화권에서 집안의 권위가 아버지-맏아들의 연결 구조로 되어 있는 것과 완전히 상반된 것이다. 이 점과 관련해 포터는 "구조적으로 중요한 사람은 남성이 아니라 여성이다. 나는 이것을…여성 중심의 친족 체계라고 부르고자 한다"고 말했다.[29] 이처럼 자세히 살펴보면 한 가정의 권위 구조는 어머니에게서 딸, 그것도 막내딸로 이어지는 여성 중심적이란 것을 알 수 있다. 가족 및 친족 관계에서 어머니-딸 관계가 중추적 위치를 차지하는 이러한 측면은 1960년대 초 미얀마에서도 확인되었다.

한 가정에서의 여성의 강한 역할과 여성 중심적 친족 체계는 가신신앙에서도 엿볼 수 있다. 예컨대 치앙마이의 농촌 마을에서 집안의 가신 특히 조상신 숭배는, 집안 살림을 실질적으로 주관하는 딸의 관점에서 보면 친정의 어머니 쪽 조상을 중심으로 이루어진다. 그리하여 한 가정에서 섬기는 가신은 모계의 조상들 즉 어머니의 부모, 외조모의 부모, 외증조모의 부모 등을 포함한다. 아버지의 부모는 여기에 속하지 않는다. 결혼으로 새로운 가정이 만들어지면 그 가정의 조상신은 신부 집안에서 오며 남편은 아내 집안의 가신신앙의 체계에 자연히 편입된다. 이러한 가신신앙을 관리하고 유지하는 책임과 권한은 그 가정의 딸 특히 마지막에는 막내딸이 어머니에게서 물려받는다. 이 점은 집이 딸 특히 막내딸에게 상속되는 것으로 연결된다. 한편 결혼 후 신부가 시집에 들어가 사는 것은 친정의 가신이 함께 따라 들어와 시집의 가신과 영적 충돌을 일으켜 집안에 불행을 초래할 수 있다고 보기 때문에 금기시된다. 처거제가 태국에서 보편적 풍습인 것도 이러한 가신신앙의 맥락에서 이해될 수 있다.

1890년대 태국을 여행한 영국인 어니스트 영(Ernest Young)은 당시 타이인 사이에서 통용되고 있던 결혼 지침서 중 하나를 소개한다. 여기에는 남성이 배우자로 택할 수 있는 아내 유형이 언급되어 있는데, 그것은 결혼 후 아내가 남편에게 어떤 존재인가에 따라 일곱 가지로 나뉜다. 첫째 남편에게 여동생 같은 유형, 둘째 누나 같은 유형, 셋째 어머니 같은 유형, 넷째 친구 같은 유형, 다섯째 남편을 지배하는 유형, 여섯째 강도 같은 유형, 일곱째 살인자 같은 유형이다. 이 중 유일하게 남편에게 고분고분한 유형은 첫 번째인데, 그 고분고분함도 아내가 스스로의 감정을 통제할 때야 비로소 가능할 것이다. 둘째 유형과 셋째 유형은 모두 남편의 출세를 위해 헌신적이라는 측면을 갖고 있지만, 이를 위해 남편을 마치 동생이나 자식을 다루듯이 일거수일투족을 항상 통제한다. 넷째 유형의 아내는 자신을 남편과 동등한 위상에 두고 남편에게 조금도 지려고 하지 않는다. 다섯째 유형은 남편을 노예나 하인처럼 취급한다. 여섯째 유형은 오직 돈에만 관심을 갖고 있다. 일곱째 유형은 남편을 불신하고 증오하며 그의 잘못만을 들추어내려고 한다.[30] 19세기 말 태국에서 유행했던 이러한 배우자 인식에는 당시 부부 사이에서 남성에 비해 더욱 능동적이고 주도적인 역할을 했던 여성상이 반영되어 있다.

상좌불교권 동남아시아 국가들에서의 여성의 강한 사회적 역할과 관련해 끝으로 남녀 간 성생활 역시 여성 중심으로 이루어졌던 점을 볼 필요가 있다. 중국인 마환에 따르면, 1430년대 태국에서는 남성이 20세가 되면 성기를 덮고 있는 피부를 칼로 잘라 열어 10여 개의 주석 구슬을 피부 안쪽에 넣고 다시 덮어 약초로 그 상처 부위를 감쌌다. 왕이나 고위 관료나 부자들은 금으로 속이 비어 있는 구슬을 만들고 그 안에 모래를 넣었다. 이런 구슬들을 성기 피부 밑에 넣고 걸어 다니면 딸랑거리는 방울소리가 들려 멋지게 보였으며, 그런 구슬을 삽입하지 않은 자는 대개 하층 계급의 사람이었다.[31]

미얀마에서도 이와 비슷한 풍습이 남성 사이에서 유행했다. 16세기 초 토므 피르스는 버고에서는 지배층을 포함한 남성이 페니스에 작은 방울들을 삽입해 다니는 풍습이 있었다고 쓰면서, 고위층 남성은 금으로 된 것을 많게는 아홉 개까지 차고 다녔는데 그 울리는 소리가 소프라노·알토·테너 등 여러 음색으로 아름답게 들렸고, 가난한 사람은 금이나 은 대신 납이나 다른 금속을 썼다고 전한다. 그리고 남성이 이런 관습을 행하는 것은 자신을 여성에게 더 좋게 보이기 위한 것이었다고 한다.[32] 이러한 풍습이 여성을 위한 것이었다는 점은 1590년대 동남아시아를 여행한 이탈리아인 프란체스코 카를레티(Francesco Carletti)의 기록에 더욱 분명히 나타난다. 피렌체 출신의 상인이었던 그는 버고 사람들이 페니스 표피 안쪽에 딸랑딸랑 소리 나는 방울들을 넣었는데, 그것은 여성이 자신의 쾌락을 위해 바라고 또 방울들이 장착되어 있는 남성을 귀여워하기 때문이며, 남성은 그것이 장착되어 있어야 결혼 승낙을 받고 여성에게 가까이 다가갈 수 있었다고 말한다.[33]

3. 유교권 베트남에서의 여성의 지위와 역할

제도적 차원

전근대 시기 베트남 사회에서의 남녀 관계는 북부와 남부 그리고 지배층과 피지배층에 따라 차이가 있었다. 원래 짬족과 크메르인의 영토였던 남부는 18세기 후반 이후에야 베트남인이 본격적으로 이주해 들어와 살기 시작한 곳으로, 그 문화가 보다 이질적이었고 북부에 비해 덜 보수적이었다. 또 일반 백성이 보다 베트남 토착적인 관습에 따라 생활했다면, 엘리트층은 중국에서 수입된 유교적 가치관과 규범에 더욱 구속되어 있었다.

15세기 여조(黎朝) 즉 레 왕조의 출범 이후 유교 특히 송나라의 주자학이 국가의 이념으로 수용되었으며, 이것은 무엇보다도 사대부 등 엘리트층의 윤리관과 생활에 큰 영향을 미쳤다. 레 왕조 이후 19세기 말까지 베트남의 엘리트층에서 여성의 가족 내에서의 지위는 유교적 가족 질서에 따라 규정되었다. 그리하여 여성은 삼종지의(三從之義) 즉 결혼 전에는 부친, 결혼 이후에는 남편, 남편의 사망 이후에는 아들에게 의존·종속된 존재였다.

레 왕조의 창건에서 중요한 역할을 한 응우옌짜이가 쓴 것으로 추정되는 「가훈가(家訓歌)」는 아내는 남편을 왕이나 부친 섬기듯 해야 하고 "집안이 화목하려면 아내는 남편의 명령에 절대 복종해야 한다"고 말한다. 1663년에 후옌똥(玄宗, 재위 1662~1671)이 반포한 칙령에는 남편은 아내를 가르칠 책임이 있고 아내는 남편의 명령에 복종해야 하며, 남편이 아내의 잘못을 지적하면 곧바로 시정해야 하고 그에 대해 어떠한 불만도 품어선 안 되며, 남편에 대해 질투심을 품어서도 안 된다고 규정되어 있다.[34]

레 왕조 시대에 남녀 및 부부 관계를 유교적 이념을 바탕으로 가장 구체적으로 규정한 것은 『여조형률(黎朝刑律)』이다. 중국의 당률(唐律)을 근간으로 15세기 후반 타인똥 황제 시대에 편찬된 이 법전에 따르면, 만약 아내가 남편을 때리면 변방에 유배되었다. 제3자 간 구타 행위가 60대의 장형(杖刑)에 처해졌던 것에 비하면, 아내의 남편 구타가 얼마나 엄중히 처벌되었는지를 알 수 있다. 또 아내가 남편에 대해 살인 모의를 한 것이 입증되면 참형에 처해졌다. 이에 반해 남편은 아내를 때려 부상을 입히거나 사망에 이르게 한 경우를 제외하고는 아내에게 체벌을 가할 권리가 있었으며 아내에게 죄가 있을 경우는 죽여도 괜찮았다.

전근대 시기 베트남 사회에서 아내는 법적으로 남편에게 종속된 존재였다. 『여조형률』에 따르면, 남편은 일방적인 의사로 아내를 버릴 수 있지만 아내에게는 그러한 권리가 없어 남편의 동의 없이 시댁을 떠나거나 개가(改嫁)하면 처벌되었다. 이혼과 관련해 남편의 이혼 근거로 오래전부터 중국에서 통하던 칠출(七出)—시부모를 잘 섬기지 않는 것, 아들을 낳지 못하는 것, 음탕 등 부정한 행위, 질투 특히 남편의 축첩에 대한 질투, 악성 질병을 앓는 것, 말이 많아 가족 내 불화를 일으키는 것, 훔치는 것 등 아내가 집에서 쫓겨날 만한 일곱 가지 부덕(不德) 즉 칠거지악(七去之惡)—이 베트남에도 그대로 수용되었다. 또 1470년 제정된 정부의 규정은 아내는 남편이 사망하면 3년상을 치러야 해 그 기간에 상복을 벗을 수 없었음은 물론 행동을 조심하고 재혼할 수 없도록 했다.

베트남 사회에서의 이러한 유교적 가치관은 19세기 초 응우옌 왕조 출범 이후 다시 강조되었다. 응우옌 왕조의 기본법인 『황월율례(皇越律例)』는 중국 청나라의 법인 『대청율례(大淸律例)』을 답습해 가부장권을 강화했다. 그리하여 유교 도덕의 삼강(三綱)이 강조되었고, 특히 지배층 사이에서는 『주자가례(朱子家禮)』를 기반으로 한 가훈이 점차 보급되었다.

태평양전쟁 시기에 일본이 베트남을 점령한 후 만철동아경제조사국(滿鐵東亞經濟調査局)에서 1943년에 편찬·발간한 『인도지나민족지(印度支那民族誌)』에 따르면, 베트남에서 혼인의 주목적은 가문을 존속시키고 조상의 제사를 이어 갈 아들을 얻는 데 있었다.[35] 여기서 엿볼 수 있듯이, 20세기 중엽에도 베트남의 가정에서는 가부장적인 유교적 가치관이 중시되고 있었다.

실제적 차원

베트남 역사에는 영웅적인 활동으로 이름을 날린 여성이 여러 명 있다. 40~43년 쯩짝(Trung Trac)과 쯩니(Trung Nhi) 자매는 당시 베트남을 지배하던 중국에 대항해 봉기를 일으켰다. 쩐(Tran) 왕조 시대(1225~1400)에는 왕조가 위기에 처했을 때 탁월한 리더십을 발휘한 왕실 여성이 많았다. 예컨대 1369년 왕실 직계 자손이 아닌 자가 황태후의 후원으로 황제가 되자 그 이듬해 티엔닌(Thien Ninh) 공주는 이복 오빠인 푸(Phu) 왕자에게 왕위 찬탈자에 대항하라고 부추기면서 이복 남동생과 함께 군대를 모아 찬탈 세력을 몰아내고 쩐 왕실을 지켰다.

베트남의 레 조정이 『여조형률』을 제정하는 등 중국의 유교문화를 베트남의 친족 제도에 적용시키기 위해 노력했으나, 그것은 베트남 사회의 반발에 부딪혀 농민 등 피지배층은 대부분 전통적인 친족 관계에 따라 생활했으며 지배층도 상당 부분 유교문화를 그대로 수용하지는 않았다. 또 베트남 정부가 친족 및 남녀 관계에 관한 법과 칙령 등을 제정할 때 유교의 가부장적 가치관을 그 바탕에 두었지만, 그와 동시에 여성의 강한 역할을 중시하는 동남아시아 토착적 전통도 중시해 종종 그것을 법에 반영했다. 그것은 특히 결혼 및 이혼, 재산권, 유산 및 제사 상속 등에서 나타났다.

레 왕조 시대의 혼인에 관한 법에 따르면, 신랑 측은 신부 측에 상당한 액수의 예물을 줘야 했으며, 예물이 부족하면 처벌을 받았고, 예물을 마련하지 못할 정도로 가난한 신랑은 신부 집에 가서 일정 기간 일을 해야 했다. 1820년대 영국 동인도회사의 사신으로 베트남에 파견된 존 크로퍼드는 코친차이나에서 남성이 결혼할 때 여성 부모에게 줘야 하는 돈의 액수가 가난한 집은 10~20콴(kwan), 부자는 100~200콴, 보통은 40~50콴이었다고 말한다. 당시 날품팔이의 한 달 품삯이 6콴이었음을 고려하면, 신랑 측의 경제적 부담이 꽤 컸을 것이다.[36] 「소중하게 간직된 딸」이라는 민간전승의 시는 베트남에서 부모가 딸을 결혼시킬 때 신랑 집에서 뜯어낼 재물에 대해 갖고 있는 욕심을 다음과 같이 노래한다.

> 어머니, 올해 내 나이 열여덟 살인데 아직 남편이 없어요.
> 어머니, 계획이 뭐예요?
> 수다쟁이가 중매쟁이를 둘이나 데리고 왔지만 어머니는 그들에게 요구 조건을 내걸었어요.
> 적어도 은자(銀子) 다섯 개, 빈랑 열매 5천 개, 살찐 돼지 다섯 마리, 옷 다섯 벌.
> 어머니, 올해 내 나이 스물세 살인데 아직 남편이 없어요.
> 어머니, 계획이 뭐예요?
> 수다쟁이가 중매쟁이를 둘이나 데리고 왔지만 어머니는 그들에게 요구 조건을 내걸었어요.
> 적어도 은자 세 개, 빈랑 열매 3천 개, 살찐 돼지 세 마리, 옷 세 벌.[37]

결혼 후 재산과 관련해, 아내는 자신이 상속받은 재산이나 결혼할 때 갖고 온 재산 등 자신의 재산을 소유할 수 있었고, 결혼 후 공동 취득한 재산의 반에 대한 권리가 있어 그것을 매매할 때 문서에 부부의 이름이 모두 기입되었다. 이혼하면 아내는 자신의 재산은 물론 결혼 후 공동 취득한 재산의 반을 갖고 갔다. 그러므로 적어도 가정에서의 재산권에 관한 한 아내의 지위는 베트남이 중국보다 높았다.

아내가 사망하면 그 재산은 자녀에게 상속되었으며, 자녀가 없으면 친정 부모나 형제 등 친가에 넘겨져 아내의 재산이 남편에게 상속되는 법은 없었다. 이 사실은 베트남에서 여성이 결혼해도 남편 집안에 속하거나 흡수되지 않고 친정과의 관계가 끝까지 유지되었다는 것을 보여 준다. 유산의 자녀 상속과 관련해 중국에서 딸은 아들이 받는 몫의 반 정도를 받았지만, 베트남에서는 조상 제사를 위해 장남에게 유산의 20분의 1에 해당하는 향화전(香火田)을 주고 나머지는 모든 자녀에게 균등히 분배되었다. 제사를 위한 향화전이란 별도의 토지도 만약 장남이 질병이나 불효 등의 이유로 상속받을 수 없으면 차남에게 넘어갔고, 아들이 없으면 딸에게 상속되었다. 달리 말하면, 여성에게도 제사 상속권이 있었다. 딸의 제사 상속은 아들이 없으면 딸이 대신 제사를 지낸다는 민요가 있을 정도로 전근대 시기 베트남에서 상당히 보편적으로 행해졌던 것으로 보인다. 남부 지방에서는 요즘도 아들이 없으면 딸 특히 막내딸이 부모의 제사를 지낸다. 이러한 유산과 제사의 상속 관행은 가정과 사회에서의 여성의 강한 역할을 반영한 것이었다.

제도적으로 남편은 아내와의 이혼이 용이했으나, 17세기 후반 하노이에서 활동한 새뮤얼 배런(Samuel Baron)이 "부인이 칠출의 한 가지에 해당되어도 출처(出妻)하는 예는 좀처럼 없었다"고 기록한 것처럼,[38] 상류층 사회에서도 부분적인 현상이었을 것이다. 전근대 베트남 사회에서 남편은 사실 이혼을 꺼렸다. 우선 재혼을 위해 신랑 측에 많은 재정적 부담이 되는 결혼식을 또다시 치른다는 것이 쉽지 않았으며, 이혼 시 아내의 재산은 물론 주택과 가구 등을 포함해 결혼 후 형성된 공동 재산의 반을 아내에게 줘야 했는데, 이것은 또 다른 경제적 손실이기 때문이었다. 보다 중요한 이유는 아내가 적극적인 경제적 활동으로 살림을 유지시키는 가정 경제의 기둥 같은 존재이기 때문이었을 것이다. 베트남에서는 남편이 아내를 5개월 이상 돌보지 않으면 아내가 이혼을 요구할 수 있었고 남편은 이를 수용해야 했다. 이에 비해 중국에서는 남편이 아내를 버리고 간 지 3년이 지나야 부인이 개가할 수 있었다.

전근대 시기 아내가 남편에게 종속된 삶을 살았던 것은 주로 지배층에서였고,

그림 36 베트남 남부 까이베(Cai Be)읍 한 마을에서 바인짱(banh trang) 즉 라이스 페이퍼(rice paper)를 만드는 베트남 여성

피지배층에서는 그 사정이 달라 아내는 남편에게 거의 얽매이지 않았다. 이것은 아내의 강한 경제력과 깊은 관련이 있었다. 베트남에서 전통적으로 이모작으로 행해진 벼농사에서 여성은 중요한 노동력이었다. 여성은 상업에서도 종종 적극적인 역할을 담당해 부부가 함께 상업에 종사해도 실질적인 일은 대부분 아내가 했던 것으로 보인다.

1778년 코친차이나에 파견된 영국 동인도회사의 찰스 채프먼(Charles Chapman)은 "부인들은 (남편들보다) 훨씬 활동적이다. 그들이 업무를 처리하고 있는 동안 남편들은 한가로이 앉아서 담배를 피우든가, 빈랑을 씹든가, 또는 차를 마시고 있을 뿐이다"라고 전한다.[39] 전근대 시기 베트남을 방문한 유럽인들은 베트남 여성을 상당히

유능하고 끈질긴 상인으로 묘사했다. 이들은 종종 시장의 물가를 조작해 이윤을 추구했는데, 이와 관련해 17세기 말 베트남을 여행한 영국인 항해가 윌리엄 댐피어(William Dampier)는 베트남 여성의 상술이 런던의 증권 중개인들만큼이나 교활하다고 말했다.[40] 1819년 말 베트남 남부를 방문한 미국 사절단의 존 화이트(John White)에 의하면, 당시 코친차이나에서 "모든 남성은 군인이고, 상업 활동은 여성에 의해 이루어졌다."[41]

상업에 종사한 여성은 대개 피지배층이었으나, 1688년 베트남을 방문한 중국인 반정규(潘鼎珪)가 그의 『안남기유(安南紀游)』에서 "관리층의 여인들조차 상업에 종사하는 것을 꺼리지 않는다"고 쓴 것처럼,[42] 지배층 여성이 장사에 나선 경우도 적지 않았다. 17~18세기에 베트남과 유럽 및 일본 간 교역이 증대하자 많은 베트남 여성이 비단을 짜고 바구니를 엮고 도자기와 옹기를 굽는 등 수공업에 종사했다. 19세기 초 베트남 여성의 활발한 경제적 활동은 존 크로퍼드의 여행기에 다음과 같이 묘사되어 있다.

> 코친차이나의 여인들은 다른 나라들에서와 마찬가지로 오직 남성에게 속한 노동의 큰 몫을 행한다. 그들은 쟁기질하고 써레질하고, 수확하고, 무거운 짐을 나르며, 가게주인이고 중개인이고 환전상이다. 이러한 경우들의 대부분에서 그들은 남성보다 더욱 노련하고 영리한 것으로 간주될 뿐만 아니라, 더욱 특이하게도 그들의 일이 대개 동일한 가치를 갖는다. 그러한 것은 내가 다른 어떤 나라에서도 들어본 적이 없다. 그래서 사실 여기에서는 남성의 노동과 여성의 노동이 (임금) 액수에서 차이가 없다.[43]

이처럼 경제적으로 적극적인 베트남 여성은 가정의 살림에서도 주도적인 역할을 했던 것으로 보인다. 17세기 초 베트남 남부에서 활동한 이탈리아인 가톨릭 선교사 크리스토포로 보리(Cristoforo Borri)는 당시 이 지역에서 "남편은 혼수를 갖고 오며, 자신의 집을 버리고 아내와 함께 살며, 아내의 수단으로 그가 부양되고, 아내에 의해 모든 가사가 운영된다"고 말한다.[44] 18세기 중엽 베트남을 여행하며 장사를 한 프랑스인 피에르 푸아브르(Pierre Poivre)는 당시 코친차이나에서 "남성이 결혼하면 그는 자신의 주인과 결혼하는 것이다. 그의 아내는 그에게 이래라 저래라 지시한다"고 썼다.[45] 1790년대 영국의 외교 사절단을 동행해 중국을 방문한 존 바로(John Barrow)는 중국인은 아내에게 중요한 일을 맡기는 것을 수치스러운 일로 여기지만 코친차이나 사람들은 아내에게 가족의 중대사를 맡긴다고 기록했다.[46]

한자로 '부부(夫婦)'란 단어에서는 남편을 가리키는 '부(夫)'가 앞에 오지만, 베트남어로 부부를 뜻하는 '보-쫑(vo chong)'은 아내를 가리키는 '보'가 '장부(丈夫)'를 뜻하는 '쫑' 앞에 온다. 또 베트남에서 아내는 종종 '노이쯔엉(noi chuong, 內將)' 즉 '가정의 대장'이라고 불렸다. 이러한 측면들은 베트남 사회에서 여성이 가사의 실질적인 운영자라는 점을 암시한다. 생활의 실제적 차원에서 나타나는 여성의 이러한 강한 역할은 "첫째는 아내요, 둘째는 하늘이다", "남자의 명령은 여자의 징만 못하다", "깊은 논과 암소는 첫째 딸만 못하다", "한 무리의 남자들은 3전의 가치밖에 없다. 우리에 가두어 개미의 밥이 되게 할 수도 있다. 그러나 한 사람의 여인은 300전의 가치가 있다. 그녀가 앉은 곳엔 꽃방석을 깔아야 한다" 등의 베트남 속담에 반영되어 있다.

전근대 시기 베트남 여성의 강한 사회적 역할은 결혼 후의 처거제 풍습에서도 엿볼 수 있다. 베트남은 상좌불교권 국가들과는 달리 신부가 신랑 마을에 가서 결혼식을 올리고 신랑 집에 들어가 그 가족의 일원이 되는 부거제가 일반적이었다. 그것은 특히 중국의 영향이 강한 북부에서 그러했다. 그러나 15세기 후반의 기록에 의하면, 결혼 후 남편이 3년 동안 처갓집에서 사는 경우도 적지 않았으며, 처거제는 특히 코친차이나 지역에서 크리스토포로 보리의 관찰처럼 17세기뿐만 아니라 19세기에도 비교적 보편적으로 행해졌다. 처거제는 베트남의 한 민요에 "나는 사위가 되어 일꾼 노릇을 하며 당신 집의 야채를 무수하게도 먹었노라"는 가사가 있을 정도로 베트남의 여러 지방에서 행해졌으며,[47] 요즘도 심지어 북부의 몇몇 지역에서는 그 풍습이 유지되고 있다.

4. 이슬람권 국가들에서의 여성의 지위와 역할

제도적 차원

동남아시아 이슬람권 국가들에서 남성에 대한 여성의 상대적 지위와 역할은 제도적으로 무엇보다도 이슬람 경전인 꾸란(Qur'ān)과 무함마드 및 초기 무슬림 지도자들의 언행록인 하디스(Hadith)에 근거한다. 남녀 관계에 대한 이슬람의 규정으로 흔히 인용되는 꾸란의 구절은 다음과 같다.

> 남편들은 알라가 남편과 아내에게 각각 달리 하사한 것으로 인해 그리고 남편들이 자신들의 돈을 [아내들을 위해] 쓰기 때문에 아내들보다 우월하다. 올바른 아내들은 자신들의 남편들의 부재 동안 알라가 남편을 보살피는 것처럼 순종적이고 신중하다. 너희가 반항할지 모른다고 우려하는 [아내들은] 주의를 주고 그들을 침실로 쫓아버리고 때려라(수라 4: 34).

여기서 남성은 여성을 관리·보호하고 여성에 대해 권위를 갖는 우월한 존재로 그려져 있다. 그에 비해 여성은 남성에게 복종적이어야 한다고 가르친다.

하디스에는 여성에 대한 무함마드의 인식이 그려져 있다. 무함마드는 기도하는 장소로 가다가 여자들을 지나치면서 "오 여자들이여! 지옥불의 거주자 대부분이 너희들이었다는 것을 내가 보았지만 자선을 베풀라"고 말했다. 이에 여인들이 그가 왜 그렇게 생각하는지 묻자, 그는 "여자는 자주 악담을 하고 남편에게 감사하지 않는다. 주의 깊고 분별력 있는 남자도 일부 여자들이 타락케 했다"고 말했다. 또 하디스에 따르면, 여자들이 자신들의 지능의 결함에 대해 묻자 무함마드는 한 남자의 증거가 두 여자의 증거와 맞먹을 정도로 여자의 지능이 모자란다고 대답했다고 한다. 법정에서 여성의 가치가 남성의 반밖에 되지 않는 것으로 인정된 것처럼, 꾸란에는 유산 상속에서도 아들에게는 딸의 두 배의 몫을 주도록 규정되어 있다(수라 4: 11).

남녀 관계에 대한 이슬람의 가치관은 인도네시아와 말레이시아에서 여성의 지위에 적지 않은 영향을 미쳐 왔다. 말레이 반도의 느그리슴빌란에서 19세기에 관찰된 결혼식의 첫째 날은 예식의 외형적이고 공식적인 측면이 부각되는 날이었다. 이 날 신랑의 집안 대표가 신부의 집안 대표에게 '마스 카윈(mas kawin)' 즉 '결혼 금'을 건넸는데, 신랑과 신부뿐만 아니라 두 집안의 결합을 유효하게 만드는 이 의식에서 집안의 남성 대표를 포함한 이른바 집안 어른들의 역할이 돋보였다. 이날에는 또한 동네 모스크의 성직자가 참가해 결혼 설교를 하는 등 이슬람적 의식이 행해졌으며, 이로써 신부에 대한 법적 책임과 통제가 신부 아버지에게서 신랑에게 상징적 차원에서 이전되었다.

인도네시아 특히 자와에서 제도적 차원에서의 여성의 지위에 대한 관념은 프리야이(priyayi) 계층의 젠더 인식에서 큰 영향을 받았다. 프리야이는 자와의 전통 왕국 시대 귀족 관료로 그리고 19세기 이후 네덜란드 식민 시대 식민 행정 관료로 기능을 담당했던 집단으로, 역사적·사회적 맥락에서 볼 때 한국의 양반과 비슷한 개념의 사회계층이다. 자와의 전통적인 엘리트층 문화를 형성해 왔으며 오늘날까지 그것을 대변하는 프리야이 특히 프리야이 남성은 모든 계층의 여성을 남성에 비해 정신적·도덕적·사회적으로 열등한 존재로 본다.

프리야이의 세계관에 따르면, 남성은 알루스(alus) 즉 '세련되고, 순수하고, 섬세하고, 품위 있고, 이성적이고, 자제력 있는' 행동을 할 수 있는 '정신적 힘(kekuwatan batin)'을 갖고 있으며, 이 '정신적 힘'은 고행·자제·명상 등을 통해 획득되는 것으로서 남성의 영역에 속한다. 그에 비해 '정신적 힘'이 결여된 여성은 카사르(kasar) 즉 '세련되지 않고, 거칠고, 교양적이지 않고, 천박한' 행동 특히 욕정과 물질적 탐욕을 추구한다고 본다.

자와 사회의 '알루스'와 '카사르' 개념을 통한 남성-여성 차이에 대한 설명은 이슬람의 '아칼(akal)'과 '나프수(nafsu)'로 대조되는 젠더 이데올로기에 꼭 들어맞는다. '지성(知性)'·'이지(理智)' 등을 뜻하는 아랍어 'aql'에서 파생한 인도네시아어 '아칼'은 '지혜'·'기지(機智)'·'이성'·'합리성' 등을 의미하며, '영혼'·'자아' 특히 '하등(下等)의 자아' 등을 뜻하는 아랍어 'nafs'에서 파생한 인도네시아어 '나프수'는 '정욕'·'탐욕'·'분노'·'인간의 본능적 성격' 등을 가리킨다. 이슬람 세계에서는 남성이 여성에 비해 '나프수'를 자제하는 데 더욱 능력이 있다고 본다.

이러한 프리야이 및 이슬람적 젠더 관념을 바탕으로 하는 자와 사회에서의 남성-여성 관계에 대한 표면적·공식적·상투적 설명은 남성은 자제력과 안정성을 구비한 우월한 존재인 반면 여성은 자제력이 결핍되어 있고 감정적이고 탐욕스러운 행동 특히 돈벌이를 하는 열등한 존재라는 것이다. 따라서 남성이 마을에서부터 국가적 차원에까지 이르는 모든 정치적 질서를 지배하고, 지역사회뿐만 아니라 국가의 행정과 관련된 일에서 가정을 대표하는 것이 당연하며, 여성은 남성의 의견에 따르고 그들을 충실히 섬겨야 하며 특히 아내는 남편을 가장으로 인정하고 그의 권위에 복종해야 한다고 본다.

프리야이 계층의 젠더 인식은 자와어로 '미지 다디(miji dadi, 씨뿌리기)'라고 부르는 자와인의 전통 결혼식에서 엿볼 수 있다. 이 예식에서 신랑은 계란 위에 발을 올려 이를 깨트리는데, 계란은 신부의 출산력을 상징한다. 웅크리고 앉아 있던 신부는 계란을 깨트린 신랑의 발을 씻는데, 이것은 남편에 대한 아내의 복종을 상징한다.

자와 사람들의 여성에 대한 관념은 상당 부분 18세기와 19세기에 작성된 『스랏 울랑그레 푸트리(Serat Wulangreh Putri)』 즉 '여성을 위한 교육의 책', 『스랏 찬드라리니(Serat Candrarini)』 즉 '여성의 미에 관한 책', 『스랏 울랑 이스트리(Serat Wulang Istri)』 즉 '아내를 위한 교육의 책' 등을 바탕으로 형성된 것으로 보인다. 이러한 책들은 여성은 약하기 때문에 남성의 보호를 받아야 하며, 아내는 자신의 운명이 전적으로 남편에 의존되어 있기 때문에 남편에게 마치 신에게 하듯 복종하고 그가 필요로 하는 것을 모두 충족시킴으로써 헌신과 존경을 보여야 한다고 말한다. 아내가 남편과의 관계에서 해야 할 또 다른 중요한 의무는 남편의 성적 욕구를 만족시키기 위해 자신의 몸을 아름답게 가꾸는 등 육체적 조건과 기술을 갖춰야 함은 물론, 남편과 성관계를 해 자녀를 낳고 음식을 잘 만들어야 하는 것이다.

실제적 차원

앞에서 본 말레이시아 느그리슴빌란에서의 19세기 결혼식에서 남녀 관계의 실제적 측면은 공식적 측면과 완전히 달랐다. '결혼 금'은 태국의 '카 남놈'이나 베트남의 결혼 지참금과 마찬가지로 신부의 여성으로서의 높은 경제적 가치에 대한 대가였다. 신랑 측이 신부 측에게 결혼 지참금을 주는 풍습은 16세기 후반 필리핀에서도 확인되었다. 필리핀 민다나오 섬의 마라나오(Maranao)족 무슬림 사회에서는 요즘도 결혼할 때 신랑 측이 신부 측에게 '란똥(lantong)'이라고 부르는 지참금을 지불하는데, 그것은 신부의 부모가 그동안 신부를 키운 것에 대한 보답의 의미를 갖고 있다고 한다. 이 지참금으로 신부 측은 결혼식의 모든 비용을 충당하고, 나머지는 결혼 후 신혼생활 자금으로 사용된다. 토므 피르스에 의하면, 이미 16세기 초에 말레이 무슬림들은 결혼할 때 "남성이 여성에게 10테일(tael)과 6마즈(maze)의 금을 지참금으로 줘야 했으며, 그것은 항상 여성의 실질적인 소유로 머물러 있어야" 했다.[48] 중국 사료 『제번지』에 따르면, 신랑 측이 신부 측에게 결혼할 때 금을 주는 것은 13세기 초 자와에서도 마찬가지였다.[49]

또 19세기 느그리슴빌란의 사례에서 결혼식을 통해 신부가 친정아버지로부터 신랑으로 즉 한 남성에서 다른 남성으로 그 통제권이 넘어가는 것이 아니라, 교환되는 것은 오히려 신랑이고 교환의 주체는 여성이었다. 이러한 측면은 결혼식 둘째 날에 잘 드러났다. 이날 신랑의 친족들은 음식을 싸들고 신부 집으로 가 신부의 어머니가 내는 잔치에 참가했다. 잔치가 끝나면 신랑은 음식과 옷과 기타 자신의 소유물을 들고 장모의 집에 정식으로 들어갔는데, 이것은 자신의 어머니와 누이들 그리고 다른 친척들과 그동안 같은 공간에 살아 온 유대관계를 단절하고 이제 처갓집에 '둥지를 튼다'는 것을 상징적으로 보여 주는 것이었다.

느그리슴빌란 주에 속한 즐레부(Jelebu)에서는 처가의 식구가 된 신랑의 처지를 보여 주는 다음과 같은 속담이 20세기 초에 퍼져 있었다고 한다.

> 결혼한 남자는 (가라고) 지시받으면 가야 하고
> (가지 말라고) 금하면 멈춰 서야 한다.…

아내의 친척들 사이에 있는 신랑은
두리안 사이에 있는 오이와 같다.
만약 그가 그들에 대항해 구르면 그가 다친다.
그리고 만약 그들이 그에 대항해 구르면 그가 다친다.[50]

느그리슴빌란에서는 결혼 이후 획득한 집과 토지 등 재산에 대한 권리는 이혼이나 남편의 사망 시 아내에게, 아내도 사망하면 딸 혹은 아내의 친족에게 상속되었다. 그러나 반대로 아내가 먼저 사망했을 경우라도 남편 혹은 남편 쪽의 친족에게 양도되는 법은 없었다. 느그리슴빌란은 말레이 반도의 다른 지역에 비해 모계적 친족 구조의 전통이 보다 강한 곳으로 알려져 있다. 느그리슴빌란의 말레이인들은 자신들을 '철저한 말레이인'으로 간주한다고 한다.

남성이 결혼 후 처갓집 식구가 되어 아내와 처갓집의 권위 및 통제하에 놓인 이러한 처거제의 풍습은 19세기부터 20세기 초까지 느그리슴빌란뿐만 아니라 말레이 반도의 다른 지역 및 영국령 해협식민지에서 여러 유럽인에 의해 관찰되었다. 오늘날에도 결혼 후 말레이인 부부가 처갓집이나 아내의 마을에서 사는 것이 남편의 집이나 남편 부모의 집에서 사는 것보다 더욱 흔하다. 말레이인의 가정에서 여성이 남성보다 더욱 중시되는 이러한 측면은 그들이 집을 지을 때 전통적으로 집 기둥들의 간격을 그 집에 살 주부가 두 팔을 펼친 길이를 기준으로 정하는 풍속에서도 엿볼 수 있다.

결혼 후 처거제의 관습은 인도네시아 술라웨시 섬 중부의 고산지대 주민들에서도 발견된다. 이 지역에서 신혼부부는 신부의 부모 집이나 그 부근의 집에서 살며, 남편은 처남들이나 아내 누이들의 남편들과 가까이 지낸다. 또 처갓집 부모를 봉양하고 부모의 집과 동산의 대부분을 상속받는 것은 앞에서 언급한 태국 치앙마이 근처의 농촌 사회에서의 사례와 비슷하게 막내딸이다.

결혼식에서의 여성의 강한 역할은 인도네시아 자와에서도 확인된다. 자와에서는 결혼식에서 신부와 신랑이 빈랑 잎과 빈랑 열매 그리고 횟가루가 들어 있는 작은 주머니를 상대방의 얼굴에 서로 던지는데, 얼굴에 먼저 맞히는 쪽이 가정을 지배한다는 통념이 있었다. 1912년 아우구스타 데 빗(Augusta de Wit)이라는 네덜란드 여성이 관찰한 자와의 한 마을에서의 현지인 결혼식에서 신부가 던진 빈랑 주머니가 신랑의 얼굴 정면을 먼저 맞혔다. 그러자 결혼식에 참석한 한 여인은 신부가 앞으로 이 집의 "(가사를) 좌지우지할 판"이라고 말했다. 하지만 신부는 곧 마룻바닥에 무릎을 꿇고 앉아 신부 들러리 중 한 명의 소녀에게서 물이 가득 든 대야와 수건을 건네받고 신랑에게 다가가 그의 두 발을 씻기기 시작했다. 그것은 남편에 대한 충성과 복종의 표시였다.[51]

이 마지막 부분은 제도적 차원에서 언급한 이슬람 및 프리야이 계층의 젠더 논리에 해당될 것이다. 그러나 자와의 많은 가정에서 실생활의 차원에서는 아내가 남편보다 훨씬 강한 실질적인 힘을 소유하고 행사한다. 많은 외부인 관찰자들에 의해 묘사된 자와 가정에서의 여성의 중심적 내지 지배적 위치는 그들의 경제적 역할과 연결된 것이다. 엘른 펙은 20세기 초 자와에서 볍씨를 기르고 모를 심고 모종을 내는 등 벼농사의 정교한 부분의 일이 여성의 몫이었다고 기록한다.[52] 미국의 인류학자 힐드레드 기어츠(Hildred Geertz)는 1950년대 자와 농촌에서 여성의 역할을 다음과 같이 묘사한다.

> 벼농사 주기에는 전통적으로 여성들에 의해 행해지는 특정한 임무가 있다. 남성들이 매우 드물게 참여하는 수확이 끝난 후 쌀은 여성들에 의해 운반된다. 그리고 종종 금전적인 거래를 포함해서 쌀에 대한 처분도 또한 여성들의 손에 달려 있다.

시장은 여성들이 독점하고, 성공한 부자 도매업자들 중에서조차 남성들에 버금가는 (부를 가진) 여성도 많다. 여성들은 남성들과 동일하게 자유로우며 또한 자신감 있게 재산을 소유하고 처분할 수 있다.[53]

기어츠에 의하면, 자와 가정에서 비록 아내가 남편에게 공식적으로 복종하지만 가사의 결정을 내리고 가계 재정을 통제하는 것은 아내였다. 자와의 부총독으로서 1810년대 전반 인도네시아에서 여러 해 활동한 영국 동인도회사의 토머스 스탬퍼드 래플스(Thomas Stamford Raffles)는 이미 1817년에 다음과 같이 썼다.

(자와에서) 남편이 금전과 관련된 일을 전적으로 아내에게 맡기는 것은 흔하다. 여성은 혼자서 시장에 나가 사고파는 모든 용건을 처리한다. 속담에 자와 남성은 돈과 관련된 일에서는 바보라고 말한다.[54]

자와의 대부분 가정에서는 사회계층이나 직업에 상관없이 오늘날에도 아내가 집안의 돈을 관리한다. 남편들은 자신의 수입을 대부분, 혹은 많은 여성이 주장하는 것처럼 전부 아내에게 주고 아내에게서 용돈을 타 쓰며, 아내는 그것으로 살림을 한다. 자와에서 아내는 이처럼 남편이 벌어다 주는 돈으로 살림을 할 뿐만 아니라, 남편만큼 혹은 그보다 더 많이 벌고 때로는 아내가 혼자 벌어 식구들을 먹여 살리는 등 가족의 부양에서도 종종 중추적인 역할을 담당한다. 사실 자와에서 여성은 농산물, 천 및 의복 그리고 다른 일용품의 소매에서 도매에 이르기까지 시장을 지배해 왔다. 그리하여 중부 자와에서는 가게가 남성에게 맡겨지면 망한다는 인식이 널리 퍼져 있다고 한다.

상업에서의 여성의 활발한 활동은 인도네시아의 다른 지역에서도 오래전부터 관찰되어 왔다. 안토니우 갈방에 의하면, 16세기 중엽 말루쿠 제도에서 흥정하고 사고파는 것은 여성이었다. 안토니오 피가페타에 의하면, 16세기 초 브루나이 왕국에서도 도시에서의 일상적 상거래는 모두 여성의 몫이었다.[55] 윌리엄 댐피어는 17세기 말 수마트라 북단의 아체에서 환전상의 대부분이 여성이었다고 전한다. 1820년대 기록된 수마트라 섬의 미낭카바우족의 어떤 시에서는 어머니가 딸에게 가격의 오름과 내림을 분별하는 법을 가르치도록 권하고 있다.

자와에서 여성의 가정에서의 강한 역할은 유산 상속과 재산 소유에서도 나타난다. 토지, 집, 현금, 귀금속 등을 포함한 유산 상속에서 딸은 아들과 동일한 비율의 재산을 부모에게서 물려받는다. 딸과 아들의 재산 균등 상속은 말레이인들에게서도 확인된다. 또 여성은 남편과 별도로 자신의 재산 특히 부모로부터 물려받은 재산을 소유하고 그것을 마음대로 처분할 수 있고, 이혼 시 그것을 모두 갖고 갈 수 있으며, 남편과 공동으로 소유하는 재산은 그 반을 갖고 갈 수 있다.

자와 사회에서 여성이 이처럼 경제적 분야에서 지배적이지만, 경제적 활동 특히 돈과 관련된 일은 앞의 제도적 차원에서 본 것처럼 낮은 신분 혹은 여성을 포함한 영적으로 저급한 사람이 하는 '카사르'한 일로 간주되어 왔다. 이러한 생각은 프리야이 계층의 사고방식에서 나온 것이었다. 전통 왕국 시대 그리고 식민 시대에 관리로서 활동한 이들은 관직을 명예로운 것으로 인식한 반면, 상업은 화인이나 아랍인 혹은 유럽인 등 외국인이나 하층민 혹은 여성의 활동 영역으로 보아 그것을 경멸했다. 이러한 인식은 독립 이후에도 지속되었고 그것이 비(非)프리야이 계층에게도 영향을 미쳐 자와 사회 전반에 상업 및 비즈니스 활동에 대한 경시의 풍조가 형성되어 왔다.

그러나 자와 사회의 실제 생활에서 종종 표면에 드러나지 않는 젠더 관계에 대한 견해가 있다. 그것은 관념적이고 공식적인 것과 완전히 상반된 시각으로 여성이 보다 자제력이 강하다는 것이다. 특히 '나프수'가 비이성적인 그리고 사회적으로 용납될 수 없는 '탐욕' 및 '정욕' 등을 가리킨다고 할 때 그것은 무엇보다도 돈과 섹스에 대한 욕망으로 나타나며, 돈과 섹스에 대한 욕망에서 여성과 남성 할 것 없이 많은 자와 사람들은 남성이 여성보다 더 자제력이 없다고 본다. 그에 비해 여성은 가족과 살림을 생각하기 때문에 그러한 욕망의 자제에 더욱 강하다는 것이다. 또 자와 사회에서 시장에서의 장사가 여성의 몫이 되어 있는 것에 대한 공식적인 이슬람적 시각은, 그것은 남성이 남성으로서의 사회적 권위와 체면 그리고 영적인 힘에 더욱 관심이 있기 때문이라고 설명한다. 하지만 시장이라는 곳이 돈과 상품이 오가는 곳으로서 탐욕과 나아가서는 정욕을 불러일으킬 수 있는 공간이기 때문에 돈과 섹스에 대한 자제력이 약한 남성에게 적합지 않다는 설명도 있다.

인도네시아에서 여성의 강한 역할을 가장 잘 보여 주는 곳은 종종 줄여서 '미낭(Minang)'이라고도 부르는 미낭카바우족 사회일 것이다. 서수마트라주의 고원지대를 중심으로 생활하는 미낭카바우족은 인도네시아에서 이슬람 신앙이 독실한 종족 가운데 하나로 알려져 있다. 하지만 미낭카바우족이 전 세계에서 유명한 것은 모계적 전통 때문일 것이다. 서수마트라주의 미낭카바우족은 현존하는 세계 최대의 모계 사회로 꼽힌다.

미낭카바우족은 아닷 즉 전래의 토착적 관습에 따라 가정에서 논과 집 그리고 금 및 보석 등의 재산을 딸에게 물려준다. 또 조상신을 모신 가문 공동 소유의 '루마 가당(rumah gadang)' 즉 '큰 집'과 가문 공동 소유의 토지도 집안의 여성에게 상속된다. 한마디로 여성이 모든 것을 소유한다. 집안을 이끌고 가문의 대를 잇는 것도 딸이다. 집안의 중요한 일에 대한 최종 결정권은 가문의 원로 여성인 '인두아(induah)'에게 있다. 집안을 총괄하고 대표하는 인두아는 공식적인 차원뿐만 아니라 실제적인 차원에서도 가장이자 족장이다. 가정에서 여성의 이러한 지배적인 위상

그림 37 미낭카바우족의 루마 가당(인도네시아 자카르타 타만미니 공원)

과 불가결한 역할 때문에 미낭카바우족은 자녀 중 딸만 자식으로 친다. 아버지와 아들 등 남성은 집을 떠나 밖에서 나돌지만 여성은 자식들을 키우고 집안을 돌보기 때문에 그렇지 않기 때문이다. 미낭카바우족 사회에서 딸 출산에 대한 압박이 전통적으로 강한 것은 그러한 배경에서이다.

필리핀의 무슬림 사회에서 여성의 강한 역할은 앞에서 소개한 민다나오 섬의 마라나오족에서 엿볼 수 있다. 마라나오족 사회에서도 이슬람법이 중요한 역할을 하지만, 주민의 실제적 삶은 주로 아닷에 따라 이루어진다. 이들은 흔히 여성은 집안일만 하는 존재고 남성이 여성을 돌보고 보호하며 가족을 부양한다고 이야기한다. 하지만 남성 혼자 가정의 모든 경제적 필요를 충족시키지 못하는 상황에서 여성은 농사일, 학교 교사, 행상 등 다양한 방식으로 돈벌이에 나서 식구를 먹여 살리는 일에 참여한다. 특히 마라나오족 지역에서 종종 일어나는, '리도(rido)'라고 불리는 가문 간 반목·투쟁에서 분쟁 당사자들의 협상을 이끌어 내고 리도를 성공적으로 중재시키는 것은 대부분 여성이다.

실제적 차원에서의 여성의 강한 역할과 관련해 끝으로 살펴볼 것은 동남아시아 대륙부 국가들에서 보았던 여성 중심의 성관계가 전근대 시기 도서부 국가들에서도 확인된다는 점이다. 안토니오 피가페타는 16세기 초 필리핀 남부와 칼리만탄 섬의 일부 지역에서 남성의 성기에 금속 핀을 집어넣는 관습을 다음과 같이 묘사한다.

> 남성들은 크든 작든 자신의 성기를 귀두 근처의 한쪽 끝에서 다른 쪽 끝까지 거위 깃대 정도 굵기의 금이나 주석으로 된 볼트로 꿰뚫는다. 어떤 자들은 볼트의 양쪽 끝에 박차와 비슷한 것을 달되 뾰쪽한 부분이 [양쪽] 끝 위에 오도록 한다. 다른 것들은 수레의 못대가리를 닮았다. 나는 그것을 믿을 수 없어 아주 종종 나이 든 자나 젊은 자 포함해 많은 사람에게 성기를 보여 달라고 부탁했다. 볼트의 중간에 구멍이 있어 그것을 통해 그들은 오줌을 눈다.…그들은 자신의 여성이 그것을 그렇게 하도록 원하며, 만약 그렇게 하지 않으면 여성이 자신과 교제하지 않으려 한다고 말한다.[56]

이와 비슷한 관행은 16세기 후반부터 17세기 초까지 여러 유럽인에 의해 술라웨시 섬 남부에서 그리고 필리핀의 비사야 제도의 섬들과 민다나오 섬에서 관찰되었는데, 그 목적은 특히 여성의 성적 쾌락을 증대하기 위한 것이었다고 한다. 이 풍습은 이슬람과 기독교의 영향으로 17세기에는 동남아시아 대부분 지역에서 사라진 것으로 보인다. 그러나 술라웨시 섬의 일부 지역과 칼리만탄 섬의 이반(Iban)족과 카얀(Kayan)족 사회에서는 그 관습이 근대 시기까지 없어지지 않았다.

제8장

인도의 영향과 동남아시아 문자의 형성

1. 동남아시아에 대한 인도의 영향 개관

앙코르왓과 바욘 신전 등 캄보디아의 많은 힌두교 및 불교 사원들, 미얀마 버강의 숱한 사찰들, 인도네시아 자와 섬의 보로부두르 불교 사원과 프람바난(Prambanan) 힌두교 사원 등에서 볼 수 있듯이, 고대 동남아시아에 들어온 외래문화 중 이 지역에 큰 영향을 준 것은 인도 문화다. 그리하여 이와 관련해 동남아시아의 '인도화(Indianization)'란 개념이 등장하기까지 했다.

인도 문화는 오늘날 동남아시아 사회의 일상생활에 깊이 배어 있다. 상좌불교 국가들인 미얀마·태국·라오스·캄보디아의 문자 체계는 모두 인도의 빨라바 문자로부터 영향을 받아 만들어진 것이며, 베트남어를 제외한 동남아시아의 대부분 언어들에서 학문·정치·종교·전쟁 같은 분야의 중요한 개념들은 대부분 산스끄리뜨어에서 온 것이다. 심지어 필리핀의 타갈로그어나 일로카노(Ilocano)어에서도 산스끄리뜨 어원의 어휘들이 발견된다.

산스끄리뜨어의 영향은 예컨대 동남아시아 고대 왕국들의 국왕 이름에서 볼 수 있다. 캄보디아의 앙코르 왕국의 경우 왕들의 이름은 '쩨이봐르만(Jayavarman)', '언드라봐르만(Indravarman)', '소리야봐르만(Suryavarman)' 등 대부분 산스끄리뜨어로 되어 있다. 그것은 '판짜빠나(Pancapana)', '데바바르만(Devavarman)', '데바싱하(Devasiṃha)' 등 짬빠의 왕들의 이름에서도 마찬가지다. 한 비문은 인도네시아 칼리만탄 섬의 어떤 왕과 그의 부왕(父王)은 각각 '인도화'된 이름인 '물라와르만(Mulavarman)'과 '아스와와르만(Asvavarman)'으로 기록해 놓은 반면, 그 조부(祖父)는 순수한 인도네시아어 이름으로 보이는 '쿤둥가(Kundungga)'로 소개하고 있다. 이것은 그 지역의 왕실이 어느 시점에서 인도의 정치문화를 수용하기 시작했다는 것을 의미한다.

그 밖에 동남아시아 고전문학의 대부분은 유명한 힌두 서사문학인 『라마야나

(Ramayana)』, 『마하바라따(Mahabharata)』, 『하리방샤(Harivaṃśa)』, 힌두 설화집인 『뿌라나(Purana)』 그리고 불교의 『본생경(本生經)』 즉 『자따까(Jātaka)』 등으로부터 영감을 받았다. 특히 『라마야나』와 『마하바라따』는 인도네시아의 그림자 연극인 와양쿨릿(wayang kulit)을 비롯한 동남아시아의 다양한 전통적인 연극에 큰 영향을 미쳤다.

동남아시아와 인도 간의 접촉은 기원전부터 시작된 것이 분명하지만, 기원 첫 세기들이 역사적으로 볼 때 '인도화' 과정에서 가장 중요한 기간이었다. 대개 평화로운 접촉을 통한 동남아시아로의 인도 문화 유입은 일차적으로는 힌두교의 사제 계급인 브라만과 불교 승려, 상인과 장인(匠人) 등을 포함한 인도로부터의 이주민에 의해 수행되었을 것이다. 그러나 인도 문화가 동남아시아 사회에 들어올 수 있었던 것은 이 지역에 그 외래문화를 수용할 능력이 있는 토착적인 정치적·경제적·사회적·문화적 토양이 있었기 때문이었다.

15세기까지 동남아시아 곳곳에 인도 문화가 정착되었는데, 그 과정에서 핵심적 역할을 한 것은 현지의 통치자와 인도에서 온 브라만이었다. 현지인 통치자들은 인도와의 교류를 통해 상업적 부를 획득하는 것만 중시한 것이 아니었다. 그들은 왕국의 통치에 필요한 법적 및 행정적 제도뿐만 아니라 통치자의 권위를 정당화하고 강화해 주는 이념적 근거를 제공하는 인도의 정치적 및 종교적 지식에도 큰 관심이 있었다. 이 점에서 현지의 통치자들은 인도인 브라만들에게서 도움을 받았다.

인도네시아 마자파힛 왕국의 궁정시인 프라판차(Prapancha)가 1365년경 쓴 것으로 전해지는 서사시 「나가라크르타가마(Nagarakertagama)」는 당시 자와 섬의 번영을 노래하면서, 그것의 바탕에는 종교적 전통들과 철학 및 논리학의 전문가인 브라흐마라자(Brahmaraja), 베다(Veda)에 정통한 바마나(Bhamana), 특히 사마베다(Sama Veda)의 주문에 능숙한 비슈누(Vishṇu) 등 인도에서 건너온 몇몇 브라만이 있었다고 말한다.[1] 천문학 지식을 보유하고 있었던 브라만은 동남아시아 궁정에서 법률의 제정과 등위식 같은 왕실 의식의 수행은 물론, 주요 행사를 위한 길일의 선택과 달력의 제정 등에서 왕을 보좌하는 중요한 역할을 담당했다. 그리고 그들은 탄생하는 왕국을 위해 통치의 원칙과 기술 그리고 왕실의 의식(儀式) 및 왕권 이념의 바탕을 제공했다. 이때 『마누(Manu)법전』으로 대표되는 인도의 법전 『다르마샤스뜨라』와 정치 지침서 『아르타샤스뜨라(Arthaśātra)』 등을 소개해 동남아시아 정치문화의 중요한 바탕이 구축되는 데 기여했다.

동남아시아와 인도 간의 문화 접촉에는 인도인뿐만 아니라 동남아시아 사람들도 적극적으로 활동했다. 그것은 특히 상당한 항해 능력을 갖추고 있었던 말레이인들이 인도와의 무역에서 적지 않은 역할을 한 것에서 엿볼 수 있으며, 무엇보다도 수마트라의 한 왕이 9세기경에 인도로 가는 그의 왕국의 사람들을 위해 당시 인도의 유명한 불교 수도원이었던 날란다(Nalanda)에 불교 사원을 건축케 했다는 사실에도 반영되어 있다. 인도 문화의 요소들이 동남아시아에 수용될 때 항상 그 지역의 특수한 정치적·사회적 조건들에 적응되었으며, '인도화' 과정에서 동남아시아 현지인들의 능동적인 역할이 있었다.

더 나아가 동남아시아의 '인도화' 과정은 어느 시점부터는 동남아시아의 자체적인 원동력으로 계속 추진된 것으로 보인다. '두 번째의 인도화(Second Indianization)'라는 개념으로 설명되는 이 과정에서는 이미 '인도화'된 동남아시아의 여러 중심지들이 인도 문화를 수용한 뒤 그것을 때로는 토착적인 상황에 맞게 수정·변형시키고 그렇게 적응된 인도 문화를 동남아시아의 다른 지역으로 계속 전파했다. 예컨대 미얀마에서 10세기 이전에 '인도화'된 왕국을 일으킨 몬족은 크메르족과 버마족과 타이족에게 예술·정치 등의 분야에서 인도 문화를 전달했고, 앙코르 왕국을 세운 크메르족은 13~15세기에 타이족에게 고도로 발달한 인도의 정치문화를 전수했다. 여기서는 동남아시아에 대한 인도의 영향을 동남아시아의 문자들을 중심으로 살펴본다.

2. 동남아시아 문자의 형성에 대한 인도의 영향

인도의 빨라바 문자의 영향

기원후 첫 수세기부터 인도의 힌두교와 불교가 동남아시아의 다양한 지역에 수입되었다. 그 과정에서 산스끄리뜨어로 써진 힌두교 및 대승불교의 경전들과 빨리어로 써진 상좌불교의 경전들이 들어왔으며, 힌두교와 불교의 문학 작품들도 소개되었다. 인도 문화를 받아들이고 있던 동남아시아의 여러 지역에서 점차 국가가 세워지고 제도가 정비되어 감에 따라 문자의 필요성을 느끼게 되었다. 인도 문화의 유입과 더불어 이미 동남아시아에 알려진 인도의 문자들은 동남아시아에서 새로운 문자들이 만들어지는 데 모델이 되었다.

동남아시아에서 문자가 발달한 곳은 대륙 동남아시아의 저지대 및 하천 유역과 도서 동남아시아의 일부 지역으로, 모두 '인도화'의 영향하에서 상당한 수준의 제도문화가 발달한 곳이었다. 미얀마·태국·라오스·캄보디아 등에서 오늘날 사용되고 있는 문자들, 말레이시아와 인도네시아에서 과거에 사용되었던 자와 문자, 발리 문자, 바탁 문자, 람풍 문자, 부기스 문자, 그리고 필리핀에서 옛날에 사용된 타갈로그 문자 등 토착 문자들은 모두 인도의 브라흐미(Brahmi) 문자에 그 기원을 두고 있다.

그림 38 바탁 문자. 바탁족의 주술 참고서 일부
(소아즈SOAS University of London 소장)

동남아시아 지역으로 브라흐미 계통의 여러 인도계 문자들이 들어왔다. 예컨대 싯담마뜨르까(Sitdammatrka)라고도 부르는 북인도의 나가리(Nagari) 문자의 초기 형태는 중부 인도의 데칸(Deccan) 고원 일대와 남인도 및 스리랑카로 퍼졌으며, 동남아시아에서는 자와 섬 등 대승불교가 들어간 곳과 캄보디아의 앙코르 왕국의 지역에서 나가리 문자로 된 비문이 발견되었다. 특히 앙코르 왕국 지역에서는 산스끄리뜨어로 된 텍스트를 나가리 문자로 쓴 비문 외에도 빨라바 문자에서 파생한 초기 크메르 문자로 쓴 비문도 나타난다.

동남아시아 문자들의 형성에서 직접적인 모델은 남인도의 빨라바 왕국에서 5세기부터 8세기 사이에 사용되었던 빨라바 문자, 일명 그란타(Grantha) 문자로서 6세기부터 동남아시아의 다양한 문자들을 낳기 시작했다. 빨라바 문자의 자취는 15세기까지 짬빠 왕국이 세력을 떨쳤던 현 베트남 중부와 남부 지역, 캄보디아, 태국, 인도네시아의 자와 섬, 동부 칼리만탄 섬, 수마트라 섬, 그리고 말레이 반도 등지에서 확인된다. 동남아시아 문자들의 생성에 더욱 직접적인 영향을 미친 것은 빨라바 문자에서 후기에 파생된 남인도의 여러 다른 문자들이었다.

그림 39 그란타 문자의 자음들

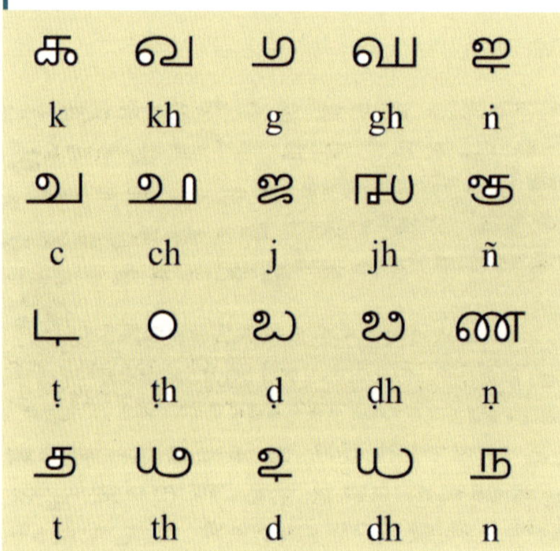

동남아시아의 인도계 문자들

인도 문화의 영향을 받은 동남아시아에서 문자들은 네 단계를 거쳐 발달했다. 첫째 단계에서는 브라흐미 계통의 인도 문자를 써서 산스끄리뜨어나 빨리어의 종교적 텍스트를 기록했는데, 그 자취는 주로 비문에 남아 있다. 둘째 단계에서는 인도계 문자를 써서 짬어·크메르어·자와어·발리어 등 동남아시아 언어의 텍스트를 기록했다. 셋째 단계에서는 인도계 문자가 동남아시아의 여러 지역에서 각 지역의 언어적 사정에 적응하면서 나름대로 변형되었는데, 그 과정은 6세기에 시작되어 8세기 말까지 진행되었다. 이때 변형된 문자 형태들 중에는 종종 인도에서도 나타나지 않는 것들이 포함되었다. 끝으로 8세기 말부터 시작되는 네 번째 단계에서는 동남아시아의 여러 지역에서 독특한 토착 문자들이 발전하기 시작했다. 앞에서 언급한 앙코르 왕국의 두 가지 비문은 첫 번째 단계에서 세 번째 및 네 번째 단계로의 문자 발달 과정을 보여 준다고 할 수 있다.

동남아시아의 다양한 민족 문자들이 발달한 네 번째 단계에서 동남아시아의 한 나라에서 이미 발달한 문자가 다른 동남아시아 나라에서의 문자 발달에 영향을 주기도 했다. 대표적인 예로 미얀마에서 몬 문자는 버마 문자의 모델이 되었고, 버마 문자는 태국의 란나 문자의 본보기가 되었다. 크메르 문자는 타이 문자의 발달에 영향을 미쳤다. 브라흐미 문자에 뿌리를 두고 있는 동남아시아의 한 문자가 지역 내에서 또 다른 문자를 생성시킨 이 같은 과정은 앞에서 언급한 '두 번째의 인도화' 현상에 속한다.

네 번째 문자 발달의 단계에서 주목되는 또 다른 중요한 측면은 인도계 문자가 독특한 음성학적 구조를 가진 동남아시아의 언어들을 표기하기 위해 독창적으로 적응하는 과정이 일어났다는 점이다. 예를 들면 타이어에서 고유한 모음들을 표기하기 위해 추가적인 모음 기호들이 생겨났다. 또한 성조를 표시하기 위해 성조 부호를 두었고, 'f' 발음을 위한 새로운 자음이 개발되기도 했다.

도서 동남아시아의 문자들

인도 문화의 영향이 지배적이었던 13세기 이전 시기에도 도서 동남아시아에서는 문자들이 발달해 있었다. 인도네시아의 자와 섬과 발리 섬에서는 자와 문자와 발리 문자가, 술라웨시 섬에서는 부기스 문자가, 수마트라 섬에서는 바탁 문자와 람풍 문자가, 필리핀에서는 타갈로그 문자가 현지인들에 의해 사용되었다.

예컨대 페드로 치리노(Pedro Chirino)라는 스페인인은 17세기 초 마닐라의 현지인들이 고유 문자를 읽고 쓰는 데 익숙해 있으며 특히 남성보다 여성이 더욱 탁월하다고 전한다. 프란시스코 알시나(Francisco Alcina)는 1660년대 비사야 제도의 주민들이 필리핀 문자를 많이 사용하고 있으며 특히 여성이 더욱 능숙하다고 말한다. 또 인도네시아에서 활동한 네덜란드인들의 기록에 의하면, 17세기 중엽 자와 섬 주민들은 대부분 글을 읽고 쓸 수 있었으며 19세기 중엽 발리 섬 사람들은 거의 모두 문자 해독의 능력을 갖고 있었다.[2]

여기서 언급된 현지인 문자들은 추측컨대 인도의 브라흐미 문자를 바탕으로 발달된 타갈로그 문자, 자와 문자, 발리 문자였을 것이다. 특히 발리 문자와 자와 문자는 지금도 특별한 의식 특히 힌두교 의식에서 사용되기도 한다. 13세기 말 이후 이슬람이 이 지역에 도입되면서부터 꾸란의 문자인 아랍 문자가 들어왔다. 그러나 아랍 문자는 도서 동남아시아에서 뿌리를 내리지 못했다. 그에 비해 유럽인들이 식민 통치와 함께 들여온 로마자는 점차 공식적 문자로서의 위상을 확보해 이 지역에서 오늘날 모두 로마자가 공식적 문자로 사용되고 있다.

3. 동남아시아 주요 문자들의 발달

몬 문자

약 2천 년 전에 미얀마 남부와 태국 서부 지역으로 이주해 온 몬족은 일찍부터 인도 문화를 받아들였다. 오스트로아시아 어족의 몬-크메르 어파에 속하는 몬족은 인도의 빨라바 문자를 바탕으로 몬 문자를 만들었다. 몬 문자로 된 기록은 6세기부터 나타나기 시작했다. 16세기 이전의 몬 문자 기록은 고대 몬(Old Mon)과 중세 몬(Middle Mon)으로 구분되는데, 미얀마 버강의 아낭다 사원에 있는 12세기 초의 몬 문자 비문들은 고대 몬에 속한다.

몬어는 1,500년 이상 된 몬족의 역사를 통해 음성학적·문법적으로 변화했으며, 그에 따라 문자 체계도 변화를 겪었다. 예컨대 현 태국 북부의 람푼(Lamphun)에 있었던 몬 왕국인 하리푼차이에서 1210년대에 제작된 비문들에는 종성의 's' 대신 'h'가 나타나는데, 이것은 고대 몬에서 중세 몬으로의 변화를 보여 주는 부분이다. 중세 몬의 특징을 확실하게 보여 주는 비문들은 15세기 중엽부터 나타난다. 몬 문자 발달의 최종 단계는 16세기 후반의 비문들에서 볼 수 있는데, 이 유형은 이후 몬어 문학 작품들에서 사용되었다.

몬족은 인도와 스리랑카에서 수입한 인도의 정치 지침서와 상좌불교 경전을 몬어로 번역했다. 몬 문자로 쓴 인도의 사상과 불교는 미얀마의 버마족과 태국의 타이족에게 전파되었는데, 이를 통해 몬 문자가 버마 문자와 타이 문자에 영향을 주었다. 몬 문자는 이처럼 과거에 중요한 역할을 했던 문화적인 문자임에도 불구하고 현재에는 거의 사용되지 않는 문자로 전락해 있다. 오늘날 미얀마와 태국에서 소수 민족으로 살고 있는 몬족은 대부분 각각의 지역에서 버마어와 타이어를 사용한다.

그림 40 12세기 초 '고대 몬' 문자 비문(버강 아낭다 사원의 부조).
비문 내용: mahos bib·at 692(마호스가 시험하다 692).
붓다 전생 설화인 『자따까』 중 「마하움막가 자따까 (Mahā-Ummagga-Jātaka)」 이야기.

몬 문자는 열두 개의 모음과 서른다섯 개의 자음으로 구성되어 있다. 그러나 이러한 문자 체계로 정리되기까지 많은 변화가 있었던 것으로 보아야 한다. 몬 문자로 된 비문들을 보면 실제로 철자법상 많은 불규칙이 있다. 그것은 인도계 문자 체계가 몬어의 음성학적 체계에 적응하는 과정에서 시대에 따라 여러 변화가 일어났기 때문이다. 몬 문자에서 일어난 변화로 예컨대 'ḅ' 자음 기호가 도입된 것을 들 수 있다. 이 글자는 'b'를 변형시킨 것이다. 그 밖에 외래 단어들을 표기하기 위해 gh, jh, ṭ, ṭh, ḍh, ṇ, dh, ś, ḷ 등의 음가를 가진 자음이 만들어졌다.

버마 문자

버마 문자는 미얀마의 다수민족인 버마족의 버마어를 표기하는 데 사용되는 것으로, 미얀마의 공식 문자다. 티베트-버마 어파에 속하는 버마족은 그들의 전승에 의하면 2세기경 현 미얀마 중부 지방에 도착해 수세기 동안 부족사회를 이루고 살았다. 버마족은 9세기 중엽 버강에 왕국을 건설했지만 여전히 미얀마에서 작은 세력에 불과했으며, 11세기 중엽에야 미얀마를 통일하고 미얀마의 지배적인 민족이 되었다.

버마족이 미얀마를 통일했음에도 불구하고 문화적으로는 몬족의 영향이 지배적이었다. 통일의 업적을 이룬 어노여타 왕은 새로운 종교와 문화를 받아들이고 왕국의 제도를 수립하고 정비하면서 몬족을 대거 기용했다. 몬족은 버강 왕국의 궁정에 고용되어 인도의 정치문화에 바탕을 둔 궁중의식을 전수하고 상좌불교를 전달했으며 건축과 문학에서도 기술과 지식을 가르쳐 주었다. 이 모든 과정에서 몬 문자는 수단이 되었다. 이런 역사적 배경 때문에 통일 후 버마족은 즉시 자신의 문자를 만들 필요를 느끼지 않았다.

버마 문자가 최초로 나타나는 것은 12세기 초의 비문들에서다. 그 초기 형태에 이미 버마 문자가 몬 문자를 모델로 삼아 제작되었다는 점이 뚜렷하게 드러난다. 12세기 비문들에 새겨진 버마 문자는 네모진 형태의 글자를 많이 포함하고 있다. 오늘날의 버마 문자 대부분이 둥근 형태인 점과 비교해 보면 그 사이에 형태상 많은 변화가 일어났음을 알 수 있다.

버마 문자가 몬 문자를 변형시켜 만든 문자라는 사실은 앞에서 설명한 몬족과의 역사적 관계에서 필연적으로 일어날 수밖에 없었다. 버마 문자는 이처럼 처음에는 수동적인 배경에서 출발했지만, 버마족이 미얀마의 정치적·문화적 지배 민족의 위치를 고수함에 따라 미얀마에 사는 소수민족들의 문자 사용에 영향을 미치게 되었다. 그리하여 오늘날 버마 문자는 샨주에 사는 타이족 계통의 샨족이 쓰는 따이야이(Tai Yai)어와 꺼잉족이 쓰는 꺼잉어를 표기하는 수단으로 사용되고 있다. 그 밖에도 태국 북부에서 종종 쓰이는 란나 문자도 버마 문자의 영향을 받아 만들어졌다.

버마 문자는 스물한 개의 모음과 서른두 개의 자음으로 구성되어 있다. 버마 문자는 몬 문자를 포함한 비교적 단순한 인도계 문자들과 달리 복잡한 모음 체계를 갖고 있다. 이것은 버마어가 음성학적으로 매우 다른 체계에 속한 언어이기 때문이다. 버마 문자의 주요 특징은 다음과 같다. 첫째, 왼쪽에서 오른쪽으로 쓰며, 단어 사이에는 빈 공간이 없고 문장 사이에는 간격을 둔다. 문장부호로는 인도계 문자 철자법에서 차용된 'I'과 'II'이 있는데, 각각 쉼표와 마침표에 해당된다. 둘째, 버마 문자의 자음은 인도계 문자와 마찬가지로 내재적인 'a[어]' 음가를 갖고 있다. 내재적인 음가를 없애기 위해서는 자음 위에 'c' 부호를 둔다. 셋째, 버마어는 성문폐쇄음(단음), 평음, 상음 등 세 가지 성조를 갖고 있으며, 그에 따른 모음 기호가 발달해 있다. 단모음 기호로 표시되는 성문폐쇄음은 높고 짧게 끝난다. 장모음 기호로 표시되는 평음은 저음으로 길게 소리 나며, 장모음 기호 뒤에 ':'의 추가 부호로 표시되는 상음은 높고 길게 소리 난다.

미얀마는 16세기 중엽부터 18세기 중엽까지 치앙마이를 중심으로 하는 태국 북부 지방의 란나 왕국을 속국으로 두고 있었다. 란나에 대한 지배 과정에서 버마족의 문화가 이 지역에 들어왔다. 그리하여 란나의 민족은 타이족이고 주민이 쓰는 언어는 타이어의 일종이지만, 문자는 버마 문자의 영향을 받아 타이 문자와 버마 문자가 뒤섞인 형태다. 오늘날 태국 북부 지방에서 공식적인 문자는 타이 문자이지만 전통의 보존을 위해 종종 란나 문자도 사용된다.

크메르 문자

크메르어는 동남아시아의 다른 언어들과 마찬가지로 다양한 언어의 영향을 받아 왔다. 그것은 특히 크메르어의 어휘에서 나타난다. 예컨대 행정·군사·문학·종교의식의 용어는 상당 부분 산스끄리뜨어에서 왔으며, 13세기 이후 상좌불교가 도입된 이후에는 빨리어 단어가 많이 유입되었다. 또 14세기 중엽부터 19세기 중엽까지 간헐적으로 지속된 태국의 지배와 영향으로 그리고 17세기 이후 역시 간헐적으로 지속된 베트남의 지배와 영향으로 타이어와 베트남어에서 온 단어가 적지 않다. 19세기 중엽 이후 근 100년 동안 지속된 프랑스 식민 통치의 기간에는 프랑스어 어휘가 들어왔으며, 그것은 특히 도시 지역의 구어체 크메르어에서 엿볼 수 있다. 그 밖에 중국어와 영어 등에서 온 단어도 꽤 있다.

크메르 문자는 빨라바 문자에 기원을 두고 있다. 고대 크메르 문자로 쓴 비문은 6세기에 나타나기 시작한다. 8세기가 되면 오늘날의 형태를 보여 주는 크메르 문자가 발달해 있었다. 크메르 문자는 자음을 겹쳐 쓰는 등 인도 문자의 영향이 타이 문자나 라오 문자보다 더욱 강하게 남아 있다. 크메르어에는 주위의 대륙 동남아시아 국가들의 언어들과 달리 성조가 없다. 크메르 문자는 서른한 개의 모음과 서른세 개의 자음으로 구성되어 있으며, 대부분의 모음은 어떤 자음과 결합하느냐에 따라 두 가지로 발음된다.

타이 문자와 라오 문자

타이어와 라오어는 따이-까다이 어족에 속하는 언어로 상호 매우 유사하며, 문자의 형태도 매우 비슷하다. 타이 문자와 라오 문자는 모두 빨라바 문자에 기원을 두고 있으며, 먼저 등장한 것은 타이 문자다. 타이인들은 수코타이 왕조의 람캄행 왕이 13세기 말에 타이 문자를 창제했다고 믿고 있다. 그러나 최근의 연구에 따르면, 람캄행 왕이 세운 것으로 알려진 한 비문에 나타나는 이른바 수코타이 문자는 이미 그 이전부터 발달되어 있었던 타이 문자를 바탕으로 한 것이다. 대략 13세기 중엽부터 15세기 초 사이에 발전된 수코타이 문자는 크메르 문자의 영향을 받아 만들어졌다. 이 점은 당시 태국이 앙코르 왕국의 지배를 받거나 그 영향하에 놓여 있었다는 사실을 고려할 때 자연스러운 것으로 보인다.

람캄행 왕 비문의 수코타이 문자는 현대 타이 문자의 원형을 보여 주고 있다. 하지만 수코타이 문자가 그 이후 수세기 동안 형태상 많은 변화를 겪으면서 양자 사이에 차이가 생겨났다. 수코타이 문자는 16세기 초가 되면 메콩강 중부 유역으로 확대되어 오늘날 라오스 지역에서 라오 문자를 생성시켰다. 라오 문자는 이후 타이 문자와 구분되는 형태로 발전했다. 한편 태국 동북부 지방에는 1천만 명 이상의 라오족이 살고 있다. 이들은 태국의 국민으로서 학교 교육과 공식적인 차원에서는 타이어로 말하고 타이 문자를 쓰지만, 비공식적인 일상생활에서는 라오어로 말하고

표 3 인도 데바나가리(Devanagari) 문자와 동남아시아의 버마·크메르·타이·라오 문자의 비교

음가	데바나가리	버마	크메르	타이	라오
ka	क	က	ក	ก	ກ
ga	ग	ဂ	គ	ค	ຄ
ca	च	စ	ច	จ	ຈ
ta	त	တ	ត	ต	ຕ
na	न	န	ន	น	ນ
pa	प	ပ	ប	ป	ປ
ma	म	မ	ម	ม	ມ
ya	य	ယ	យ	ย	ຍ
ra	र	ရ	រ	ร	ຣ
la	ल	လ	ល	ล	ລ
va	व	ဝ	វ	ว	ວ

라오 문자를 쓰기도 한다. 종종 두 언어와 두 문자가 혼용되기도 한다. 라오어 및 라오 문자가 타이어 및 타이 문자와 매우 비슷하기 때문에 가능한 일이다.

음성학적으로 풍부한 타이어에 적응하는 과정에서 타이 문자는 글자 수가 많아져 서른두 개의 모음과 마흔네 개의 자음을 갖추고 있다. 한편 라오 문자는 16세기 초부터 철자법에서 차이가 발전하기 시작해 라오 문자의 자음들이 단순하게 되었다. 그리하여 라오 문자는 타이 문자에 비해 글자 수가 훨씬 적어 모음이 스물여덟 개, 자음은 스물일곱 개로 되어 있다. 양 문자의 철자법 차이는 현대에 들어서서 정부가 주도한 언어 표준화 과정을 통해 더욱 커졌다. 예컨대 -p, -t, -k의 세 가지 종성폐쇄음을 표기하는 데 라오 문자는 세 개의 자음만 사용하지만, 타이 문자는 열여섯 개의 자음을 쓴다.

인도네시아의 문자들

인도네시아의 자와 섬에서 최초로 나타난 문자는 카위(Kawi) 문자다. '카위'는 산스끄리뜨어 '까비(kavi)'에서 파생한 것으로 '예지자'·'시인' 등을 뜻한다. 현재까지 발견된 가장 오래된 카위 문자로 된 기록은 732년에 세워진 비문이다. 대략 500~1000년 사이에 브라흐미 문자의 영향을 받아 만들어진 카위 문자는 근대 자와 문자의 바탕이 되었다. 오늘날에는 거의 사용되지 않는 자와 문자는 여섯 개의 모음과 스무 개의 자음으로 구성되어 있었다.

카위 문자는 인도네시아의 수마트라 섬에도 영향을 주어 이 섬의 중부에서는 바탁 문자를, 동남부에서는 람풍 문자를 발달시켰다. 바탁 문자는 네모진 단순한 모양이며, 람풍 문자는 바탁 문자와 카위 문자의 중간쯤이다. 말레이어를 표기하는 데 쓰였던 람풍 문자는 여섯 개의 모음과 열여덟 개의 자음으로 되어 있었다.

베트남의 쯔놈 문자

베트남은 동남아시아 국가들 중 전근대 시기에 중국 문화의 영향을 가장 많이 받았다. 그것은 문자에서도 마찬가지였다. 기원전 2세기에 중국의 식민지가 된 이후 1,000년 이상 중국의 식민 통치를 받았던 베트남은 다양한 중국 문화를 받아들였다. 베트남어는 단음절로 발음되는 성조 언어이기 때문에 한자를 베트남어로 쉽게 읽을 수 있다. 그래서 중국 문화의 유입과 함께 일찍부터 한자가 별다른 마찰 없이 도입될 수 있었다. 베트남인은 우리나라의 이두 문자와 비슷하게 한자를 빌려 베트남어를 표기하는 문자를 만들었는데, 이를 쯔놈(Chu Nom, 字喃)이라고 부른다. 쯔놈 문자는 13세기에 베트남어 시를 쓰는 데 사용되었고 그 후에는 종종 민족주의적 배경에서 사용되었으나 널리 보급되지는 못했다. 그러다가 19세기 이후 프랑스 식민 통치 시기에 로마자가 도입되어 베트남 문자로 정착되었다.

제9장

상좌불교의 형성과 실제

1. 상좌불교의 특징

소승불교 · 남방불교 · 상좌불교

대륙 동남아시아의 미얀마·태국·라오스·캄보디아에서 인구의 절대다수가 믿는 종교는 불교, 그것도 상좌(上座)불교다. 상좌불교는 인도네시아·말레이시아·베트남 등 동남아시아의 다른 나라들에도 퍼져 있으나, 이들 나라에서는 인구의 극히 작은 부분에 의해 신봉되고 있을 뿐이다.

'상좌불교'는 인도의 빨리어 '테라바다(theravāda)'의 한역(漢譯)이다. '연상, 손위, 고참' 등을 뜻하는 '테라(thera)'는 절의 '장로(長老)'·'상좌(上座)'를 가리키며, '바다(vāda)'는 '말씀, 가르침' 등을 의미한다. '테라바다'를 직역하면 '상좌의 가르침'이다.

상좌불교는 종종 '남방불교' 혹은 '소승불교'라고도 부른다. '남방(南方)불교'는 상좌불교가 스리랑카와 동남아시아 등 아시아의 남쪽 지역에 분포되어 있다는 측면에서 만들어진 용어다. 그에 비해 티베트·몽골·중국·한국·일본·타이완·베트남 등 아시아의 북부 지역에 퍼져 있는 대승불교는 '북방(北方)불교'라고 칭한다.

'소승불교'는 불교의 역사에 비춰 볼 때 타당한 용어라고 볼 수 없다. 그것은 특히 상좌불교의 관점에서 볼 때 바람직한 용어가 아니다. 불교는 기원전 4세기 말 혹은 3세기 말에 보수파인 상좌부(上座部)와 개혁파인 대중부(大衆部)로 분열되었다. 그 후 100년 동안 대중부는 여섯 개 부파, 상좌부는 열두 개 부파로 다시 쪼개졌다. 대중부가 아홉 개 부파, 상좌부가 열한 개 부파로 나뉘어졌다고 전하는 기록도 있다. 기원 전후에 인도에서 대승불교가 수립되었는데, 대승불교 측은 자신의 등장 이전에 존재했던 모든 불교 교파를 통칭해 '히나야나(Hīnayāna)'라고 불렀다. '히나(hīna)'는 '버려진'·'열등한'·'비속한' 등을 뜻한다. '버려진·열등한 수레'를 의미하는 '히나야나'는 보통 '소승(小乘)'으로 번역되었다. 여기서 알 수 있듯이, 소승불교와 상좌불교는 동일한 개념이 아니다. 상좌불교는 소승불교의 일개 부파였다. 한편 대승불교는 재가(在家) 신자 중심의 새로운 불교 운동으로, 스스로를 '큰 수레'를 뜻하는 '마하야나(Mahāyāna)' 즉 '대승(大乘)'이라고 부르면서, 기존 불교를 출가 승려만의 구도 및 해탈을 주장하는 '뒤떨어진'·'비속한' 불교로 간주했다. 상좌불교 측이 이러한 폄훼의 의도가 깔려 있는 용어를 쉽게 받아들이지 않는 것은 당연할 것이다.

상좌불교와 대승불교의 주요 차이

상좌불교의 특징은 상좌불교와 대승불교의 몇몇 주요 차이를 파악함으로써 어느 정도 알 수 있다. 첫째, 붓다의 존재에 대해 대승불교는 붓다를 실체가 없는 절대적 존재로 보는 반면, 상좌불교는 붓다를 자연적 인간, 역사적 존재, 혹은 기껏해야 초인(超人)으로 간주한다. 둘째, 대승불교는 해탈 및 구제를 다른 존재의 도움을 받아 획득할 수 있다고 보지만, 상좌불교는 그것을 자신의 힘으로만 달성할 수 있고 또 달성해야 한다고 주장한다. 상좌불교의 이러한 입장은 원시불교의 경전 중 하나인 『법구경(法句經, Dhammapada)』의 "자기야말로 자신의 의지처, 자신을 두고 누구에게 의지하리, 잘 다스려진 자기야말로 실로 얻기 어려운 의지처"라는 구절에 잘 나타나 있다. 대승불교가 말하는 '구제의 조력자'에는 관세음보살 등 다양한 보살이 포함되어 있다. 특히 아미타불에 의지하면 극락정토에 이를 수 있다고 주장한다.

세 번째는 수행 목표의 차이이다. 상좌불교는 아라한(阿羅漢)을, 대승불교는 보살(菩薩)을 추구한다. '아라한'은 빨리어 '아라한뜨(arahant)'의 음역으로, 원래의 의미는 '능력 있는 자'·'존경받을 가치가 있는 자'이지만, 불교적 맥락에서는 '삼계(三界)의 모든 속박에서 벗어나 더 이상 윤회하지 않는 자'로 이해된다. 상좌불교 경전 중 경장의 『상응부(相應部, Saṁyutta-nikāya)』에는 아라한이 탐욕은 물론 자아의 표현까지도 소멸된 존재로 그려져 있다. 아라한은 죽으면 열반에 도달하기로 예약된 자라고 말할 수 있을 것이다. 보살은 산스끄리뜨어 '보디사뜨바(bodhisattva)'의 음역으로, 문자 그대로는 '깨달음의 존재'를 뜻한다. 보살은 자신의 해탈뿐만 아니라 다른 존재 이른바 중생(衆生)의 해탈을 위해서도 계속 노력하겠다고 서약한 존재다. 대승불교는 '보살' 사상의 근거로 종종 『본생경』에 수록되어 있는 붓다의 전생설화(前生說話)를 든다. 즉 석가모니가 일찌감치 해탈해 열반에 이를 수 있었지만 『본생경』에 등장하는 수많은 존재로 계속 윤회한 것처럼, 불교도는 다른 중생의 구제를 위해 살아야 한다는 것이다. 기원 전후에 인도에서 대승불교 운동을 일으킨 사람들은 스스로를 '보디사뜨바'라고 부르면서 '보살'을 수행의 이상(理想)으로 삼았다.

그 밖에 차이로는 상좌불교의 경전이 빨리어로 되어 있는 반면 대승불교의 경전은 산스끄리뜨어로 되어 있다는 점, 상좌불교에서는 승려들이 정오 이전에 하루 한 끼 식사를 하지만 대승불교에서는 일일일식(一日一食)의 원칙을 중시하지 않는다는 점, 또 상좌불교에서는 주어진 것이면 가리지 않고 받는다는 '다나(dāna)' 즉 '보시(布施)'의 원칙에 따라 예컨대 아침 탁발에서 고기음식도 마다하지 않고 받아서 먹지만 대승불교에서는 육식을 금한다는 점 등을 들 수 있다. 뒤의 두 가지 차이점은 상좌불교가 원시불교의 전통에 보다 가깝다는 측면에서 이해될 수 있다.

2. 동남아시아 상좌불교의 역사

동남아시아의 왕국들에 상좌불교가 전파되고 변화와 발전을 겪은 것은 한편으로는 동남아시아 왕국들 간의 역사적인 접촉 및 관계를 통해, 다른 한편으로는 스리랑카와의 교류를 통해 일어났다. 스리랑카는 기원전 3세기에 이미 불교를 수용했으며 기원 전후의 시기에는 상좌불교가 국가적인 종교로 확립되기 시작했다. 동남아시아의 몇몇 나라에서 불교의 역사와 관련해 한 가지 흥미로운 측면은 그 나라의 불교 기원을 기원전 6세기 붓다 시대까지 혹은 불교 전파에서 중요한 역할을 한 기원전 3세기 인도의 아소카(Aśoka) 왕 시대까지 거슬러 올라가 잡는 서술의 전통이 있다는 것이다. 전설 및 설화 수준에 속하는 이 측면은 자신의 나라의 불교가 오래되었다는 점과 정통성이 있다는 점을 내세우기 위한 소망에서 나온 것으로 보인다.

이 절에서는 미얀마·태국·라오스·캄보디아 등에서 상좌불교가 어떻게 전래되고 확산되었는지, 그리고 불교가 이들 나라에서 전근대 시기와 근대 및 현대 시기를 거치면서 국왕을 중심으로 한 국가 권력과 어떤 관계에 있어 왔는지, 특히 그 관계를 통해 어떠한 변화를 겪고 발전해 왔는지를 살펴본다.

미얀마

19세기 중엽에 빤나사미(Pannasami)라는 불교 승려가 편찬한 미얀마 불교 역사책에 따르면, 기원전 536년에 붓다가 수백 명의 승려와 함께 공중으로 날아 인도에서 하부 미얀마에 왔으며, 기원전 309년에는 인도의 아소카 왕이 보낸 여러 명의 불교 승려가 역시 하부 미얀마에 와서 불교를 전파했다고 한다. 마찬가지로 상부 미얀마에도 기원전 523년 불교가 전파되었으며, 기원전 309년에는 아소카 왕의 불교 전도자들이 상부 미얀마에 왔다고 한다.[1] 그런데 아소카 왕은 기원전 4세기가 아니라 3세기의 사람이다. 또한 미얀마의 『유리궁전 연대기』에는 붓다가 미얀마에 장차 불교가 수립될 것이라고 예언하는 대목이 나온다.[2] 이러한 서술은 모두 역사적 근거가 없어 그 신빙성이 불확실하다.

『유리궁전 연대기』에 의하면, 남부 미얀마에 위치한 몬족 왕국의 수도 떠통에 붓다고사(Buddhaghosa)가 살고 있었다. 그 나라 국왕의 존경을 받고 있던 그는 빼테잉(Pathein) 항구에서 배를 타고 인도로 그리고 인도에서 스리랑카로 갔으며, 스리랑카에서 그의 유명한 저서인 『비숫디막가(Visuddhimagga)』 즉 『청정도론(淸淨道論)』을 집필했을 뿐만 아니라 모든 불경의 주석을 붓다가 설법할 때 사용한 언어인 마가다(Magadha)어로 번역했다. 그는 그 후 스리랑카에서 자신의 저서와 삼장(三藏) 즉 경장(經藏)·율장(律藏)·논장(論藏) 등 불교 경전 모두를 갖고 떠통으로 돌아왔다.[3]

4세기 말에 인도에서 태어나 5세기에 스리랑카에서 활약한 것으로 알려져 있는 붓다고사는 특히 『청정도론』으로 유명하다. 불교의 교리와 명상 수련의 방법을 논하고 있는 이 책은 상좌불교 승려들에게 오래전부터 큰 영향을 미쳤다. 미얀마의 역사책이 인도 사람인 붓다고사를 마치 미얀마 사람인 것처럼 그려 놓고 있는 것도 미얀마 불교에 더욱 큰 권위와 정통성을 부여하기 위한 의도에서 비롯된 것으로 보인다. 이와 비슷한 맥락에서 미얀마의 몇몇 유명한 불탑들은 붓다의 머리카락을, 그것도 붓다에게서 직접 받은 것을 보유하고 있다고 주장한다. 예컨대 양곤의 쉐다공 불탑은 붓다에게서 받은 머리카락 여덟 올을 안치하기 위해 건립된 것이라고 한다. 버고의 쉐모도(Shwemawdaw) 불탑은 미얀마인 두 형제가 인도에 가 붓다를 친견하고 그의 머리카락 두 올을 얻어 이를 봉안하기 위해 세운 것이라고 전해지고 있다.

미얀마의 상좌불교 역사에서 보다 확실한 것은 쀼 왕국이 번성하던 7~9세기에 불교가 미얀마에 정착되어 있었다는 점이다. 11세기에 편찬된 중국의 사료 『신당서(新唐書)』의 기록에 의하면, 당시 쀼 왕국에서는 사람들이 불법(佛法)을 좋아했으며, 사찰이 100개나 있었고 어린이들은 7세에 머리카락을 자르고 절에 들어가 살았으며 20세까지 불법을 깨닫지 못하면 환속했다고 한다.[4] 5세기 쀼족의 한 유적에서 빨리어 비문이 발견되었는데, 상좌불교가 미얀마 중부 지역에 비교적 일찍 들어왔다는 것을 짐작케 한다.

그림 41 버고의 쉐모도 불탑

상좌불교는 정확한 시점은 밝혀지지 않지만 떠통을 중심으로 한 미얀마 남부에도 비교적 이른 시기에 전래된 것으로 보인다. 이 지역은 앞에서 언급한 것처럼 몬족의 세계였다. 하지만 대부분의 미얀마 사람들은 어노여타 왕이 11세기 중엽 몬족의 왕국을 공격한 것을 미얀마 불교의 본격적인 출발점으로 간주한다. 1057년 떠통을 점령한 그는 당시 이 도시에 있던 빨리어 불경과 주석서들을 다섯 마리의 코끼리를 이용해 버강으로 실어 날랐고 이때 비구 500명도 버강에 데려왔으며, 몬족의 상좌불교를 버마족의 버강 왕국의 종교로 채택했다.

상좌불교는 그 이후 미얀마의 왕조 역사에서 왕실 및 국가의 비호를 받으며 발전했다. 왕들과 고위 관료들은 자신의 불교 신앙을 과시하면서 불교를 지원하고 불교의 흥왕을 위해 노력했다. 특히 통치자들 중에는 자신이 불교를 옹호하는 이상적

그림 42 버강의 불교 사원 및 불탑들

인 불교 군주라는 것을 내세우려고 노력하는 자가 많았다. 13세기 말까지 약 240년에 이르는 버강 왕조의 기간에 무려 5천 개 이상의 사원 및 불탑이 버강 도시에 세워졌다는 사실은 그들의 그러한 불교적 열심을 보여 준다.

1141년 알라웅시뚜 왕은 버강에 쉐구지(Shwegugyi) 사원을 건립하면서 새긴 비문에서 자신이 바라는 최고의 공덕은 신들의 영화나 군주의 영광이 아니고 오직 모든 백성의 해탈과 구제를 위한 길을 닦겠다는 것이며, 자신은 불법을 완수하기 위해 모든 불경을 공부해 마침내 붓다가 되겠다고 말하면서 불교에 대한 자신의 열심과 헌신을 나타낸다.

『유리궁전 연대기』에는 불법에 충실하면서 불법에 입각한 군주가 되기 위해 노력하는 버강 왕조의 여러 왕이 등장한다. 예컨대 나다웅먀(Nadoungmya) 왕(재위 1210~1234)에 대해서는 그가 "재가든 출가든 모든 백성의 고통과 복지에 대해 충분히 숙지하기 위해 항상 애썼기 때문에 무질서하거나 반란을 일으킨 지역이나 마을이 없었으며, 비는 잘 내렸고 내륙 멀리 안쪽까지 비옥함과 번영과 풍요로움이 있었다"고 적혀 있다. 그의 아들 짜스와(Kyaswar) 왕(재위 1234~1250)은 "재가와 출가 모든 백성에 대해 마치 자신의 품안에 있는 자식처럼 동정심을 품었으며 불경 삼장을 아홉 번 이상 읽어" 빨리어로 '담마라자(Dhammarāja)', 버마어로 '당마야자(Dhammayaza)' 즉 '불법을 지키는 정의로운 군주'로 불렸다고 한다.[5]

미얀마 역대 왕들 중에는 불교적 열심 때문에 '잠부디빠(Jambudipa)'의 통치자로 불린 자가 여러 명 있다. 짠싯따 왕은 그가 세운 쉐찌공 사원의 한 비문에 "잠부디빠의 모든 영역에 걸쳐 칭송받게 될" 것이라고 적혀 있다. 나라빠띠시뚜(Narapatisithu) 왕(재위 1173~1210)은 수도 버강을 "잠부디빠"라고 불렀으며, 자신을 "잠부디빠의 꼭대기에 거하는…위대한 왕"이라고 칭했다. 알라웅퍼야 왕은 1755년에 반포한 칙령에서 자신이 "잠부디빠의 전 영역의…지배자"라고 말했다. 이와 비슷하게 보도퍼야 왕은 한 비문에서 "잠부디빠 섬 전체의 지배자"란 칭호를 얻었다.[6]

'잠부디빠'란 힌두교 및 불교의 우주론에서 세계의 중심축을 이루는 수메루(Sumeru) 즉 수미산(須彌山) 남쪽에 있는 대륙 내지는 섬을 일컫는 것으로 세계의 4분의 1을 차지한다. 불교에서는 한 나라를 다스리는 왕이 불법을 실현하면 짜끄라바르띤 즉 '우주의 바퀴를 돌리는 세상의 정복자'인 전륜왕이 된다고 말한다. 그러나 오로지 불법의 실천을 통해 세상 전체를 정복하는 완전한 전륜왕의 경지는 도달될 수 없다고 보아, 불교 군주들은 군대를 동원해 세상의 4분의 1인 잠부디빠만 정복하는 '발라(bala) 짜끄라바르띤' 즉 '무력의 전륜왕'을 추구했던 것이다.

미얀마의 불교는 종종 부침을 겪는 등 많은 변화와 발전이 있었는데, 그 과정에서 특히 스리랑카와의 교류는 중요한 역할을 했다. 미얀마의 승려 중에는 불교 공부를 위해 혹은 박해를 피해 스리랑카로 간 사람이 종종 있었다. 예컨대 나라투

(Narathu) 왕(재위 1167~1170)이 등위하자 빵따구(Panthagu)라는 승려는 왕이 자신의 형을 독살했다는 것을 듣고는 왕궁으로 가 "사악한 왕이여, 비열한 왕이여, 윤회의 고통을 두려워하지 않는 자여!…당신보다 더 저주받을 왕은 세상 전체에 없도다!"라고 비난하고는 스리랑카로 도피했다.[7]

1180년에는 버강 왕국의 승려 몇 사람이 스리랑카로 여행을 갔는데, 거기엔 차따빠(Chatapa)라는 몬족 출신의 사미승도 포함되어 있었다. 그는 뒤에 스리랑카에 혼자 남아 당시 현지의 정통 교파인 마하비하라(Mahavihara)파에서 수계하고 비구가 되었다. 10년 동안 스리랑카에서 공부한 차따빠는 1190년 미얀마로 돌아와 스리랑카의 불교 전통을 확산시켰으며 미얀마 불교계에 논장의 불교 교리 및 불경 주석에 관한 연구를 진작시켰다. 버강 왕국이 멸망한 후 불교가 쇠퇴해 가던 15세기, 출가해 비구의 삶을 체험했던 버고의 당마쩨디(Dhammazedi) 왕(재위 1472~1492)은 등위 후 스물두 명으로 구성된 불교 사절단을 스리랑카로 파견했는데, 마하비하라파의 수계 의식을 재도입함으로써 미얀마의 승단을 정화하고 통일하겠다는 것이 주목적이었다.

불교의 중흥을 위한 이러한 노력은 미얀마의 여러 통치자에게서 나타났다. 예컨대 1850년대 전쟁을 통해 나라의 절반이 영국에게 빼앗겨 상부 미얀마만 통치하던 밍동 왕은 불경 전체를 729장의 대리석판에 새기도록 했으며, 1868년 그렇게 완성된 불경 대리석판들을 자신이 헌납한 만덜레의 꾸또도(Kuthodaw) 탑에 진열했다. 그는 1871년에는 만덜레에서 결집을 개최해 2,500명의 승려들로 하여금 불경을 전체 교열하게끔 했다. 그의 이러한 행위는 멸망 위기에 놓인 왕국을 불교를 통해 지키겠다는 정치적 의지의 발로이기도 했다.

우누 총리가 1954년에 개최한 결집에는 영국의 식민 통치를 통해 그리고 독립 이후 정치적·사회적 혼란을 겪으며 쇠퇴한 미얀마의 불교를 부흥시키겠다는 의도

그림 43 밍동 왕의 대리석판 대장경

외에도 불교에 대한 자신의 신앙을 과시함으로써 정치적 권력을 강화하겠다는 계산도 깔려 있었다. 술을 마시지 않고 채식을 하며 매일 명상 수련을 하는 등 승려 같은 금욕주의적 삶을 추구한 우누는 명상 운동을 전국에 보급시켰다. 그의 불교에 대한 열심은 1961년 불교를 국교로 선포하는 것으로 그 정점에 달했다.

불교를 자신의 정치적 권력을 위해 이용하는 것은 최근까지 여러 군부 지도자에게서도 엿볼 수 있다. 예컨대 네윈은 정권에 대한 민중의 불만이 점증하자 1980년대 초에 쉐다공 불탑 맞은편에 마하위자야(Maha Wizaya) 불탑을 세웠다. 땅쉐 장군 그리고 1990년대 말부터 2000년대 초까지 군부 실세 중 하나였던 킨늉(Khin Nyunt) 장군 등은 불탑들을 건축하고 보수했으며, 특히 고위 승려들에게 시주하면서 그것을 텔레비전과 신문 등을 통해 전국에 홍보했다.

태국

태국에서의 초기 불교 역사는 미얀마에서와 마찬가지로 몬족의 활동과 깊이 관련되어 있다. 몬족은 미얀마의 목뜨마만과 태국의 태국만 사이의 내륙 지역에 6세기부터 나콘빠톰(Nakhon Pathom), 수판부리(Suphanburi) 등 여러 성읍국가를 건설했다. 이들 지역에 수립된 몬족의 문화는 '타와라와디'라고 불린다. 9세기 초에는 치앙마이와 람푼 등 태국 북부 지역에 '하리푼차이'라는 또 다른 몬족의 왕국이 건설되었다. 타와라와디와 하리푼차이뿐만 아니라 중부의 롭부리(Lopburi), 동북부의 나콘랏차시마, 피마이(Phimai), 깔라신(Kalasin) 그리고 심지어 위앙짠 등 라오스의 일부 지역에서도 몬족의 유물이 발견되었다. 그 유물 중 불상이나 붓다가 새겨진 봉납 점토판 등의 일부에는 빨리어로 된 기도문이 있어 당시 태국의 많은 지역에 상좌불교가 퍼져 있었다는 것을 짐작케 한다.

태국 불교의 역사를 다룬 『땀난 문라삿사나(Tamnan Munlasatsana)』 즉 '종교 기원의 역사'라는 연대기에 의하면, 상좌불교는 치앙마이와 람푼 일대의 태국 북부 지역에 늦어도 8세기 후반에는 들어와 있었으며, 그것은 롭부리에서 온 것이었다.[8] 더 북쪽에 위치한 치앙센을 중심으로 건설된 요녹 왕국에도 그 번성기인 10세기 말에서 11세기 초 사이에 상좌불교가 확립되었다. 요녹의 불교는 떠통과 버고 등 몬족 도시들로부터 수입되었는데, 그것은 당시 치앙센과 미얀마 남부 해안지역 간 하리푼차이를 경유한 무역이 이루어지고 있었기 때문에 가능했다.

상좌불교가 오늘날처럼 태국에 전해지고 태국 왕조 역사의 핵심 요소로 확립된 데에는 나콘시탐마랏(Nakhon Si Thammarat)이 중요한 역할을 했다. 태국 남부의 말레이 반도 동안에 위치한 이 성읍국가는 일찍부터 남아시아와 태국만 일대의 대륙 동남아시아 지역 간 국제무역에서 중요한 중계무역 항구 중 하나였다. 그러한 지정학적 이점을 갖고 있던 나콘시탐마랏과 스리랑카 사이에 정치적·종교적 교류가 있었으며, 이를 통해 스리랑카의 마하비하라파의 상좌불교가 나콘시탐마랏에 유입되어 13세기 중엽에는 이 성읍국가의 지배적인 종교가 되었다. 나콘시탐마랏의 상좌불교는 그 이후 수코타이와 치앙마이 등 태국의 새로운 왕국들의 중심지뿐만 아니라 캄보디아의 앙코르 왕국으로도 전파되었다.

람캄행 왕의 비문에 따르면, 13세기 말 수코타이 왕국에는 왕족·귀족·백성의 남녀 모두 기꺼이 시주하고 계율을 지키는 등 불교 신앙이 확립되어 있었다. 또 국왕은 모든 백성에게 공덕과 불법을 가르치는 선생일 뿐만 아니라, 수도 서쪽에 있는 아란익(Aranyik) 사원에 가서 나콘시탐마랏에서 온 그 절의 주지에게 경배한다고 묘사되어 있다.[9] 수코타이 왕국의 상좌불교는 아마도 몬족이 이미 오래전부터 태국 도처에 퍼뜨린 불교에 바탕을 두었을 것이며, 나콘시탐마랏으로부터 온 불교는 특히 왕실 차원에서 중요한 역할을 했던 것으로 추측된다.

상좌불교는 13세기 말경 태국 중부의 수코타이 왕국뿐만 아니라 치앙마이를 중심으로 한 북부의 란나 왕국에 사는 타이족의 가장 보편적인 종교이자 문화적 정체성의 핵심적 요소가 되어 있었다. 그리하여 이후 태국의 통치자 중에는 미얀마와 마찬가지로 불교에 대한 자신의 열심을 보여 주기 위해 애쓰는 자가 적지 않았다.

예컨대 수코타이 왕조의 리타이(Lithai) 왕(재위 1347~1368)은 1361년에 세워진 한 비문에 의하면, 불경에 정통했으며 열 가지 왕의 법도에 부합하는 통치를 하고 심지어 자신에게 해를 끼친 사람에게도 자비를 베풀었는데, 그것은 스스로 붓다가 되기로 결심했기 때문이었다.[10] 빨리어로 '라자담마(rājadhamma)', 타이어로 '랏차탐(ratchatham)'이라고 하는 왕의 법도는 보시, 바른 행위, 관용, 희생 및 헌신, 공명정대, 온화, 금욕 및 자제, 화내지 않기, 다른 존재에게 해 끼치지 않기, 저항하지 않기 등이다. '랏차탐'은 태국의 불교적 왕권과 통치에서 전통적으로 매우 중시되었던 것으로 보인다. 그리하여 17세기 아유타야 왕조의 나라이 왕이 작성한 것으로 알려져 있는 「플렝 야오 파야꼰 끄룽시 아유타야(Phleng Yao Phayakon Krung Si Ayutthaya)」 즉 「아유타야에 대한 예언의 긴 노래」라는 시에는 다음과 같이 묘사되어 있다.

> 아유타야는 완전하고 왕들이 행하는 명예로 충족되어 있다.
> 그리고 최상의 행복이 그 첫 2,000년이 끝날 때까지 모든 세상에 풍성할 것이다.
> 그때 모든 존재에게 반드시 위험이 일어날 것이다.
> 그것은 왕이 열 가지 왕의 법도를 행하지 않으면 열여섯 가지 놀라운 불행이 일어나기 때문이다.[11]

리타이 왕의 공식적 칭호는 '마하탐마랏(Mahathammarat)'인데, 빨리어 '마하담마라자(Mahādhammarājā)'에서 파생된 그 칭호는 '불법에 입각한 위대한 왕'을 뜻한다. 1361년에 크메르어로 새긴 다른 비문에 의하면, 리타이 왕은 미얀마의 목뜨마에 사신을 보내 마하사미(Mahāsāmi)란 이름의 불승을 수코타이로 초빙했다. 마하사미는 당시 그 도시에 거류하고 있던 많은 스리랑카 승려 중 하나였다. 리타이는 그를 빨리어로 '상가라자(Sangharāja)', 타이어로 '상카랏(Sankharat)' 즉 승왕(僧王)에 임명해 왕국의 불교를 그에게 맡겼다.[12] 이 사건은 비록 간접적이지만 당시 수코타이 왕국의 불교가 13세기 말 람캄행 왕의 시대에서와 마찬가지로 스리랑카의 불교계로부터 많은 영향을 받고 있었다는 것을 보여 준다.

불교적 교류에서 스리랑카가 태국에게 신세진 적도 있었다. 스리랑카는 1751년 태국에 사절단을 파견해 자국 불교의 재건을 위한 도움을 청했다. 당시 스리랑카는 16세기 초부터 시작된 포르투갈과 네덜란드의 오랜 지배로 불교가 쇠퇴해 있었다. 아유타야 왕조의 보롬마꼿(Borommakot) 왕(재위 1733~1758)이 보낸 열여덟 명의 비구들은 스리랑카의 승려들을 태국 방식에 따라 다시 수계했으며, 이로써 스리랑카 불교계에 이른바 시암파(Syāma-nikāya) 교단이 형성되었다.

태국에도 미얀마에서처럼 '잠부디빠의 통치자'라는 위상을 중시한 왕들이 있었다. 보롬마뜨라이록까낫(Borommatrailokanat) 왕(재위 1448~1488)은 치앙마이와의 전쟁에서 승리한 것을 송축하는 시에서 "잠부디빠의 지배자"로 소개되어 있다. 또 미얀마 군대를 격퇴하고 태국을 재통일한 딱신 왕은 1775년 라오스의 국왕에게 보낸 편지에서 자신을 "잠부디빠의 위대한 왕"이라고 칭했다.[13]

태국의 군주들은 대부분 불교를 왕국 통치의 근간으로 간주했던 것으로 보인다. 그 대표적인 예는 라마 1세에게서 찾을 수 있다. 짜끄리 왕조를 창건한 라마 1세는 아유타야 왕조가 멸망한 원인을 도덕적 타락으로 보았으며, 불교를 국가 정통성과 사회 질서의 토대로 간주해 무엇보다도 불교의 개혁을 중시했다. 이를 위해 그는 승단을 정화하고 불교 법령을 제정했으며, 특히 1788년에는 결집을 개최해 불경 전체에 대한 검토와 개정을 실시하도록 했다.

짜끄리 왕조 시대 태국 불교의 역사에서 또 다른 중요한 불교 군주는 몽꿋 즉 라마 4세였다. 왕자 시절인 1824년 출가해 1851년 등위할 때까지 불문에 몸담았던 그는 빨리어 불경 원본을 공부하면서 태국의 불교가 붓다의 원래 가르침에서 많이 벗어나 있다고 보아, 1830년대 말 '탐마유띠까니까이(Thammayutikanikai)' 혹은 간단히 '탐마윳(Thammayut)'으로 불리는 새로운 종파를 세웠다. '탐마유띠까'는 '불법에 상응한 자'를 뜻한다.

탐마윳파는 기존의 마하니까이(Mahanikai) 종파에 비해 더욱 엄격히 계율 준수를 요구했으며, 양쪽 어깨를 다 덮는 몬족 승려들의 승복 착의 방식과 특히 그들의 수계 의식을 채택했다. 상류 내지는 중류층 가문의 지지를 받은 탐마윳파는 몽꿋의 아들인 라마 5세 시대에 독립적 교단의 지위를 얻었으며, 몽꿋의 또 다른 아들로서 1893년 탐마윳파의 종정(宗正)이 된 와치라얀(Wachirayan)의 지도하에 그 세력이 전국적으로 확산되었다. 탐마윳파의 영향으로 계율을 중시하는 태국 불교를 종종 '계율 불교'라고 칭한다. 그에 비해 미얀마 불교는 12세기 말 차따빠의 활동 이후 논장을 중심으로 한 교리 연구의 전통이 강하다.

태국의 불교 역사에서 마지막으로 고찰할 중요한 측면은 승가의 통일이다. 문명화된 근대 국가의 수립을 위해 노력한 라마 5세와 그를 보필한 방콕의 엘리트들은 국가의 통합을 추구했으며 그 일환으로 불교의 통일을 중시했다. 그 과업은 와치라얀 왕자의 진두지휘로 추진되었으며 1902년 승가법 제정으로 일단락되었다. 이로써 태국의 모든 사찰과 승려는 승왕이 수장인 중앙 승가 당국의 지도와 통제하에 놓였으며, 비구 및 사미승을 위한 통합적인 불교 교육 체제가 수립되었다. 특히 와치라얀은 모든 승려에게 불교 교리를 학습하고 시험을 통해 불교 학위를 획득하라고 요구했다.

그러나 이전부터 내려오던 북부 및 동북부의 승가 전통은 중앙 승가 체제에 용이하게 통합되지 않았다. 예컨대 타이어로 된 불교 교재를 사용하는 통합된 커리큘럼에 따라 승려들을 교육하는 국립 불교학교는 1925년에야 동북부의 주요 도시들에 설립되었다. 태국의 승가는 불교를 국가 통합의 도구로 본격적으로 이용한 사릿(Sarit) 총리(재임 1958~1963)에 의해 더욱 중앙화되었다. 그리하여 승가 당국은 1962년 제정된 승가행정법을 통해 승가법을 위반한 승려의 비구 신분을 박탈할 수 있게 되었고 승가의 권력은 승왕에게 더욱 집중되었다.

캄보디아

캄보디아에는 이미 부남 왕국 시대에 불교가 들어와 있었다. 중국 사료에 기록

| 그림 44 바욘 대승불교 신전의 동쪽 문

된 부남의 건국 설화에 등장하는 브라만 승려의 역할에서 엿볼 수 있는 것처럼, 처음에는 힌두교의 영향이 지배적이었다. 그러나 언젠가부터 불교가 도입되어 민간에까지 퍼진 것으로 보인다. 그것은 부남의 사야발마(闍耶跋摩) 즉 쩨이봐르만 왕이 484년 중국에 사신을 통해 보낸 국서에서 자신의 나라는 천신(天神)인 시바(Śiva)를 섬기지만 그와 더불어 "불법(佛法)이 흥왕하고 불교 승려가 많이 모이며, 불사(佛事)가 매일 성행한다"[14]고 말한 것에서 엿볼 수 있다.

부남의 불교는 대승불교였으며, 앙코르 왕국 시대에 들어와서도 적어도 13세기 초까지는 마찬가지였다. 그리하여 리어쩬뜨라봐르만(Rajendravarman) 왕(재위 944~968)과 그의 아들 쩨이봐르만 5세(재위 968~1001)는 공식적으로는 시바신을 숭배했으나 사적으로는 불교를 공부했으며 불교에 관용적이었다고 한다. 특히 쩨이봐르만 7세는 불교의 가르침에 몰두했으며, 12세기 말에 자신을 '붓다라자(Buddha-rāja)' 즉 '붓다-왕'이라고 선포할 정도로 불교적 왕권을 중시했다. 그의 불교적 열심은 따쁘롬(Ta Prohm), 쁘레아칸(Preah Khan), 바욘 등 대승불교 신전들의 건축으로 나타났다.

캄보디아의 불교는 13세기부터 상좌불교로 바뀌기 시작했다. 미얀마의 『유리궁전 연대기』에 따르면, 12세기 말 몬족 승려인 차따빠가 스리랑카에서 버강으로 돌아왔을 때 네 명의 다른 비구가 동행했으며, 그중에는 캄보자(Kamboja) 왕의 아들인 타말린다(Tamalinda)도 포함되어 있었다.[15] 타말린다가 쩨이봐르만 7세의 왕자인지 그리고 그가 뒤에 버강에서 캄보디아로 돌아와 상좌불교를 전파했는지에 대해서는 어떠한 기록도 남아 있지 않다. 하지만 당시 캄보디아 사람들 중에는 스리랑카나 미얀마로 순례해 상좌불교를 공부하고 그것을 캄보디아에 퍼뜨린 자가 있었을 것이다. 캄보디아에서의 상좌불교 전파는 상좌불교를 이미 믿고 있는 몬족 및 타이족과 크메르족의 상호 접촉과 교류 증가에 따라 일어난 것으로 보인다. 이와 관련해 고려되어야 할 측면은 중부 태국의 저지대에는 타이족과 몬족뿐 아니라 크메르족도 살고 있었고 이들 간 상호작용이 오래전부터 있어 왔다는 점이다.

캄보디아 역사 연구자인 데이비드 챈들러(David P. Chandler)는 주민 대부분이 상좌불교로 개종했다는 사실이 13세기에 캄보디아 사회에 미친 가장 큰 변화라고 말한다.[16] 주달관의 관찰에 따르면, 1290년대 캄보디아에서는 승려들이 황색 승복을 입고 있었으며, 불교 사원들이 있었고 그 안에 불상이 놓여 있었다. 또 승려들은 술은 마시지 않았지만 누구나 물고기와 육고기를 먹었고 비구니는 없었다.[17] 이러한 묘사는 당시 앙코르 사회의 불교가 상좌불교였음을 말해 준다. 주달관은 또 조정에는 브라만 승려가 있었지만 국왕이 불승들을 종종 불러 국사에 대한 자문을 구했으며 "집집마다 모두 불사(佛事)를 닦는다"고 전한다.[18] 이것은 비록 조정에서 힌두교 의식이 준수되고 시바신 숭배가 행해지고 있었지만, 상좌불교가 당시 앙코르 왕국에서 가장 중요한 종교로 자리 잡고 있었다는 것을 암시한다.

캄보디아 사회가 상좌불교로 전환된 것은 대략 1220년 쩨이봐르만 7세의 사망 후 얼마 지나지 않아서였을 것으로 추측된다. 그의 사후 캄보디아에서는 사암(砂岩)과 벽돌을 이용한 거대한 신전 건축과 대규모 관개 사업이 중단되었고, 힌두교 의식을 바탕으로 한 왕실의 위상이 점차 약화되었으며, 마침내 태국의 군사적 공격을 받기 시작했다. 앙코르 왕국에 대한 태국의 공격은 1290년대에 이어 1360년대 말 그리고 1380년대 말 있었으며, 마침내 1431년 아유타야 왕국의 공격으로 앙코르 왕국은 멸망했다.

앙코르 왕국이 쇠퇴한 원인을 상좌불교의 유입에서 찾으려는 설명이 있다. 이에 따르면, 상좌불교는 당시 캄보디아의 지배 엘리트층 사이에 퍼져 있었던 브라만교나 대승불교와는 달리 일반 백성의 삶에 더욱 직접적으로 다가간 종교였으며, 왕족이든 귀족이든 평민이든 노예든 상관없이 공덕 축적과 출가 및 수행을 통한 해탈을 강조하는 개인 중심의 종교였다. 그러한 성격의 상좌불교가 확산되자 백성이 브라만교 및 대승불교의 의례와 밀접히 연관되어 있던 지배층의 권위를 더 이상 존중하지 않게 되었으며, 이로써 지배층의 영향력과 국가의 사회통제력이 약화되었다는 것이다.[19]

캄보디아가 태국의 속국이 된 이후 상좌불교는 태국을 통해 더욱 많이 유입되어 캄보디아 사회에 더욱 깊고 넓은 영향을 미쳤다. 캄보디아의 왕족과 귀족 관료 중에는 태국에 가서 공부하고 그 문화를 체험한 자가 많았다. 또 수백 년간 이어진 양국의 전쟁에서 캄보디아의 포로가 된 타이인도 있었지만 태국에 포로로 끌려간 크메르인도 많았다. 캄보디아로 강제 이주된 타이인들과 태국에 끌려갔다가 뒤에 고향 땅에 돌아온 크메르인들에 의해 태국의 상좌불교 신앙 및 관습 그리고 상좌불교와 관련된 언어 및 예술 등이 캄보디아 사회에 소개되고 확산되었을 것이다.

특히 짠(Chan) 왕은 등위에 실패하자 아유타야로 망명한 후 태국 군대와 함께 돌아와 왕위를 차지했다. 1566년까지 계속된 그의 재위 기간에 태국의 상좌불교 문화가 캄보디아 왕실 및 조정에 더욱 침투되었을 것으로 보인다.

16세기 중엽 불교가 캄보디아에 어느 정도 퍼져 있었고 신봉되었는지는 당시 수도인 로벡(Lovek)을 1555년에 방문해 1557년까지 체류한 포르투갈인의 기록에서 엿볼 수 있다. 가스파르 다 크루스(Gaspar da Cruz)라는 가톨릭 신부에 의하면, 당시 캄보디아의 장정 중 3분의 1 이상이 불문에 있었으며, 이들 수십 만 명의 승려가 백성으로부터 큰 신뢰를 받고 있어 백성은 심지어 "그들 앞에 엎드리고 그들에게 빌며 그들을 신처럼 숭배했다." 크루스 선교사는 개종자를 얻지 못한 원인을 캄보디아인들의 미신과 불승에 대한 충성심에 돌렸다.[20]

캄보디아 불교에 대한 태국의 영향은 1860년대 초 캄보디아가 프랑스 보호령이 될 때까지 지속되었다. 태국 조정은 자신이 지지하는 엥(Eng) 왕자를 1779년 캄보디아의 왕위에 앉히면서 캄보디아 불교를 베트남의 공격으로부터 보호한다는 명분을 내세웠다. 태국이 캄보디아 상좌불교의 후견인 및 보호자로 자처하는 모습은 19세기 전반에 더욱 확실히 나타났다. 1810년대 초부터 캄보디아를 지배한 베트남은 1830년대 중엽부터 캄보디아의 주요 지명들을 베트남식으로 개칭하는 등 캄보디아 사회의 베트남화 정책을 추진했는데, 1840년에는 절과 불상을 파괴하고 승려들을 사찰에서 쫓아내는 등 상좌불교를 없애려고 시도했다. 이에 1840년대 초 반베트남 저항 운동이 캄보디아 도처에서 일어났으며, 그 과정에서 많은 크메르인들은 자신들의 불교를 생각하며 싸웠다고 한다. 태국 정부는 캄보디아의 일부 엘리트의 요청에 따라 원정군을 파견해 베트남 군대를 캄보디아에서 축출하고 캄보디아에서 태국의 우세를 다시 확립했다. 불교는 태국의 지지로 등위한 두엉(Duang) 왕(재위 1848~1860)에 의해 회복되었다. 캄보디아의 승가는 그의 재위 시기에 모하니까이

(Mahanikay)와 토암마윳(Thammayut)의 두 종파로 분열되었으며, 오늘날까지 이 두 파가 불교계를 지배하고 있다. 이 점에서도 캄보디아 불교에 대한 태국의 절대적 영향을 엿볼 수 있다.

캄보디아에서 상좌불교는 독립 이후 국민국가 건설을 위한 중요한 이념으로 간주되었다. 노로돔 서이하눅(Norodom Sihanouk) 왕(재위 1941~1955, 1993~2004)은 1950년대 중엽 이른바 '불교 사회주의'를 도입했다. 그는 백성을 위해 휴식처와 병원 등을 지은 쩨이봐르만 7세처럼, 정부가 가난한 국민을 돌볼 의무가 있다고 말했다. 그러나 당시 관료사회의 부패가 심각한 가운데 국민을 위한 전국적인 복지사업을 추진할 재정이 부족해 그 프로젝트는 결국 실패했다.

불교는 1975~1979년 초 크메르루주 시대 거의 사멸되다시피 해 광란의 폭정이 거의 끝나 갈 무렵 남아 있던 승려는 일곱 명뿐이었으며, 그때까지 승왕을 포함해 약 2만 5천 명의 승려가 살해되었다. 그리고 1970년 약 3,370개에 달했던 절은 크메르루주 시기에 3분의 2가 파괴되었고 나머지는 훼손되었다.[21] 크메르루주의 통치가 끝난 후에도 캄보디아에 들어온 베트남 군대와 크메르루주를 포함한 반베트남 무장세력의 내전으로 캄보디아는 1980년대 말까지 혼란에 빠져 있었다. 불교가 회복된 것은 베트남 군대가 철수하고 캄보디아가 정치적·경제적으로 안정되기 시작한 1990년대부터였다. 1993년 새로운 헌법이 제정될 때 불교가 국가의 공식적인 종교로 선언되었으며, 정부는 불교 사원 및 불교 기관에 대한 재정적 지원을 포함한 불교 후원의 정책을 펼쳤다.

라오스

라오스의 연대기들은 파응움 왕이 루앙파방, 위앙짠, 시앙쾅, 나콘파놈 등을 정복하고 1353년에 란상 왕국을 건설한 후 상좌불교를 왕실의 종교로 도입했다고 말한다.[22] 그러나 타와라와디 불교 문화와 관련된 불상이 위앙짠 북부와 루앙파방 지역에서 발굴된 것으로 미루어 볼 때, 상좌불교는 10세기 전후 라오족이 오늘날 라오스 영토로 들어오기 이전부터 이 지역에 퍼져 있었던 것으로 추측된다. 루앙파방의 경우 태국 수코타이 왕국의 속국이었던 13세기 말 수코타이로부터 상좌불교 문화가 상당히 들어와 있었을 것이다. 파응움이 상좌불교를 새 왕국의 종교로 확립한 것은 각각 나름대로 지역의 수호신 신앙에 기초한 주위의 성읍국가들을 란상이라는 하나의 왕국으로 통합하는 데 문화적 힘으로 작용했을 것이다.

란상의 여러 왕들은 불교를 종종 왕국 통치의 중요한 수단으로 간주했던 것으로 보인다. 예컨대 위순(Vixoun) 왕(재위 1501~1520)은 스리랑카에서 온 것으로 전해지는 파방(Pha Bang) 불상을 루앙파방의 왓 위순(Vat Vixoun) 사찰에 안치하고 왕국의 수호신으로 삼았다. 그리고 그는 란상의 지배하에 있는 토후국들의 왕들로 하여금 파방 불상 앞에서 란상의 통치자에게 충성을 맹세하도록 했다. 이 경우 불상으로 표상된 불교는 란상 왕국의 정치적 권위의 원천으로 이용되었던 것이다. 세타티랏(Sethathirat) 왕(재위 1548~1571)은 1563년 왕국의 수도를 루앙파방에서 위앙짠으로 옮기면서 치앙마이에서 획득한 파깨오(Pha Keo) 불상을 새 수도의 왓 파깨오(Vat Pha Keo)에 안치했다. 또 그는 위앙짠에 불교 수호자인 자신의 왕권을 상징하는 탓루앙(That Louang) 불탑을 세웠다. 세타티랏은 파방 불상을 루앙파방에 그대로 두고는 그 불상의 상징성을 고려해 원래 이름이 시앙통(Xiang Thong)이었던 그 도시를 루앙파방으로 개칭했다.

라오스는 17세기 말 왕위 계승 분쟁을 겪으면서 여러 왕국으로 분열되었으며, 18세기에는 태국의 공격을 받아 파방 불상뿐만 아니라 당시 위앙짠 왕국의 수호신같이 숭배되던 파깨오 불상도 태국에게 빼앗겼다. 1782년 태국 조정은 파방 불상이

| 그림 45 라오스 위앙짠의 탓루앙

방콕에 불운을 갖다준다고 느껴 라오스에 반환했으나 파깨오 불상은 계속 보유했다. 파깨오 불상은 1782년 건립된 방콕의 왕궁 사원에 안치되었으며, 이 불상의 이름을 따라 그 사원을 '왓 프라깨오'라고 불렀다. 라오스의 불교는 태국으로부터 많은 영향을 받지 않을 수 없었으며, 그것은 라오스의 승가가 캄보디아와 마찬가지로 마하니까니와 탐마윳 두 종파로 구성되어 발전했다는 사실에서도 엿볼 수 있다.

라오스의 불교는 17세기 말 이후 내부 분열과 전쟁 그리고 특히 1870년대부터 1880년대까지 흑기군(黑旗軍) 등의 이름으로 알려진 중국 비적 집단의 약탈로 인해 19세기 말까지 퇴보했다. 불교의 침체는 프랑스 식민 시대에도 계속되었다. 식민 당국은 파괴된 여러 사찰을 재건하고 특히 위앙짠의 왓 시사껫(Vat Sisaket) 사원을 라오 불교 의식의 중심지로 발전시켰으며, 1930년대 초에는 위앙짠과 루앙파방에 불교 연구소를 설립했다. 하지만 그것은 라오스의 불교를 중흥시키겠다는 의도라기보다는 라오스의 불교를 태국의 영향에서 벗어나게 해 불교를 바탕으로 한 라오스의 독자적인 민족 정체성을 진작시키겠다는 정치적 취지에서 나온 것이었다. 상좌불교는 프랑스 식민 지배하에서 국가 종교로서의 지위를 상실했으며, 그것은 특히 지배 엘리트층에게는 전통 왕국 시대 존재했던 불교적 질서와 정치적 질서 간 유기적 관계의 약화 내지는 심지어 단절을 의미했다.

제2차 세계대전의 종식 이후 라오스에서 불교는 1947년 제정된 헌법에서 국교로 선포되고 왕실의 보호를 받는 등 부흥되는 듯 보였다. 하지만 1954년 독립 이후 라오스가 인도차이나 전쟁에 휩쓸리고 그 와중에 여러 파벌의 권력 투쟁과 그에 수반된 사회적 혼란이 일어나면서 불교는 다시 침체의 늪에 빠졌다. 불교는 공산화 이후 더욱 쇠퇴했다. 공산주의자들은 1975년 혁명 후 불교를 국가의 공식적 종교로 인정하지 않고 승가에게 더 이상 특별한 지위를 부여하지 않았다. 혁명 후 옛 왕실 정부와 관련되어 있던 승려들은 대부분 태국으로 피신했으며, 라오 승가의 지도부는 빠텟라오의 공산주의 운동에 동조적이었던 승려들에 의해 장악되었다.

라오인민혁명당 정부는 비록 불교가 라오 문화의 필수불가결한 요소임을 인정하고 있었지만, 그와 동시에 불교를 국가의 엄격한 통제하에 두고 특히 사회주의 이념에 통합될 수 있는 불교를 건설하기 위해 노력했다. 그리하여 혁명 정부는 1976년 마하니까이와 탐마윳 두 종파를 합쳐 '라오통일불교도협회(Lao United Buddhist Association)'를 설립하고 공산당 산하의 라오애국전선(Lao Patriotic Front)에 예속시켰다. 혁명 후 라오스에 남아 있던 불승들은 새로운 주민등록증을 발부받고 각자의 사원에 등록해야 했으며 이동 및 여행이 엄격히 통제되었다. 라오스 사회에서의 불교의 역할을 다시 검토하고 정의해야 한다고 본 공산당 정부는 명상 수련을 "퇴보적 전통"이라고 규정했으며 공덕 축적을 위한 시주를 경제적 낭비라고 비난했다. 이러한 분위기 속에서 승려 및 사원에 대한 시주가 크게 줄어들었으며, 심지어 젊은이가 자신과 부모의 공덕 축적을 위해 '비생산적인' 불문에 일시적으로나마 출가하려면 동네의 당 간부에게 허가를 받아야 했다. 당시의 상황은 이웃 국가로 탈출한 라오인 피난민들이 라오스에서 불교가 탄압받고 있다고 이야기할 정도였다.

그러나 불교는 1986년 라오스가 시장경제 체제로 전환한 이후 다시 살아나기 시작했다. 불교에 대한 규제와 억압이 완화되었으며, 불교와 사회의 전통적 관계를 변질시키고 단절하려는 라오인민혁명당 정부의 각종 시도가 점차 사라졌다. 특히 1980년대 말 소련 및 동유럽에서의 공산주의 붕괴 이후 공산당 지도자들은 민심을 획득해 정권의 정당성을 확보하기 위해 불교 친화적인 행동을 보여 주었다. 그리하여 그들은 주요 불교 행사에 빈번하게 참석하고 불상의 주조 및 사찰 보수를 후원했다. 1991년에는 새로운 헌법의 공포와 함께 라오인민민주공화국의 국가적 상징의 핵심 아이콘으로 사용되어 오던 망치와 낫 대신 탓루앙 불탑이 모든 공식 문서뿐만 아니라 지폐와 우표 등에도 적용되기 시작했다. 1992년 11월 라오스 공산당의 지도자 까이손 폼위한(Kaysone Phomvihane)이 사망했을 때 라오스 정부는 그의 장례식에 참가한 승려들에게 보시를 베풀었으며, 이어진 행사에서 승려들이 망자를 위해 불경 독송을 하는 등 국가적인 의식에 불교가 중요한 역할을 담당했다.

3. 동남아시아 상좌불교의 실제

출가의 세계

승가와 사미승 및 비구

불교는 불(佛) 즉 붓다, 법(法) 즉 빨리어로 '담마(dhamma)', 산스끄리뜨어로 '다르마(dharma)'라고 일컫는 불교의 진리 즉 불법(佛法), 그리고 승(僧) 즉 빨리어로 상가(saṇgha)라고 일컫는 승가(僧伽) 등으로 구성되어 있다. 불교를 믿는다는 것은 불·법·승의 삼보(三寶)에 의존하는 행위를 가리킨다. 삼보 중 불교의 실제는 승가의 세계에서 일어난다. 승가는 일반적으로는 출가한 승려뿐만 아니라 재가 불자도 포함하는 불교 공동체를 가리키지만, 보다 엄밀하게는 출가 승려의 공동체에만 국한된 개념으로 사용된다. 그래서 승가 대신 종종 '승단(僧團)' 혹은 '교단(教團)' 등의 용어가 사용되기도 한다.

상좌불교 세계에서 승려는 사미승과 비구를 가리킨다. 여성의 출가가 상좌불교 전통에서는 인정되지 않기 때문에 비구니는 상좌불교 승가에 포함되지 않는다. 사미승의 '사미(沙彌)'는 빨리어 '사마네라(sāmaṇera)'의 음역으로, 어원인 '사마나(samaṇa)'는 '은둔자'·'행려(行旅)자' 등의 뜻을 갖고 있다. 비구(比丘)는 빨리어 '빅쿠(bhikkhu)'의 음역으로, '걸식하는 사람'을 뜻한다. 비구는 만 20세 이상의 남성만 될 수 있다. 사미승은 원칙적으로는 만 8세가 되면 자격이 주어지지만, 보통은 만 12세 이상이 사미승을 지원한다. 동남아시아 상좌불교 국가들에서 사미승이 된다는 것은 나중에 비구가 되기 위한 준비 과정을 밟는 것이며, 특히 학교가 없는 마을이나 가난한 집의 자제에게 그것은 어릴 때 절에 들어가 읽기와 쓰기 그리고 셈하기 등 기본 교육을 받는 기회를 의미한다.

비구는 승가를 구성하고 삼보의 나머지 두 부분인 붓다와 담마를 세상에서 구현하기 위해 노력하는 등 상좌불교의 핵심적 존재다. 그래서 비구에게는 특별한 지위가 부여된다. 앞에서 소개한 『소송경』의 「보경」은 세상의 모든 존재를 빨리어로 '라따나(ratana)' 즉 '보물, 보화'라고 부르며, 각각의 단계에 있는 존재를 '우월한 보물'과 '열등한 보물'로 구분한다. 이에 따르면, 세상은 기본적으로 '의식을 가진 보물'과 '의식이 없는 보물'로 구성되며, 이 중 '의식이 없는 보물'은 그것이 아무리 금은보화라 할지라도 궁극적으로는 '의식을 가진 보물'의 장식을 위해 존재하는 무기물에 불과하기 때문에 열등한 '보물'이다. 다음 단계는 '의식을 가진 보물'의 사람과 동물의 구분이며, 이 중 사람이 우월한 '보물'이다. 세 번째 단계는 사람의 남성과 여성의 구분으로, '남성 보물'을 위해 봉사하는 '여성 보물'에 대해 남성이 우월하다. 네 번째 단계에서는 '남성 보물'이 '집에 거하는 자' 즉 '재가자'와 '집이 없는 자' 즉 '출가자'로 구분되며, 이 중 '출가자'가 우월하다. 그것은 '재가자 보물' 가운데 가장 뛰어난 존재인 짜끄라바르띤 즉 전륜왕이라 할지라도 불교도로서의 목표에 도달하기 위해서는 '출가자 보물'에게 경의를 표하고 그를 섬겨야 하기 때문이다.

수계와 계율

불교에서 계율은 삼장의 세 부분 중 하나가 계율을 다루는 율장일 정도로 중요한 위치를 차지한다. 빨리어로 '비나야(vinaya)' 즉 '계율'은 승려의 삶을 관리하고 제어하는 규율 및 규칙이다. 불교에서 승려가 된다는 것은 '비나야'를 준수함으로써 불교 승려로서의 삶을 살며 승가 공동체 구성원으로서의 정체성을 중시하고 유지하겠다는 각오가 있어야 한다는 것을 의미한다.

출가한 사람이 비구가 되려면 빨리어로 '우빠삼빠다(upasampadā)'라고 칭하는 구족계(具足戒)를 받는 수계식을 거쳐야 한다. 비구가 지켜야 할 이른바 '비구계'는 빨리어로 '빠띠목카(Pāṭimokkha)'라고 부른다. 그것은 모두 227개 조로 구성되어 있으며, 빠라지까(Pārājika), 상가디세사(Saṅghadisesa), 아니따야(Anitaya), 닛삭기야 빠찟띠야(Nissaggiya Pācittiya), 빠찟띠야(Pācittiya), 빠띠데사니야(Pāṭidesanīya), 세키야(Sekhiya), 아디까라나사마타(Adhikaraṇasamatha) 등 여덟 개의 장으로 분류되어 있다.

빠라지까는 '파라이(波羅夷)'로 음역되거나 '단두죄(斷頭罪)' 혹은 '대죄(大罪)' 등으로 의역되는데, 여기에는 사람 및 동물과의 성교(性交), 도둑질, 살생, 망언(妄言) 등 네 가지 죄가 포함된다. 빠라지까는 용서될 수 없는 '대죄'로서, 승려가 이 중 하나라도 위반하면 비구의 신분이 박탈되며 승가로부터 추방된다. 그에 비해 나머지 일곱 장의 죄목들은 모두 용서될 수 있는 '소죄(小罪)'다.

상가디세사 즉 '승잔(僧殘)'은 '승가를 해치는 죄'로서, 여기에는 자위행위, 여성과의 신체 접촉, 여성에게 음란한 말을 하기, 여성의 음행 유도, 결혼 중매, 장소에 대한 다른 비구들의 동의 없이 그리고 규정 이상으로 승방 및 승원을 건축하기, 다른 비구들의 빠라지까 위반에 대한 모함, 승가의 분열 야기 및 그에 대한 동조, 다른 비구들의 권고 및 경고를 받아들이지 않는 것, 승가의 규율 및 재가와의 부적절한 관계 등이 포함되어 있다.

아니따야 즉 '부정(不定)'은 '결정되지 않은 죄'에 관한 것으로, 특히 비구가 여성과 함께 있는 것에 대한 제3자의 증언에 관한 문제를 다루고 있다. 닛삭기야 빠찟띠야 즉 '사타(捨墮)'는 '참회를 요하는 버려야 될 죄'에 관한 것으로, 승복이나 바리때 같은 비구의 필수품에 대한 규정이다. 빠찟띠야 즉 '단타(單墮)'는 '참회를 요하는 죄'에 관한 것으로, 욕설 및 비방, 자신의 초자연적 능력의 선포, 식물의 훼손, 부적절한 식사, 증류 및 발효된 술 마시기, 다른 비구와의 분쟁 등을 다룬다.

빠띠데사니야 즉 '회과(悔過)'는 '참회 및 고백해야 할 죄'로서, 여승에게 받은 음식을 먹는 것, 여승이 함께 있는 재가의 집에서 식사하는 것 등 식사와 관련된 규정이다. 세키야 즉 '중학(衆學)'은 훈련과 관련된 것으로, 승복 착용, 재가의 거주지에서 절제된 걸음걸이, 시선을 밑으로 두기 등 바른 행동거지, 그리고 올바른 식사법과 설법의 자세 등을 다루고 있다. 끝으로 아디까라나사마타 즉 '멸쟁(滅諍)'은 '분쟁의 해결'에 관한 것으로, 승가에 논쟁이 발생할 때 예컨대 다수의 견해를 따라야 한다는 등 그 처리 방식을 규정하고 있다.

비구들은 매월 보름과 초승에 법당에 모여 빨리어로 '우뽀사타(uposatha)' 즉 '포살(布薩)'이라는 의식을 행한다. 포살일(布薩日)에 그들은 빠띠목카를 독송 내지는 암송하면서 위반한 계율이 있으면 그것을 고백하고 참회한다. 포살의 의식에 사미승은 참가하지 못한다. 사미승은 열 가지 계율만 지키면 된다. 첫째 살생하지 않기, 둘째 주어지지 않은 것을 취하지 않기, 셋째 그릇된 육체적 쾌락을 삼가기, 넷째 망언을 삼가기, 다섯째 부주의한 정신 상태를 유발하는 것을 마시거나 먹지 않기, 여섯째 그릇된 시간 즉 정오 이후에 식사를 삼가기, 일곱째 춤과 노래를 삼가고 연극 관람을 삼가기, 여덟째 꽃·화장·장식품 등을 삼가기, 아홉째 크고 높은 잠자리를 삼가기, 열째 금이나 은을 받지 않기 등이다. 이 중 앞의 다섯 계율이 한자로는 불살생(不殺生)·불투도(不偸盜)·불사음(不邪淫)·불망어(不妄語)·불음주(不飮酒)로 알려져 있는 불교도의 기본 계율인 오계(伍戒)다.

승려들이 계율을 항상 지킨 것은 아니었다. 특히 농촌 지역의 승려들은 마을 주민들의 기대와 요구에 부응해 계율이 금하는 잡일과 노동을 하는 경우가 흔했다. 그리하여 산에 올라가 나무를 베고 논과 밭에서 농사일을 거들고 때로는 심지어 재가 주민들이 해야 할 불탑의 보수와 청소까지 했으며, 그런 노동을 한 오후나 저녁에 주민들과 함께 식사하는 경우도 빈번했다. 20세기 초 미얀마 샨주의 샨족 승려들 중에는 저녁에 스스로 음식을 만들어 먹는 자도 있었다. 20세기 중엽 태국의 동북부와 라오스의 마을들에서는 라오어로 '송깐(songkan)', 타이어로는 '송끄란

(songkran)'이라고 부르는 신년 축제 때 '낀카오빠(kin khao pa)' 즉 '숲 밥 먹기'란 마을 행사가 벌어졌다. 일종의 야외 피크닉인 이 행사에는 마을 주민들뿐만 아니라 승려들도 참가했다. 피크닉 장소에 도착하면 여성들은 먹을 수 있는 열매와 푸성귀 등을 따러 숲에 들어갔고 남성들은 연못이나 물웅덩이에 들어가 삽으로 물을 퍼내고 어망을 치는 등 물고기 잡이에 나섰는데, 이때 비구와 사미승도 그 작업에 종종 가담했다.

상좌불교 승려들의 수행 단계

1세기에 작성된 것으로 알려진 『밀린다빤하(Milindapañha)』 즉 『밀린다왕문경』이란 불교 텍스트는 승려들을 수행의 수준에 따라 첫째 보통의 승려, 둘째 '소따빤노(sotāpanno)' 즉 '예류자(預流者)', 셋째 '사까다가민(sakadāgamin)' 즉 '일래자(一來者)', 넷째 '아나가민(anāgāmin)' 즉 '불환래자(不還來者)', 다섯째 '아라한' 등 다섯 단계로 구분한다. '예류자'는 해탈의 길에 들어선 자, '일래자'는 한 번만 더 윤회하면 해탈에 이를 수 있는 자, '불환래자'는 이승으로 더 이상 윤회할 필요 없이 저승에서 아라한 경지에 도달하는 자를 가리킨다. '아라한'은 그 마음이 "모든 옹이에서 뻗어 나오는 가지가 다 잘려 나가고 없으며" 밀림의 무성한 초목이 더 이상 거치적거리게 하지 않는 큰 대나무의 움직임 같은 상태라고 묘사된다. 하지만 아라한도 살아 있는 동안에는 추위, 더위, 배고픔, 목마름, 배변 및 배뇨의 욕구, 피로, 졸음, 노화, 질병, 사망 등 열 가지 육체적 고통 내지는 영향하에 놓여 있는 존재라고 설명되고 있다.

상좌불교에서는 승려가 '소따빤노' 이상의 단계가 되면 매우 높은 심지어 초인적인 경지에 이른 것이라고 본다. 그래서 그러한 경지에 도달했다고 주장하는 것에 사람들은 민감하게 반응해 왔다. 1779년 태국을 방문한 한 덴마크 사람의 기록에 의하면, 태국의 딱신 왕은 당시 명상 수련에 빠져 "불상처럼 명상의 어떤 체형들을 취하고 눈동자를 고정시킨 채 완전히 부동의 자세로 몇 시간이고 앉아 있을 수 있으며…이러한 능력들과 함께 자신이 마침내 비상하는 데 성공할 것"이라고 믿고 있었다.[23] 스스로 소따빤노의 경지에 도달했다고 간주한 그는 자신보다 수행이 부족한 모든 승려는 자신에게 합장·경배해야 한다고 선포했다. 이에 대해 승왕은 출가가 재가에게 경배하는 것은 불교의 가르침에 위배되는 것이라고 지적했다가 지위를 박탈당하고 한 사원에 감금되었다. 그 후 불교계가 대거 동참한 정변이 일어나 딱신은 폐위되었으며 정권을 장악한 새로운 세력에 의해 결국 처형되었다.

태국에서 1975년 산띠아속(Santi Asok) 불교 운동을 일으킨 포티락(Phothirak)이란 승려는 공식적인 불교 종파들과의 관계를 단절하고 승가의 재가 없이 승려들에게 임의로 수계를 실시해 기존 불교계의 분노를 샀다. 그는 또 자신이 수행의 높은 경지에 도달해 열반까지 최대 일곱 번만 더 윤회하면 되는 '예류자' 수준을 지나 '일래자' 단계에 도달했다고 주장했다. 마침내 1989년 포티락을 포함한 산띠아속의 주요 승려 여든 명이 경찰에 체포되어 태국의 형사법에 따라 재판을 받았다. 그중 일흔아홉 명은 인가되지 않은 승려의 신분을 취해 시민을 현혹하며 사회질서를 어지럽혔다는 죄로 각각 3개월 징역형, 포티락은 66개월 징역형을 선고받았다.

이상의 두 사례는 모두 공적인 차원의 불교 권위와 질서에 도전했을 때 불교계가 보여 준 민감한 반응의 이야기다. 사실 동남아시아 상좌불교의 승려들 중에는 초인적 경지 심지어 '불환래자'나 '아라한'의 경지에 도달했다고 알려진 자가 종종 있었다. 이런 경우 그것은 대개 본인 스스로의 선포가 아니라 주위 사람의 평가 혹은 소문에 의한 것이었다. 본인 스스로는 대부분 그것을 발설하지 않았는데, 그것은 무엇보다도 그 경지를 입증하지 못할 경우 창피와 비난뿐만 아니라 심지어 앞에서 본 것처럼 승가 당국의 엄중한 처벌을 받기 때문이었다. 하지만 그러한 이야기가 비공식적인 차원에 머물러 있는 한 별 문제가 되지 않은 것으로 보인다. 이 점은 만 푸리탓(Man Phurithat)이란 태국 불승의 사례에서 엿볼 수 있다.

태국 동북부의 우본(Ubon)에서 1871년 태어난 만은 여러 지방을 편력하면서 두타행(頭陀行)을 하던 중 1913년 중부의 나콘나욕(Nakhonnayok)주의 카오야이(Khao Yai) 산악지대의 동굴에 거처를 정했다. 인근 마을의 주민들은 그 동굴에 악령이 있어 그동안 거기에 머물렀던 승려들 중 여러 명이 괴질에 걸려 죽었다고 말했다. 만은 그들의 경고와 만류에도 불구하고 동굴에 들어가 당시 앓고 있던 심한 위장병의 치료를 위한 약도 포기하고 금식하면서 명상 수련에 집중하며 지냈다. 어느 날 환상 중 악령이 나타나 동굴을 떠나지 않으면 죽이겠다고 위협했지만, 만은 거기에 굴복하지 않고 악령을 오히려 제압했다. 명상에서 깨어난 만은 자신의 위장병이 완전히 사라졌다는 것을 발견했다. 그 후 그 동굴에서 1년을 더 머문 그는 질병을 명상으로 극복하는 것에 자신감을 얻었다. 사람들은 만이 동굴에서의 수행 중 '불환래자' 경지에 도달했다고 말한다.

삼림 거주 승려와 촌락 거주 승려

불교 승려는 생활 및 수행 장소를 기준으로 '아란냐바시(araññavāsī)' 즉 '삼림 거주자'와 '가마바시(gāmavāsī)' 즉 '촌락 거주자'로 구분된다. '촌락 거주' 승려는 도시 혹은 마을의 절에 살면서 동네 주민들과의 긴밀한 관계 속에서 수행한다. 그에 반해 '삼림 거주' 승려는 삼림에서 삼림으로 행려하고 숲속에 거처하면서 주로 명상 수행에 집중한다. 불교 수행의 '삼림 거주' 전통과 '촌락 거주' 전통은 각각 '행도(行道)'와 '교법(教法)'으로 설명되기도 한다.

'교법'은 간단히 말하면 불교의 이론적 측면을 중시하는 것으로, 그 전형적인 시각은 19세기 전반 탐마윳 종파를 세운 태국의 몽꿋이 명상 수련을 신비적이라고 비판하고 그 대신 경전 및 주석에 대한 공부를 강조한 것에서 엿볼 수 있다. 동남아시아 상좌불교 국가들은 전통적으로 교법 중심의 불교 정책을 선호해 왔다. 태국의 1902년 승가법도 교법 전통의 소산이었다. 사릿 정부가 1950년대 말부터 행려와 명상 수행 등을 비생산적이고 국가 및 사회에 무익한 것으로 규정하면서 삼림 거주 승려들의 활동을 통제한 것도 부분적으로는 비슷한 맥락이었다. 라오스에서는 사회주의 정부가 정권을 장악한 1975년 이후 다년간 삼림 거주 불승들을 탄압했다. 미얀마 정부의 종교부는 오늘날 교법 전통에 따른 불교 행정을 시행하고 있으며, 그러한 정책에 따라 이 나라의 불교 공동체도 교법을 중시하고 있다.

'행도'는 불교의 실천적 측면을 중시하는 것으로, 특히 명상 수행과 두타행이 강조된다. 상좌불교에서 명상 수련은 대부분 사마타(samatha)와 비빳사나(vipassanā)의 방식으로 이루어진다. 명상 수련은 사마타부터 시작된다. '그침, 멈춤(止)'을 뜻하는 '사마타'는 '평정심'을 가리킨다. 사마타 단계에서 수행자는 한 대상에 대한 명상을 시도하는데, 명상의 대상은 유형의 물체에서 점차 무형의 관념적 주제로 옮겨 간다. 사마타가 충분히 이루어져 사마디(samādhi) 즉 삼매(三昧)의 정신 집중 상태에 도달하면 수행자는 비빳사나 단계로 이동한다. '내관(內觀)' 혹은 '형안(炯眼)' 등으로 번역되는 '비빳사나'에서 수행자는 사마타 및 사마디 과정에서 나타나는, 빨리어로 '니밋따(nimitta)'라고 부르는 여러 형상·현상·전조(前兆) 등에 대한 정확한 인식과 이해를 추구한다. 수행자는 올바른 인식 즉 '정견(正見)'을 통해 불교에서 말하는 '빤냐(paññā)' 즉 지혜를 획득하기 위해 노력한다.

두타행은 빨리어 '두따(dhuta)' 혹은 '두땅가(dhutaṅga)'의 음역으로, 그 어원인 '두따'는 '떨쳐 버림' 즉 정욕의 제거를, '두땅가'는 '떨쳐 버리기 위한 수단' 즉 정욕을 없애기 위한 지식을 뜻한다. 두타행은 대개 무욕(無慾) 및 체념의 정신을 자신에게 일깨우고 함양하기 위한 금욕적 수행을 가리킨다.

상좌불교의 삼림 거주 두타행 승려들은 전통적으로 『청정도론』에 나와 있는 다음의 열세 가지 '두땅가' 원칙을 중시해 이를 실천하기 위해 노력한다.

- 버려진 넝마를 주워 승복으로 입기
- 대의(大衣)·상의(上衣)·내의(內衣) 등으로 구성된 삼의(三衣)만 입기
- 탁발한 음식만 먹기 즉 걸식하기
- 가가호호 방문하며 탁발하기
- 하루에 한 번 식사하기
- 탁발한 음식들을 한 바리때에 담아 섞어 먹기
- 정오 이후의 식사를 삼가기
- 삼림에 거주하기
- 나무뿌리에 머무르기
- 노천에 머무르기
- 무덤·납골당에 머무르기
- 어떠한 잠자리도 마다하지 않기
- 눕지 않고 앉은 채로 지내기

삼림 거주 전통의 승려들은 불경을 읽고 공부하는 것이 아니라 두타행의 생활을 통해 정신을 훈련하고 마음을 도야함으로써 담마를 깨달을 수 있다고 믿었다. 그에 따라 그들은 도시나 마을의 사원에 머무르는 것을 피해 지방에서 지방으로 편력하면서 밀림과 계곡을 헤쳐 나가며 나무그늘, 바위, 무덤, 납골당 특히 동굴 등 머물며 명상 수련할 수 있는 장소를 찾아 다녔다. 그 과정에서 그들은 종종 배고픔과 질병에 시달렸으며 때로는 맹수를 만나고 여성으로부터 성적인 유혹을 당하고 악령과 싸우기도 했다. 두타행 승려들 중에는 편력 및 행려 중 타락해 환속하는 자

가 종종 있었으며 사망하는 자도 적지 않았다.

아란냐바시 전통의 불교는 사실 동남아시아 상좌불교 국가들에서 오래전부터 있었다. 앞에서 언급한 것처럼, 13세기 말 수코타이 왕국에서 '아란익 사원' 즉 '삼림 사원'의 주지가 국왕의 특별한 경외 대상이었다는 점은 삼림 거주 불교에 대한 당시 태국 사회의 시각 내지는 자세를 엿볼 수 있게 한다. 미얀마에서는 13세기에 '혼자 걷는 자'라고 불린 삼림 거주 상좌와 '여럿과 함께 걷는 자'라고 불린 촌락 거주 상좌 등 두 승려 그룹이 출현했다. '혼자 걷는' 승려들은 당시 조정이 헌납·하사하는 토지의 축적에 관심이 많았던 '여럿과 함께 걷는' 승려들을 비판했다고 한다.

삼림 거주 불교는 상부 미얀마에서 그리고 태국 동북부와 북부 지역에서 전통적으로 강했다. 특히 미얀마의 삼림 거주 불교 전통은 쉐징(Shwegyin) 종파에 의해 대표되어 왔다. 쉐징 종파는 비구 쉐징이 19세기 중엽 저가잉주 쉐보(Shwebo)의 한 마을 가까이에 있는 숲에 세운 삼림 사원에서 출범했는데, 19세기 후반 한때 왕국의 불교 행정에 가담하는 등 정치적 활동을 했으나 1884년 이후 삼림으로 완전히 들어갔다. 특히 20세기 중엽 그 지도자이자 비빳사나 명상의 달인으로 알려진 상낀(Sankin)은 삼림 거주 전통에 대한 고집으로 유명했다.

삼림 거주 전통의 불교는 교법을 중시하는 태국의 승가 당국 정책에도 불구하고 요즘도 동북부 및 북부 지역에서 여전히 그 맥을 이어가고 있다. 이와 비슷하게 캄보디아에서도 승려들이 일반적으로는 교법 전통을 따르고 있지만, 농촌 지역에서는 숲에서 명상 수행하는 자를 어렵지 않게 발견할 수 있다. 그러나 미얀마에서는 1980년대 군부 정권의 정화 정책이 실시되자 삼림 거주 및 두타행 승려들이 상당수 환속당하거나 태국과의 국경 지대로 도피했으며, 이로써 삼림 거주 전통이 크게 약화되었다.

카리스마적 승려

상좌불교의 아란냐바시 전통은 또한 카리스마적 승려와 주술적 승려라는 두 가지 중요한 현상을 낳았다. '카리스마(charisma)'는 막스 베버에 의하면, 초자연적 및 초인적 혹은 적어도 특별하고 비상한 능력이나 자질을 지니고 있다고 간주되어 그를 평범한 사람과 구별되게끔 만드는 개인의 특성 내지는 자질을 가리킨다.[24] 불교에서 승려의 카리스마는 그가 불도의 수행 과정에서 빨리어로 '잇디(iddhi)'라고 부르는 '신통력'을 획득했는지 혹은 아라한 경지의 도달까지 정신적 진보를 얼마나 성취했는지를 바탕으로 평가된다. 승려들과 재가들은 세상과 단절해 금욕적 생활을 하며 명상 수행을 하는 두타행 승려들 특히 아라한 경지에 도달했거나 근접한 것으로 알려진 비구들이 그러한 카리스마를 소유하게 된다고 본다.

사람들은 종종 카리스마적 승려가 악령의 통제 및 퇴치와 병 치유 등 여러 능력을 갖고 있다고 믿는다. 태국에서는 그러한 자를 '짜오푸미분(chao phu mi bun)' 혹은 '푸미분(phu mi bun)' 즉 '공덕을 지닌 자' 내지는 '성인(聖人)'으로 부르고 그에게서 축복받는 것을 바라며 그를 추종한다. 그러한 카리스마적 승려로는 20세기 초 태국 북부 지역에서 활동한 크루바 시위차이(Khru Ba Siwichai)가 있다. 1878년 람푼에서 태어난 그는 삼림 거주 전통의 금욕주의와 명상을 중시한 승려로, 2천 명 이상의 비구와 사미승이 그를 따랐으며, 현지 주민들은 그를 그 지역의 불교 지도자로 여겼다. 초자연적 능력을 지니고 있다고 알려진 시위차이는 방콕 승가 당국을 무시하고 자의적으로 수계를 실시해 결국 1915~1916년 람푼의 한 절에 연금되었다. 그러자 추종자들이 그 사원에 몰려와 그에게 시주하는 등 공덕 행위를 했다. 그것은 그의 '신성함'으로 인해 자신의 공덕이 더욱 많이 쌓일 것이라고 믿었기 때문이었다.

라오스에서는 마하핌뽀(Mahaphimpo)라는 불승이 위앙짠의 왓 폰포나오(Vat Phon Phonau) 사원의 주지로 있으면서 치유 능력으로 존경을 받았다. 그러나 재가 신도들 사이에서 초자연적 능력이 있다고 소문이 난 그는 결국 1987년 당국에 의해 불문에서 추방되었다. 미얀마에서 최근 알려진 카리스마적 승려로는 꽁롱(Konlon)을 들 수 있다. 1907년에 태어난 그는 삼림 거주 전통의 승려로서 야생동물과도 대화하고 정령의 보호를 받는다는 등 여러 신비한 체험과 초자연적 능력이 있는 것으로 알려졌으며, 심지어 아라한 경지에 도달했다는 소문이 퍼지기도 했다. 태국에서는 1970년대와 1980년대 방콕에서 버스를 타고 그러한 카리스마적 승려가 있다고 소문난 지역 특히 동북부 지역의 몇몇 불교 사원으로 순례하는 것이 유행이었다. 이처럼 카리스마적 불승의 컬트가 호황이었던 것은 부분적으로는 도시 지역의 중·상류층 사이에 퍼져 있던 기복신앙 때문이었으며, 특히 카리스마적 승려가 제작한 혹은 주문을 불어넣은 부적이 당시 큰 인기를 끌었기 때문이었다.

주술적 승려

아란냐바시 전통의 불승들 중에는 현세에서의 행복을 추구하는 재가의 수요에 부응해 점술가·무당 등 주술사로 활동하는 사람이 적지 않았으며, 그러한 측면은 오늘날에도 계속되고 있다. 이 같은 '주술적 승려'라는 현상의 바탕에는 강력한 마법 및 주술력은 불교 특히 카리스마적 불승으로부터 나온다는 재가들의 믿음이 깔려 있다. 이 점은 태국과 라오스 등에서 새로 지은 집의 낙성식, 결혼식, 장례식 등의 행사를 치를 때 종종 행해지는 이른바 '성사(聖絲) 의례'에서 엿볼 수 있다. 이 의식에서 승려는 행사가 치러지는 구역 혹은 그 안의 사람과 물체 주위를 '사이신(sai sin)'이라는 흰 목면 실로 감고 그 끝을 자신이 쥐고 불경을 독송하는데, 이렇게 함으로써 그 구역의 모든 것이 성화(聖化)된다고 본다.

불교 승려의 주술사로서의 활동은 다양한 형태와 방식으로 나타났다. 가장 널리 알려진 것은 부적과 관련된 활동일 것이다. 1833년경 방콕을 방문한 에드먼드

그림 46 라오스 위앙짠의 한 불교 사원에서의 성사 의례

로버츠에 의하면, 당시 태국의 불승들은 사망한 사람의 뼈나 점토로 작은 금박 조상(彫像)을 만들고 "야자수 잎에 성스러운 언어로 어떤 도덕적 혹은 종교적 문구를 써서" 상당한 수입을 올렸다.[25] 그가 언급한 조상은 호부를 가리킨다. 야자수 잎에 새긴 부적 문구의 "성스러운 언어"는 고대 캄보디아의 콤(Khom) 문자를 지칭하는 것으로 태국의 주술사들은 오래전부터 이 문자로 비전적인 도형과 글자를 써 왔다. 1930년대 중엽 태국 동북부의 우본에서는 두타행 승려들이 부적을 나눠 준다는 이야기가 퍼져 있었다.

태국에서는 승려가 마을에서 설법할 때 최근까지 종종 붓다의 전생설화 중 특히 주민들이 가장 좋아하는 「베산따라자따까(Vesantara-Jātaka)」를 낭송했다. 이때 낭송에 능숙한 승려가 주민의 인기를 독차지하면 질투심 많은 다른 승려가 흑주술

그림 47 차청사오(Chachoengsao)의 왓 소톤와라람(Wat Sothonwararam) 사원에서 신도들에게 '축복'의 물을 뿌리는 태국의 승려

로 그를 공격하는 경우가 있었다. 이에 대해 그는 특별한 주문을 배우거나, 자신의 몸에 부적의 문신을 하거나, 목걸이 부적과 주술적 의상을 몸에 걸쳐 어떠한 공격에도 육체적 혹은 정신적 상해를 입지 않도록 했다.

태국에서는 불승의 주술사로서의 역할이 국가 차원에서 이용된 적도 있었다. 끄리앙삭 촘마난(Kriangsak Chomanan) 총리(재임 1977~1980)는 반공(反共)이 큰 이슈였던 1979년 육군 사령부를 방문해 군인들에게 국가의 가장 중요한 적은 공산당과 그 추종자라고 말하면서 그들에게 부적과 흰 천 조각을 나눠 주었다. 부적은 삼림 거주 전통의 승려인 루앙 뿌왠(Luang Pu Waen)이 주술을 불어넣어 만든 것이었다. 흰 천 조각에는 얀트라(yantra) 즉 주술적 도형이 인쇄되어 있었는데, 그것은 루앙 포링담(Luang Pho Ling Dam)이라는 승려가 주술을 불어넣은 것이었다. 끄리앙삭 총리는 특

히 흰 천을 국기에 매달도록 권유하면서 그것이 군인들을 안전하게 지킬 것이라고 말했다.

캄보디아에서 주술 행위를 행하는 대표적 사례로 쭘뿌끄아엑(Chompuh Khaek) 사원의 승려들을 들 수 있을 것이다. 2001년 『아시아 타임스(Asia Times)』에 보도된 바에 따르면, 프놈펜에서 동남쪽으로 약 10킬로미터 떨어진 곳에 위치한 이 절에 스무 명의 남녀가 수건 하나만을 걸치고 앉아 있었다. 그들은 한 승려가 물통으로 끼얹는 물을 온몸으로 받으면 건강·가정·사업 등에서의 여러 문제를 해결할 수 있다고 믿었다. 캄보디아에서는 많은 승려가 다양한 민간신앙 특히 흑주술에 대한 수요에 부응해 주술사의 역할을 해 왔다. 쭘뿌끄아엑 사원은 앞에 소개된 승려 외에도 주술력이 있다고 소문난 다른 승려가 몇 명 더 있었으며, 이들의 주술 활동은 이 사원이 많은 신도와 헌금을 끌어 모으는 이유 중 하나였을 것이다.[26]

재가의 세계

절과 승려의 사회적 기능 및 역할

동남아시아의 상좌불교 국가들에서 절은 삼림 거주 전통에 따라 산속에 있기도 하지만 일반적으로는 도시 안에, 마을의 큰길가나 시장 부근에 있다. 그것은 불교가 이들 나라의 불교도 주민의 삶과 매우 밀접하게 연결되어 있기 때문이다. 절은 대개 수계식이 거행되는 법당(法堂), 불상들이 안치되어 있는 불당(佛堂), 지붕과 마루와 기둥들로만 되어 있는 정자(亭子), 붓다나 고승의 사리가 안치되어 있는 불탑, 승려가 거처하는 승원(僧院) 등으로 구성된다. 규모가 비교적 큰 절에는 불경을 보관하는 장경각(藏經閣)이 별도로 있기도 하다. 벽이 없이 사방으로 열려 있는 정자는 절의 규모에 따라 여러 채 있을 수 있으며, 절에 온 동네 주민이나 여행객이 쉬

그림 48 미얀마 만덜레 인근의 한 불교 사원에서 공부하는 사미승들과 동네 아이들

거나 설법을 듣는 곳이고 때로는 마을 행사를 위한 공동 회의의 장소로 사용되기도 한다.

절은 주민과의 관계에서 다양한 기능과 역할을 해 왔다. 근대적인 교육 제도가 도입되기 전까지 혹은 식민 통치가 시작되기 전까지 절은 학교였고 승려는 교사였다. 하지만 라오스나 미얀마같이 낙후된 나라에서는 서구식 근대 교육 제도가 도입된 후에도 절의 학교 기능이 완전히 사라지지 않았다. 프랑스인 장 르노는 1920년대 라오스에서 승려들이 비록 "매우 초보적인 것"을 가르치지만 학교 교육의 책

무를 담당하고 있다고 말한다.[27] 상좌불교 국가들에서 서민을 위한 교육은 전통적으로 절에서 이루어졌으며, 동네의 어린이들 특히 사내아이들은 절에 와서 승려들에게 읽기·쓰기·셈하기 등을 배웠다. 상급반 학생에게는 불교 경전 언어인 빨리어가 가르쳐지기도 했다. 절의 교육 기능은 오늘날에도 부분적으로 남아 있어 규모가 큰 사원들은 간혹 학교를 직접 설립·운영하고 있으며, 학교가 없는 시골 특히 오지 산골 마을에 가면 낮에 절에서 공부하는 아이들 모습을 종종 볼 수 있다.

절은 농촌에서 마을의 회관으로 또 주민의 생활 중심지로 이용되어 왔다. 그리하여 설 등 주요 명절의 축제나 마을 잔치는 대개 절 경내나 절 바깥의 넓은 공터에서 벌어진다. 이 공터는 마을 어린이들의 놀이터이기도 하다. 절은 그러한 점에서 마을 주민들의 오락 및 친교 그리고 단합을 위한 공간이 된다. 또 절은 여행객의 숙소로 이용되어 왔으며, 동네 주민들이 보트나 마을 공동 소유의 큰 물품을 보관하는 곳이기도 하다.

그 밖에 절과 승려는 지역 주민들에게 종종 병원과 의사 및 약사의 역할을 해왔다. 1880년대 영국인 홀트 핼럿이 태국 북부의 치앙라이 근처에 있는 불교 사원의 주지가 사주·부적 등 주술 관련뿐만 아니라 의술·연금술 등에 관한 책들도 갖고 있었다고 말하는 것에서 엿볼 수 있는 것처럼,[28] 승려 중에는 전통 의술 및 민간요법을 배우고 공부한 사람이 많았다. 특히 삼림 거주 전통의 승려는 대개 약초의 효능과 처방을 숙지하고 있어 마을 사람들이 약초 뿌리를 갖고 오면 그것을 돌로 갈아 주었고, 종종 자신이 갖고 있던 약초 등을 마을의 아픈 사람들에게 나눠 주기도 했다. 오늘날 태국·캄보디아·미얀마의 불교 사원들 중에는 암 및 나병 환자, 정신병자, 에이즈 감염자, 마약 및 알코올 중독자, 장애인 등을 돌보는 재활센터를 운영하는 곳이 있으며, 고아원과 양로원 등 사회복지 시설을 갖춘 곳도 더러 있다.

공덕 축적

해탈의 가능성을 출가에게만 국한시킨 상좌불교에서 재가에게 요구되는 불교 신앙의 기본은 오계 내지는 팔계(八戒)다. 팔계는 살생하지 않기, 주어지지 않은 것을 취하지 않기, 그릇된 육체적 쾌락을 삼가기, 망언을 삼가기, 부주의한 정신 상태를 유발하는 것을 마시거나 먹지 않기 등의 오계에 정오 이후에 식사를 삼가기, 춤추기·음악하기·연극관람·화장·꽃과 장식품으로 치장하기 등을 삼가기, 크고 높은 잠자리를 삼가기 등의 세 가지 계율을 추가한 것이다.

불교도 특히 빨리어로 우빠사까(upāsaka) 즉 우바새(優婆塞)와 우빠시까(upāsikā) 즉 우바이(優婆夷)라고 부르는 독실한 남성 및 여성 불자는 그믐, 음력 여드렛날, 보름, 음력 스물셋째 날 등 한 달에 네 번 있는 불일(佛日)에, 특히 7월 보름부터 10월 보름까지의 하안거 기간의 불일과 불탄일 같은 불교 절일(節日)에는 절에서 대부분의 시간을 보내며 팔계를 준수하고 승려들의 물질적 필요를 충족시키기 위해 노력한다. 제임스 조지 스콧에 의하면, 19세기 말 신앙심이 깊은 미얀마의 불교도들은 불일 하루 전에 요와 이불 그리고 먹을거리 등을 챙겼으며 다음 날 동트기 전에 일어나 승려들을 위한 음식을 따로 장만했다. 그러고는 아침 일찍 절에 가 설법을 듣고 설법이 끝난 다음에는 갖고 간 음식으로 승려들에게 공양한 후에야 가족이 식사를 했다. 그렇게 하루를 보낸 그들은 종종 밤에 집으로 돌아가지 않고 절 경내의 정자에서 자는 경우도 많았다고 한다.[29]

동남아시아의 불교 국가들에서 재가 불교도들은 사회에 만연해 있는 민간신앙과 관련해 불경 중 특히 빠릿따(Parittā)를 중시한다. 호주경전(護呪經典) 혹은 줄여 호경(護經)이라고 번역되는 빠릿따는 보호·치유·축복 등을 위해 낭송되는 주문을 담고 있다. 불교도에게 인기 있는 호경은 『소송경』의 「보경」과 「길상경(吉祥經, Maṅgalasutta)」이다. 「보경」은 불·법·승의 삼보에 대한 찬양과 불교의 삼계에 있는 각종 신들의 삼보에 대한 경배를 그 내용으로 한다. 「길상경」은 신들과 인간이 길상 및 행복을 얻기 위해 어떤 삶을 살아야 하는지, 무엇을 해야 하는지 등에 대한 붓다의 가르침을 써 놓은 것이다. 이러한 호경들은 재가가 개최하는 결혼식이나 장례식 등 다양한 의식과 마을 차원 또는 국가 차원에서 거행되는 각종 의례에 초청된 비구에 의해 낭송된다. 미얀마에서는 사람들이 질항아리를 마루에 두고 거기에 물을 가득 채워 두었다가 틈틈이 그 물을 나뭇잎에 적셔 집의 문, 방 안, 침대 등에 뿌리고 때로는 자신의 머리와 몸에 끼얹기도 한다. 오늘날에는 질항아리 대신 플라스틱 물통을 쓰기도 한다. 이 물을 마련하는 과정에서 비구의 호경 낭송이 핵심 부분이다. 미얀마 사람들은 그렇게 신성화된 물이 악령이 몸에 들러붙거나 집에 들어오는 것을 막는 데 특별한 영험을 발휘한다고 믿는다.

현생에서 출가하지 않는 한 해탈에 이를 수 없는 재가 불교도가 불교 신앙에서 가장 중시하는 것은 공덕 축적이라고 할 수 있다. 그들은 공덕을 쌓아 이 세상에 다시 태어날 때에는 부자, 고위 공직자, 유명 연예인 등 보다 행복한 삶을 누릴 수 있을 존재로 혹은 극락에서 신으로 태어날 수 있기를 희망한다. 다음 생에서는 비구로서의 삶을 살 수 있기를 바라는 사람도 있다. 특히 현생에서 출가의 길이 막혀 있는 여성 중에는 공덕 축적을 통해 내생에서는 남성으로 그것도 출가할 남성으로 태어나는 것을 목표로 삼는 사람도 있다.

재가들의 불교적 행위는 거의 모두 공덕 축적을 염두에 두고 이루어진다. 그리하여 예컨대 아침에 집 앞을 지나가는 스님의 바리때에 음식을 담는 탁발공양, 불일이나 불교 절일에 절에 가서 승려들에게 음식과 생필품을 제공하는 것, 하안거가 끝난 후 10월 보름에 승려들에게 가사와 돈을 시주하는 것, 4월 중순의 설 명절에 절에 가서 절 마당의 불상에 물을 끼얹는 것, 절 마당을 빗자루로 쓰는 일, 법당 및 불당에 있는 불상에 종이 금박을 붙이는 것, 불탑에 돈을 시주하고 꽃과 초를

그림 49 라오스 루앙파방의 한 동네에서의 아침 탁발공양

바치는 불탑 참배, 승려의 설법을 듣는 것, 결혼식 등 중요한 집안 행사에 초빙된 승려들을 식사로 공궤하는 것 등이 다 공덕 행위에 속한다. 지나가는 행인이 목을 축일 수 있도록 길가나 산길에 물을 채운 항아리를 놓아 두는 것도 요즘은 흔하지 않지만 이전에는 종종 볼 수 있었던 공덕 행위였다. 여행객을 위해 정자 등 휴게소를 짓는 것도 마찬가지로 중요한 공덕 행위였다. 그리하여 『유리궁전 연대기』를 보면, 버강 왕조를 세운 어노여타 왕이 자신의 형을 죽인 일로 번민하고 있을 때 불교의 신인 인드라가 꿈에 나타나 그에게 불탑과 사원 그리고 휴게소를 많이 지어 공덕을 축적하라고 타이르는 모습이 그려져 있다.[30]

그림 50 미얀마 양곤의 쉐다공 사원 경내 빗자루 청소

제임스 조지 스콧은 19세기 말 미얀마에서는 탑이나 절을 지어 헌납하는 것만큼 큰 공덕을 갖다주는 것이 없다고 말한다.[31] 그러나 미국인 인류학자 하워드 키버 카우프만(Howard Keva Kaufman)이 1950년대 초 태국의 방까삐(Bangkapi)에 있는 방쿠앗(Bangkhuat)이라는 마을에서 주민들에게 어떤 행위가 보다 많은 공덕을 쌓게 한다고 생각하는지 물어본 결과, 이 중부 지방 타이인들은 첫째 스스로 비구가 되는 것, 둘째 절을 짓는 것, 셋째 아들을 출가시켜 비구로 만드는 것, 넷째 태국을 두루 다니며 불교 사원들을 순례하는 것, 다섯째 절의 보수 및 증축을 위해 시주하는 것 등의 순서로 공덕 행위의 비중을 매겼다.[32] 여기서 상좌불교 세계에서 출가가 얼마나 중시되는지를 엿볼 수 있다.

일시적 출가

이처럼 불문으로의 출가를 매우 큰 공덕 행위로 간주하는 측면과 관련해, 동남아시아의 상좌불교 국가들에서는 오래전부터 왕실 차원에서 일시적 출가의 전통이 있었다. 예컨대 라오스의 포티사랏(Phothisarat) 왕(재위 1520~1548)은 등위한 지 5년 후 출가해 2년 동안 불문에 있었다. 앞에서 언급한 14세기 중엽의 리타이 왕은 자신이 초빙한 스리랑카 승려 마하사미에게서 수계를 받고 출가했는데, 수계식에서 그는 마하사미에게 합장 경배하면서 "나는 붓다의 가르침에서 수계함으로써 획득하는 공덕의 결과 짜끄라바르띤이나 인드라나 브라흐마가 되는 이익을 갈망하지 않고 전적으로 붓다가 되기로 결심한다"고 선언했다고 한다. 태국에서는 이후에도 15세기 중엽의 보롬마뜨라이록까낫 왕, 18세기 중엽의 우툼폰(Uthumphon) 왕(재위 1758년 4~5월), 19세기 중엽의 몽꿋 왕 등이 왕자 시절 혹은 등위 후 출가했으며, 푸미폰(Bhumibol) 왕(재위 1946~2016)도 한때 사문에 들어간 적이 있었다.

출가의 동기는 공덕 축적 외에도 다양했다. 하워드 맬컴은 19세기 전반 미얀마에서의 일시적 출가에 대해 "젊은이들의 대다수가 한 시즌 동안 수도 생활에 들어가는데, 그것은 자신의 교육을 마치기 위해서뿐만 아니라 그 행위가 존경받을 만한 것이고 공덕의 가치가 있는 것으로 간주되기 때문이다"라고 기록했다.[33] 1960년대 후반 태국의 중부 지방에서 행한 한 현지조사에 의하면, 한 청년이 출가의 길을 택하는 것은 징집을 피하기 위해, 신에 대한 서원을 이행하기 위해, 아내로부터 도망치기 위해, 돈을 절약하기 위해, 집에서보다 더 잘 먹을 수 있을 것이라는 기대에서, 그리고 이미 출가한 친구들과 합류하기 위해 등의 이유뿐만 아니라 특히 승려가 되어 열심히 공부해 국가가 실시하는 종교 시험에 합격하면 비구로서의 성공적인 경력을 쌓을 수 있다는 기대도 가질 수 있기 때문이었다.[34]

일시적 출가는 태국에서는 오래전부터 사회적 관습이었다. 심지어 출가의 경력이 없으면 제대로 된 남자로 인정받지 못하기까지 한다. 그래서 직장 등 다양한 상황을 고려한 일주일간의 '간이' 출가도 종종 행해진다. 일시적 출가는 캄보디아와 미얀마에서도 오늘날 흔히 볼 수 있는 사회적 풍습이며, 라오스에서도 1975년 공산화 이전까지는 남성 세계의 중요한 관행이었고 개혁·개방 이후 부활해 요즘 더러 실시되고 있다.

출가 및 일시적 출가는 카우프만의 조사에서도 볼 수 있듯이, 출가자 당사자뿐만 아니라 자식을 출가시키는 부모와 조부모에게 중요한 의미를 갖는다. 그것은 특히 자신은 출가할 수 없는 어머니나 외할머니의 입장에서 볼 때 아들 내지는 외손자를 출가시킴으로써 자신이 큰 공덕을 쌓을 수 있는 기회가 된다. 버마어 언어학자인 미얀마인 흘라페(Hla Pe)는 자신이 10대 초반에 사미승으로 출가할 때 나흘 동안 치러진 의식의 마지막에 외할머니가 "이 공덕을 나와 나누어 갖기를"이라고 세 번 외쳤으며, 참석한 사람들이 모두 "잘 하셨어요"라고 세 번 화답했다고 회상한다.[35] 상좌불교 국가들에서 자식을 출가시킬 때 그 가정에서 큰 잔치를 벌이는 것도 출가가 갖는 이러한 공덕 축적의 배경에서 이해된다.

4. 현대 동남아시아에서의 불교의 정치적 · 사회적 역할

불교의 민족주의적 역할

불교는 동남아시아 상좌불교권 국가들의 민족주의 운동에 이념적 바탕의 하나를 제공했으며 국민국가를 형성하는 데 중요한 역할을 했다. 태국은 와치라웃 왕이 20세기 초 나라를 서구식으로 근대화하기 위해 노력하면서 불교를 근대적 국가의 핵심적인 바탕 중 하나로 중시했다. 미얀마에서 불교의 민족주의적 역할은 1906년 설립된 청년불교도협회에 의해 주도되었다. 1920년대 미얀마에서의 민족주의 운동은 청년불교도협회로부터 발족된 버마협회총회의 불교 승려들을 중심으로 전개되었다.

캄보디아에서는 프랑스 식민 통치 시대 민족주의적 불교 단체가 결성되지는 않았으나, 불교 승려가 식민 체제에 대한 저항 운동에 참가한 경우가 있었다. 1942년 헴 찌어우(Hem Chieu)라는 비구가 반프랑스 쿠데타 음모로 다른 동료 승려와 함께 체포되었다. 이에 그해 7월 20일 1천 명 이상의 군중이 모여 프놈펜에서 시가행진을 하며 그들의 석방을 요구했는데, 시위대의 반은 승려였을 것으로 추측되었다. 시위 군중은 프랑스 경찰에 의해 해산되었고 주요 인물들은 체포되었다. 이듬해에 프랑스 식민 정부는 캄보디아어의 크메르 문자 대신 로마 문자를 도입한다는 계획을 발표했다. 많은 캄보디아인 특히 승려들은 그 발상을 캄보디아의 전통 문화 및 교육에 대한 공격으로 간주해 이에 대한 반대 운동을 벌였다.

현대 국민국가 건설에서의 불교의 역할

제2차 세계대전 이후 불교는 동남아시아 국가들에서 국가의 정치·경제 발전을 위한 시책의 이념으로 혹은 국민 통합을 위한 도구로 사용되었다. 캄보디아에서 그것은 1950년대 중엽 '불교 사회주의' 형태로 나타났다. 미얀마에서도 사회주의 이념을 불교에 접목시킨 정치·경제 발전 프로그램이 비슷한 시기에 추진되었다. 미얀마의 우누 총리는 1952년 발표한 국가 발전 계획에서 농업 개혁과 복지국가 건설을 목표로 제시하면서 그 이념적 근거를 불교에 두었다. 예컨대 농지 국유화법은 사람들의 삶의 목표가 열반에 가능한 한 빨리 도달하는 것이 되어야 하며, 이를 위해 사유재산은 열반에 이르고자 하는 사람들의 필요에 사용되어야 한다고 규정하고 있다. 우누는 이 정책을 통해 민중과 소수 계급 간 물질을 둘러싼 투쟁은 종식되고 지상에서의 열반이 실현된다고 보았다.

태국에서는 사릿 총리가 1950년대 말부터 불교를 국가의 경제 발전과 사회 안정을 위한 주요 이데올로기로 이용했다. 태국이 국왕에 대한 존경과 불교 신앙에 기초한 나라가 되어야 한다고 본 사릿은 태국 국민이 불교라는 타이 문화의 응집력과 국왕이라는 타이 사회의 구심점을 바탕으로 타이 국가에 대한 정체성을 가져야 하며, 이것이 제대로 이루어질 때 태국이 통합된 국민국가가 될 수 있다고 강조했다. 사릿의 뒤를 이은 타놈(Thanom) 총리(재임 1963~1973)도 국가 통합에 불교를 동원했다. 그는 승가가 국가와 사회에 봉사하는 것이 불교의 가르침이라고 주장하면서 1960년대 중엽 '탐마짜릭(Thammacharik)' 프로젝트를 승가와 협력해 실시했다. '탐마짜릭'은 빨리어 '담마짜리까(dhamma cārika)'에서 파생된 것으로, '행각(行脚)하는 불법(佛法)'이라는 뜻이다. 이 프로젝트의 직접적인 목표는 태국의 소수민족들 특히 고산족들을 불교로 개종시키는 것이었지만, 궁극적인 목적은 불교에 입각한 국가 통합이었다.

국가에 대한 정체성에서 불교가 얼마나 중시되었는지는 태국 서북부의 매사리앙(Mae Sariang)군의 공립학교에서 일어난 다음의 에피소드에서 엿볼 수 있다. 타놈 총리 집권 시기인 1960년대 말 이 학교의 조례에는 교정에 세워져 있는 불상에 대한 합동 경배가 포함되어 있었는데, 기독교 신자 학생 몇 명이 거부하자 학교 당국은 그들에게 불상 경배를 강요했다. 이에 지역의 기독교 선교사들이 학교뿐만 아니라 군청에 찾아가 항의했으나 학교와 군청은 불상에 대한 경배가 태국 국민의 의무라고 주장하면서 그들의 항의를 받아들이지 않았다. 태국 정부는 1970년대 말

국가정체성부(National Identity Board)를 설립해 타이 정체성을 공식적으로 규정하면서 그 바탕에 국가·불교·국왕 등 세 요소를 두었다.

국가에 대해 협조적인 태국의 승가

태국은 전통적으로 승가와 정부의 관계가 상호 협력적이다. 1950년대와 1960년대 초 국가를 비민주적으로 운영하는 군부 정권에 비판적이었던 승려도 있었다. 예컨대 방콕 최대 마하니까이 종파의 사찰 왓 마하탓(Wat Mahathat)의 주지였던 피몬탐(Phimontham)은 승가에 대한 정부의 개입뿐만 아니라 특히 정부의 반공(反共) 정책에 반대하다가 결국 1962년 체포되었다. 그러나 불교가 국가 정체성의 핵심 중 하나를 구성하는 태국에서는 낏티웃토(Kitthiwuttho) 승려의 사례에서 나타나듯이 정부와 승가의 관계가 대체적으로 상호 친화적이다.

1970년대 중엽 낏티웃토는 '나와폰(Nawaphon)' 운동을 통해 체제 옹호적인 활동을 펼쳤다. '나와폰'은 빨리어 합성어 '나바팔라(nava-phala)'에서 파생된 것으로, '새로운 힘'을 의미한다. 그는 '계행(戒行)' 내지 '도덕'을 뜻하는 '실라(sila)', '지혜'를 뜻하는 '빤냐', '삼매' 및 '정신 집중'을 뜻하는 '사마디' 등 불교의 세 가지 핵심 개념을 태국 국민이 실천해야 할 덕목으로 재해석했다. 그는 국민이 '실라' 차원에서 국가법을 준수하고, '빤냐' 차원에서 국가와 사회에 대한 개인의 의무와 책임을 깨닫고, '사마디' 차원에서 국가·국왕·불교에 대해 마음을 집중해야 국가적 단결이 이룩될 수 있다고 주장했다. 낏티웃토는 군부의 반공 정책을 지지하면서 심지어 공산주의자를 죽이는 것은 악업이 아니라는 궤변을 늘어놓기도 했다.

미얀마 불교 승려들의 민주화 시위

태국과는 달리 미얀마는 특이하게도 불교 승려의 정치적 저항의 전통이 강하다. 1885년 영국이 티보 왕을 왕비와 함께 인도로 추방하자 민중이 무기를 들고 이에 항의했으며 이때 불교 승려들도 가담했다. 그해 수도 만덜레가 영국 군대에게 점령되자 우 오타마(U Ottama)라는 승려는 살생을 금하는 불교의 계율을 스스로 어기고 1889년 체포되어 사형될 때까지 수천 명의 추종자와 함께 무장 투쟁을 벌였다. 1930년에는 버마협회총회의 급진적 분파에서 활동하던 승려 사야산(Hsaya San)이 영국이 부과한 세금에 반대해 남부 미얀마에서 대규모 농민 반란을 일으켰다. 승려들의 이러한 반식민 저항에서의 주도적 역할에 대해 영국 식민 당국은 그들을 정치적 선동가라고 보았다.

1980년대 말 자유를 억압하고 나라를 세계의 최빈국으로 만든 군부 독재체제에 대한 국민의 불만이 폭증하는 가운데 1990년 총선이 치러졌다. 이 선거에서 아웅산수찌(Aung San Su Kyi)의 민족민주연맹(National League for Democracy)이 압도적으로 승리했음에도 불구하고 군부가 정권을 이양하지 않자 민중의 반정부 시위가 일어났다. 특히 만덜레에서는 그해 8월 8일 승려 수천 명이 시내에서 행진했다가 군인들이 쏜 총에 여러 명 죽고 구타당했으며 약 400명이 체포되어 끌려갔다. 이에 만덜레의 승려들은 8월 27일 모여 군인 및 그 가족에게서 시주받는 것과 그들을 위해 불교적 의식을 집전하는 것을 거부하기로 결의했고, 이 운동은 양곤과 저가잉 등 다른 도시로 확산되었다.

불교 승려들은 2007년에도 반정부 시위에 나섰다. 그해 군부 정권이 서민을 위한 오일 및 가스 보조금 지급을 중단해 물가가 폭등하자 양곤 시내에서 항의 시위가 일어났으며 여기에 불교 승려들이 참가해 수천 명의 승려들이 거리 시위를 주도했다. 정부는 이를 무력으로 탄압했으며, 그 과정에서 수십 명이 죽고 수천 명이 체포·구금되었다. 2007년 시위는 미얀마 승려들의 승복 색깔 때문에 종종 '사프란 혁명(Saffron Revolution)'이라고 불린다.

태국의 산띠아속 운동

상좌불교는 대중적인 사회 운동을 일으키기도 했는데, 그중 하나로 태국의 산띠아속 운동을 들 수 있다. '산띠아속(Santi Asok)'은 빨리어 '산띠(santi)'와 '아소까(asoka)'의 합성어에서 파생된 것으로 '근심 없는 평화'를 뜻한다. 승려 포티락이 1975년 시작한 산띠아속 운동은 '풋타사탄(Phuttha Sathan)'이라는 불교 공동체를 중심으로 전개되었다. 이 운동에 참가한 출가와 재가는 함께 풋타사탄에서 금욕적인 생활을 영위했다. 그들은 나무로 지은 오두막집에서 채식 생활을 했으며, 특히 비구는 육식 금지, 하루 한 끼 이상 식사 금지, 중독성 또는 습관성 있는 물질의 금지, 낮 시간 수면 금지, 신발 착용 금지, 가방 및 양산 사용의 금지, 돈이나 기타 불필요한 것의 소유 금지, 성수(聖水)의 제작 및 살포 금지, 불상 및 부적의 제작 금지, 제사 의식의 집전 금지 등 산띠아속의 독특한 열 가지 계명을 지켜야 했다.

산띠아속은 추종자들에게 다음의 두 가지 원칙에 입각한 삶을 요구했다. 첫째, 농사가 생계의 바탕을 이루는 단순한 생활이다. 이에 따라 풋타사탄에 사는 사람들은 모두 자신이 입을 옷의 천을 스스로 짜며, 쌀을 직접 빻고, 채소를 손수 기르고, 식수원을 자체적으로 마련하고, 모든 식품과 생필품은 공동체의 창고에서 공급받아야 했다. 산띠아속은 물질에 대한 지나친 욕심에서 비롯되는 자본주의적 소비문화를 비판하면서 물질 만능주의를 버리고 '분 니욤(bun niyom)' 즉 '공덕주의'로 돌아가야 한다고 강조한다. 공덕주의 정신은 '적게 먹고, 적게 쓰고, 많이 일하고, 사

그림 51 우본의 산띠아속 공동체 가게

회를 위해 나머지를 모아 두자'는 산띠아속의 유명한 슬로건에 반영되어 있다. 둘째, 불교 공동체적인 생활이다. 산띠아속의 불교 공동체는 비구 중심으로 작동되는 것이 아니라 출가와 재가 모두 불교의 가르침에 따라 생활하고 이상적인 불교 사회의 구축에 동참하는 것을 중시한다. 산띠아속은 특히 태국의 정치적 부패와 사회적 비도덕성에 대해 기성 불교계가 소극적인 태도를 취해 온 점을 비난하면서 자신들이 태국의 정치 및 사회의 개혁에 적극 나서야 한다고 주장했다.

이러한 관점에 따라 활동한 산띠아속의 대표적인 인물로 짬롱 시므앙(Chamrong Srimuang)을 들 수 있다. 1985년 방콕 시장 선거에 출마한 그는 한편으로는 기존 정치권의 권력 남용과 부패를 비판하면서, 다른 한편으로는 '반속인이자 반승려(half-man and half-monk)'로 불리는 자신의 금욕적인 생활 스타일을 부각시키고 '미스터 클린(Mr. Clean)'이라는 자신의 청렴 이미지를 내세워 선거에서 압승했다. 그는 그 후 산띠아속 세력을 등에 업고 1988년에는 '불법(佛法)의 힘'을 뜻하는 팔랑탐(Palang Tham)당을 창당했다. 이 팔랑탐당에 탁신(Thaksin)이 1994년 가입해 이듬해 당수로 선출되었으며, 2001년에는 태국 총리가 되었다.

산띠아속 운동은 철저한 계율 준수와 검소한 생활로 많은 타이인에게 매력을 주었으며, 태국의 불교계뿐만 아니라 정치 및 사회 전반에 대한 도덕적 비판으로 많은 호응을 받았다. 그러나 귀에 거슬릴 정도로 지나치게 격렬한 비판적 논조는 반발을 불러일으켰고, 무엇보다도 승가의 권위에 대한 반항과 급진적인 불교관은 보수 불교계와의 심각한 갈등을 야기했다. 포티락을 포함한 주요 멤버들에 대한 1989년 재판 이후 산띠아속 운동은 정치적 영향력을 상실했으며, 오늘날 산띠아속은 공동체 형태로 유지되고 있다.

캄보디아의 토암마이어뜨라 운동

동남아시아 상좌불교 국가들에서 일어난 또 다른 중요한 불교적 사회 운동으로 캄보디아의 토암마이어뜨라가 있다. '토암마이어뜨라(Dhammayietra)'는 빨리어 '담마(dhamma)'와 '보행, 행진, 여행' 등을 뜻하는 빨리어 '야뜨라(yātrā)'의 합성어에서 파생한 것으로, 문자 그대로는 '불법(佛法)의 행진·순례'를 의미하지만 '평화의 행진'으로 널리 알려져 있다. 1992년 시작된 토암마이어뜨라 운동의 배경에는 1970년 이후 약 20년 동안 전개된 캄보디아의 비극적인 현대사가 놓여 있다.

1970~1975년 친미적인 론놀(Lon Nol) 정권 시대에 캄보디아 내 공산주의자와 베트남인이 숱하게 살해당했으며, 미국이 베트남전쟁의 일환으로 캄보디아 동부 지역에 퍼부은 '융단 폭격'으로 많은 주민이 죽고 프놈펜으로의 대규모 이주가 일어

났다. 특히 1973년 6개월간 괌(Guam)과 태국에서 출격한 미 공군 폭격기들이 동부 농촌 지역에 투하한 폭탄은 제2차 세계대전 당시 미국이 일본에 투하한 것보다 두 배 정도나 많았다고 한다.

이어진 1975년 4월부터 1979년 1월까지 크메르루주 시대 캄보디아 사회에는 공포와 학살이 만연했다. 계급이 없고 평준화된 새로운 공동체 건설을 꿈꾼 크메르루주는 이를 위해 사적인 재산뿐만 아니라 고향, 선조, 지역 수호신 등의 친숙한 공간을 박탈했으며 심지어 가족을 포함한 전통적인 사회구조와 전통적 정체성의 바탕인 불교 신앙을 파괴했다. 그들은 특히 도시 주민들을 시골로 강제 이주시켜 집단농장에 재배치해 혹독한 육체노동에 종사시켰다. 새로운 체제에 대한 철저한 순응을 요구한 크메르루주는 '파인애플의 눈'으로 주민들을 감시한다고 선포하며 사람들에게 공포심과 절망감을 심어 주었다. 그들은 새로운 질서에 복종하지 않는 자를 학살하거나 때로는 벌로 식량을 주지 않아 숱한 사람이 기아로 죽었다. 크메르루주가 통치한 3년 9개월 동안 약 150만 명이 사망한 것으로 알려져 있는데, 상당수는 숙청되었고 나머지는 강제노역, 질병, 기아 등으로 죽었다.

크메르루주의 민주캄푸치아(Democratic Kampuchea) 정권은 1978년 말 베트남 군대의 침공으로 붕괴되었으나, 캄보디아는 이후 베트남 군대가 캄보디아를 점령한 1989년까지 10년 동안 내전에 시달렸다. 특히 베트남 군대가 진입하자 캄보디아-태국 국경 지대의 난민 캠프들로 피난한 수천·수만의 캄보디아인은 그곳에서 살해·아동학대·구타·성폭행 등을 겪었다. 특히 가족, 이웃 혹은 친구를 잃은 젊은 난민들 중에는 극도의 공포와 좌절에 직면해 트라우마에 시달렸으며, 심지어 삶의 방도는 물론 그 의미를 찾지 못해 자살하는 경우도 많았다.

이러한 상황에서 토암마이어뜨라 운동이 승려 모하 코사난(Maha Ghosananda, 1913~2007)에 의해 프놈펜에서 시작되었다. 1992년 4월 12일 처음으로 개최된 토암마이어뜨라에 350명의 승려와 여승, 재가 신도가 참가했다. 그들은 캄보디아 국경에 인접한 태국의 아란야쁘라텟(Aranyaprathet) 난민 캠프에서 그곳의 캄보디아인 난민 수백 명과 함께 출발했다. 행진은 그때가 낮에 45도까지 치솟는 무더운 계절이라 새벽 2~3시에 시작되었다. 행진 과정에서 마을 사람들이 행렬에 합류해 일부 구간을 함께 걷기도 했다. 어떤 마을에서는 주민들이 밥과 과일을 갖고 와 행진 참가자들에게 주었으며 걷는 사람들의 발을 씻어 주는 경우도 있었다. 승려들은 행진 도중에 마을 사람들에게 종종 물을 부어 축복해 주었다. 난민 대부분은 행렬이 수도까지 가는 도중 여러 마을을 지나가면서 잃어버린 가족 및 친척과 재회하는 기쁨을 맛보았다.

행진 참가자들은 매일 보리수 묘목을 심는 행사를 가졌다. 보리수 묘목은 스리랑카에서 갖고 온 것으로, 그 행사는 그들이 지나가는 지역의 마을에 동정심과 화해의 씨를 심겠다는 상징적 의미를 지닌 것이었다. 참가자들은 350킬로미터의 여정을 한 달 동안 걸어 5월 13일 프놈펜에 도착했다. 토암마이어뜨라 행사는 사전에 태국과 캄보디아 양국의 허가를 받아 치러졌다. 이 행사에는 국내외 여러 단체가 관심을 갖고 도움을 주었다. 특히 유엔의 세계식량계획(WFP)은 토암마이어뜨라 행진 참가자들을 위해 음식 통조림을 제공했다.

토암마이어뜨라 운동의 목적은 1970년대 이후 캄보디아인들이 겪은 심리적 고통과 마음의 상처 치유였다. 이 운동은 그 이후 매년 기획되었다. 1993년에는 행진 참가자들이 5월 4일 앙코르왓을 출발해 프놈펜까지 17일 동안 걸었으며, 도중에 끼어든 사람들로 행렬이 프놈펜을 진입할 때는 거의 3천 명으로 불어 있었고 프놈펜에서 사흘간 도시를 도는 행진에는 약 1만 명이 참가했다. 1994년의 세 번째 토암마이어뜨라는 4월 24일 밧덤봉(Battambang)주에서 출발해 5월 16일 앙코르왓에서 끝났다. 이처럼 토암마이어뜨라 운동은 매년 행진 기간과 구간이 조정되었고 참가자 숫자도 달랐다. 하지만 크메르루주의 악몽을 씻어 내고 캄보디아인들에게 미래 지향적인 새로운 공동체 정신을 회복시켜 준다는 것이 운동의 목적이라는 점은 변함이 없었다. 기획의 중심에 있는 캄보디아 승가는 토암마이어뜨라를 통해 불교가 캄보디아 사회에 화합과 평화를 위한 정신적 바탕을 제공할 수 있음을 보여 줄 수 있다고 보아 이 운동을 캄보디아인들의 불교 신앙을 강화할 수 있는 기회로 간주했다.

제10장

이슬람의 형성과 실제

1. 동남아시아 이슬람의 특징

동남아시아 무슬림 세계의 규모

이슬람을 논할 때 동남아시아는 이슬람 세계의 주변부에 속하는 지역으로 인식되어 왔다. 자신을 정통적 무슬림이라고 간주하는 중동의 아랍 무슬림 대부분은 동남아시아의 이슬람이 아랍 이슬람에서 파생된 것으로 간주한다. 특히 그들 중에는 인도네시아 및 말레이시아 무슬림을 자신과 동일한 수준의 무슬림으로 인정하기를 꺼리는 사람이 많다. 그러나 동남아시아의 이슬람에 대한 이러한 관찰과 인식은 상당 부분 과장된 것이고 피상적인 것이다.

동남아시아의 무슬림 중에는 이슬람 신앙을 적극적으로 실천하는 사람이 적지 않다. 또 동남아시아에는 세계 최대의 무슬림 인구를 갖고 있는 인도네시아가 있을 뿐만 아니라 동남아시아의 무슬림 인구는 2013년 약 2억 4,634만 명으로 터키와 이집트를 제외한 중동 아랍 국가들의 무슬림 인구 약 2억 845만 명보다 많았다.[1] 말레이시아와 브루나이에서는 이슬람이 국가의 공식적인 종교이며, 인도네시아에서는 개신교·가톨릭·힌두교·불교·유교 등과 더불어 국가의 여섯 공인 종교 중 하나다. 동남아시아의 무슬림은 대부분 이슬람의 양대 종파인 순니(Sunni)와 시아(Shi'a) 중 순니파에 속한다.

동남아시아의 이슬람은 비록 '비정통적'이라고 인식되더라도 중동을 비롯한 세계 여타 지역의 이슬람과는 분명히 다른 성격을 갖고 그동안 발달해 왔다. 나름대로의 특징을 갖고 있는 동남아시아의 이슬람에 대한 이해는 무슬림 세계의 다양성을 이해하는 데 기여할 것이다.

표 4 동남아시아 국가들의 무슬림 인구(2013년)

(단위: 명, %)

국명	무슬림 인구수	인구 비율
인도네시아	216,248,867	86.1
말레이시아	17,895,549	60.4
필리핀	5,286,032	5.0
태국	3,102,614	4.6
미얀마	2,206,693	4.0
싱가포르	813,585	14.9
캄보디아	304,111	2.0
브루나이	278,530	67.0
베트남	92,478	0.1
라오스	66,952	1.0*
동티모르	42,663**	4.0**

주: *Hussin Mutalib. *Islam in Southeast Asia*. Singapore: ISEAS, 2008. p.78.
**2012년 통계. www.muslimpopulation.com(검색일 2018.1.30.).
출처: https://www.worldatlas.com

아방안, 산트리

동남아시아 이슬람의 성격과 관련해 이 지역에는 이슬람이 들어오기 전부터 있었던 민간신앙 및 힌두-불교적 요소가 여전히 강하게 작용한다는 것과 그러한 전통적인 신앙과 문화에 대해 이 지역 무슬림들이 관용적이라는 것, 그리고 이 점에서 그들이 무슬림처럼 살지 않는다는 생각이 오래전부터 있어 왔다. 심지어 동남아시아의 무슬림들은 '진짜 무슬림'이 아니라는 인식이 있었다.

동남아시아 무슬림들의 비정통적 이슬람 신앙과 관련해 클리포드 기어츠는 인도네시아 자와의 무슬림들을 '산트리(santri)'와 '아방안(abangan)'으로 구분한다. 산트리는 이슬람 신앙의 토대인 꾸란과 하디스의 가르침에 따라 살기 위해 노력하고 이슬람법을 사회생활의 규범으로 간주하는 무슬림을 지칭한다. 이들은 전통적인 민간신앙과 거리를 두며 인간관계에서 움마('umma) 즉 무슬림 공동체를 중시한다. 산트리는 인도네시아어로 이슬람 기숙학교를 뜻하는 '프산트렌(pesantren)'의 학생을 가리키는 용어다.

'아방안'은 이슬람 교리보다는 '큰두리' 즉 전통적인 의례 및 잔치를 포함한 민간신앙을 종종 더욱 중시하며 인간관계에서 가정과 마을 공동체를 우선시한다. 다른 신앙과 종교에 대해 관용적인 '아방안 무슬림'은 예컨대 라마단 금식 기간에 큰두리를 베풀더라도 그것을 이교도적 내지는 이단적 행위라고 보아서는 안 된다고 말한다. 아방안은 붉다는 뜻의 '아방(abang)'과 계층을 뜻하는 '안(an)'의 합성어로, 겉만 이슬람이지 속은 '붉은' 즉 조야한 무슬림을 가리킨다. 인도네시아에서 아방안 무슬림들은 그들이 주민등록상으로만 이슬람이라는 의미에서 '카테페(KTP) 이슬람'으로 불린다. '카테페'는 주민등록증을 뜻하는 '카르투 탄다 픈두둑(kartu tanda penduduk)'의 이니셜이다.

아방안의 이슬람에 대한 태도는 1950년대 기어츠가 자와 섬 내륙 지방에서 조사했을 때 들었던 동네 아이들의 노래에서 엿볼 수 있다. 아이들은 머리에 베일을 쓰고 다니는 무슬림 여성을 놀리면서 "무슬림 여성의 머릿수건은 그 위에 드러눕는 것으로 쓰인다"고 노래한다. 즉 무슬림 여성이 머리에 베일을 쓰고 다닐 정도로 신앙심이 돈독하게 보이지만 실제로는 성적으로 문란하다는 것이다.[2]

인도네시아의 종교부 장관은 1960년 전체 무슬림 인구 중 이슬람의 종교적 의무를 실천하는 사람은 10퍼센트 이하라고 발표했다. 또 자와 섬의 한 무슬림 마을에 대한 조사 결과, 하루 다섯 번의 의무적인 기도를 드리는 주민은 거의 없거나 최대 15퍼센트에 불과했다. 라마단 기간 온전히 금식을 행하는 사람은 서부 자와에서는 12퍼센트였고, 중부에서는 2퍼센트밖에 되지 않았다고 한다.[3] 산트리는 대개 도시 특히 항구 및 상업 지역에 보다 많이 분포되어 있으며, 시골 특히 내륙 지방으로 들어갈수록 아방안 비율이 높다.

2. 동남아시아 이슬람의 역사

이슬람화의 과정

이슬람은 그 성질이 본질적으로 무역에 가장 잘 맞는 종교로 알려져 있다. 그리하여 이슬람의 전파와 한 도시 내지 한 왕국의 이슬람화 과정은 무슬림 상업·무역 공동체의 정착 및 확대와 긴밀히 연관되어 있다. 이 점과 관련해 중시할 측면은 12세기부터 16세기까지 인도양 무역이 아랍·페르시아·인도·벵골 출신의 무슬림 상인들에 의해 지배되었다는 것이다. 동남아시아와 중국 등지에 일찍부터 왕래하던 이들 무슬림 상인은 수마트라 북부 해안, 말레이 반도의 해안, 자와 북부 해안, 보르네오 북부 해안, 술라웨시 남부 해안, 말루쿠 제도 등에 발달한 항구 도시 혹은 항만 국가에 정착해 모스크를 설립하고 무슬림 공동체를 형성했다. 그들은 상업 및 무역 활동에 종사하면서 샤리아(sharī'a) 즉 이슬람법에 따라 거래하는 것을 중시했을 것이다.

이렇게 무슬림 공동체가 형성된 동남아시아 지역에 메카(Mecca), 카이로(Cairo), 콘스탄티노플(Constantinople) 즉 이스탄불(Istanbul) 등의 중동과 인도로부터 울라마('ulamā)를 포함한 이슬람 성직자들이 들어왔다. 이들은 종종 상인으로 위장해 포르투갈 상인들의 배를 타고 동남아시아 주요 항구들에 도달했다. 특히 울라마는 하나의 무슬림 공동체가 보다 효율적으로 기능하기 위해서 반드시 있어야 할 존재였다. 울라마는 꾸란·하디스·샤리아 등과 관련된 이슬람 학문을 공부한 지식인, 학자 특히 이슬람 신학자를 일컫는다. 이슬람 법학에 정통해 있어 샤리아에 기초한 상거래와 결혼·이혼 등에 관한 규정을 알고 있을 뿐만 아니라, 무슬림 공동체에서 발생하는 각종 분쟁에 관한 해결책도 제시하고 나아가서는 의례적 기도의 시간, 라마단 금식 기간의 시작 날짜, 메카 순례의 시점 등을 천문학적으로 산출해 낼 수 있는 울라마는 무슬림 공동체의 정신적 지도자였다. 토므 피르스에 의하면, 16세기 초 자와 북부 해안지역에 외래 무슬림 상인과 이슬람 성직자의 숫자가 갈수록 많아졌으며, 그들은 그 지역에 이미 수십 년째 정착해 살면서 점차 현지화되어 갔고, 특히 자와에서 태어난 그들의 자식들은 자와인으로 동화되어 있었다.[4]

동남아시아의 현지인들은 외래 무슬림 상인들이 돈을 벌어 부자가 되는 것을 보고 이슬람이 부의 획득과 연결되는 종교라고 느꼈을 것이다. 게다가 말레이 상인 등 현지인 상인들은 자신들이 다른 도시나 나라에서 장사할 때 이슬람이 그 지역의 상인들과의 접촉점을 제공할 수 있다는 점을 알게 되었을 것이다. 그리하여 그들은 외래 무슬림 상인들과 접촉하고 그들과 다양한 형태의 관계를 맺으면서 샤리아에 기초한 상호 약속과 신뢰를 바탕으로 이루어지는 무슬림 상인들의 상거래 네트워크에 들어가게 되었으며, 이로써 무슬림 공동체가 점차 커졌다.

한 왕국의 이슬람화는 통치자가 술탄이 됨으로써 완성되었다. 수마트라 섬 북단에 위치한 파사이(Pasai) 같은 항만 국가의 통치자는 왕국의 경제적 번영이 해외의 이슬람권 시장과 연결되어 있는 무슬림 상인들의 상업 및 무역 활동에 의존되어 있다는 것과 무슬림 주민들이 백성의 중요한 부분을 구성하는 사회의 질서를 위해 샤리아가 갈수록 중요하다는 사실을 인식했을 것이다. 그는 무슬림 상인들을 자신의 나라에서 계속 활동하도록 붙잡아 두려면 자신이 이슬람으로 개종할 필요가 있다는 것을 느꼈을 것이다. 그는 나아가서 스스로를 술탄이라고 선포함으로써 자신의 권력 기반을 공고히 하고 더욱 강력하게 만들 수 있을 것이라고 기대했을 것이다. 그는 통치자의 권위에 대한 공식적인 인정의 전통이 희박했고 왕위 계승이 불안정했던 과거의 상황을 더 이상 우려할 필요 없이 이제는 이슬람적 권위와 안정된 세습적 군주제를 바탕으로 영토적 팽창도 도모할 수 있게 되었다.

수마트라 서북부의 이슬람화

동남아시아에 이슬람이 언제 들어왔는지는 불분명하다. 이미 7세기 중엽부터 아라비아 반도의 무슬림 사신들이 중국을 방문하기 시작했으며, 9세기경에는 중국의 광저우(廣州)에 무슬림 상인이 수천 명 있었다는 점을 고려할 때, 중동 출신의 무슬림들이 비교적 이른 시기부터 동남아시아에서 활동한 것으로 추측된다. 수마트라 섬의 스리위자야 왕국은 10세기 초에서 12세기 중엽 사이에 사신들을 중국으로 파견했는데, 그들 중에는 아랍 이름을 가진 사람도 종종 있었다. 동남아시아에서 무역을 한 것으로 보이는 아랍인들은 11세기에는 말루쿠 제도까지 진출했으며, 12세기에는 수마트라의 팔렘방과 아체, 자와, 칼리만탄, 마닐라 등에 그들의 무역기지가 있었다. 페르시아 상인들도 7세기경 수마트라의 동부 해안과 중국의 광저우 사이를 항해하면서 무역을 했으며, 11세기 초에는 동남아시아의 여러 해안 도시에 정착한 것으로 보인다.

하지만 이러한 기록들은 동남아시아에서 현지인들이 이슬람으로 개종해 무슬림 공동체를 형성했다거나 더 나아가 현지인 이슬람 왕국이 등장했다는 것에 대한 어떠한 역사적인 증거를 구체적으로 보여 주지 않는다. 동남아시아에서의 이슬람 전파 및 토착 왕국의 이슬람화에 관한 보다 확실한 역사적 증거는 13세기 후반이 되어서야 나타나기 시작한다. 아체, 프디르(Pedir, 현 Pedie), 프를락(Perlak), 사무드라(Samudra), 파사이 등 오늘날 수마트라의 서북부 해안에 발달한 도시들에 13세기가 되면 이미 이슬람 문화가 유입되어 있었다. 마르코 폴로(Marco Polo)는 1292년경 프를락('Ferlec') 왕국의 도시 사람들이 무슬림이었다고 말하면서, 그들이 이 지역을 "자주 드나드는 사라센 상인들 때문에 무함마드의 율법으로 개종"했기 때문이라고 전한다.[5]

파사이의 통치자는 1282년경 후사인(Husayn), 술라이만(Sulayman) 등 무슬림 이름을 가진 두 명의 사신을 중국으로 보냈다. 파사이 왕국의 왕들이 묻혀 있는 왕릉에서 파사이의 첫 통치자와 관련된 비문이 발견되었는데, 1297년 작성된 이 비문은 그를 '술탄 알말리쿠스 살레(Sultan al-Malikus Saleh)'라고 소개한다. 파사이는 늦어도 1280년대 초 이미 무슬림들이 주민의 중요한 부분을 이루고 있었으며, 1290년대 후반에는 통치자가 술탄의 칭호를 이름 앞에 둘 정도로 확고한 이슬람 왕국이 되어 있었던 것으로 보인다.

파사이를 포함한 수마트라의 북단 지역은 말레이-인도네시아어로 '스람비 메카(serambi Mekka)' 즉 '메카의 베란다'로 불려 왔다. 이 용어에는 이 지역이 동남아시아의 다른 지역 특히 도서부로의 이슬람 확산에서 전초기지 내지는 도약대 역할을 했다는 것이 상징적으로 표현되어 있다. 파사이에서 믈라카로 이슬람이 퍼졌으며, 항만 국가 믈라카는 15세기에 도서부 전 지역에서 이슬람의 중심이 되었다.

도서 동남아시아 여타 지역에서의 이슬람 전파

믈라카는 무함마드 샤(Muhammad Shah, 재위 1424~1444)의 이슬람 개종 후 본격적으로 무슬림 왕국이 되기 시작했다. 『스자라 믈라유(Sĕjarah Mĕlayu)』 즉 『말레이 역사』에 의하면, 무함마드 샤는 이슬람을 수용한 후 왕국의 모든 신하와 백성에게 자신

지도 4 동남아시아에서의 이슬람 전파

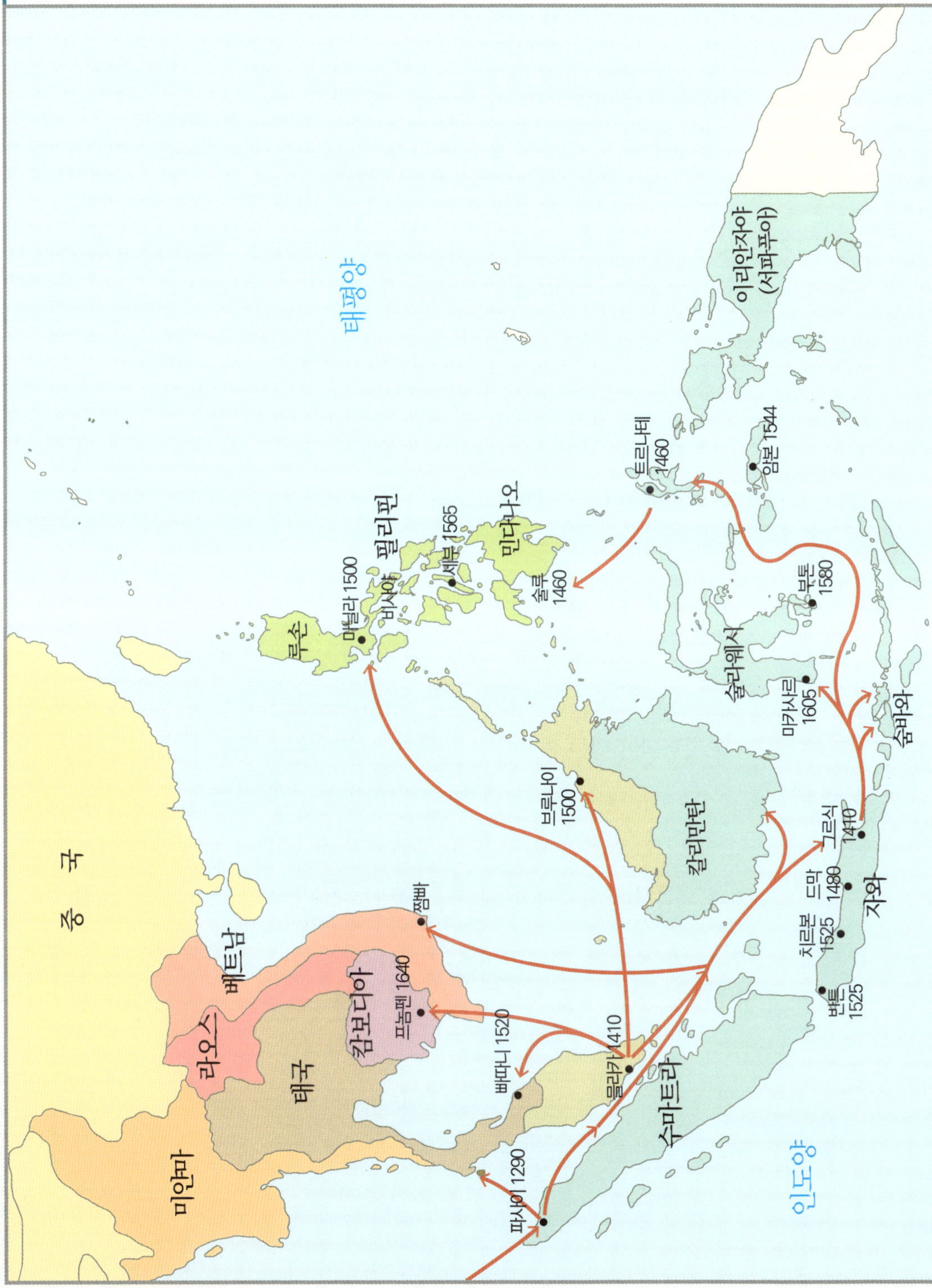

처럼 이슬람으로 개종할 것을 명령했다.[6] 믈라카는 그 후 무자파르 샤(Muzaffar Shah, 재위 1446~1459) 시대에 이슬람이 국교로 선포되는 등 확고한 이슬람 왕국이 되었다.

무자파르 샤와 후계자들의 이슬람에 대한 열정에 힘입어 그리고 믈라카의 활발한 무역 활동을 통해 이슬람은 말레이 반도뿐만 아니라 수마트라 남부의 팔렘방, 보르네오 섬 북부, 자와 섬 북부, 심지어 필리핀 남부의 민다나오 섬까지 확산되었다. 그리하여 말레이 반도의 크다, 파항, 느그리슴빌란 등은 15세기 후반에 모두 점차 이슬람 왕국으로 바뀌었으며, 빠따니는 이들보다 약간 늦은 16세기 초에 이슬람을 수용한 것으로 보인다. 믈라카와 긴밀한 무역 관계에 있었던 브루나이도 이슬람 왕국으로 전환했는데, 그것은 브루나이를 방문했을 때 이 나라의 통치자가 최근 이슬람으로 개종했다고 쓴 토므 피르스의 기록을 근거로 대략 16세기 초에 이루어진 것으로 추측된다.[7]

이슬람은 자와 섬 동부의 북부 연안 지역으로도 확산되었는데, 이 역시 그 바탕에는 믈라카와 이 지역의 무역 교류가 있었다. 그리하여 이미 15세기 초에 그르식(Gresik)이 이슬람화되었다. 피르스에 의하면, 아체에서 팔렘방까지 수마트라 섬의 북부 해안을 따라 발달되어 있는 왕국들은 16세기 초 통치자와 연안 지역 주민들은 대부분 무슬림이었지만, 내륙으로 들어가면 주민 대부분이 아직 이슬람을 믿지 않고 있었다.[8] 그러한 사정은 자와 섬에서도 비슷해, 네덜란드인들이 16세기 말 자와에 처음 왔을 때 내륙 지방은 대부분 여전히 힌두-불교 전통이 강한 '이교도' 세계였다.

자와 섬의 내륙으로 이슬람이 확산되는 데 중요한 역할을 한 것은 자와 북부 해안의 드막이었다. 15세기 말 중국계 무슬림에 의해 건설된 것으로 알려져 있는 이슬람 왕국 드막은 트릉가나(Trenggana) 왕(재위 1521~1546)의 시대인 1520년대 동부 자와의 힌두-불교 왕국인 크디리뿐만 아니라 서부 자와의 순다 지역도 정복해 이슬람을 강요했다. 드막 왕국의 영향력이 절정기에 달한 1530년대 중엽 자와 북부 연안의 대부분 지역은 이슬람화되어 있었다.

서부 자와의 보고르(Bogor) 근처에 위치한 파자자란(Pajajaran) 왕국은 이슬람 왕국인 반탐(Bantam)에 의해 1570년대 정복되어 엘리트들이 강제적으로 이슬람으로 개종되었다. 하지만 발리 섬은 1630년대 마타람의 공격을 포함한 모든 외부로부터의 이슬람 개종에 대한 시도를 물리치고 오늘날까지 힌두교를 유지하고 있다. 드막과 반탐의 사례에서 엿볼 수 있는 것처럼, 이슬람은 동남아시아에서 외래 무슬림 상인들의 활동을 통해 그리고 믈라카 같은 이슬람 왕국의 해외무역 네트워크를 통해서뿐만 아니라 때로는 정복 전쟁을 통해서도 확산되었다.

술라웨시 섬 남부의 마카사르 지역은 17세기 초에야 이슬람을 수용했으며, 마카사르에서 섬의 다른 지역으로 이슬람이 전파되었다. 그에 비해 더 동쪽에 위치한 말루쿠 지역은 이미 15세기 중엽에 이슬람이 들어와 트르나테는 1460년경 이슬람화되었으며, 피르스에 의하면 1510년대 말루쿠 지역의 통치자들은 대부분 무슬림이었다.[9] 말루쿠에서의 비교적 이른 이슬람 확산은 이 지역이 중요한 향신료 산지라는 사실과 관련 있는 것으로 보인다.

필리핀에서는 15세기 중엽에 이슬람이 술루 제도에 정착했으며 그 이후 점차 민다나오 섬으로 확산되었다. 이슬람은 16세기 초에는 브루나이의 무슬림들에 의해 루손 섬과 민도로 섬 등에도 전파되었다. 스페인 군대가 마닐라를 공격하던 1570년대 초 루손 섬에는 이슬람이 이미 상당히 퍼져 있었다. 그리하여 당시 루손 섬의 해안 지역 주민들 중에는 비록 이슬람 창시자 무함마드의 이름을 모르지만 돼지고기를 기피하는 등 적어도 외관상으로는 무슬림적인 삶을 사는 사람이 많았다고 한다. 만약 가톨릭 선교에서 열심이었던 스페인이 필리핀을 정복하지 않았거나 필리핀에 훨씬 늦게 진출했다면 이슬람은 필리핀에서 보다 넓게 확산되었을 것이다.

수피즘의 역할

중동 및 인도에서 온 무슬림 상인 공동체들이 수마트라 섬 북부 해안과 말레이 반도, 자와 섬 북부 해안, 칼리만탄 섬과 술라웨시 섬의 주요 항구 및 상업 도시에서 형성되고 확대됨에 따라 이슬람이 전파되고 마침내 말레이인, 자와인, 마카사르인 등 동남아시아 현지인 무슬림 공동체가 출현했다. 그 과정에서 수피즘이 중요한 역할을 했다.

보통 '이슬람 신비주의'로 번역되는 수피즘은 '수프(sūf)' 즉 '염색하지 않은 양털 옷'을 입고 생활하는 수피(sūfi)의 독특한 이슬람 신앙 및 의례를 지칭하는 개념으로, 8세기에 이라크와 시리아 등지에서 처음 나타났다. 철야기도, 장기간의 금식, 감정의 통제 등을 중시하는 수피들은 집단적 낭송 특히 신앙고백이나 알라의 이름을 계속 부르기, 노래, 춤, 연주 등을 통해 몰아지경에 이르고 궁극적으로는 알라와 영적으로 하나가 되기 위해 노력했다. 그들은 아랍어로 '타리까(tarīqa)', 말레이-인도네시아로 '타레캇(tarekat)'이라고 부르는 수피 교단 내지는 수도회를 세워 '쉐이흐 알이슬람(shaykh al-Islam)' 혹은 줄여서 '쉐이흐'라고 하는 영적 스승의 지도하에 나름대로의 규율과 예배 의식을 갖춘 신앙 공동체 생활을 추구했다.

수피 운동은 모든 존재의 일원성 그리고 알라가 인간과 세상 만물을 통해 자신을 현시한다는 것을 주장한 이븐 알아라비(Ibn al-'Arabi)가 사망한 1240년경 이슬람 세계에 널리 퍼졌으며, 13세기 말에는 타리까가 세계 도처에서 무슬림 공동체의 결합 및 확산에서 중요한 역할을 했다. 동남아시아에서 활동한 중동 및 인도 출신 무슬림 상인들과 울라마들 중에는 타리까 회원이 많았으며, 이들을 통해 현지인들에게도 수피즘이 퍼졌다. 특히 14세기에서 17세기 사이에 동남아시아에 유입된 이슬람은 대부분 수피 타리까에 속한 무슬림들에 의해 퍼진 수피즘적 이슬람이었다.

수피즘이 말레이-인도네시아 세계의 이슬람화에서 어떻게 중요한 역할을 할 수 있었는지에 대해서는 여러 추측이 있다. 이와 관련해 중시되는 측면 하나는 특히 자와 섬의 경우 이슬람 도래 전부터 있던 힌두-불교 전통이 수피즘과 잘 어울릴 수 있었다는 점이다. 신과 인간의 일원성 및 합일을 추구하는 불교 특히 대승불교의 밀교와 힌두교가 지배적이었던 자와의 엘리트 사회는 알라의 초월성을 강조하는 정통적 이슬람보다는 수피즘적 이슬람을 수용하기가 더 쉬었을 것이다.

동남아시아에서 수피즘의 용이한 침투와 관련해 수피즘의 전통 중 하나인 성인 숭배도 중요한 요인이었다. 수피즘에서는 저명한 수피 특히 타리까의 설립자 혹은 카리스마적인 쉐이흐는 아랍어로 '왈리(wali)'라고 불리는 '성인'으로 추앙되었다. 왈리는 '알라에게서 기적을 행하는 능력을 부여받은 자' 혹은 '알라의 친구'를 의미한다. 왈리의 초자연적 능력에는 공중부양, 날씨에 대한 통제, 병 치료 등이 포함된다. 특히 치유는 왈리가 자신의 무슬림 추종자들에게 흔히 행하는 '바라카(baraka)' 즉 '축복' 행위 중 하나다.

수피즘의 성인 숭배는 민간신앙적 요소와 결합해 특히 사망한 왈리의 유골 및 유품과 묘지를 숭배하고 그 왈리의 영적인 힘을 획득하기 위한 노력으로 발전했다. 심지어 쉐이흐 중에는 다양한 부적을 만드는 자가 적지 않았다. 동남아시아에서는 자와나 술라웨시 등에 이슬람을 처음 전도한 수피들 그리고 수피 타리까를 처음으로 도입했거나 타리까를 번성시킨 쉐이흐들이 왈리로 숭배되었다. 초자연적 능력을 갖고 있는 것으로 간주된 이들에 대한 숭배는 조상신 및 지역 수호신 숭배가 오래전부터 있어 왔던 이들 지역의 민간신앙적 풍토에 잘 맞았다. 왈리 숭배는 정치 지도자들 사이에서도 중시되어 수카르노, 수하르토, 와히드(Wahid, 재임 1999~2001) 등 인도네시아의 대통령들은 국정 운영을 위한 초자연적 힘을 받기 위해 종종 특정 성인들의 무덤에 가 참배하고 명상 기도를 올렸다. 하지만 근본주의적 이슬람 신앙을 추구하는 사람들은 성인 숭배 및 그들의 묘지 숭배를 비난하고 배척한다.

동남아시아의 이슬람화와 수피즘의 관계에서 또 다른 중요한 측면은 동남아시아 무슬림들이 중동에 가서 이슬람 신학을 공부하면서 특히 수피즘을 배우고 수피 교단을 현지 사회에 퍼뜨리면서 행한 능동적 역할이다. 예컨대 수마트라 아체 출신인 함자 판수리(Hamzah Fansuri)는 이븐 알아라비의 수피 신학 전통에 속한 자로, 그가 쓴 사행시(四行詩)는 알라와의 합일을 갈망하는 열정을 노래하고 있다. 16세기 후반 말레이 반도, 태국, 인도, 메카, 메디나, 바그다드 등을 다니며 쓴 그의 글들은 말레이-인도네시아 세계의 많은 무슬림들에게 영향을 주었다. 아체의 이스칸다르 무다(Iskandar Muda) 술탄(재위 1607~1636)의 등위식은 타레캇에서 치러졌으며, 의식을 집전한 자는 타레캇의 쉐이흐인 샴스 알딘(Shams al-Din)이었다. 샴스 알딘은 뒤에 이스칸다르가 광기의 발작으로 통치할 수 없게 되자 국왕의 직무를 대행하기도 했다. 이것은 17세기 전반 수피즘이 아체에서 정치적으로도 상당한 영향력을 갖고 있었다는 것을 보여 준다.

17세기에 인도네시아 무슬림들 중에는 메카, 메디아 등에서 수피 타리까의 쉐이흐를 찾아가 수학한 자가 적지 않았다. 예컨대 아체 사람 아브드 알라우프(Abd al-Rauf, 1615~1690)와 마카사르 사람 유수프 알마카사리(Yusuf al-Maqassari, 1627~1699)는 메디나에서 이브라힘 알쿠라니(Ibrahim al-Kurani)라는 유명한 쉐이흐의 타리까에 들어가 공부했다. 특히 알라우프는 20년의 유학을 마치고 1661년 귀국할 때 알쿠라니가 그를 할리파(khalifah) 즉 대리인으로 임명해 자신의 타리까를 수마트라에서 확산시키도록 했다. 18세기에는 아브드 알카림 알삼만(Abd al-Karim al-Samman, 1703~1788)이 창설한 메카의 삼마니야(Sammaniyya) 타리까에 수마트라 출신의 무슬림이 여럿 있었다. 팔렘방 출신 아브드 알사마드(Abd al-Samad, 1703~1788)는 그중 하나로, 그는 거기서 아랍 및 이집트 출신 이슬람 학자들과 교류했다. 알삼만에게서 수학한 수마트라 출신의 무슬림들은 뒤에 팔렘방에서 타레캇을 세웠다. 중동에서 공부를 한 인도네시아 특히 수마트라 무슬림들은 아브드 알라우프처럼 스스로 수피즘에 관한 글을 쓰거나 아브드 알사마드처럼 저명한 중동 쉐이흐들의 수피 텍스트들을 말레이어로 번역했다. 이러한 수피즘 관련 저서들은 당시 인도네시아와 말레이 반도 등의 무슬림들 사이에서 비교적 널리 알려져 있었다.

대륙 동남아시아에서의 이슬람 전파

동남아시아 대륙부에서의 이슬람 도래의 첫 단서는 베트남 중부의 짬빠 왕국에 관한 기록에서 나타난다. 짬빠는 원래 힌두교 왕국으로 출발했고 힌두교가 지배적이었던 나라였다. 하지만 짬빠는 아랍 상인과 페르시아 상인이 중국으로 갈 때 이용하는 해상 무역 루트에 놓여 있어 중동 상인들에 의해 일찍부터 이슬람이 유입된 것으로 보인다. 그리하여 이미 10세기가 되면 외국인 무슬림들이 짬빠에 살고 있었다. 또 전통적으로 해상 활동과 해외무역에 종사해 온 짬빠의 짬인들은 늦어도 8세기부터는 수마트라 및 자와 등 말레이 세계와 활발한 접촉을 벌였다. 특히 짬빠의 왕족 및 조정 엘리트 중에는 자와나 수마트라에 여행하거나 망명하는 경우가 종종 있었다. 『말레이 역사』에 의하면, 1471년 베트남의 공격으로 오늘날 중부 베트남의 꾸이년 일대에 있었던 수도 비자야(Vijaya)가 정복당하자 짬빠의 한 왕자와 그의 수행원들은 믈라카로 갔으며, 거기서 그들은 모두 무슬림이 되었다.[10] 짬빠 왕국과 말레이 세계 간 이러한 관계의 전개 과정에서 현지인 무슬림도 점차 생겨난 것으로 보인다.

비자야의 정복 후 수도는 오늘날 남부의 닌투안(Ninh Thuan)성의 해안 도시 판랑

(Phan Rang)으로 옮겨졌는데, 이 지역에는 이미 무슬림이 많이 살고 있었다. 천도 후 짬빠 왕국에서 무슬림의 영향력은 증대했으며, 16세기가 되면 이슬람으로 개종하는 자가 점차 많아졌다. 그리하여 16세기에 고향을 떠나 캄보디아의 프놈펜 일대에 정착한 자들은 모두 무슬림이었다고 한다. 17세기 초 짬빠의 왕은 비록 힌두교를 믿고 있었지만 신하들의 이슬람 개종과 모스크 건설을 권장하는 등 이슬람을 후원했으며, 당시 이슬람 왕국인 말레이 반도의 조호르와 긴밀한 관계를 맺고 있었다. 짬빠에서 이슬람의 영향은 갈수록 증대하여 1670년대가 되면 왕과 백성의 대부분이 무슬림이었다.

이슬람은 동남아시아에서의 무역의 시대 특히 16~17세기에 캄보디아와 태국에서도 중요한 역할을 했다. 캄보디아에서는 16세기 말 말레이인들이 짬빠에서 온 짬족 무슬림들과 더불어 해외무역에서 활발한 활동을 하면서 조정에서도 상당한 위상을 차지하고 있었다. 1642년에는 짜오 바나 짠(Cao Bana Cand)이라는 왕자는 무슬림의 지지로 왕위를 차지하고 말레이 여성을 왕비로 맞아들이고는 이슬람으로 개종해 자신을 '이브라힘(Ibrahim)'으로 칭했으며 말레이인 및 자와인 이주민과 가깝게 지냈다. '술탄 이브라힘' 사례는 캄보디아 역사에서 이슬람이 국가 차원에서 중요한 역할을 한 유일한 경우다.

태국에서는 이미 16세기 초에 인도에서 온 무슬림 상인들이 수도 아유타야에서 장사를 하고 있었으며, 16세기 중엽에는 터키인이 아유타야 왕국의 장교로 고용되어 태국의 수군(水軍)을 지휘하고 있었다. 17세기 초에는 페르시아 출신 상인이 태국의 대외 무역을 총괄하는 대신으로 임명되었고, 중엽에는 조정에 강력한 무슬림 파벌이 형성되어 있었다. 이러한 배경에서 1667년과 1668년에 수마트라의 아체 왕국과 인도의 골콘다(Golconda) 왕국은 아유타야로 사신과 울라마를 파견해 태국 국왕을 이슬람으로 개종시키기 위해 노력했다. 1686년에는 당시 아유타야에 거주하던 술라웨시 출신 마카사르인들이 태국을 이슬람 왕국으로 바꾸기 위해 폭동을 일으키기도 했다. 이 거사의 실패 이후 태국에서 무슬림의 영향력은 쇠퇴했다.

이슬람은 전반적으로 볼 때 동남아시아의 도서부에 비해 대륙부에서는 거의 확산되지 못했다. 그것은 첫째, 본질적으로 상업·무역 활동과 깊이 연관되어 있는 이슬람이 항해 루트와 항구가 잘 발달되어 있고 후추를 포함한 향신료 무역이 일찍부터 활발하게 전개된 도서 동남아시아에서 보다 잘 퍼져 나갈 수 있었기 때문이었다. 두 번째 이유는 이슬람이 동남아시아에서 13세기 후반 이후 확산될 쯤에 미얀마·태국·캄보디아 등 대륙부에는 상좌불교 그리고 베트남에는 유교가 왕권과 공고하게 결합되어 통치자의 후원하에 국가 종교 내지는 이념으로 발전하고 있었고, 특히 불교는 민중의 보편적인 신앙으로 자리를 잡아 가고 있어 이들 나라에는 이슬람이라는 새로운 종교가 뚫고 들어갈 틈이 없었기 때문이었다.

19세기~20세기 초 식민주의 시기 말라야와 인도네시아에서의 이슬람

식민주의는 말라야와 인도네시아에서의 이슬람에 적지 않은 영향을 미쳤다. 유럽인들은 자신들의 식민지에 샤리아에 따른 법 행정을 없애고 대신 서구 문화를 기반으로 한 세속적인 법 행정을 도입했다. 예컨대 영국은 말레이 반도에서 1820년대 중엽 해협식민지를 건설한 후 영국식 법을 도입해 술탄 왕국들에서 시행되어 온 기존의 법과 대체했다. 이에 따라 말레이 술탄국들에서 이슬람 법정의 판사인 카디(kadi)의 재판권이 제한되었으며, 그들의 활동은 영국인 관리의 견해와 결정에 구속되었다. 또 식민 당국은 이슬람 관련 행정기관으로 '마즐리스 아가마 이슬람(Majelis Agama Islam)' 즉 이슬람종교위원회를 신설해 이슬람 관련 현지인 관료와 울라마뿐만 아니라 술탄의 역할과 권한을 축소시켰다.

인도네시아에서도 식민 통치 시기 술탄의 권력과 울라마의 영향력이 약화되었다. 이와 관련해 결정적인 역할을 한 사람은 네덜란드의 이슬람 전문가로서 식민 정부의 고문으로 활동한 크리스티안 스나우크 휘르흐로녀(Christiaan Snouck Hurgronje, 1857~1936)였다. 1891년 수마트라 섬의 아체로 파견된 그는 그곳의 종교 지도자 특히 울라마가 네덜란드의 통치에 대한 현지인들의 저항의 원천이라고 보았다. 이에 그는 울라마의 영향력을 약화하고 통제하기 위해서는 그들을 철저히 경계할 뿐만 아니라, 울라마의 영향력에 대한 균형 세력으로서 전통적인 토착 관습의 지도자인 울르에발랑(uleebalang)을 지원할 것을 당국에 제안했다. 네덜란드 식민 정부는 그의 자문을 받아들여 울라마의 활동을 견제하고 샤리아에 따른 법 집행을 제한했다.

이처럼 식민주의 시기에 이슬람은 한편으로는 행정적으로 통제되어 위축되는 듯 보였으나, 다른 한편으로는 개혁과 부흥의 호기를 맞이하기도 했다. 말라야와 인도네시아에서 일어난 19세기 초부터 20세기 초까지의 이슬람 개혁과 부흥의 바탕 및 배경에는 무엇보다도 그 이전 세기에 꾸준히 행해져 온 성지 순례가 있었다. 동남아시아 무슬림들의 메카로의 순례는 특히 19세기 후반 증기선의 도입과 수에즈 운하의 개통으로 크게 증가했다. 예컨대 1850년대부터 1860년대까지 성지 순례에 나선 인도네시아 무슬림은 매년 평균 약 1,600명이었으나, 1870년대에는 2,600명으로, 1880년대에는 4,600명으로 늘었다.

성지 순례자들은 메카와 메디나 등지에서 당시 중동의 무슬림 세계에서 일어나고 있던 이슬람 개혁 운동 및 이슬람 근대주의 운동 그리고 이와 연결된 반식민주의 운동을 경험했다. 이슬람 근대주의 운동은 서양에서의 근대화를 이슬람 방식으로 달성하려는 노력이었다. 성지 순례를 통해 이슬람 신앙이 강화되었을 뿐만 아니라 민족주의 의식도 갖게 된 동남아시아의 무슬림들은 귀국 후 자신들의 나라에서 이슬람 개혁 및 근대주의 운동에 적극적으로 나섰으며 이슬람을 기반으로 한 민족주의 운동을 일으켰다. 예컨대 수마트라 섬의 미낭카바우에서 성지 순례를 간 무슬림들은 1803년경 메카에서 당시 이 도시를 점령한 와하비파 전사들의 이슬람 개혁 운동을 목격했다. 아브드 알와하브(Abd al-Wahhab, 1703~1787)의 추종자들인 와하비파 전사들은 무슬림이란 무릇 꾸란과 하디스를 순수하게 믿고 무함마드를 비롯한 초기 이슬람 지도자들의 근본적인 가르침과 삶의 방식으로 돌아가야 한다고 주장하면서, 메카와 메디아 등지에서 성인 숭배를 포함한 비이슬람적인 유물을 모두 파괴했다.

와하비주의자의 종교적 열정에서 강한 인상을 받은 미낭카바우 출신 성지 순례자들은 귀국 후 고향에서 본격적인 이슬람 개혁 운동을 일으켰다. 그들은 당시 대부분의 미낭카바우 순례자들이 메카로 가는 배를 탈 때 출항한 아체의 항구인 프디르(Pedir)의 이름을 따서 '파드리(Padri)'라고 불렸으며, 그들이 일으킨 운동은 '파드리 운동'으로 알려져 있다. 파드리들은 자신들의 이슬람 운동에 따르지 않는 마을에 대해 폭력을 행사했다. 파드리 운동을 받아들인 마을에서는 무슬림들이 닭싸움, 담배와 아편의 흡연, 빈랑 씹기, 술 마시기, 성인 묘지 참배 등을 그만두었으며, 여성은 머리까지 가리는 옷을 입었고 남성은 수염을 기르는 것이 일상화되었다.

싱가포르에서는 1906년『알이맘(Al-Imam)』이란 말레이어로 된 잡지가 간행되기 시작했다. 1908년까지 계속된『알이맘』의 발간에서 중요한 역할을 한 사람은 편집장을 역임한 무함마드 타히르 빈 잘랄루딘(Muhammad Tahir bin Jalaluddin, 1869~1956)이었다. 미낭카바우 출신의 타히르는 메카에서 12년간 살면서 당시 그곳에서 유명한 이슬람 학자로 활동하고 있던 그의 사촌 아흐마드 카팁(Ahmad Khatib, 1860~1916)에게서 많은 영향을 받았고 그 후 카이로에서 4년 동안 공부했다.『알이맘』의 필자들과 후원자들은 거의 모두 당시 이집트에서 일어난 이슬람 개혁 및 근대화 운동에 큰 관심을 갖고 그로부터 많은 영향을 받았다. 그들은『알이맘』에서 말레이인들에게 전통적인 관습을 버리고 꾸란과 하디스의 가르침으로 돌아가 순수한 이슬람 신앙을 지킬 것을 요구했으며, 이를 위해 이슬람 교육을 강조했다. 『알이맘』에 실린 이슬람 개혁 사상에 영향을 받은 진보적인 말레이 무슬림들은 '카움 무다(Kaum Muda)' 즉 '젊은 층'이라고 불렸다. 이들 중 당시 이슬람 종교학교인 마드라사(madrasah)의 교사로 활동하는 자들은 『알이맘』 등을 교재로 사용하면서 그 내용을 학생들에게 가르쳤다.

'카움 무다'는 한편으로는 말레이 사회의 근대화와 진보의 방안을 고민하면서, 다른 한편으로는 '카움 투아(kaum tua)' 즉 '늙은 층'이라고 불린 기성 무슬림 세대의 이슬람 신앙을 공격했다. '카움 투아'에는 농촌의 울라마도 포함되었는데, '카움 무다'는 이들을 이슬람의 진보에 대한 장애물로 간주했다. 그들의 논쟁적인 에세이들은 이집트 카이로의 알아자르(Al-Azhar)대학교에서 유학 중이던 말라야 및 인도네시아 학생들에 의해 발행된 『스루안 아자르(Seruan Azhar)』 즉 『아자르의 목소리』와 『플리한 티무르(Pelihan Timour)』 즉 『동양의 선택』이란 잡지들에 1920년대 중엽부터 실렸다. 이로써 '카움 무다' 운동의 이슬람 개혁 논의는 정치적인 성격을 띠기 시작했다.

이슬람 개혁 운동은 자와 섬에서는 '무함마디야(Muhammadiyah)'라는 이슬람 근대주의 운동 단체의 설립으로 나타났다. 요그야카르타 궁정의 종교 지도자 가문에서 태어난 아흐마드 다흘란(Ahmad Dahlan, 1868~1923)은 성지 순례를 갔다가 메카에서 공부했으며 유학 중 아흐마드 카팁을 만났다. 이슬람을 개혁하고 서양 선교사들의 기독교 전파에 대항하겠다는 결심을 품고 귀국한 그는 인도네시아의 이슬람이 지적으로 퇴보되어 있으며 사회적·정치적으로 무력하다는 것을 깨닫고는 1912년 요그야카르타에서 무함마디야를 창설했다. 그를 도와 이 조직을 설립한 멤버들은 모두 메카 순례를 다녀온 무슬림이었다.

'무함마드의 길'이라는 의미의 무함마디야 운동은 한편으로는 무슬림의 신앙심과 경건을 증대시키고, 다른 한편으로는 무슬림의 복지 개선을 위해 힘썼다. 이 두 가지 목표의 달성을 위해 무엇보다도 교육이 중시되었으며 이와 더불어 다양한 사회 프로그램이 가동되었다. 그리하여 무함마디야는 1925년까지 쉰다섯 개의 이슬람 학교를 설립했으며, 도서관, 병원, 고아원, 모스크, 기도실 등을 세우고 후원했다. 특히 1930년대 대공황 시기 무함마디야는 인도네시아 무슬림들의 사회복지를 위해 많은 활동을 전개했다. 또 1917년에는 무슬림 여성의 교육·의료·사회복지를 위해 무함마디야 조직 내에 '아이시야(Aisyiyah)'라는 여성 조직이 설립되어 이후 인도네시아 여성의 근대화에서 중요한 역할을 했다.

3. 동남아시아 이슬람의 실제

무슬림의 신앙생활

꾸란, 하디스, 샤리아

무슬림의 신앙은 일차적으로 꾸란과 하디스에 기초를 둔다. 그들은 꾸란을 알라가 무함마드를 통해 계시한 진리의 말씀, 특히 인간에게 최종적으로 내려진 알라의 계시로 간주한다. 그들은 아랍어로 기록된 꾸란을 다른 언어로 완벽하게 번역하는 일이 불가능하다고 보며, 꾸란을 신성한 것으로 간주해 항상 조심히 다루고 집에서는 대개 높은 곳에 둔다. 한편 무슬림들은 꾸란에서 이슬람 신앙과 관련된 여러 교의적·의례적 문제와 국가 운영 및 사회생활에서 나타나는 다양한 법적·정치적·사회적 문제들에 대해 구체적인 해답을 종종 찾지 못하자, 그것을 줄 수 있는 사람은 무함마드밖에 없다고 보고 그의 말과 행동에서 해답을 찾기 위해 노력했다. 그리하여 무함마드의 사후 약 2세기가 지난 다음 그동안 전승되어 온 무함마드의 행동에 관한 이야기와 그의 말이 수집되기 시작했다. 그렇게 편집된 무함마드의 언행록이 '하디스'가 되었다. '전승'·'전통'·'보고(報告)' 등을 뜻하는 하디스는 그 후 꾸란을 이해하고 해석하는 근거가 되었다.

무슬림의 삶은 상당 부분 꾸란보다는 하디스에 근거하고 있다. 예컨대 무슬림의 필수 요건 가운데 하나인 할례는 꾸란 어디에도 언급되어 있지 않지만, 무함마드가 할례를 받았다는 선례의 하디스에 따라 할례가 무슬림 남성의 표지가 되었다. 또 알코올과 돼지고기에 대한 금지, 의례적 기도에 선행되어야 하는 세정(洗淨), 라마단 기간의 금식 규정, 메카 순례 기간의 규정, 남녀 의복 규정, 무슬림 장례식 및 결혼 규정, 가족법, 형사법, 증인법 등도 하디스에 따른 것이다. 하디스는 실제적인 상황에 대한 판단에서 종종 꾸란보다 더 높은 권위를 갖는다. 예를 들면 이슬람의 배교(背教)에 대해 꾸란은 단지 내세에서의 지옥행을 선고하지만, 하디스는 "누구든지 그의 종교를 바꾸는 자는 죽여야 한다"는 무함마드의 말에 근거해 사형을 요구한다. 특히 순니파에서는 이 규정을 구속력 있는 지침으로 받아들인다.

무슬림의 삶에서 또 다른 중요한 바탕은 샤리아 즉 이슬람법이다. 사실 무슬림의 삶 전체가 샤리아의 틀 안에서 짜여 있다고 해도 과언이 아니다. 샤리아는 알라·사회·가족에 대한 무슬림의 관계를 규정하는 것으로, 예배를 포함한 종교 의식에 관한 규정, 형사법, 재산법, 상속법, 가족법 등을 포함한다. 하지만 무슬림 사회가 저마다 전통적인 토착 관습 즉 아닷(adat)이 있기 때문에 샤리아의 법 조항은 나라 및 지역에 따라 조금씩 다를 수 있다.

샤리아의 준수는 개인적 차원의 문제가 아니라 법적이고 공적인 문제다. 이슬람에 사적인 영역이 없다고 말하는 것은 샤리아의 이러한 성격과 관련된다. 샤리아의 기초는 꾸란과 하디스, 아랍어로 '끼야스(qiyās)'라고 하는 유추, '이즈마(ijmā')'라고 하는 합의 등이다. 샤리아를 현대 사회에 어떻게 적용할 것인가를 둘러싸고 무슬림들 사이에는 다양한 견해가 있다. 하지만 이슬람 근본주의자 내지는 이슬람주의자는 샤리아를 무슬림 세계의 이상적인 법으로 간주해 이를 국가의 기본법으로 삼고자 한다.

이슬람의 다섯 기둥

무슬림의 삶은 이른바 '이슬람의 다섯 기둥'을 중심으로 이루어진다. 그것은 신앙 고백, 기도, 희사, 금식, 메카 순례 등으로, 꾸란과 하디스에 근거를 두고 있다. 모든 무슬림들은 이 다섯 기둥을 이슬람 신앙의 기본으로 인정하며, 특히 순니파 무슬림들은 신앙의 의무로 간주한다. 그리하여 '이슬람의 다섯 기둥' 준수는 그 사람이 진정한 무슬림인가 아닌가를 판단하는 기준이 된다.

첫 번째 기둥인 신앙고백은 아랍어로 '샤하다(shahāda)' 즉 '증언'이라고 한다. 그것은 "알라 외에 다른 신은 없으며 무함마드는 알라의 선지자다"라는 내용의 아랍어 문구로 된 신앙고백을 '증언'하는 것을 가리킨다. 무슬림은 매일의 기도, 자식의 탄생, 결혼, 장례 등 다양한 상황에서 샤하다를 행하며, 심지어 전쟁에 나가서도 샤하다를 마치 주문 외우듯 읊조리거나 외친다.

두 번째 기둥인 기도는 개인적이고 즉흥적 기도인 '두아(du'ā')와 의례적인 기도인 '살라트(salāt)' 두 가지 종류가 있다. 보다 중요한 것은 살라트다. 그것은 동틀 녘, 정오, 오후, 해질 녘, 밤 등 하루에 다섯 번 하는 의무적인 기도를 일컫는다. 기도 시간은 동네의 모스크 첨탑에서 울려 퍼지는 '아잔(ādhān/azan)' 즉 '예배로의 부름'을 통해 주민들에게 알려진다. 살라트 중 가장 중요한 것은 금요일 정오 무슬림들이 동네의 모스크에 모여 예배를 드리며 집단적으로 행하는 기도다. 기도는 대개 신앙고백과 꾸란의 몇 구절을 외우는 것으로 이루어진다. 무슬림들은 살라트를 행할 때 메카 방향으로 자리를 잡아야 하며, 기도 전에는 반드시 신을 벗고 손발과 얼굴을 씻는 세정 의식을 거쳐야 한다.

세 번째 기둥은 '자카트(zakāt)' 즉 희사(喜捨)로, 꾸란에는 자선 및 구휼이 기도와 더불어 무슬림의 의무라고 언급되어 있다. 이처럼 원래는 구휼을 위한 자발적인 행위인 자카트는 점차 무슬림이 국가에 바치는 일종의 세금과 같은 것으로 발전했다. 그리하여 자카트는 무슬림 국가들에서 공식적인 '구빈세'로 통하며, 그러한 자카트의 관리 및 분배를 정부가 행한다. 오늘날 자카트가 의무로 되어 있는 나라는 사우디아라비아, 예멘, 리비아, 수단, 파키스탄, 말레이시아 등이며, 다른 무슬림 국가들에서는 자발적으로 이루어진다. 정신이 온전하고 자유로운 신분이며 어느 정도의 재산을 갖고 있는 무슬림 성인이라면 내는 것이 원칙인 자카트는 돈, 금·은, 가축, 농산물, 상품, 주식·증권, 기타 유동 자산 등 여러 유형의 재산에 부과되는데, 그 비율은 이슬람법의 학파에 따라 그리고 재산의 종류에 따라 다르다. 하지만 저축과 금·은 및 상품을 포함한 재산에 대해서는 2.5퍼센트가 관행이다.

네 번째 기둥인 '사움(sawm)' 즉 금식은 이슬람력으로 아홉 번째 달인 '라마단(ramadān)' 한 달 동안 이루어진다. 라마단 기간 동안 모든 무슬림은 해가 뜰 때부터 질 때까지 먹기·마시기·성교를 삼가야 한다. 하지만 어린이, 고령자, 환자, 여행 중인 자, 생리 중인 여성, 출산 직후의 산모, 아기에게 모유를 먹이는 여성 등은 금식에서 제외될 수 있다. 무슬림들은 저녁에 모스크에서 금식 해제를 알리는 방송이 울려 퍼지면 그때부터 먹기 시작한다. 흥미로운 점은 저녁이나 밤에 너무 많이 먹고 마셔 위장병 환자가 평소보다 는다는 사실이다. 이 점은 라마단 기간 식품 소비량이 평소보다 오히려 30~40퍼센트 증가한다는 것에서도 알 수 있다. 금식의 취지는 금욕적 생활을 통해 알라에 대한 감사와 의존을 더욱 깊이 느끼자는 것이다. 라마단은 무슬림에게 더욱 많이 기도하고 더욱 열심히 예배를 드리는 기간이다. 특히 마지막 열흘 동안 경건한 무슬림들 중에는 모스크에 들어가 피정(避靜) 생활을 하는 사람도 많다. 라마단이 끝나면 '이드 알피트르(Īd al-Fitr)' 축제가 열린다. 이 축제를 치르는 사흘간 무슬림들은 이웃과 친척과 친구들을 초청해 음식과 선물을 나눈다.

다섯 번째 기둥은 메카 순례 즉 '하즈(hajj)'로 이슬람력으로 열두 번째 달에 행해진다. 무슬림은 몸과 정신이 건강하고 여비를 감당할 만한 재력이 있는 사람이면 평생에 적어도 한 번은 메카를 방문해 무함마드의 행적을 좇아 그 일대의 여러 성지를 순례하는 것이 의무로 되어 있다. 그리하여 매년 이슬람력 12월이 되면 세계 도처에서 온 수백만 명의 무슬림들이 메카에 모여 순례 의식을 치르는데, 이것은 세계 무슬림 공동체의 통일과 단결을 위한 중요한 상징적 가치를 갖는다. 전근대 시기에 메카 순례는 예컨대 동남아시아에서 출발할 경우 수개월 혹은 1년 이상 걸렸을 것이다. 하지만 상인들은 메카까지 가는 여정에서 다른 나라의 무슬림 상인들과 교역을 하고 무역 정보를 교환함으로써 상업적 네트워크를 수립하고 확대할 수 있었을 것이다. 또 학생이나 학자는 성지 순례를 마친 후 메카나 중동의 다른 도시에 체류하면서 이슬람을 공부하고 연구하는 기회를 가질 수 있었으며, 이를 통해 이슬람의 지식 및 사상의 교류와 확산이 이루어질 수 있었을 것이다. 하즈를 마치고 온 사람에게는 '하지(hajji)'라는 칭호가 붙여지며, 이와 함께 지역 사회에서 그의 명예와 위상이 올라간다. 하즈는 종종 성숙된 무슬림이 되기 위한 통과의례 같은 것으로 혹은 자신의 성숙된 이슬람 신앙을 과시하기 위한 표식으로 간주된다.

모스크와 이슬람 학교

무슬림 특히 농촌에 사는 무슬림들의 신앙생활은 모스크를 중심으로 이루어진다. 그들은 매주 금요일 정오에 모스크에 모여 예배를 드린다. 라마단 기간에는 매

그림 52 캄보디아 트봉크뭄(Tboung Khmum)주의 짬(Cham)족의 모스크

일 밤 모스크에 모여 꾸란을 낭송하고 기도한다. 수피 타레캇은 종교적 행사나 수련회의 장소로 종종 모스크를 이용한다. 또 이슬람 학교가 없는 마을에서는 동네 소년들이 모스크에서 꾸란을 암송하고 이슬람의 기본교리를 배운다.

모스크에서의 금요일 정오 예배 설교는 '카팁(khatib)'이라고 불리는 설교자가 담당하지만, 예배를 전체 주관하는 자는 이맘(imam)이다. 이맘은 그 밖에 결혼식 등 각종 의식을 집전하고 이슬람법 관련 분쟁을 조정하고 이혼증서를 작성하는 등 마을 주민들의 삶에 깊이 연결되어 있다. 무슬림 동네에서 주민들에게 영적인 영향을 주는 사람으로는 이맘 외에도 울라마나 타레캇의 지도자가 있다. 특히 울라마는 그의 종교적 권위를 바탕으로 카리스마적 지도자로 추앙되기도 한다.

그림 53 말레이 이슬람 학교(믈라카의 왕궁 박물관Istana Kesultanan)

모스크와 함께 무슬림의 신앙생활에 큰 영향을 끼치는 것은 이슬람 학교 특히 말레이어로 '폰독(pondok)', 자와어로 '프산트렌'이라고 하는 이슬람 기숙학교다. 수세기 전부터 중동 혹은 인도 등에서 온 무슬림 선교사들이나 중동에서 유학하고 돌아온 동남아시아의 무슬림 지식인들은 말레이 반도, 수마트라, 자와 등에서 이슬람 학교를 설립했다. 그들은 여기서 학생들에게 이슬람 신앙과 교리를 가르치고 이들을 이슬람 전도자로 훈련시켜 도처에 파송했다. 이런 점에서 이슬람 학교는 이슬람 확산의 중요한 매개체 역할을 해 왔다.

이슬람 부흥 운동

닥와의 현상 및 요인

아방안의 전통이 강한 동남아시아 이슬람 세계에서 1970년대 후반부터 이슬람 부흥 운동이 불기 시작했다. 이슬람 부흥 운동은 말레이-인도네시아어로 '닥와(dakwah)'라고 하는데, 아랍어 '다와(da'wa)'에서 파생된 것으로 원래 의미는 '부름'이다. '닥와'는 꾸란과 하디스의 가르침에 입각한 올바른 이슬람 신앙 및 무슬림으로서의 삶으로 돌아오라는 '부름'을 가리킨다.

이슬람 부흥 운동은 다양한 현상으로 나타났다. 도시와 농촌에서 이슬람 사원이 새로 생겼으며, 하루 다섯 번의 기도를 실천하고 금요 예배에 참석하며, 라마단 기간 금식을 준수하고 메카 순례를 행하는 무슬림의 숫자가 증가했다. 이슬람 학교가 새로 설립되었으며, 학교에서 이슬람 관련 교과목이 신설되었고, 이슬람에 관한 강연회 및 이슬람 교리 학습 프로그램에 참가하는 무슬림 숫자가 늘었다. 또 이슬람 관련 책·잡지·신문이 더욱 많이 발간되었고, 라디오나 텔레비전 방송에서 이슬람 관련 프로그램이 많아졌다. 특히 교육 받은 무슬림 중산층이 점차 형성되었으며, 이들은 이슬람이 사회에서 어떤 역할을 해야 할 것인가, 국가에 대한 이슬람의 올바른 관계는 무엇인가, 이슬람이 서구식 시장경제에 어떤 대안을 제시할 수 있는가, 무슬림이 다원주의 및 다문화 사회의 도전에 어떻게 대처해야 할 것인가, 이슬람 사회에서 여성은 어떤 역할과 권리를 가져야 할 것인가 등과 같은 질문을 제기하기 시작했다.

닥와 운동의 배경 및 원인에 대해서는 다양한 설명이 있다. 우선 국제적인 배경으로는 1970년대 세계적인 오일 쇼크에 따른 중동 산유국들의 경제력 증대와 이를 바탕으로 한 이슬람권의 영향력 증대를 꼽을 수 있다. 또 이 시기 많은 이슬람 국가들에서 서구에 기원을 둔 세속적 민족주의와 정치적·경제적 체제에 대한 비판 및 환멸이 나타나기 시작했다. 1979년 이란의 호메이니(Khomeini, 1902~1989)가 이끈 이슬람 혁명은 그러한 비판의 소산이었다.

동남아시아에서의 요인으로는 무엇보다도 대학생을 중심으로 한 지식인층 무슬림의 이슬람에 대한 각성을 들 수 있다. 특히 말레이시아에서는 1971년부터 실시된 신경제정책(NEP)이 중요한 배경의 하나가 되었다. 말레이인의 경제적 참여와 사회적 위상의 제고를 겨냥한 이 정책에 따라 말레이인의 고등교육 기회가 확대되어 말레이시아 대학생 중 말레이인 비율이 늘었으며, 이들이 도시에서의 대학 생활을 통해 정통 이슬람 신앙에 더욱 많은 관심을 갖게 되었다. 여기서는 말레이시아와 인도네시아에서의 이슬람 부흥 운동에 나타난 몇 가지 구체적인 양상을 살펴본다.

말레이시아

말레이시아에서 닥와 운동을 이끈 주요 단체는 말레이시아 이슬람선교복지협회(PERKIM), 말레이시아 이슬람청년운동(ABIM), 다룰아르캄(Darul Arqam) 등이다. 이들은 무슬림의 신앙 개혁을 촉구하면서 서구적 문화와 가치, 물질주의, 서구식 교육 체제와 방식 등을 반대했다. 예컨대 다룰아르캄의 어떤 회원들은 서구의 물질문화를 얼마나 경멸하는지를 과시하기 위해 자신들의 라디오, 텔레비전, 가구 등을 하천에 던져 버리는 퍼포먼스를 연출하기도 했다.

닥와 운동의 가시적인 영향은 무엇보다도 무슬림들의 종교적 생활에서 나타났다. 하루 다섯 번의 기도에서 남성은 바지보다는 사롱(sarong)을 입고 머리에는 송콕(songkok)이라는 전통 모자 혹은 스르반(serban)이라고 부르는 터번을 쓰는 사람이 늘었다. 여성 중에는 얼굴을 제외하고 정수리에서 어깨까지 내려오는 투둥(tudung) 즉 아랍어로는 히잡(hijāb)으로 알려진 얼굴가리개나 머리부터 허리까지 오는 미니틀르

그림 54 사롱을 입고 송콕을 쓴 쿠알라룸푸르의 말레이 무슬림

쿵(mini telekung)을 쓴 사람이 크게 증가했으며, 심지어 얼굴을 포함해 전신을 가리는 푸르다(purdah) 즉 차도르(chador)를 착용한 여성도 나타났다. 기도하는 것도 남보다 일찍 일어나서 청결한 장소에서 드리는 것이 강조되었고, 혼자보다 가족 모두 함께 기도하는 것 특히 이맘의 인도에 따라 모스크나 기도실에서 함께 드리는 기도가 가장 바람직하다는 인식이 확산되었다.

폐쇄된 공간에 남녀가 함께 있는 것을 금하는 이슬람법에 따라 남녀 간 분리가 강화되었다. 예컨대 말레이시아의 대표적인 이슬람 국가 지향적 야당인 범말레이시아 이슬람정당(Parti Islam Se-Malaysia) 즉 빠스(PAS)는 종교 강연에서 강연장에 커튼을 쳐 남성과 여성이 따로 앉도록 했다. 다룰아르캄은 종교 강연 행사에서 여성들은 강당의 한쪽에 별도로 앉아 모니터를 통해서만 남성 연사의 연설을 시청하도록 했다.

과거 말레이 무슬림들은 음식 금기와 관련해 돼지고기와 술의 직접적인 섭취를 기피하는 정도였다. 그러나 닥와 운동 이후 할랄(halal) 즉 '허용된 것'과 하람(haram) 즉 '금지된 것'의 기준을 확대·강화하고 돼지기름을 사용해 만든 것으로 의심되는 과자, 라면, 감자튀김 등도 섭취하기를 꺼렸다. 심지어 비무슬림이 요리한 음식

그림 55 투둥을 쓴 브루나이의 무슬림 여성들

을 기피하는 경향이 나타나 말라야대학교의 한 중국계 교수는 무슬림 학생들을 더 이상 집으로 초대할 수 없게 되었다고 한탄했다. 또 식품 사업을 하기 위해서는 할랄 증명서 제출이 의무화되었으며 '할랄 푸드(halal food)' 혹은 '할랄 레스토랑(halal restaurant)'이라는 간판을 건 식당이 점차 눈에 많이 띄게 되었다.

전통 의례에서도 변화가 일어났다. 결혼식이나 장례식 등 가정에서 행해지는 의례에서 예식 후에 열리는 잔치인 큰두리가 비이슬람적인 문화로 간주되어 점차 치러지지 않게 되었다. 농촌에서 전통적으로 거행되는 농사 의례에서는 조상신에 대한 경배가 중요한 부분을 차지했으며 마을의 주술사인 보모가 이맘과 함께 주요 역할을 담당했다. 하지만 이러한 농사 의례는 비이슬람적이라고 비판을 받아 점차 변질되거나, 클란탄에서처럼 1983년 농사 의례를 금지하는 법이 제정되어 아예 사라지기도 했다.

미국의 인류학자 마이클 펠레츠(Michael G. Peletz)에 의하면, 느그리슴빌란의 보강 마을에서 행한 1978~1980년의 현지조사 때에는 마을 모스크의 스피커 장치가 대부분 고장 나 있었지만, 1987~1988년에는 항상 제대로 작동해 주민들에게 기도 시간을 정규적으로 알렸다. 10년간 일어난 다른 변화는 '당신에게 평화를'이란 뜻을 가진 이슬람식 인사 '앗살라무 알라이쿰(assalamu alaikum)'이 훨씬 빈번하게 사용되고 대화에서 이슬람적인 상징과 관용구가 흔히 나타난다는 점이었다. 또 소녀와 젊은 여성의 옷차림이 보다 정숙해졌고 그들 중 일부는 미니틀르쿵이나 투둥을 입고 다녔다. 마을의 길거리에서는 이슬람의 가르침을 전도하는 닥와 운동에 열심인 청년들을 쉽게 볼 수 있었다.[11]

인도네시아

인도네시아에서는 아방안의 전통이 강했던 자와 섬 지역들이 산트리적 이슬람 지역으로 변화되기 시작해 힌두-불교 전통의 자와주의(Javanism) 즉 자와 신비주의가 퇴보하고 이슬람이 점차 득세했다. 그리하여 예컨대 모스크가 동부 자와에서는 1973년 1만 5,574개에서 1990년 2만 5,655개로, 중부 자와에서는 1980년 1만 5,685개에서 1992년 2만 8,748개로 늘었다.[12] 이와 더불어 이슬람 학교인 마드라사와 '무숄라(mushollah)' 혹은 '무샬라(mushalla)'라고 부르는 기도실이 많이 신설되었다.

또한 무슬림의 사회적 및 지성적 활동이 크게 활발해졌는데, 대표적인 예가 인도네시아 대학 캠퍼스에서 일어난 살만(Salman) 운동이다. 매일의 기도, 금식, 희사의 납부 등을 포함한 무슬림으로서의 헌신적 삶에 충실할 것을 강조하는 이 운동은 반둥공과대학(Bandung Technological Institute) 내 살만 모스크에서 1970년대 시작되었다. 살만 모스크위원회를 중심으로 전개된 이 운동은 1980년대 초 자와 섬과 수마트라 섬의 거의 모든 대학에 퍼졌고, 이 운동에 의해 고무된 활동, 예컨대 이슬람 토론 모임 등이 무슬림 대학생들의 캠퍼스 생활에서 주요 특징을 이루었다.

인도네시아에서 이슬람 부흥 운동의 영향으로 인한 사회적 분위기의 변화는 술라웨시 섬 남부의 고원지대에서 잘 엿볼 수 있다. 조상신 숭배를 포함한 토착적인 민간신앙이 강한 고와(Gowa)의 본톨로웨(Bontolowe)라는 마카사르인 마을에서는 주민의 정체성이 전통적으로 '파툰퉁(patuntung)'이라는 용어로 표현되어 왔다. '자신의 행위를 전통과 일치시키기 위해 노력하는 자'란 의미를 갖는 '파툰퉁'은 종교적·신앙적 관념뿐만 아니라 일상생활의 행위에도 적용되어 왔다. 그리하여 자신이 살고 있는 마을의 영역을 조상신들의 영향력이 미치는 영역과 같은 것으로 보는 마을 사람들은 마을에 대한 정체성을 중시해 왔다. 그러나 닥와 운동의 영향으로 1980년대 이후 이슬람적인 것과 비이슬람적인 것 사이에 갈등이 일어났다. 1984년 라마단 기간에 지역의 종교 담당 공무원은 공식적인 모임에서 주민들이 금식을 성실하게 지키지 않는다고 지적했다. 마을 이맘의 아들은 한 강연회에서 마을 주민들이 라마단 기간 마을 모스크에서 매일 저녁 열리는 기도회에 잘 참석하지 않았다고 비난했다. 우중판당(Ujung Pandang)의 이슬람사범대학교 학생들은 1990년 본톨로웨 마을 주민들의 집을 방문해 기도 및 금식을 실시하는지 그리고 알라에 대한 신앙이 어떤 정도인지를 조사했는데, 이것은 마을 주민들 사이에 이슬람의 다섯 기둥 준수를 둘러싼 긴장 분위기를 조성했다. 1991년 라마단 때에는 마을 모스크에 여성이 들어와 함께 예배드리는 것을 금하는 새로운 법이 제정되어 여성들은 저녁 기도회에 모스크 밖에서 따로 앉아 기도해야 했다.

이슬람 부흥 운동에 대한 반응

여러 정황을 고려할 때 닥와 운동은 현지 무슬림 사회에서 전반적인 호응을 일으킨 것은 아니었다. 닥와 운동은 주로 도시에서, 그것도 특히 대학생을 포함한 젊은 세대의 지식인층과 중산층에서 집중적으로 일어난 현상이었다. 말레이시아에서 평범한 무슬림 특히 농촌 지역의 무슬림들은 대부분 닥와 운동의 다양한 측면에 대해 부정적 내지는 적대적 입장을 보였다. 그들은 닥와주의자들의 행동 및 선언을 말레이인들의 전통적 가치관과 문화적 정체성에 대한 공격으로 간주했으며, 특히 큰두리 폐지에 반대했다. 보강 마을의 주민들은 여성의 베일 착용을 못마땅하게 여겼으며, 특히 나이 많은 이들은 최근 농사가 잘되지 않은 것이 토착적인 정령신앙을 무시하는 닥와 운동 때문이라고 생각했다. 그들은 닥와 운동가들을 '솜봉(sombong)' 즉 '건방지다'고 묘사했는데, '솜봉' 개념에는 '사회적 기대에 부응하지 않는다'는 시각이 깔려 있었다.

닥와 운동에 대한 현지 무슬림들의 태도는 인도네시아에서도 비슷한 양상으로 나타난 것으로 보인다. 예컨대 남부 술라웨시의 본톨로웨 마을의 주민들은 이슬람사범대학교 학생들이 동네를 돌아다니며 자신들의 이슬람 신앙을 조사하자, 아무 특별한 이유도 없이 하루 다섯 번 기도해야 할 필요가 있는지 그리고 그렇게 해야 더 나은 인간이 되는지를 반문했다. 그들은 곡식과 자식을 주는 토착적인 신들을 경배해야 평탄한 삶을 살 수 있다고 강조하면서, 알라도 그 이상 더 무엇을 해 줄 수 있겠느냐고 물었다. 1984년 라마단 기간 자신들이 금식을 제대로 하지 않는다는 비난을 듣고는 그날부터 아무도 모스크에 가지 않았다. 사실 그들은 한 달 내내 모스크에서 매일 밤 모여 설교를 듣는 것에 싫증나 있었다. 또 메카 순례가 점차 강조되고 요구되자 그들은 집을 팔아 성지 순례를 가는 사람들에 대해 "성지로 떠났지만, 집으로 올 때는 텅 빈 땅으로 온다"는 마카사르의 속담을 적용하면서 메카 순례를 부정적으로 보았다.

이처럼 닥와 운동이 비록 무슬림 사회 전체를 휩쓴 것은 아니었지만, 그럼에도 불구하고 그것은 이슬람 신앙의 새로운 분위기를 조성했다. 인도네시아에서는 무슬림의 교육 및 사회적·경제적 여건의 개선을 위한 노력 등 무슬림들의 사회적·지적 활동이 활발해졌다. 정부도 닥와 운동에 편승해 이슬람을 지원하는 다양한 정책을 펼쳤다. 예컨대 1960년대 후반만 하더라도 기독교 선교 활동을 지원하던 당국은 1978년에는 다른 공인 종교를 믿는 사람을 상대로 한 선교를 금지하는 법을 제정했다. 특히 기독교 선교를 겨냥한 이 조치는 이슬람 단체들에게서 열렬한 환영을 받았다. 1970년대 중엽까지 자와에서는 이슬람에서 다른 종교 특히 기독교와 힌두교로 개종하는 사례가 더러 있었으나, 1980년대 후반에는 특히 힌두교 개종자들이 이슬람으로 복귀하는 역행 현상이 일어났다. 1980년대 이슬람 교육이 전반적으로 강화되었으며, 인도네시아의 많은 무슬림들은 이제 무슬림으로 살아가는 것에 대해 자부심을 갖게 되었다.

말레이시아에서는 닥와 운동의 영향으로 평범한 무슬림들이 한편으로는 점차 자신을 '키타 오랑 믈라유(kita orang Melayu)' 즉 '우리 말레이인'이 아니라 '키타 오랑 이슬람(kita orang Islam)' 즉 '우리 이슬람 사람'으로 부르는 등, 이슬람이 그들의 삶과 정체성에서 구심점을 이루고 있음이 분명해졌다. 하지만 다른 한편으로는 그들은 농촌에서든 도시에서든 닥와 운동에 대해 이중적인 내지는 심지어 적대적인 태도를 갖고 있었다. 그러나 닥와주의자의 논리에는 분명하고 강력한 종교적 근거가 있었던 것에 반해, 보통 무슬림들의 그에 대한 저항에는 종교적 레토릭이 약했다. 그들은 자신의 저항을 정교하게 제시하지 못했을 뿐만 아니라 공개적·노골적으로 표출하지도 못했다.

마이클 펠레츠는 그 이유를 다음과 같이 분석한다. 첫째, 당시 닥와 담론이 지배적이었기 때문에 닥와 운동에 의문을 제기하거나 다른 입장의 담론을 표명하는 것은 위험할 수 있었다. 사실 이슬람이 말레이 정체성의 핵심을 구성하고 있는 상황에서 닥와 운동에 반발하는 것은 말레이인으로서의 정체성을 포기하는 것에 상응할 정도의 일탈 행위이자 말레이인 공동체에 대한 반역 행위로 간주될 수 있었다. 둘째, 마을의 사회 및 문화가 국가의 정치적 질서 안에 갇혀 있는 말레이시아에서 국가적으로 중요한 이해관계인 이슬람에 대한 표현은 철저히 감시·검열되었다. 그래서 시민들은 이슬람과 관련된 사안에 대해 공식적 담론의 범주를 벗어나는 말을 하는 것을 삼갔으며, 남이 알아들을 수 없는 혼자만의 불평에 그쳐야 했다. 셋째, 보통 말레이인들은 자신들이 사회적 위계질서 속에서 살고 있고 모든 사회적 행동이 주위 사람들에 의해 감시되고 평가되는 공동체에 포함되어 있다고 느끼고 있었다.[13]

4. 현대 동남아시아에서의 이슬람의 정치적 · 사회적 역할

이슬람의 민족주의적 역할

이슬람은 1912년에 출범한 사레캇 이슬람 즉 '이슬람 동맹'의 사례에서 볼 수 있는 것처럼, 식민주의 시기 인도네시아의 근대적 민족주의 운동에 중요한 바탕을 제공했다. 사레캇 이슬람은 처음에는 인도네시아의 전통적 염직(染織) 산업인 바틱(batik)업계에 대한 화인 자본의 침투에 대항하려는 경제적인 동기에서 시작되었으나, 점차 광범위한 사회적 개혁을 통해 인도네시아 무슬림들의 이해관계를 보호하려는 대중적 민족주의 단체로 발전했다. 사레캇 이슬람이 발족되던 해에 인도네시아에서는 무함마디야라는 개혁주의 이슬람 조직이 결성되기도 했다. 사레캇 이슬람에는 이러한 개혁주의 무슬림들 외에도 당시의 식민 체제에 불만을 품고 있던 인텔리겐치아와 사회주의자들이 가담했으며 점차 다양한 계층의 민중이 모여 들었다.

식민주의 시기 이슬람은 말레이인들의 민족주의 태동에서도 중요한 기반이 되었다. 말라야 민족주의 운동은 말레이 지식인들에 의해 주도되었으며, 여기에는 두 부류의 말레이인이 있었다. 하나는 카이로, 메카, 베이루트(Beirut) 등으로 유학한 청년들이고, 다른 하나는 말라야에서 영국식 근대 교육을 받은 후 관료로 진출해 행정적 경험을 쌓은 자들이었다. 두 부류는 모두 전통적인 엘리트 가문 출신이었다. 특히 유학파 말레이 지식인들은 19세기 말에서 20세기 초 중동에서 일어난 반서구 민족주의에 영향을 받았으며, 귀국 후에는 인도네시아에서 전개된 이슬람 기반의 민족주의 운동에 고무되었다.

말레이 지식인들은 점차 화인과 인도인의 높은 인구 비율에 경계심을 품고 이슬람 신앙을 말레이 정체성의 중요한 바탕으로 간주하기 시작했다. 말레이인의 전통과 이슬람 신앙을 서구의 영향으로부터 지켜야 한다고 생각한 이들은 1920년대와 1930년대에 민족주의적 활동을 전개해 1938년에는 크사투안 믈라유 무다(Kesatuan Melayu Muda) 즉 '말레이 청년동맹'을 결성했다. 말레이 무슬림들의 단결을 목표로 한 그들의 활동은 당시 말레이인들의 폭넓은 지지를 획득하지는 못했지만, 제2차 세계대전 후 본격적으로 전개되는 말레이 민족주의에 중대한 영향을 준 것으로 평가된다.

인도네시아 국민국가 건설에서의 이슬람의 역할

인도네시아 국민국가 건설에서의 이슬람의 역할에 대한 관심은 무엇보다도 '판차실라(panca sila)'를 둘러싼 논쟁에서 나타났다. '다섯 가지 원칙'이란 의미의 판차실라는 1945년 6월 1일 독립준비위원회 회의에서 수카르노에 의해 발표되었다. 다섯 가지 원칙은 첫째 인도네시아의 통일, 둘째 공정하고 문명화된 인도주의, 셋째 협의와 대표를 통해 도달되는 현명한 정책에 의해 통치되는 국민주권, 넷째 인도네시아의 모든 국민을 위한 사회 정의, 다섯째 유일신에 대한 믿음 등이었다. 판차실라는 인도네시아 국민국가 건설을 위한 일종의 국가철학이었다. 유일신을 별도로 규정하지 않은 다섯째 원칙에는 유일신 신앙을 가진 모든 종교를 인정한다는 뜻이 담겨 있었다.

당시 독립준비위원회를 주도했던 수카르노는 특히 판차실라의 첫째 원칙과 다섯째 원칙을 통해 "수마트라의 꼭대기에서 이리안(Irian)까지 하나의 인도네시아 나라의 통일을 기반으로 하나의 국민국가를 세운다"는 의지를 천명했다.[14] 그가 구상한 인도네시아는 언어와 종교가 다른 다양한 종족들이 하나의 국민으로 통합된 세속적 국민국가였다.

그러나 위원회의 이슬람 강경파는 인도네시아가 무슬림 국가로 건설되어야 한다고 보아 헌법에 인도네시아의 종교가 이슬람이라는 것을 명기하려고 했다. 또 그들은 유일신 신앙의 원칙에 무슬림은 이슬람법을 실행할 의무가 있다는 규정과 국가수반은 무슬림이어야 한다는 규정을 추가한 이른바 '자카르타 헌장(Jakarta Charter)'을 제시해 이것을 헌법 전문으로 사용하고자 했다.

그러나 국가적 통합을 중시한 수카르노 측은 이러한 요구를 수용할 수 없었다. 마침내 1945년 8월 18일 공포된 헌법 전문에서 수카르노의 판차실라는 유일신 신앙이 첫째 원칙의 자리로 이동한 것 외에는 그대로 유지되었다. 종교와 관련해 헌법은 "국가는 유일신에 대한 믿음에 기초한다"(29조 1항), 그리고 "국가는 모든 국민이 종교를 가지고, 자신의 종교와 믿음에 따라 종교적 의무를 수행할 자유를 보장한다"(29조 2항)고 규정했다.[15]

독립 이후에도 이슬람 국가 건설 이슈는 몇몇 무슬림 지도자들에 의해 지속적으로 제기되었다. 이 문제는 1960년대 후반에도 다시 거론되어 이슬람주의자들은 국가가 무슬림 국민에 대해서는 이들이 이슬람법을 실시해야 한다는 것을 헌법 전문에 삽입해야 한다고 주장했다. 하지만 통합적이며 세속적인 인도네시아 국가 건설을 중시한 수하르토 대통령은 1968년 그들의 요구를 거부했다.

판차실라를 이슬람주의에 대한 반대의 상징으로 삼은 수하르토 정부는 1974년에 '판차실라 실현 및 체험을 위한 지침(Guide to Realizing and Experiencing the Pancasila)'을 수립해 모든 공무원의 판차실라 교육을 의무화했다. 또 판차실라는 유치원부터 대학까지 각급 학교에서 필수 교육 과정의 하나가 되었다. 1984년에는 종교 단체를 포함한 모든 비영리 민간 조직은 판차실라를 조직의 '아사스 퉁갈(asas tunggal)' 즉 '유일한 기본 원칙'으로 채택하도록 요구되었다.

'신질서(Orde Baru)' 시기(1966~1998) 수하르토 정부는 이슬람의 정치적 영향력을 최소화하기 위해 노력했다. 1973년 이슬람 정당들을 하나의 정당으로 통합하고 이를 당국의 강력한 통제하에 둔 조치도 그러한 맥락에서 행해진 것이었다. 이른바 '정치적 이슬람' 영역으로부터 차단된 무슬림 지도자들은 '문화적 이슬람'에 집중하며 무슬림의 신앙을 강화하고 교육 및 사회복지 등 분야에서 이슬람의 역할을 증대하기 위해 노력했다. 이것은 닥와 운동과 맞물려 인도네시아에서 이슬람의 사회적·문화적 역할이 강화되는 데 기여했다.

'문화적 이슬람'이 활성화된 데에는 무슬림 지도자들의 적극적인 활동 외에 정부의 지원도 중요한 요인으로 작용했다. 당국의 지원은 예컨대 이슬람 대학, 모스크, 마드라사, 기도실 등의 건설로 나타났으며, 이러한 지원을 통해 이슬람의 사회적 영향력이 점차 커졌다. '문화적 이슬람'의 이러한 활성화 분위기 가운데 수하르토 정부의 이슬람에 대한 자세는 1980년대 말 친이슬람적으로 바뀌기 시작했다. 그리하여 1989년 이슬람이 각급 학교에서 필수 과목이 되었고, 1990년 12월에는 이슬람 확산을 주목적으로 하는 '인도네시아 무슬림지식인협회(Ikatan Cendekiawan Muslim Se-Indonesia)'가 대통령의 승인을 받고 출범했다. 1993년에는 복권이 철폐되었고, 이듬해에는 식품·약품·화장품 등에 대한 할랄 인증제가 도입되었다. 이러한 인도네시아 정부의 이슬람 정책은 더 이상 '아방안' 또는 '세속주의'라고 규정할 수 없는 것이었다.

말레이시아 국민국가 건설에서의 이슬람의 역할

말레이시아 국민국가 건설에서의 이슬람의 역할에 대한 기초는 이미 식민주의 시기에 마련되었다. 영국 식민 정부는 말레이인, 화인, 인도인 등 여러 종족이 뒤섞여 사는 말라야에서 토착민 말레이인의 특별한 지위와 말레이 사회에서의 이슬람의 중요한 역할을 중시했다. 그리하여 식민 당국은 경제 분야에서 화인과 인도인의 지배적인 위상을 고려해 정치 영역에서는 말레이인의 우위를 인정했으며 이슬람과 관련된 일은 토착민 엘리트 특히 술탄에게 맡겼다. 식민 정부는 토착민 행정을 위해 '말레이적인 것(Malayness)'이란 개념을 도입해 이를 토대로 종교·언어·왕권을 인정했다. 여기서 '종교'는 이슬람을, '언어'는 말레이어를 가리킨다. 즉 말레이인의 정체성이 이슬람, 말레이어, 군주 등 세 가지 토대 위에 놓여 있다고 본 것이었다.

'말레이적인 것' 개념의 세 토대는 1957년 말라야가 '말라야 연방(Federation of

Malaya)'으로 독립할 때 제정된 1957년 헌법에 수용되었다. 즉 국어는 말레이어이며, 국가의 수반은 술탄들 중에서 선출되는 '양 디프르투안 아공(Yang di-Pertuan Agong)'이라고 불리는 입헌군주이며, 말레이인은 무슬림이어야 한다고 규정되었다. 하지만 무슬림이어야 한다는 것을 비말레이인들에게는 적용하지 않아 그들이 말라야 연방으로 통합되는 데 이슬람이 저해 요인으로 작용하지 않도록 했다. 이 점은 헌법에 "이슬람은 연방의 종교다. 그러나 다른 종교들도 연방 내 어느 부분에서든 평화롭고 조화롭게 실행될 수 있다"고 명시한 것으로 나타났다.[16] '말레이적인 것' 개념은 오늘날의 말레이시아 헌법에서도 중시되는데, 여기서 말레이인은 이슬람을 믿고 말레이어를 일상 언어로 사용하며 말레이 관습을 지키는 사람으로 정의된다.

인도네시아에서는 이슬람이 토착민들의 정체성과 연결된 이슈가 되지 않았으나, 말라야 및 말레이시아에서는 말레이인들의 정체성을 구성하는 핵심 요소로 중시되었던 것은 무엇보다도 인구의 종족 구성에서 그 배경 및 원인을 찾을 수 있다. 즉 인도네시아에서는 토착민의 인구 비율이 압도적으로 높아 중국계 등 이주민이 토착민 중심의 국가 운영에 큰 위협이 되지 않았다. 그에 비해 말라야 및 말레이시아에서는 독립에 관한 논의가 한창 진행되던 1940년대 후반부터 1950년대 중엽까지 중국계 인구 비율이 37~38퍼센트에 달했고 인도계 주민까지 합치면 이주민이 인구의 거의 절반을 차지하고 있었다(오늘날에도 중국계 및 인도계가 인구의 약 30퍼센트를 구성한다). 이러한 상황에서 말레이인들 간 상호 강한 결속이 요구되었고, 이슬람이 그 결속의 핵심 토대 중 하나가 되었던 것이다.

1957년 독립한 말라야에서 말레이인들은 영국이 보장한 토착민의 정치적 우위를 바탕으로 정치적 권력을 장악했을 뿐만 아니라, 말레이 정체성의 기초로서 이슬람의 국가적 지위도 확보했다. 이슬람이 국가 권력에 굳이 도전할 필요가 없는 이러한 상황에서 무슬림 지도자들은 국가와 사회에 대해 이슬람의 영향력을 행사하기 위한 별도의 조직을 만들 필요가 없었다. 대신 그들은 이슬람의 정치적·사회적 역할의 증대가 필요하다고 느낄 경우, 이를 위해 정부가 나서서 이슬람의 역할을 확대하도록 촉구하거나 정부와의 협조를 통해 이를 추구하는 경향을 보였다. 이 점에서 말레이시아에서 이슬람은 인도네시아에서보다 국가 체제에 더욱 협조 내지는 지지하는 성격이 강한 편이었고, 이 점은 오늘날까지 대체로 유지되고 있다.

말레이시아에서 이슬람에 대한 정부의 지지는 1970년대 말부터 적극적인 형태로 나타나기 시작했으며, 그것은 인도네시아에서와 비슷하게 닥와 운동과 맞물려 일어났다. 1978년 후세인 온(Hussein Onn) 총리(재임 1976~1981)가 중병에 걸리자 총리 대행으로 국정을 담당하게 된 마하티르 모하마드(Mahathir Mohamad)는 이슬람의 사회적 역할의 중요성을 인지해 여러 닥와 그룹과 협력을 꾀했다. 그는 1979년부터 1982년까지 특히 이슬람 교육 및 연구와 이슬람 경제의 진흥 등에 풍부한 예산을 지원했다. 1981년 정식 총리가 된 마하티르는 전 세계 이슬람권에서 무슬림 국가로서의 말레이시아의 위상 제고에도 관심을 두었다. 그리하여 그는 팔레스타인해방기구(PLO)에 공식적인 지지를 보냈으며 중동 무슬림 국가들과 우호적 외교관계를 강화해 나갔다. 이러한 친이슬람적 정책을 통해 마하티르 정부는 국내의 무슬림 유권자들로부터 더욱 많은 신뢰를 획득할 수 있었을 뿐만 아니라, 1990년대 비약적인 경제 성장을 이룩한 말레이시아는 전 세계 이슬람 블록에서 성공적인 무슬림 국가로서 인정받기까지 했다.

이슬람의 급진화 및 과격화

1970년대와 1980년대 닥와 운동을 거치면서 사회적 영향력이 점차 커진 이슬람은 동남아시아에서 1990년대 이후 급진화, 더 나아가 과격화의 양상을 띠었다. 인도네시아에서는 정통주의 이슬람 신앙을 추구하는 무슬림 청년들 특히 대학생들이 이슬람 교육을 강조하고 심지어 이슬람법에 따라 통치되는 이슬람 국가의 건설을 요구하고 나섰다. 그들은 이미 1980년대 소련-아프간 전쟁에 참가해 국제적인 무슬림 연대를 과시하기도 했다. 2003년 11월 제1야당인 빠스는 말레이시아에서 이슬람 국가를 건설하겠다는 집권 청사진을 발표하면서, 국가주권이 국민이 아닌 알라에게 있으며 이슬람법이 최고의 법으로 모든 국가적 행위의 근거가 되어야 한다고 주장했다.

1990년 당시 인기가 많았던 인도네시아의 주간지 『모니터(Monitor)』에 가장 존경하는 인물이 누구인지를 묻는 앙케트의 결과가 실렸는데, 수하르토 대통령이 1위, 이완 팔스(Iwan Fals)라는 팝가수가 4위, 사담 후세인(Saddam Hussein) 이라크 대통령이 7위를 기록한 것에 비해 선지자 무함마드는 11위에 자리매김 되었다. 이에 대한 무슬림 단체들의 비판과 시위가 급속도로 확대되고 심지어 청년들이 잡지사 사무실을 찾아가 기자재를 부수는 사태에 이르자, 정부는 그 잡지를 폐간하고 편집자를 기소했다. 이 사건은 그때 이미 인도네시아에 이슬람에 대한 비판과 반대의 의견이나 행동이 용납되지 않는 사회적 분위기가 형성되어 있음을 보여 주었다.

자와에서는 급진적인 무슬림 청년들이 이슬람 신앙에 기초한 사회 정화 운동을 벌이면서 종종 폭력에 호소했다. 1999년 12월 초 약 250명의 무슬림 청년들이 자카르타의 한 디스코텍에 몰려가 돌을 던지고 불을 질렀다. 그들은 스스로를 '히즈볼라(Hizbollah)' 즉 '알라의 당파'라고 불렀다. 비슷한 시기에 자와 서북부의 탕으랑(Tangerang)에서는 무슬림 청년들이 매춘업소를 공격해 방화하는 사건이 일어났다.

이슬람의 과격화는 특히 2001년 9·11 테러를 당한 미국이 아프가니스탄을 상대로 전쟁을 일으킨 이후 본격적으로 전개되었다. 인도네시아 울라마위원회(Majelis Ulama Indonesia)는 그해 9월 25일 미국과 서방 세계가 아프가니스탄을 공격하면 모든 무슬림이 단합해 아프가니스탄의 이슬람을 수호하기 위한 지하드에 참가하는 것에 동의한다고 선언했다. 당시 인도네시아의 많은 모스크에서는 아프가니스탄에서의 지하드를 위해 무슬림들이 궐기해야 한다는 내용의 설교가 행해졌다. 말레이시아에서는 빠스가 아프가니스탄이 공격을 받으면 말레이 무슬림들이 상황에 따라서는 직접 가서 도와줄 의무가 있다고 발표했다.

인도네시아에서 과격파 무슬림들의 활동은 대부분 배후에 급진적인 무슬림 조직들이 있었다. 그중 하나는 1998년에 창설된 '이슬람수호자전선(Front Pembela Islam)'이었다. 군부·경찰·정계의 고위 인사들이 후원하는 이 조직은 사창가, 나이트클럽, 복권 판매소, 술집, 극장 등을 비이슬람적인 퇴폐업소로 규정하고 파괴했으며, 『플레이보이』 발간을 반대하고 기독교 교회의 신축을 방해하는 행동에 나섰다. 또한 이슬람수호자전선은 주류 이슬람에게 이단으로 간주되는 아흐마디야(Ahmadīya) 등의 이슬람 교파를 공격했다. 아흐마디야 무슬림은 무함마드 외에 이 분파를 창시한 인도의 미르자 굴람 아흐마드(Mirzā Ghulām Ahmad, 1835~1908)를 선지자로 추종한다.

2001년 말 미국의 아프가니스탄 침공이 결행되자 인도네시아 도처에서 무슬림들의 반미 시위와 폭력이 일어나 중부 자와의 수라카르타에서는 무슬림 청년들이 미국인을 붙잡으려고 떼를 지어 다녔고, 자카르타에서는 외국인이 드나드는 술집과 나이트클럽 등이 공격을 받았다. 시위와 폭력은 대부분 이슬람수호자전선에 의해 주도되었다. 발리 섬에서는 2002년 한 나이트클럽에서 폭탄이 터져 500여 명의 사상자가 발생했고 2005년에도 폭탄 테러로 약 120명이 다치거나 부상당했다. 자카르타에서는 서양인이 주로 이용하는 호텔들에서 2003년과 2009년에 일어난 테러로 스무 명이 죽었다.

발리의 2002년 사건은 이슬람수호자전선 외에도 라스카르지하드(Laskar Jihad)와 저마아이슬라미야(Jemaah Islamiyah) 등이 배후 조직으로 주목되었다. 특히 '이슬람 집단'이라는 의미의 저마아이슬라미야는 2003년 자카르타 테러, 2005년 발리 테러, 2009년 자카르타 테러 등을 자행한 것으로 의심되었다. 1993년에 결성된 이 단체는 태국 남부에서 필리핀 남부에 이르는 도서 동남아시아에 이슬람 국가를 수립하는 것을 목표로 삼았다. 우두머리로 알려진 아부 바카르 바아시르(Abu Bakar Baasyir)는 조직의 선언문에서 "이슬람법의 확립은 무슬림의 모든 투쟁에서 최우선적 목표로 설정되어야 한다"고 말해 자신들이 이슬람 국가 건설을 추구하는 집단임을 보여 주었다.[17] 2000년대 초 저마아이슬라미야는 무슬림 무장 조직인 알카에다(al-Qaeda)와 연결되어 있다는 의심을 받았으며, 이와 관련해 바아시르에게 한때 '동남아시아의 오사마 빈 라덴'이라는 별명이 붙여지기도 했다.

바수키 아혹 사태로 본 인도네시아 이슬람의 급진화

인도네시아 무슬림 사회의 급진적 성향은 최근의 자카르타의 전(前)주지사 바수키 아혹 사태에서도 엿볼 수 있다. 보통 '바수키 아혹(Basuki Ahok)' 혹은 간단히 '아혹'이라고 불리는 바수키 푸르나마 차하자(Basuki Purnama Tjahaja)는 2014년 11월 조코 위도도(Joko Widodo)가 대통령에 당선된 후 그때까지 차지하고 있던 자카르타 주지사직을 사임하자 뒤를 이어 자카르타 주지사로 선출되었다. 그는 최초의 화인 출신 그리고 최초의 개신교 신자인 자카르타 주지사라는 점에서 세간의 이목을 끌었다. 아혹은 2017년 4월 자카르타 주지사 선거에 재출마했다. 하지만 그의 재출마는 인도네시아의 급진적 이슬람 정당들과 극우 무슬림들의 반대 운동에 직면했다.

아혹은 이슬람주의를 추구하는 많은 인도네시아 무슬림 정치인들의 '공동의 적'이 되었다. 그것은 그가 중국계와 기독교인이라는 종족적·종교적 배경 외에도 자카르타 주지사 부임 이후 공직자의 부패 청산에 나서 적잖은 파문을 일으켰기 때문이었다. 또 그는 인도네시아 여학생들에게 히잡 착용을 강요하는 것에 반대하고 다수인 수니파 무슬림에 대해 소수파인 아흐마디야 무슬림의 시민권을 옹호함으로써 보수적인 무슬림들에게서 분노를 샀다.

급진적 무슬림들이 자카르타에서 반(反)아혹 캠페인에 본격적으로 나선 것은 2016년 10월부터였다. 아혹은 9월 한 연설에서 무슬림들이 유대인과 기독교인을 이슬람의 지도자로 세우지 말라는 꾸란 제5수라 알마이다(Al Maidah)의 제51절을 인용하면서, 무슬림이 이것을 그릇된 방식으로 '이용'하지 말라고 부탁했다. 이것은 격렬한 논쟁을 불러일으켰다. 인도네시아 울라마위원회는 꾸란을 모독했다는 이유로 아혹을 자카르타 경찰서에 고소했다. 온건주의적인 이슬람 조직인 무함마디야의 청년 분파는 아혹이 신성모독죄로 유죄 판결을 받아야 한다고 주장했다. 무슬림들은 반아혹 거리 시위를 벌였으며, 시위 중 이슬람사회포럼(ISF)의 사무총장 무함마드 알 카트타트(Muhammad al Khaththath)는 나라의 모든 지도자는 무슬림이어야 한다고 말했다. 시위는 이슬람수호자전선에 의해 조직되었다.

사실 아혹이 원래 말한 것은 다음과 같았다. "사람들이 말하는 모든 것을 믿지 마세요.…그건 알마이다의 구절이 이용됨으로써 당신을 종종 속이기 때문입니다." 하지만 과거 저널리스트이자 중부 자와의 런던대학(London School) 통신학 교수인 부니 야니(Buni Yani)는 아혹의 발언을 보여 주는 동영상에서 고의적으로 "이용됨으로써"를 삭제하고 마치 아혹이 꾸란의 해당 구절이 무슬림을 속인다고 말한 것처럼 변경했다. 부니 야니는 2016년 11월 TV에 출연해 이 사실을 고백했다.

그러나 이 고백에도 불구하고 아혹에 대한 신성모독죄 고소에 따라 2016년 12월에 재판이 시작되었다. 이듬해 1월 3일 법정 심리 중 이슬람수호자전선의 회원들은 아혹에 대한 반대 증언을 내놓았다. 2017년 4월 20일 공판에서 검찰은 증거 불충분의 이유로 이슬람 모독과 관련된 기소는 취소하고 집행유예 2년을 구형했다. 4

월 25일 최종 심리에서 아혹은 자신이 조작된 이슬람 신성모독 사건의 희생자라는 점을 강조했다. 하지만 북자카르타구 법원의 재판부는 5월 9일 아혹에게 이슬람 모독의 유죄를 인정해 2년 실형을 선고했다. 그에 앞서 4월 19일 자카르타주 주지사 선거에서 아혹은 경쟁자인 전(前) 교육부장관 아니스 바스웨단(Anies Baswedan)에게 패했다. 아니스는 인도네시아의 극단주의 이슬람 단체들의 지지를 받는 후보였다.

검찰의 구형보다 훨씬 중한 판결을 내린 재판 결과는 인도네시아 전국에 큰 논쟁을 불러일으켰다. 2017년 5월 11일 발리 섬의 주도 덴파사르(Denpasar)에 7천 명 이상의 군중이 모여 "아혹에게 자유"라는 구호를 반복해서 외쳤다. 5월 중순에는 자카르타, 요그야카르타, 수라카르타, 스마랑(Semarang), 수라바야 등 자와 섬의 주요 도시들에서 수십만 명의 인도네시아 시민들이 아혹을 지지하는 시위에 동참했다. 또 유엔의 인권 전문가들은 5월 22일 인도네시아 정부에게 아혹을 석방하고 종교 자유를 침해하는 신성모독법을 철회하라고 요구했다.

와히드재단(Wahid Foundation)의 연구에 따르면, 인도네시아에서 비무슬림에 대한 종파적 행위가 빠르게 증대하고 있다. 관용적·다문화적 사회의 진흥을 위해 활동하는 와히드재단은 무슬림 지식인이자 전 인도네시아 대통령 압두르라흐만 와히드(Abdurrahman Wahid)의 인도주의적 이상을 실현하기 위해 설립된 단체다. 이 단체의 설문조사에 따르면, 인도네시아에서 이슬람 국가 건설에 강력한 반대를 표명한 사람은 응답자의 11퍼센트에 불과했다. 분석가들은 인도네시아에서 종교적 급진주의가 빠르게 확산되고 있는 점에 대해 우려하고 있다.

'알라' 용어의 사용을 둘러싼 분쟁에서 나타난 말레이시아 이슬람의 급진화

말레이시아에서 '알라(Allah)' 용어의 사용을 둘러싸고 최근 급진적 무슬림과 기독교인 사이에 갈등이 있었다. 말레이시아의 가톨릭교회는 '하느님'을 말레이어로 번역할 때 오래전부터 '알라'라고 해 왔다. 무슬림들이 이를 비판하자 말레이시아의 내무부는 2007년 말에 말레이시아의 가톨릭교회가 발행하는 주간지 『헤럴드(Herald)』가 기독교의 신에 대한 번역 용어로 '알라'를 사용하는 것을 금지했다. 그리고 '하느님'이 '알라'라고 번역된 말레이어 성경 1만 5,000권을 압수했다. 이 성경들은 인도네시아에서 수입된 것이었다.

말레이시아 당국의 이슬람 편향적 조치는 2009년 12월 법원의 판결로 무효화되었다. 쿠알라룸푸르 고등법원은 가톨릭교회가 『헤럴드』의 말레이어 섹션에서 '알라'를 언급해도 좋다고 허용했다. 재판부는 말레이어를 사용하는 기독교인들이 '신'을 '알라'로 표현할 법적인 권리가 있다고 판결을 내렸으며, 이로써 말레이시아에서 표현과 종교의 자유에 관한 헌법적 보장을 재확인했다.

사실 말레이어에는 유일신의 개념을 정확하게 번역할 단어가 없기 때문에 말레이인들과 토착민 부족들은 12세기 아랍 상인들에게서 '알라'라는 용어를 차용했다. 오늘날 보르네오 섬의 사바주와 사라왁주에서 말레이어를 사용하는 많은 가톨릭 및 개신교 신자는 '하느님' 내지는 '하나님'을 지칭할 때 이 용어를 사용한다. 그것은 인도네시아의 기독교인과 중동의 아랍어권 기독교인도 마찬가지다. '알라'라는 단어 자체는 이슬람이 생겨나기 전부터 있던 것으로, 아랍어를 포함한 셈어(Semitic)계 언어들은 모두 신을 '알라'라고 칭한다. 중동에서 아랍어를 쓰는 무슬림들과 기독교인들과 유태인들은 십 수세기 동안 자신들의 신을 모두 '알라'라고 불러 왔다. 말레이시아의 대표적인 이슬람주의자 중 한 사람이자 야당 지도자인 안와르 이브라힘(Anwar Ibrahim)은 말레이 무슬림들이 '알라'에 대한 이슬람의 독점권을 주장하는 것은 타당하지 않다고 말한다.

하지만 말레이시아 무슬림들의 상당 부분은 '알라'라는 아랍어 단어는 거룩한 용어로 오직 이슬람을 위해서만 사용되어야 한다고 보았다. 그들은 기독교인들이 무슬림들을 현혹해 기독교로 개종시키기 위해 이 용어를 의도적으로 쓴다고 주장했다. 법원의 판결이 발표된 이후 2010년 1월 말까지 말레이시아에서 열한 개의 기독교 교회가 공격을 당했다. 특히 1월 8일 새벽에는 세 군데의 교회 건물이 화염병 공격을 받았다. 그중 하나는 쿠알라룸푸르 교외의 개신교 교회였다.

고등법원의 판결에 대해 말레이시아 정부는 항소했다. 이에 상급 법원인 상소법원은 2013년 10월 정부의 편을 들어 비무슬림적인 맥락에서의 '알라' 사용을 금하는 판결을 내렸다. 상소법원은 '알라' 사용을 공공질서 및 안보 문제와 연결시켜 그것이 말레이시아 사회에 혼란을 야기할 수 있다고 지적했다. 한 판사는 말레이시아에서 이슬람에게 닥칠 수 있는 가장 가능한 위협은 무슬림에게 다른 종교를 전파하는 것이라고 말하면서, 이슬람을 모든 위협으로부터 차단해 이슬람의 신성함을 보호할 필요가 있음을 역설했다. 그의 이러한 주장에는 말레이시아에서 이슬람이 다른 종교에 대해 우선시되어야 한다는 생각이 깔려 있었다.

제11장

동남아시아의 종족 · 종교 갈등

1. 동남아시아 종족 · 종교 갈등의 성격

전통적으로 다종족·다문화의 복합사회적 구조를 갖고 있는 동남아시아 국가들은 독립 이후 대부분 종족 갈등, 종교 갈등 혹은 지역 및 사회적 갈등을 겪었으며, 그것은 여러 나라에서 오늘날까지 지속되고 있다. 동남아시아의 힌두교도 인도인들이나 대승불교·유교·도교를 신봉하는 화인들에게 그 갈등은 토착민들의 것과 다른 신앙에서 비롯된 문화적 동화의 문제다. 그러나 1969년 말레이시아에서 일어난 이른바 '인종폭동(Racial Riots)'과 1998년 많은 재산 피해와 인명 살상이 수반된 인도네시아에서의 반(反)화인 폭동 같은 종족 갈등은 화인이 토착민보다 더욱 부유하다는 경제적 문제가 보다 중요한 원인이었다.

그에 비해 필리핀 남부의 민다나오 섬 서부와 술루 제도의 무슬림들이 가톨릭의 마닐라 정부를 상대로 일으키는 분리주의 운동, 태국 남부의 말레이계 무슬림들이 불교의 방콕 정부를 상대로 벌이는 분리주의 운동, 대부분 가톨릭을 믿는 동티모르가 수십 년간의 내전 끝에 인도네시아로부터 2002년 독립을 획득한 것, 미얀마에서 불교도 버마족의 중앙 정부와 동부 국경 산악지대의 크리스천 꺼잉족 간 일어난 지난 수십 년 동안의 유혈 충돌, 그리고 최근 여카잉주의 무슬림 로힝자족에 대한 미얀마 불교도들의 물리적 공격과 이로 인한 로힝자족의 '보트피플' 난민 사태, 베트남 중남부 산악지대의 크리스천 소수민족 주민들에 대한 베트남 당국의 탄압, 인도네시아의 술라웨시와 말루쿠 제도의 섬들에서 무슬림과 크리스천 간 폭력적인 충돌 등은 모두 특정 종족과 특정 종교와 특정 지역이 얽혀 있는 갈등이다.

동남아시아의 종족 갈등, 종교 갈등, 지역 갈등의 상당 부분은 인도인과 중국인을 대거 불러들이고 그들에게 경제적 활동을 위한 유리한 환경을 제공했으며 동남아시아의 다양한 종족의 문화적 특징을 고려하지 않고 국경을 자의적으로 확정한 서양 식민주의의 유산이다. 이러한 식민주의 유산으로 말미암아 동남아시아의 대부분 국가들은 독립한 지 이미 수십 년이 지난 오늘날까지도 국민 통합이 원만하게 이루어지지 않고 있다. 이 장에서는 특히 종교 갈등에 초점을 맞춰 태국, 필리핀, 인도네시아, 미얀마에서의 종족 갈등과 종교 갈등 사례들을 분석한다.

2. 태국에서의 무슬림-불교도 갈등

말레이계 무슬림의 분리주의 운동

태국의 무슬림들은 대부분 말레이시아와의 국경 지방 특히 빠따니, 얄라, 나라티왓, 사뚠 등에 산다. 이 지역 주민의 약 4분의 3을 이루는 말레이계 무슬림은 종족적으로는 말레이 정체성을, 종교적·문화적으로는 이슬람 정체성을 중시한다. 그리하여 그들 중에는 공식적으로는 태국 국민임에도 불구하고 스스로를 '믈라유'라고 부르며 '타이'란 명칭은 불교도 타이인을 가리킬 때 쓰는 자가 많다. 이들은 자신들을 지배하는 타이인들에게 오래전부터 반감을 품어 왔으며, 그것은 무장 투쟁을 포함한 다양한 형태의 저항 운동 특히 분리주의 운동으로 표출되었다. 그들의 반(反)태국 운동은 20세기 초부터 전개되었는데, 그 배경에는 말레이계 주민들에 대한 타이어 학습의 강요, 특히 말레이계 어린이들의 태국 초등학교 입학을 의무화한 1921년 초등교육법의 도입 등 소수민족들을 문화적으로 타이 사회에 동화시키려는 방콕 정부의 정책이 놓여 있었다.

무슬림의 분리주의 운동은 빠따니를 중심으로 전개되었다. 1947년 빠따니이슬람위원회는 방콕 정부에게 남부의 네 개 주에서 초등학교 4학년까지 말레이어를 가르치도록 할 것, 정부 기관에서 말레이어와 타이어의 병용, 남부 네 개 주의 행정 수반에 지역 출신의 무슬림 지도자를 임명할 것, 그리고 남부 네 개 주의 공무원의 80퍼센트는 지역 출신의 무슬림 중에서 뽑을 것 등을 요구했다. 태국 정부는 요구 사항의 어떤 것도 들어주지 않았을 뿐만 아니라 빠따니이슬람위원회를 해체하고 위원장을 체포했다.

분리주의 운동은 곧 여러 조직으로 발전해 민족혁명전선(Barisan Revolusi Nasional), 빠따니민족해방전선(Barisan Nasional Pembebasan Patani), 빠따니연합해방기구(Pertubohan Persatuan Pembebasan Patani) 등이 결성되었다. 특히 1968년 창설된 빠따니연합해방기구, 일명 PULO(Pattani United Liberation Organization)는 학생 운동을 통해 정치화된 젊은 말레이계 무슬림들의 이해관계를 대변하는 조직으로 태국 남부에 독립적인 이슬람 국가의 건설을 목표로 삼았다. 창시자와 지도부의 인물들은 대부분 사우디아라비아, 이집트, 파키스탄 등에서 공부한 사람들로서 조직의 연결망은 말레이시아의 국경 지방인 클란탄과 인도네시아의 아체뿐만 아니라 중동까지 미쳤다. 1970년대부터 본격적으로 활동하기 시작한 PULO는 경찰서 및 군부대, 학교 및 불교 사원 같은 태국의 정치적·문화적 지배를 상징하는 곳을 공격했다. 1976년 말에서 1981년 초 사이 남부에서 발생한 반정부 테러의 대부분은 배후에 PULO가 있었던 것으로 추측되었다.

1980년대 초 빠따니를 중심으로 한 남부에서 수천 명의 무장 반란군이 방콕 정부에 대항해서 싸웠다. 1993년 8월 빠따니와 얄라와 나라티왓에서 학교 방화, 불교 사원에 대한 수류탄 투척, 태국군 공병대에 대한 습격 등이 일어났다. 무슬림 반군 세력은 2000년대 초에는 나라티왓, 얄라, 빠따니의 상점 주인들에게 예배를 드리는 금요일에 휴업하라고 강요하면서 하지 않으면 처벌하겠다고 협박하는 전단을 뿌리기도 했다. 2010년대에 남부에서 가장 강력한 반정부 무슬림 세력은 빠따니말레이민족혁명전선(Barisan Revolusi Nasional Melayu Patani)인 것으로 알려져 있다. 줄여서 '민족혁명전선(BRN)'으로 불리는 이 단체는 최근 지역의 무슬림들에게 극단적인 이슬람 가치를 강요할 뿐만 아니라 여러 테러 및 폭동을 주도해 왔다.

빠따니의 반태국 저항 운동의 역사적 배경

반태국 운동이 빠따니를 중심으로 전개된 데에는 태국과 빠따니의 특별한 역사적 관계에 기인한다. 이미 16세기 초에 이슬람화된 빠따니는 당시 태국의 속국이었으나 그 관계에서 벗어나려고 노력했다. 그리하여 빠따니 군대는 아유타야 왕국이 1560년대 미얀마와의 전쟁으로 방비가 허술한 틈을 타 아유타야를 공격해 왕궁을 약탈했다. 빠따니는 17세기에도 여러 번 아유타야 정부에게 반란을 일으켰다. 니콜라 제르베스 신부는 1670년대 태국 남부 지역에서의 상황을 묘사하면서, 당시 송클라(Songkhla)가 아유타야를 상대로 일으킨 반란은 "그 정신이 이웃인 빠따니 주민에 의해 고취된 것인데, 빠따니 주민은 천성적으로 난폭하고 방자하며 (타이) 왕국의 공인된 적이다"라고 말했다.[1]

2004년 빠따니의 크리섹 모스크 사건과 나라티왓의 딱바이 사건

남부에서 무슬림 분리주의자들의 테러는 1990년대 후반 잠잠해졌다가 2000년대부터 다시 빈번해졌다. 2002년 한 해 동안만 약 스무 명의 경찰과 두 명의 민간인이 테러로 목숨을 잃었다. 특히 2004년에 일어난 두 번의 사건은 오늘날까지 계속되고 있는 말레이계 무슬림들의 태국에 대한 끈질기고 폭력적인 투쟁을 이해하는 데 중요하다.

첫 번째 사건은 말레이어로는 '크리섹(Krisek)', 타이어로는 '끄르세(Kruese)'로 불리는 빠따니의 한 모스크에서 일어났다. 4월 28일 한 무리의 무슬림들이 모스크에서 기도 모임을 마친 후 근처의 보안 검문소를 급습했다. 치안 부대가 반격하자 이들은 모스크로 후퇴했다. 치안 부대는 모스크를 습격해 바리케이드를 치고 숨어 있던 서른두 명의 무슬림 민병대원을 죽였다. 같은 날 다른 지역에서도 무슬림 반군과 태국 군대의 전투가 벌어져 일흔 명 이상이 목숨을 잃었다.

두 번째 사건은 10월 25일 나라티왓주의 딱바이(Tak Bai)구에서 발생했다. 이 사건의 약 2주 전 방위 의용병 네 명이 산탄총을 잃어버렸다고 경찰에 신고했다가 오히려 체포되자, 딱바이의 무슬림들이 그들의 석방을 요구하는 대규모 시위를 벌였다. 경찰은 1천 명 이상의 시위자를 체포해 인근 군부대에서 심문하기 위해 트럭에 실어 연행하던 중 일흔여덟 명이 트럭 안에서 질식해 죽었다.

민간인을 겨냥한 테러

대규모 인명의 희생을 가져온 2004년의 비극적인 두 사건 이후 말레이계 무슬림들의 테러는 더욱 빈번해졌고 과격해졌다. 2004년부터 2015년까지 분리주의자의 테러와 이에 대한 태국 당국의 무력적 대응으로 6,500명 이상이 죽고 약 1만 2천 명이 부상을 당했다. 사상자의 대부분은 민간인이었다. 국제적 인권 감시 단체인 휴먼라이츠워치(Human Rights Watch)의 2007년 한 조사에 따르면, 남부 태국에서 무슬림 분리주의자들이 공격 대상으로 삼은 것은 주로 민간인과 학교 등이었다. 2004년 1월부터 2007년 7월까지 행한 그들의 테러 공격 중 경찰 및 군부대를 대상으로 한 것이 약 500번인 것에 비해 민간인을 겨냥한 것은 약 3,000번이나 되었다.

이 기간 총 2,463명이 죽었는데, 89퍼센트가 민간인이었다. 그들은 태국의 남부 지방 통치를 "불교도 타이인의 점령(Buddhist Thai occupation)"이라고 규정하고, 그러한 차원에서 불교 승려도 공격 대상으로 삼는 것을 주저하지 않았다. 예컨대 2011년 8월 23일 빠따니에서 승려들이 아침 탁발을 끝내고 절로 돌아가는 길에 폭탄이 터져 승려 한 명과 주민 세 명 그리고 군인 아홉 명이 부상을 입었다. 당시 군인들은 승려들을 호위하고 있었지만 노점상 손수레에 숨겨 있던 폭탄이 원격 조정에 의해 터지는 것을 막지 못했다.

말레이계 무슬림 분리주의자들의 반태국 투쟁의 종교적 성격과 그 요인

무슬림 분리주의자들에 의한 테러는 최근에도 지속되고 있다. 2017년 10월 9일 나라티왓에서는 도로변에 설치되어 있던 폭탄이 터져 무장 순찰 대원 한 명이 죽고 다른 한 명은 부상을 입었다. 2018년 1월 22일에는 얄라의 한 식품가게에서 폭탄이 터져 세 명이 죽고 최소 열여덟 명이 다치는 사건이 일어났다.

태국 남부에서의 말레이계 무슬림 분리주의자들의 태국 정부에 대한 투쟁은 점차 종교적인 성격을 강하게 보여 주고 있다. PULO는 이미 조직이 출범할 때부터 이슬람이 핵심적인 가치였다. 1995년 창설된 빠따니이슬람전사운동(Gerakan Mujahideen Islam Pattani)도 마찬가지로 이슬람 국가 건설이 목표였다. 반태국 테러의 이슬람적 성격은 2000년대 이후 더욱 뚜렷해졌다. 이러한 변화는 본질적으로 말레이계 무슬림들의 이슬람 신앙 강화에 기인되며, 거기에는 몇 가지 요인이 있다.

첫째, 타이어로 '뽀노(pono)'라고 부르는 이슬람 기숙학교 즉 폰독의 역할이다. 폰독은 이 지역 말레이계 주민들에게 오래전부터 무슬림 의식을 함양해 주는 곳이었다. 특히 빠따니의 폰독은 말레이 반도나 인도네시아 군도 출신의 무슬림들이 중동으로 유학가기 전에 와서 이슬람 공부를 했을 정도로 유명했다. 폰독에서의 수업은 전통적으로 아랍어와 말레이어로 행해지고, 커리큘럼은 세속적인 교과목도 포함되어 있지만 가장 중요한 부분은 기도와 꾸란 및 꾸란 주석서의 암송 등이었다. 1930년대 말에서 1940년대 전반에 걸쳐 민족주의적인 피분송크람(Phibunsongkhram) 총리(재임 1938~1944, 1948~1957)는 폰독에서의 교육 언어를 타이어로 바꾸려고 시도했다. 이 정책은 말레이계 무슬림들의 즉각적인 반발을 불러일으켜, 원래의 의도와는 정반대로 폰독이 말레이 민족주의의 강화와 이슬람 신앙의 확산에 동원되는 결과를 낳았다. 1960년대 초 사릿 정부는 재정적 지원을 제공함으로써 폰독을 국가의 규제를 받는 사립 교육기관으로 전환하려고 했다. 이에 대해 많은 폰독은 정책에 반발해 스스로 해체하고 지하에서의 활동을 택했다. 2004년 남부 지역에서 테러가 과격화된 이후 태국 정부는 폰독들에 대한 수색을 강화하는 한편 폰독 등록을 시도했지만, 이 역시 폰독들의 협조를 얻지 못해 소기의 성과를 내지 못했다.

둘째, 말레이계 무슬림 학생들 중에는 보다 높은 수준의 이슬람 교육을 받기 위해 중동으로 유학을 간 사람이 적지 않았다. 그들 중 일부는 국제적인 이슬람 기관들이 제공하는 장학금을 받았다. 유학을 마치고 귀국한 이들을 통해 태국 남부의 젊은 무슬림 세대의 이슬람 정체성이 더욱 강화되었다.

셋째, 1970년대 이후 태국 남부에서 닥와 운동이 전개될 때 이 지역에서의 이슬람 교육을 위해 해외로부터의 재정적 지원이 증가되었다. 예컨대 얄라이슬람대학(Yala Islamic College)은 사우디아라비아, 쿠웨이트, 카타르 등뿐만 아니라 이슬람개발은행(Islamic Development Bank), 세계무슬림청년회의(World Assembly of Muslim Youth), 국제이슬람구호기구(International Islamic Relief Organization) 등의 원조로 설립되었다. 사우디아라비아는 또 빠따니의 폰독들에서 사용되는 이슬람 교과서를 위해 기금을 제공하기도 했다.

넷째, 2001년 9·11 테러 이후 서방 국가들의 이슬람권을 둘러싼 정세 변동, 특히 무슬림에 대한 비판적인 시각의 증대는 전 세계의 무슬림들 사이에서 이슬람 정체성이 강화되는 데 기여했으며, 그것은 태국 남부에도 반영되어 그 분쟁에서 이슬람적 색채가 더욱 강하게 나타나게 되었다.

3. 필리핀에서의 모로 분리주의 운동

모로의 개념과 종족 구성

필리핀 남부의 민다나오 섬과 술루 제도에서는 오래전부터 무슬림 주민들의 반정부 저항이 있었다. 이들 필리핀 무슬림은 일반적으로 '모로(Moro)'라고 불린다. '모로'는 동남아시아에 온 초기 유럽인들이 이 지역의 무슬림들을 지칭하는 데 사용한 용어로, 특히 스페인인들에 의해 필리핀의 무슬림을 부르는 용어로 정착되었다. 모로의 저항은 분리주의 운동의 성격을 띠면서 최근까지 필리핀 당국과 모로 저항 세력 간의 유혈 투쟁으로까지 전개되었으며 서방 세계와 이슬람권의 주목을 받아 왔다.

모로는 필리핀 인구의 약 5퍼센트를 차지하고 있으며, 거주하는 섬에 따라 크게 '팔라완', '술루', '민다나오' 등 세 그룹으로 나뉜다. 팔라완 그룹은 팔라와니(Palawani)·몰복(Molbog)·자마마푼(Jama Mapun) 등 세 종족으로, 술루 그룹은 타우숙(Tausug)·사말(Samal)·바자오(Badjao) 등 세 종족으로 구성되어 있다. 민다나오 그룹은 마라나오(Maranao), 마긴다나오(Maguindanao), 이라눈(Iranun), 야칸(Yakan), 상길(Sangil), 칼리부간(Kalibugan), 칼라간(Kalagan) 등 일곱 종족을 포함한다. 이상의 열세 종족 중 민다나오의 라나오(Lanao) 지역과 마긴다나오주에 사는 마라나오족, 코타바토(Cotabato) 지역과 마긴다나오주 및 술탄 쿠다랏(Sultan Kudarat)주에 사는 마긴다나오족, 잠보앙가(Zamboanga) 지역과 술루 제도의 타우숙족, 타위타위(Tawi-Tawi) 섬의 사말족, 바실란(Basilan) 섬의 야칸족 등이 가장 많다. 이들 다섯 종족이 전체 모로의 90퍼센트 이상을 차지한다.

모로 분리주의 운동의 역사적 배경

민다나오 섬 특히 섬의 서부 지방과 술루 제도 등 필리핀 남부 지역은 전통적으로 무슬림 세계였다. 이 지역에는 이미 15세기 중엽과 16세기에 이슬람이 퍼져 몇몇 이슬람 왕국이 들어서 있었다. 필리핀 남부의 이슬람 왕국들을 정복하기 위한 스페인의 원정과 이에 대한 모로의 저항은 1578년경부터 19세기 말까지 300년 이상 지속되었으며, 그것은 흔히 '모로 전쟁(Moro War)'이라고 부른다. 스페인의 모로에 대한 공격은 남부 지방의 자원 확보, 무역의 독점, 조세 및 공물의 징수 등 경제적 동기 외에도 이슬람 왕국들을 굴복시켜 가톨릭 세계로 만들겠다는 종교적 성격이 그 바탕에 깔려 있었다. 그것은 스페인 식민 당국이 16세기 말부터 원정대의 지휘관들에게 보낸 공식 문서들에서 엿볼 수 있다. 이러한 문서들에 기록된 지령에는 모스크를 파괴할 것, 이슬람을 가르치지 못하게 할 것, 무슬림을 기독교로 강제적으로 개종시킬 것 등이 포함되어 있다. 하지만 '모로 전쟁'은 1768년부터 1846년까지 무슬림 민병대가 스페인 당국 및 가톨릭 필리핀인을 상대로 거의 매년 벌인 습격을 제외하면, 그다지 빈번하게 일어난 것이 아니었으며 또 항상 치열하게 치러진 전투도 아니었다. 남부 모로 지역에 대한 행정적 통제를 장악하기 위한 노력은 미국 식민 시기에도 계속되었고 때때로 유혈 전쟁의 양상을 띠기도 했다. 미국 식민 당국은 1914년에야 모로 주민들의 전통적 관습을 인정하지 않고 1915년에는 지역의 술탄 제도를 폐지함으로써 남부 지역에 대한 직접적인 통치를 확보할 수 있었다.

모로의 독립 국가에 대한 발상은 1920년대에 처음으로 등장한 것으로 보인다. 그들은 미래에 필리핀이 독립할 경우 가톨릭 국가에서 소수민족으로서 처하게 될 곤경을 예상해 1924년 미국 의회에 필리핀을 독립시킬 경우 자신들을 미국의 보호령으로 둘 것을 요청하면서, 만약 그것이 수용될 수 없으면 자신들이 '방사모로(Bangsamoro)' 즉 '모로국'을 건설하도록 허용할 것을 요구했다. 모로 분리주의 운동은 1960년대 말부터 본격적으로 전개되었는데, 그 직접적인 배경은 1946년 독립 후 필리핀 정부가 추진한 가톨릭교도 필리피노의 남부 이주 정책이었다. 가톨릭 필리핀인들의 남부 이주는 스페인 식민 시기에 이미 시작되었으나, 조직적으로 실시된 것은 미국 식민 시기부터였다. 미국은 필리핀 남부 지역을 군사적·행정적으로 통제할 뿐만 아니라 그 지역을 미국의 경제적 이익을 위해 개발하기 위해 한편으로는 각종 토지법을 도입했으며 다른 한편으로는 가톨릭 필리핀인들을 모로 지역으로 이주시켰다.

모로의 전통적인 개념에 따르면 토지는 개인 소유가 아니라 가족 및 씨족의 집단적 소유였으며, 특히 마을의 공동 토지는 조상 때부터 내려온 마을 재산으로 간주되었다. 이러한 전통 관습을 무시하고 도입된 토지법으로 남부의 무슬림들 중에는 자신의 소유권을 입증하지 못하고 토지를 상실한 자가 많았다. 그러한 토지는 대부분 미국 정부가 지원하는 대규모 농업 자본가들의 손에 넘어갔다. 이주 정책은 무슬림들의 반란에 직면한 미국 식민 당국이 현지에 대규모 병력을 주둔하는 대신 가톨릭 인구의 증대를 통해 모로 지역의 평화를 실현하겠다는 구상에서 나온 것으로, 처음에는 모로의 강한 저항으로 제대로 시행되지 못하다가 1930년대 이후 본격적으로 추진되었다.

남부로 가톨릭 필리핀인이 대규모로 이주한 것은 1946년 독립 정부가 들어선 이후였다. 당시 마닐라 정부는 루손 섬과 비사야 제도의 여러 섬에서 대지주들이 대부분의 토지를 소유하고 있는 문제를 해결하기 위해 토지 개혁을 시도했으나 대지주들의 반대로 번번이 실패했다. 이주 정책은 이에 대한 농민의 불만을 해소하기 위해 추진된 것이었다. 가톨릭 국민의 이주와 더불어 마닐라 정부는 모로 지역의 행정 및 관료사회 지도자들을 기존의 무슬림에서 비무슬림으로 교체했다. 또 미국 식민 시기에 일어난 것과 마찬가지로 북부의 자본가들 특히 대규모 플랜테이션 농업 사업가들이 내려와 모로 토착민들의 토지를 차지했다. 미국 식민 시기부터 행해진 이주로 남부의 몇몇 지역에서는 모로 인구보다 비모로 인구가 더 많아졌다. 예컨대 코타바토주에서는 1918년 무슬림과 비무슬림 인구가 각각 11만 926명과 6만 1,028명이었지만 1948년에는 15만 5,162명과 28만 4,507명으로 그리고 1970년에는 42만 4,557명과 71만 1,430명으로 변했다.[2]

새로운 토지 소유 개념을 등에 업은 이주민의 유입으로 남부 지역에서 토지 분쟁이 속출했다. 필리핀 상원의 소수민족위원회가 1964년 작성한 보고서에 따르면, 토지 문제는 교육·건강 등과 더불어 소수민족들이 당면한 가장 심각한 문제 중 하나였다. 여기에다가 비무슬림 인구가 갈수록 많아지고 이들이 남부 지역의 경제뿐만 아니라 정치 분야에서도 점차 지배적인 위상을 점하게 되자 모로의 불만이 증대했다.

모로민족해방전선(MNLF)

모로 분리주의 운동은 1960년대 말부터 구체적인 형태로 나타나기 시작했다.

1968년 3월 마닐라만 입구에 있는 코레히도르(Corregidor) 섬에서 사말족 출신 모로 훈련병 수십 명이 필리핀 정부군에 의해 학살된 사건이 일어났다. 남부의 무슬림들은 정부에 항의하는 시위를 벌였으며 해외 이슬람권의 국가들과 무슬림들도 이에 대해 유감을 표시했다. 그해 5월에 민다나오와 술루에 이슬람 국가 건설을 목표로 내세운 '민다나오독립운동(Mindanao Independence Movement)'이 창설되었는데, 도화선이 된 것은 코레히도르 사건이었다. 민다나오독립운동은 곧 끝났지만 그 취지는 '모로민족해방전선(MNLF: Moro National Liberation Front)'이라는 새로운 조직에 의해 계승되었다.

모로민족해방전선은 1969년 아흔 명의 모로 청년에 의해 결성되었다. 이들은 말레이시아의 팡코르(Pangkor) 섬에서 함께 군사 훈련을 받은 사람들로 그 중심에는 누르 미주아리(Nur Misuari)와 하심 살라맛(Hashim Salamat) 등이 있었다. 모로민족해방전선이 공식적으로 출범한 것은 1971년으로 보인다. 그해 미주아리가 잠보앙가에서 개최한 모로 대회에서 참석자들은 '방사모로'의 해방을 활동 목표로 결의했다. 하지만 모로민족해방전선의 분리주의 운동은 이슬람적 동기 외에도 민족주의적 이념에서 중요한 추진력을 제공받았다. 이 점은 그 조직의 뉴스레터인 『마하를리카(Maharlika)』 창간호에 실린 한 에세이에서 엿볼 수 있다. 여기서 그 필자는 다른 신앙을 갖고 있더라도 방사모로 지역에 오랫동안 살아 왔고 또 방사모로 건립을 위한 혁명에 공감을 품고 있으면 모두 모로로 간주된다고 주장했다. 즉 '모로'를 철저하게 하나의 민족적 개념으로 보고 있는 것이다.[3]

당시 다양한 반정부 무슬림 조직을 흡수하면서 모로 분리주의 운동의 중심 세력으로 부상한 모로민족해방전선은 점차 무장 투쟁 조직으로 발전했다. 1971년 6월 코타바토 북부에서 한 가톨릭 정치인의 사병 부대가 마닐리(Manili) 마을의 한 모스크에서 여성과 아이를 포함해 일흔여 여 명을 죽였다. 그해 11월에는 총선 캠페인 기간 코타바토주와 라나오주에서 가톨릭 후보들이 모로 유권자들의 투표 참여를 원천적으로 차단하기 위해 사병 부대를 동원해 무슬림들을 협박하고 살해했다. 선거 결과 이 두 주에서의 정치적 영향력이 무슬림에서 가톨릭으로 이동되었다. 사실 모로민족해방전선이 결성되던 시기 필리핀 사회에서 지위를 확보한 무슬림 정치인·공무원·지식인 중에는 분리주의 운동에 반대한 사람도 많았다. 그러나 이러한 상황을 겪은 모로 사회는 이제 분리 독립이 유일한 선택이며 이를 위해서는 무장 투쟁밖에는 다른 방도가 없다고 보았다.

필리핀의 모로 이슈는 1972년에 이슬람권의 대표적인 국제기구인 이슬람회의기구(OIC)로부터 지지를 얻었고, 그해 미주아리는 리비아를 방문해 MNLF에 대한 리비아 정부의 지원을 약속받았다. 이처럼 필리핀 무슬림들의 이해관계를 대변하는 조직으로 국제적으로도 그 위상이 확고해진 모로민족해방전선이 민병대를 조직하고 게릴라전에 나서자, 마르코스 정부는 1972년 9월 비상계엄령을 선포하고 미주아리를 비롯한 모로민족해방전선의 지도자들에 대한 수배령을 내렸다. 하지만 계엄령 선포는 모로의 무장 투쟁을 억제하기는커녕 오히려 더욱 확산시키는 역효과를 불러일으켰다.

필리핀 정부는 모로 분리주의 운동에 대한 군사적 억제가 용이치 않다는 것을 깨달았을 뿐만 아니라 모로 이슈에 대한 전 세계 이슬람권으로부터의 항의와 외교적 압력에 직면하자 모로 문제를 정치적으로 해결하는 방안에 주목했다. 필리핀의 모로 이슈는 1973년 리비아의 벵가지(Benghazi)에서 열린 제4차 이슬람회의기구 외무장관회의에서 본격적으로 논의되기 시작했다. 1975년 사우디아라비아에서 열린 제6차 이슬람회의기구 외무장관회의는 모로민족해방전선을 필리핀 무슬림들을 대표하는 조직으로 인정하면서 마닐라 정부가 모로민족해방전선과 협상할 것을 권유했다. 이에 따라 1976년 12월 리비아의 수도 트리폴리(Tripoli)에서 양측 간 휴전과 모로 자치구 설립을 주 내용으로 하는 평화협정이 체결되었다. 이듬해 4월 필리핀 정부는 자치구 설정을 위해 주민 투표를 실시하면서 가톨릭이 다수인 몇몇 주를 제외한 나머지 주들을 임의로 서부 민다나오와 술루 제도를 포함하는 제9지역과 중부 민다나오의 제12지역으로 구분했다. 모로민족해방전선은 당국의 이러한 일방적인 처사에 반발해 다시 투쟁에 나섰다.

트리폴리 협정이 원천 무효화된 후 필리핀 정부와 모로 반군 세력 간 협상이 계속되다가 마침내 1996년 9월 양측은 민다나오의 다바오(Davao)에서 새로운 평화협정에 조인했다. 협정의 핵심 사항은 '민다나오 무슬림자치구(ARMM: Autonomous Region of Muslim Mindanao)'의 설립이었다. 협정은 신속히 이행되어 '민다나오 무슬림자치구'라는 새로운 행정단위로서의 자치구가 확정되었고, 곧이어 치러진 자치구 주지사 선거에서 미주아리가 압도적인 승리로 첫 주지사로 선출되었다.

끝나지 않은 모로 분쟁

1976년의 트리폴리 평화협정 체결은 모로민족해방전선의 내부 분열을 가져왔다. 미주아리의 휴전 노선에 반대하던 모로민족해방전선의 부의장 살라맛은 1979년 그와 결별한 후 추종자들을 이끌고 새로운 조직을 만들었다. 그는 1985년 이 조직에 '모로이슬람해방전선(MILF: Moro Islamic Liberation Front)'이라는 명칭을 붙였다. 모로이슬람해방전선은 민족주의적 성격이 강한 모로민족해방전선과는 달리 철저히 이슬람 신앙과 이슬람법을 기초로 한 이슬람 국가의 건설을 추구하면서, 이슬람이 방사모로 건립을 위한 투쟁 세력의 구심점이 되어야 한다고 강조했다. 과격한 투쟁을 마다하지 않는 것으로 알려진 모로이슬람해방전선의 게릴라 병력은 1970년대 말 1만 1,900명에 달했다. 필리핀 사회에 대한 이 조직의 군사적 위협은 필리핀 정부군과 모로이슬람해방전선 민병대 간의 유혈 전투, 각종 테러 등으로 나타났다.

1991년에는 아부사야프(Abu Sayyaf)라는 새로운 모로 무장 반군 조직이 두각을 드러냈다. 젊은 필리피노 무슬림들이 주축을 이루는 이 단체는 주로 테러를 통해 입지 강화를 모색했다.

남부에서 지속되는 모로 반정부 무장 조직들의 위협을 중시한 필리핀 정부는 1998년 말 모로이슬람해방전선과의 협상에 관심을 나타냈다. 이에 대해 모로이슬람해방전선은 모로 분리 독립을 포기하지 않을 것이라고 발표하면서, 자신들이 남부에서 확보하고 있다고 주장하는 46개 기지를 필리핀 정부가 모로이슬람해방전선의 통제 지역으로 공식적으로 인정할 것을 요구했다. 하지만 원천적으로 분리 독립 불가의 입장을 갖고 있는 마닐라 정부는 그들의 요구를 일축했다.

마닐라 정부와 모로이슬람해방전선의 협정은 마침내 2001년 8월 쿠알라룸푸르에서 체결되었다. 말레이시아 정부의 중재로 이루어진 이 협정의 주요 내용은 즉각적 휴전, 전쟁 지역의 복원, 정부군이 장악한 모로 지역의 반환, 국제적인 이슬람 기구가 임명하는 감시 위원회의 구성 등이었다. 협정이 체결되자 전투 과정에서 터전을 잃은 숱한 토착민들은 고향으로 돌아갈 수 있게 되었다. 필리핀 정부는 그들의 파괴된 재산을 보상하며, 모로이슬람해방전선은 필리핀 정부의 지원 프로젝트가 실행에 옮겨질 수 있도록 중개 역할을 하기로 했다. 하지만 협정은 제대로 실행에 옮겨지지 못했다. 마닐라 당국과 모로이슬람해방전선의 협상은 이후에도 여러 차례 추진되었으며, 특히 2012년 '방사모로 기본협정(Framework Agreement on the Bangsamoro)'이 맺어져 추가적인 모로 자치구의 설립에 대한 전망이 열렸다.

그러나 모로이슬람해방전선과의 이러한 평화협상 진전에도 불구하고 남부에서는 무슬림 테러 조직에 의한 폭력과 위협이 계속되었다. 모로이슬람해방전선에서 떨어져 나온 '방사모로 이슬람자유투사(BIFF)'도 그러한 조직 중 하나였다. 특히 아부사야프는 조직의 규모는 매우 작지만 남부에서 분리 독립을 위해 싸우는 모로 무장 단체 중 가장 위험한 것으로 평이 나 있었다. 이들은 술루 제도의 바실란 섬과 홀로(Jolo) 섬을 중심으로 활동하면서 외국인 납치도 마다하지 않았으며, 2016년에는 캐나다인을 참수해 서방 세계에 충격을 주었다.

아부사야프는 급진적 이슬람주의자 조직인 '마우테(Maute)'의 민병대와 연합해 민다나오에서의 이슬람 국가 수립을 부르짖으며 2017년 5월 23일 마라위(Marawi)를 점령했다. 마우테는 모로이슬람해방전선 출신 게릴라들과 외국인 무자헤딘으로 구성된 단체로, 우두머리인 압둘라 마우테(Abdullah Maute)와 오마르카얌 마우테(Omarkhayam Maute) 형제의 이름을 따 그렇게 불린다. 이에 대해 필리핀 정부는 비상계엄령을 선포하고 정부군 및 경찰 병력을 투입해 전투를 벌였다. 마침내 10월 18일 당국은 모로 반군을 제압하고 마라위 탈환에 성공했지만, 그동안 필리핀 사회는 엄청난 피해를 보았다. 무슬림 반군이 이 도시를 점령한 148일간 외부로 피난한 사람은 약 40만 명이었고, 양측의 교전으로 시는 초토화되었다. 사망한 사람은 919명의 반군과 165명의 정부군 및 경찰 외에도 약 100명의 민간인 등 총 1,200여 명에 달했다.

4. 인도네시아에서의 무슬림-기독교인 갈등

지난 수십 년간 인도네시아에서는 무슬림과 기독교인 간 심각한 분쟁이 발생했다. 특히 기독교인이 많은 말루쿠 제도와 술라웨시 섬에서 그 분쟁은 유혈 충돌의 양상을 띠어 숱한 사람이 목숨을 잃었다. 분쟁의 배경과 원인은 복합적이다. 우선 네덜란드의 식민 통치라는 역사적 배경에서 기독교가 들어왔다는 점과 특히 기독교가 인도네시아의 여러 지역에서 각각 다른 정도로 확산되었다는 점을 중시할 필요가 있다. 보다 최근의 배경으로는 한편으로는 지난 수십 년 동안 인도네시아에서 기독교 교회가 크게 성장했고 다른 한편으로는 1970년대 후반 이후 일어나기 시작한 인도네시아의 이슬람 부흥 운동과 맞물려 몇몇 이슬람 근본주의 단체들의 활동이 과격해졌다는 점을 들 수 있다. 또한 정치적 요인으로는 국가적 통합을 해치고 통치에 위험한 것으로 간주되는 종족 및 종교 분쟁이 수하르토 정부의 강력한 통제하에서는 억제되었지만, 1990년대 중엽 이후 수하르토 독재 체제가 흔들리면서 그동안 잠복해 있던 종족 및 종교 분쟁이 분출하게 되었다는 점을 꼽을 수 있다.

인도네시아에서의 무슬림-기독교인 관계는 그 만남의 처음부터 긴장과 분쟁으로 점철되어 왔다. 상호간 종교적 침해는 그동안 너무 흔한 것이 되어 이제는 그냥 그러려니 하고 받아들일 정도다. 특히 1996년 이후 분쟁이 빈번해지고 널리 확산되었다. 분쟁은 술라웨시 섬과 말루쿠 제도뿐만 아니라 수마트라 섬, 자와 섬, 칼리만탄 섬, 파푸아 섬 등 인도네시아의 거의 모든 지역에서 일어났다. 파괴와 살상을 수반한 이 갈등은 이슬람의 급진화와 더불어 쉽게 종식되지 않고 있다.

술라웨시와 말루쿠에서의 유혈 분쟁

1997년부터 2001년 사이에 술라웨시 섬과 말루쿠 제도에서 기독교인과 무슬림은 상호 폭력적인 분쟁을 일으켰다. 수천 명이 죽고 수백 개의 교회와 모스크가 파괴되었으며, 수만 세대의 집이 불타고 약탈되었다. 약 50만 명의 주민이 집을 잃었으며, 중(中)술라웨시주의 주요 항구인 포소(Poso)에서만 2만 5천 명이 거리로 내몰렸다.

상황은 2001년 말 더욱 심각해졌다. 특히 이때는 무슬림 무장 민병대의 일방적인 공격으로 술라웨시 섬에서 수천 명의 기독교인이 집을 버리고 피신했다. 살해된 사람이 수십 명이었다. 무슬림 민병대는 자동소총, 기관총, 수류탄발사기 등으로 무장한 채 불도저를 몰고 들어와 집이며 교회며 학교 등을 닥치는 대로 파괴했다. 집이 불에 타 소실된 많은 기독교인들은 교회나 성당 혹은 공공건물에서 기거했다. 민병대의 상당 부분은 자와 섬에서 온 급진적인 무슬림으로 그 수가 수천 명에 달했다. 그중에는 이슬람 과격 단체인 라스카르지하드에서 파견된 200여 명의 무자히드(mujahid) 즉 지하드 전사도 포함되어 있었으며, 이들은 2001년 9월에 술라웨시에 도착했다. 자와 섬에 기반을 둔 라스카르지하드의 웹사이트에는 당시 '포소로 전진(Onward to Poso)'이라는 구호가 올라와 있었다. 라스카르지하드는 말루쿠 제도에서도 무슬림과 기독교인 간 분쟁을 격화시켰다는 비난을 받았다.

자카르타 정부의 주도로 2001년 12월 남술라웨시주의 말리노(Malino)에서 기독교인과 무슬림 간 평화협정이 체결되었다. 협정 체결 후 몇 개월 동안 유혈 충돌이 잠잠해져 한때 술라웨시와 말루쿠에서의 종교 전쟁 사태가 종식될 것이라는 희망이 보였다. 그러나 2002년 말루쿠의 암본에서 라스카르지하드에 의한 기독교인 마을에 대한 공격이 일어나 희망은 물거품이 되고 말았다. 그해 4월 말 라스카르지하드의 지휘관인 자파르 우마르 탈립(Jaffar Umar Thalib)은 암본의 한 모스크에서 수천 명의 무슬림들에게 "우리의 포커스는 이제 전쟁 준비에 놓여야 한다"라고 부르짖었다. 이 발언 후 서른여섯 시간 만에 근처의 마을에서 약 서른 가구의 기독교인 집이 완전히 파괴되었고 개신교 교회 하나가 폐허로 변했으며 두 명의 갓난아이를 포함해 열세 명이 살해당했다. 생존자들은 복면을 한 자들이 "알라 아크바르(알라는 위대하다)"를 자와어로 외치는 것을 들었다고 증언했다. 탈립은 5월 초에는 라디오 방송을 통해 무슬림들에게 "당신들의 무기를 꺼내 그들(기독교인)에 대항해 마지막 피 한 방울까지 싸우라"는 메시지를 보냈다.

2002년 8월 인도네시아 정부의 후원으로 중술라웨시주의 행정수도인 팔루(Palu)에서 무슬림과 기독교인 간 두 번째 평화 회담이 열렸다. 하지만 회담이 끝난 지 몇 시간도 지나지 않아 포소에서 예순여 명의 무장 무슬림들이 기독교인들을 공격해 다섯 명이 죽고 다섯 개의 교회가 불타고 수백 채의 집이 파괴되는 사건이 일어났다. 2003년 10월 중순에는 포소에서 무장 괴한들이 대부분 기독교인이 주민인 마을들을 습격해 주민 열세 명을 살해하고 가옥 수십 채를 불태웠다. 전 세계의 분노를 자아낸 가장 끔찍한 사건 중 하나는 2005년 10월 포소에서 학교로 가던 기독교인 여학생 세 명이 무슬림 극단주의자들에 의해 참수된 것이었다. 포소에서는 그 이후에도 인신 납치와 폭력, 야만적인 신체 절단으로까지 나아가는 살인이 계속되었으며, 배후에는 대부분 무슬림 급진주의자들이 있는 것으로 추정되고 있다.

교회 건축 허가를 둘러싼 무슬림-기독교인 분쟁

서(西)자와주에 사는 현지인 기독교 여성 세 명은 동네의 무슬림 어린이들을 기독교로 개종시키려고 했다는 혐의로 2005년 5월 구속되어 곧 재판에 넘겨졌다. 이들은 인도네시아 울라마위원회에 속한 일단의 무리에 의해 고소되었다. 고소인들의 주장에 따르면, 피고인들은 무슬림 아이들을 교회로 유혹해 그들에게 선물을 주면서 기독교로 개종시키려고 했다는 것이다. 2005년 7월에 열린 재판에 약 150명의 무슬림이 참석해 피고인들에게 조롱과 욕설을 퍼부었다. 인도네시아에서는 거짓말, 사기, 유혹 등의 방법으로 다른 종교로 개종을 시도하는 것이 불법이며, 혐의가 입증되면 최고 5년 징역형에 처해질 수 있다. 서부 자와는 전통적으로 근본주의 이슬람이 강한 지역이다. 이 지역의 기독교인 인구 비율은 2퍼센트로, 인도네시아 전체 평균인 약 10퍼센트에 비해 크게 낮은 편이다.

인도네시아에서는 기독교 전도 및 선교 문제로 인한 갈등 외에도 기독교인들의 예배 특히 예배 장소인 교회 건물의 건축 허가를 둘러싼 무슬림-기독교인 분쟁이 종종 발생해 왔으며, 그것은 주로 개신교 교회가 대상이었다. 2010년 1월에는 북수마트라주의 파당라와스(Padang Lawas) 지역 시부후안(Sibuhuan)에서 1천여 명의 무슬림 군중이 두 곳의 개신교 예배 처소를 불태우는 사건이 발생했다. 불탄 두 예배 처소는 개신교 바탁(Batak) 교단 소속으로, 교인 대부분은 바탁족이었다. 시부후안 폭력 사태는 2009년 12월 성탄절 때 주민들이 이들 예배 처소에 대해 갖고 있던 불만에서부터 시작되었다. 오순절 계통의 개신교도들은 예배 때 여러 악기를 사용하면서 찬양을 많이 부르는데, 이것이 인근의 무슬림에게는 종종 소음으로 받아들여졌다. 지역 주민들은 또한 기독교인들이 건물을 예배 처소에서 정식 교회로 바꾸려는 것을 탐탁하게 보지 않았다. 그들은 기독교인들에게 건물을 교회가 아닌 다른 용도로 바꾸라고 요구해 왔다. 하지만 기독교인들에게서 아무런 반응이 없자 무슬림들이 마침내 건물들을 불태우는 폭력에 나선 것이었다. 경찰에 의하면 그 예배 처소들은 모두 아직 교회로 허가받지 않은 건물이었다.

북수마트라주에서는 2013년에도 개신교 교회가 무슬림들에게 공격당한 일이 일어났으며, 이때에도 교회 건물에 대한 허가가 문제시되었다. 메단(Medan)시 근처의 빈자이(Binjai)에서 12월 초 이슬람수호자전선에 속한 일단의 무슬림들이 바탁족이 예배 처소로 사용하는 건물을 급습해 주일 예배가 중단되었다. 공격에 가담한 무슬림의 숫자는 수백에 달했으며 그 지역의 다른 이슬람주의 단체들도 가담했다. 사실 그 공격은 예배 처소의 적법성을 판단해야 하는 지역 당국의 결정과 관련된 것이었다. 이 사건의 경우 건물이 예배 처소로 사용되기 위한 적법성이 아직 결정되지 않은 상태였다. 이슬람주의자들이 폭력적인 행동에 나선 것은 그 건물의 예배 처소에 대한 당국의 공식적 인가 결정에 영향을 주기 위해서일 수 있었다.

인도네시아에서는 교회를 건축하고 정식 예배당으로 사용하려면 당국의 특별한 허가가 필요한데, 이를 위해 가장 중요한 요건은 지역의 비기독교인 주민 최소 예순 명의 동의를 받아야 한다는 것이다. 그러나 많은 경우 동네의 무슬림 주민들이 교회에 대한 거부감을 갖고 있기 때문에 교회 건축 허가를 획득하는 것이 아주 힘든 실정이다. 인도네시아에서는 교회 건축 문제로 무슬림과 기독교인 사이에 무력 충돌이 종종 발생해 왔다.

자카르타 남쪽에 있는 공업 도시 브카시(Bekasi)에서는 2010년 6월 이 도시에 있는 바탁 교단 소속의 개신교 교회 교인들이 예배를 드리던 집이 그 동네 무슬림들의 항의 때문에 당국에 의해 폐쇄되었다. 그러자 그들은 주일 예배를 공터에서 드렸고 그때마다 무슬림들이 몰려와서 예배를 반대하는 시위를 벌였다. 이 교회는 당시 15년 동안 지역 주민들의 동의를 얻지 못해 교회 건축을 하지 못하고 매주 일요일 집이나 호텔, 상가나 거리 등에서 예배를 드려야 했다. 현지 무슬림들로서는 기독교인들이 무슬림을 회심시켜 교세를 확장할 것이 우려되었다. 공터에서의 주일 예배에 항의하는 무슬림 시위대의 대변인은 자신들을 자극해 폭력 시위를 하게 만든 것은 바로 기독교인들이며, 그들 때문에 동네 아이들이 '카피르(kafir)' 즉 불신자·배교자가 되었다고 주장했다. 6월에는 이슬람수호자전선 소속의 무슬림들이 버카시에 있는 모든 이슬람 사원에 배교하지 말라는 경고의 푯말을 붙이고 이슬람의 신앙과 전통을 보존하기 위한 민병대를 조직하자고 충동해 기독교인들뿐만 아니라 일반 시민들을 긴장에 빠트렸다.

술라웨시 섬 남단의 마카사르에서는 2016년 9월 수십 명의 과격 무슬림들을 포함한 현지 주민들이 한 개신교 교회 앞에서 항의 시위를 벌였다. 이 교회 교인들은 토라자(Toraja)족으로, 토라자족은 대부분 개신교도 혹은 가톨릭이다. 무슬림들은 이슬람수호자전선에 속한 자들로, 이들의 항의 이유는 교회 건물의 건축 허가가 갱신되었기 때문이다. 이에 대해 교회 목사는 마카사르 시당국이 교회 건축을 위한 합법적인 형태의 문서를 발행했다고 말하면서 법적 허가와 관련해서는 아무런 문제가 없다는 입장이었다. 하지만 이슬람수호자전선은 현지 무슬림들의 대부분이 교회가 들어서는 것에 찬성하지 않았다는 점을 강조하면서 "주민들은 그 프로젝트의 갱신을 위한 허락을 한 적이 없다"고 주장했다.

5. 미얀마에서의 무슬림-불교도 갈등

로힝자의 개념

2010년대 들어서서 미얀마의 여카잉주에서 무슬림 로힝자족과 불교도 여카잉족 간 유혈 충돌이 일어나 수천 명의 사상자와 수십만 명의 난민이 발생해 세계적인 이슈가 되었다. 로힝자족은 '아라칸'이라고도 부르는 미얀마 서부의 여카잉주에서 수세기 전부터 살아 왔다. 로힝자족에 대해서는 그들이 여러 시대에 걸쳐 유입된 다양한 이주민의 후예라고 보는 시각이 있다. 이 설명에 따르면, '로힝자족'은 아랍 상인 및 항해자들, 벵골에서 온 무슬림 군대의 병사들, 16세기와 17세기에 해적들에게 끌려온 무슬림 포로들, 무굴 제국 출신의 왕족과 수행원들 그리고 이슬람으로 개종한 여카잉주의 현지인 등을 포함하는 개념이다.

반면에 로힝자족은 1820년대 전반 제1차 영국-미얀마 전쟁으로 여카잉 지역이 영국 식민지가 된 이후 방글라데시의 치타공(Chittagong) 등지에서 여카잉 서북부 일대의 마유(Mayu)강 유역에 이주해 정착한 무슬림의 후손이라고 보는 주장도 있다. 이 주장에 따르면, 로힝자는 식민주의와 더불어 19세기 이후 여카잉 지역에 온 무슬림 이민 및 그 후손으로 그들 대부분이 일시적으로 들어온 노동자이고 불법적인 이민 집단이기 때문에 결코 미얀마의 토착민으로 간주될 수 없다. 이러한 시각은 미얀마 군부의 밍아웅 흘라잉(Min Aung Hlaing) 장군에게서 엿볼 수 있다. 2017년 10월 12일 당시 총사령관이었던 그는 미얀마 주재 미국 대사와의 대화에서 로힝자족을 '벵골인(Bengali)'이라고 부르면서 그들을 미얀마로 데려온 것은 영국 식민주의자들이기 때문에 이들이 현 사태에 대한 책임을 져야 한다고 주장했다. 버마족 민족주의 의식에 기초한 이러한 관점은 여카잉 지역이 오래전부터 여카잉족의 터전이라고 본다. 여카잉족은 대부분 불교도로, 버마족에 거의 동화된 종족이다.

1970년대~2000년대 초 로힝자족에 대한 탄압

로힝자족은 대부분 불교도인 여카잉족 및 버마족과 다른 언어와 관습을 갖고 있으며 특히 이슬람 신앙에 바탕을 둔 정체성을 발달시켜 왔다. 그러한 로힝자족은 미얀마에서 종종 다른 종족과 갈등을 빚었으며, 특히 1970년대부터 미얀마 정부의 인권 탄압의 대상이 되어 왔다. 이미 1948년 미얀마 독립 당시 여카잉주에서 로힝자족과 여카잉족의 충돌이 일어나 수천 명이 다치거나 사망했으며 로힝자족 일부가 인도로 돌아갔다. 1974년 미얀마 정부는 인도와 방글라데시 등에서 들어오는 불법적인 이민의 유입을 막기 위해 '긴급이민법'을 제정해 모든 미얀마 국민에게 국민 등록증을 발급해 주었다. 하지만 로힝자족에게는 외국인 등록증이 발급되었으며, 그것마저도 받지 못한 로힝자족 주민이 수두룩했다고 한다. 긴급이민법 조치로 1977년까지 약 30만 명의 로힝자족이 나라를 떠났다.

미얀마 정부는 1977년 '나가밍(Nagamin) 프로그램'을 실시해 불법적으로 체류하고 있는 외국인들을 색출했다. 이 정책으로 이듬해 5월까지 20만여 명의 로힝자족이 방글라데시로 피난했다. 1982년에는 미얀마 시민권법이 개정되어 주민들을 국민, 준국민, 귀화민 등 세 범주로 구분했다. '국민'은 제1차 영국-미얀마 전쟁의 발발 직전인 1823년을 기준으로 그 이전에 미얀마 영토에서 거주한 조상을 둔 주민만 될 수 있었다. '준국민'은 조상이 1823년 이전에 미얀마에서 거주했다는 것을 입증하지 못할 경우 조부모 중 한쪽이라도 미얀마인이면 그 자격이 되었다. 또 1948년 국적법에 따라 이미 국민의 자격을 획득한 주민 중 새로운 규정에 따른 시민권의 범주에 속하지 않을 경우도 '준국민'으로 분류되었다. '귀화민'은 부모 중 한쪽이 국민이고 다른 한쪽이 준국민인 주민에게 해당되었다. 로힝자족 주민들 중에서 새로운 규정에 따라 시민권을 획득한 자가 거의 없어 미얀마 시민권법으로 로힝자족은 대부분 국적 없는 신분으로 추락했다. 미얀마 정부의 기관지로 알려져 있는 『뉴 라이트 미얀마(New Light of Myanmar)』는 로힝자족이 국적에 대한 요구권이 없다고 아예 노골적으로 주장했다.

이런 상황에서 1980년대부터 로힝자족 반군 조직들이 등장했고 그들의 무장 투쟁이 일어나기 시작했다. 이에 대해 양곤 정부는 1989년부터 그들에 대한 대대적인 진압에 나섰다. 특히 1991년 미얀마 군부는 로힝자족을 방글라데시로 추방하는 작전을 본격적으로 실시해 1992년까지 25만 명 이상의 로힝자족이 미얀마를 떠났다. 그렇게 추방된 로힝자족을 방글라데시 당국은 1992년과 1993년 미얀마로 강제 송환하려고 애썼다. 이에 따라 당시 양국의 국경 지대는 극심한 혼란에 빠졌고, 특히 난민 캠프에 있던 숱한 로힝자족은 이루 말할 수 없는 곤경을 겪었다.

2012년 이후 로힝자족 사태

2012년 5월 28일 여카잉주 중부 연안의 양비에(Yanbye) 섬에서 여카잉족 여성이 세 명의 무슬림 남성에게 성폭행을 당하고 살해되자, 여카잉족 주민들이 가해자들이 탑승한 것으로 추정된 버스를 공격해 무슬림 열 명을 죽였다. 곧이어 무슬림이 많이 거주하는 지역들에서 여카잉족과 로힝자족 간 유혈 충돌이 연쇄적으로 일어났다. 이 폭력 사태로 약 200명이 숨지고 수천 채의 집이 불타고 파괴되어 숱한 주민이 집을 잃었는데, 희생자의 절대 다수가 무슬림이었다. 정부는 6월 초 비상사태를 선언하고 군대를 현지에 주둔시켰다. 그 이후 사태가 어느 정도 진정되는 듯하다가 유혈 충돌이 재발했는데, 이번에도 피해자는 대부분 로힝자족이었다. 인권 단체인 국제사면위원회(Amnesty International)의 관찰에 의하면, 불교도 여카잉족의 로힝자에 대한 공격은 미얀마 보안 부대의 묵인하에 자행되었고, 어떤 공격은 군부대가 직접 저지른 것도 있었다.

사태는 더욱 확산되어 2012년 10월에는 여카잉주의 행정수도인 싯트웨(Sittwe)를 비롯해 다른 주요 도시들에서도 로힝자족의 동네가 여카잉족의 공격으로 불탔으며, 공격을 피해 방글라데시 국경 지역으로 피난가거나 보트를 타고 바다로 탈출하는 무슬림도 많았다. 6월 이후의 사태로 불탄 가옥이 2,800여 채나 되었고 사망자는 100명이 넘었으며, 이재민이 10만 명 이상이었다. 불교도와 무슬림의 갈등은 미얀마의 다른 지역으로도 확산되어 2013년 3월 중순에는 중부의 만덜레주에서 무슬림들이 불교도들의 공격을 받아 세 명이 숨지고 약 1만 명의 난민이 발생했다.

로힝자족 사태는 2016년 10월 여카잉로힝자구원군(Arakan Rohingya Salvation Army)이라는 로힝자족 민병대가 미얀마 국경 수비대를 습격한 후 다시 불거졌다. 이 공격에 대해 미얀마 정부군은 즉각 대응에 나서 로힝자족 '제거 작전'을 벌였다. 2016

년 말 이후 여카잉주에서는 로힝자족에 대한 공격에 여카잉족 일반 주민들도 가세했다. 폭력을 동반한 미얀마 군대와 불교도 여카잉족의 공격으로 수십만 명의 난민이 육로를 통해 방글라데시로 혹은 배를 타고 바다로 탈출했다. 유엔 인권고등판무관사무소(OHCHR)가 2017년 1월 방글라데시의 한 로힝자족 난민 캠프에서 2016년 10월 이후 여카잉주에서 도망쳐 온 난민 220여 명을 대상으로 실시한 조사에 따르면, 당시 미얀마 군인들은 로힝자족에 대해 초법적 살인, 고문, 강간 및 기타 성폭력, 자의적인 체포 및 구금, 강제 추방 등 인권 침해를 포함한 반인륜적인 범죄를 저질렀다.

로힝자족 사태에서의 불교도-무슬림 갈등의 성격

2010년대 이후 일어난 로힝자족 사태는 갈수록 무슬림 로힝자족과 불교도 여카잉족의 상호 잔인한 학살과 무자비한 방화의 양상을 띠면서 무슬림과 불교도 간 종교적 갈등의 성격을 띠고 전개된 것으로 보인다. 2012년 여카잉주에서 유혈 충돌이 터지자 반(反)무슬림 운동을 펼치는 불교 승려들이 나타났다. 싯트웨의 청년 승려연합회는 지역 주민들에게 로힝자족과 관계를 맺지 말라는 성명서를 발표했다. 다른 승려 단체는 로힝자족이 천성적으로 포악해 다른 종족들을 근절시키려는 계획을 품고 있다는 내용을 담은 인쇄물을 만들어 배포했다. 어떤 승려들은 여카잉주에서 로힝자족 가족의 수를 법적으로 제한해야 한다고 주장했으며, 심지어 로힝자족 난민을 위한 구호품이 전달되지 못하도록 방해하기도 했다.

미얀마에서 반무슬림의 분위기가 확산되는 데 위라투(Wirathu)라는 승려가 중심적인 역할을 했다. '버마의 빈라덴(Burmese Bin Laden)'이라고 불리는 위라투는 무슬림에 대한 종교적 증오심을 선동하는 승려로 잘 알려져 있다. 그는 이미 2001년에 무슬림 사업체 불매 운동을 벌였고, 2003년에는 무슬림에 대한 증오를 선동해 25년 징역형을 받아 형을 살다가 2010년 일반사면으로 석방되었다. 그 후 위라투는 다시 종교적 증오를 선동하기 시작했고, 그의 메시지에 자극을 받은 이들은 2012년 6월 여카잉주에서의 로힝자 무슬림들에 대한 폭동에 가담했다. 위라투는 무슬림들이 편파적이며 버마족 소녀들을 강간한다고 말하면서, 무슬림들이 자녀를 많이 출산해 결국에는 미얀마를 장악할 것이라는 주장을 퍼트렸다. 그가 이끄는 극우민족주의 불교 조직인 '969 운동(969 Movement)'은 2012년에 이슬람권의 최대 국제단체인 이슬람회의기구(OIC)가 양곤에 사무실을 개설하려는 계획에 대해 대규모 반대 시위를 벌이기도 했다.

제12장

동남아시아의 화교 · 화인

1. 화교 · 화인 개념

해외 중국인의 명칭 문제는 그들의 종족 정체성, 그들에 대한 중국 정부의 입장 그리고 동남아시아 현지인 정부의 그들에 대한 자세 등과 관련되어 사회적·문화적·정치적·경제적으로 민감한 성격을 지니는 것으로 그동안 많은 논의의 대상이 되어 왔다. 사실 '외국에서 일시 거류하는 중국인' 즉 언젠가는 다시 고향으로 돌아올 중국인을 뜻하는 '화교(華僑)'란 용어를 오래전부터 현지 사회에 거주하고 있고 또 대부분 귀화해 동화되어 있는 해외 거주 중국인에게 무차별적으로 적용하는 것은 적절하지 못하다. 그들은 현지 사회의 문화나 정치에는 관심 없이 오직 돈벌이에만 열중해 자신이 살고 있는 국가를 일시적인 체류지로 간주하는 '장사꾼 소수민족(trading minority)'이 더 이상 아니다. 예컨대 태국의 민주화를 위해 노력했던 짬롱 시므앙이 중국계 이주민의 아들이라는 사실이 이 점을 대변해 준다. 인도네시아의 대표적인 화인 사업가 림시우리옹(Liem Sioe Liong)은 자신을 '인도네시아인'이라고 부르는 데 주저하지 않았다. 여기서 동남아시아의 '중국인'을 과연 어떻게 부를 것인가의 문제가 제기된다.

왕경우는 해외 중국인을 이주와 직업의 역사적인 패턴에 따라 '화상(華商)' 즉 중국인 상인, '화공(華工)' 즉 중국인 노동자, '화교' 즉 외국 거류 중국인, '화예(華裔)' 즉 중국인 후예 등으로 분류한다. 이에 비해 황즈리엔(黃枝連)은 해외 중국인의 현지 사회로의 동화와 중화적 민족의식의 정도에 따라 '화교', '화인(華人)', '화예' 외에 세 개념의 통칭으로서 '화족(華族, ethnic Chinese)'이라는 용어를 사용한다. 이들 여러 용어 가운데 19세기 말에 사용되기 시작한 '화교' 개념에는 종종 '화공'과 '화상'이 포함되기도 한다. 하지만 '화교'는 "중국인은 어느 곳에 살든지 간에 모두 중화 세계의 일부"라는 민족주의적 생각을 그 바탕에 두고 있기 때문에, 동남아시아의 동화된 '중국인'의 관점뿐만 아니라 이들을 국민으로 간주하는 동남아시아 국가 및 현지 사회의 관점 그리고 이들을 동남아시아 국가의 국민으로 공식적으로 인정하고 있는 중국 정부의 관점에서 볼 때 적합하지 않다.

해외 중국인에 대한 일반적 명칭으로서 '화교' 그리고 특히 현지 태생의 '중국인'을 가리키는 '화예' 외에 최근 '화인'이라는 용어가 광범위하게 쓰이고 있다. '중국 사람'을 뜻하는 '화인'은 이미 중국 사료 『명사(明史)』에서 해외에서 활동하는 중국인을 지칭할 때 사용한 용어로, 중국에서는 결코 새로운 개념이 아니다. 중국에서 근래 나온 책들에서는 해외 거주 중국인을 가리키는 용어로서 '화인'이 이미 고착되었다는 인상을 받는다. 오늘날 '화인'은 대개 현지 국민으로 살고 있는 '중국인'을 가리키는 개념으로 쓰이고 있다.

이러한 최근의 경향에 따라 이 글에서는 동남아시아의 중국인을 가리키는 일반적 용어로서 이미 앞의 장들에서 사용한 '중국계' 외에 '중국인'과 '화인'을 글의 내용과 문맥에 따라 혼용할 것이다. 하지만 특별히 중국인 상인을 지칭할 경우 '화상'이란 용어가 선호될 것이며, 20세기 전반기 이른바 중화 민족주의 의식이 팽배했던 시기의 해외 중국인을 지칭할 때는 '화교'도 사용될 것이다.

2. '화인 문제'의 성격

동남아시아 화인의 정체성 및 동화 문제가 심각한 논제로 대두되었던 1950년대 말 미국의 화인 연구가 리처드 커글린(Richard J. Coughlin)은 태국의 '화인 문제(Chinese problem)'를 두 가지 차원에서 분석했다. 첫째는 경제적 문제로, 화인이 태국 주요 도시들에서 상업을 장악하고 있을 뿐만 아니라 다른 산업 분야들에서도 상당 부분 지배적인 역할을 하고 있다는 것이다. 역사적으로 볼 때 동남아시아 지역에 온 중국인들은 정착 지역에 내재해 있는 경제적 잠재력을 현지인들보다 더욱 확실히 포착했으며 그것을 수익성 많은 사업으로 전환하는 데 더욱 적극적이었고 성공적이었다. 둘째는 화인이 태국 인구의 상당 부분을 점한다는 인구학적 문제로, 이 점은 그들의 경제력과 연관되어 정치적·사회적 문제의 소지가 된다. 이와 더불어 화인은 언어·관습·종교 등을 포함한 독특한 문화와 가치관을 갖고 있다는 측면이 있는데, 이 점은 특히 현지 사회로의 동화와 관련해 중시된다.

이러한 화인 문제는 탈식민 시대 초기 여러 동남아시아 국가에 있었으며, 오늘날에도 정도의 차이가 있겠지만 상당 부분 유효하다. 하지만 화인 문제는 그들이 차지하는 인구학적 비율, 그들의 경제적 위상, 현지 정부의 화인에 대한 태도 그리고 현지 사회로의 동화 등에 따라 나라마다 정도와 성격이 다르다. 화인이 인구의 4분의 1을 차지하는 말레이시아에서의 화인 문제는 그 인구 비율이 5퍼센트 미만인 필리핀, 인도네시아, 베트남, 캄보디아, 라오스, 미얀마 등에서의 것과 그 성격에서 다를 수밖에 없다. 현지 사회로의 문화적 동화가 비교적 원만하며 화인이 인구의 약 10퍼센트를 점유하고 또 화인이 최근 총리를 여러 명 배출한 불교 국가 태국에서의 화인 문제는 동화가 용이치 않는 이슬람이 지배적인 문화를 형성하고 화인에 대한 현지인의 경계심 내지는 적대감이 비교적 강한 인도네시아에서의 화인 문제와는 같을 수 없다.

화인에 대한 일반적 담론에서 가장 흔한 주제는 그들의 경제적 성공에 관한 이야기며, 이에 대한 논의는 종종 동남아시아 사회에서 그들의 경제적 역할과 화인 사회의 위상을 돋보이게 만든다. 하지만 동남아시아 토착민 사회의 관점에 서게 되면 종종 그들의 민족주의적 감정에 영향을 받아 화인의 경제적 위상을 적절하지 않은 것 내지는 비균형적인 것으로 보고 비동화적인 문화적 측면을 부정적으로 평가하게 된다. 화인 사회를 과연 어떤 관점에서 볼 것인가?

화인 문제는 앞에서 언급한 성격에 비추어 볼 때 일차적으로는 동남아시아 화인 사회의 시각과 현지 사회 및 정부의 시각 차이 문제라고 할 수 있다. 그러나 화인 문제는 중국과 동남아시아 국가들 간의 국제정치 및 외교관계와 경제적 이해관계와 관련해 중국 정부 및 사회 혹은 타이완 정부 및 사회에서 보는 시각에서도 접근할 수 있으며, 이것은 한편 화인 사회의 정체성과 관련해 적지 않은 중요성을 갖는다. 이처럼 동남아시아의 화인 문제는 화인 사회-현지 사회, 화인 사회-중국 및 타이완, 현지 사회-중국 및 타이완 등 삼각관계로 얽혀 있는 복잡한 문제로서 관찰자가 어떤 입장에 있느냐에 따라 이해하는 바가 달라진다.

이러한 화인 문제는 오랜 기간에 걸쳐 형성된 것으로 문제의 뿌리는 직접적으로는 제2차 세계대전 이후 등장한 동남아시아 국민국가 정부들의 화인 정책 및 이들 국가와 중국·타이완 간 관계에 닿지만, 더 깊이 내려가면 서구 식민 정부들의 화인 정책과 동남아시아 전통 왕국들의 남중국해 무역 그리고 중국 역대 왕조들의 동남아시아 무역 등 더욱 광범위하고 복잡한 역사적 배경과 요인에까지 뻗어 있다. 동남아시아 역사의 전개에서 화인들이 행해 왔던 역할과 오늘날 동남아시아 사회에서 화인이 차지하고 있는 위상을 감안할 때 화인에 대한 충분한 이해 없이는 동남아시아의 역사와 정치 및 경제를 제대로 알 수 없을 것이다.

3. 19세기까지의 화교 · 화인 사회의 형성

오늘날 동남아시아 세계에서 중요한 부분을 형성하고 있는 화인의 역사는 남중국해를 통해 서로 연결되어 있는 중국과 동남아시아 간 접촉의 역사와 궤를 같이한다. 중국인이 동남아시아 지역에 배를 타고 들어온 것은 북부 베트남의 통킹 지역에서 이미 기원전 3세기에 확인된다. 4세기에는 중국과 인도네시아 지역 간 교역의 발달로 동남아시아에서 화상의 상업적 활동이 점차 확대되었다. 그러나 10세기까지 이 지역의 무역에서 활발하게 활동한 것은 아랍 상인과 페르시아 상인이었으며, 화상은 대부분 소극적이었다.

중국인이 본격적으로 동남아시아에 진출한 것은 송나라가 남양 무역을 적극적으로 후원한 11세기 이후부터였다. 이미 1160년경에는 베트남의 중남부 지역에 있었던 짬빠 왕국에서 '토생당인(土生唐人)' 즉 현지에서 태어난 화인 2세들이 무역 활동을 하고 있었다. 송나라의 무역 정책은 남양 무역을 국가의 주요 수입원으로 간주한 원나라에 의해서 답습되었다. 그리하여 13세기 이후 중국의 동남아시아 무역이 번성함에 따라 동남아시아로 진출하는 중국인 상인의 숫자도 점차 증가했다.

14세기 중엽에 건설된 명나라는 통제된 해외무역을 추구하면서 동남아시아와의 무역 관계를 조공무역에만 국한시키고 모든 사무역(私貿易)을 금하는 해금(海禁) 정책을 취했다. 그러나 이로써 동남아시아에서 활동하던 화인 중 상당 부분이 중국으로 돌아가는 것을 포기하게 되어 동남아시아에 정착한 화인의 숫자가 오히려 증대했다. 여기에는 당시 중국과의 조공무역에 적극적인 관심을 갖고 있던 동남아시아의 여러 왕국이 이를 담당할 화상을 필요로 하고 있었다는 요인도 작용했다. 그러나 1405~1433년 정화 제독의 원정에서 최고조에 달했던 명나라의 해외에 대한 관심은 1430년대 이후 약화되어 16세기 중엽까지 중국과 동남아시아의 접촉은 점차 줄어들었다. 중국으로부터 동남아시아로의 중국인 유입이 거의 없었던 이 기간 동안 동남아시아에서 활동하던 화인들은 거의 대부분 현지 사회에 동화되었을 것이다.

전근대 동남아시아의 화인 역사에서 가장 두드러진 시기 중 하나는 16세기 말~17세기 초라고 할 수 있다. 우선 중국은 해외무역을 부활시켜 수입을 증대시키고자 1567년 상인들의 사무역을 허용하기 시작했다. 이로써 화상의 남양 진출이 크게 활성화되었다. 또 당시 유럽의 상업 세력들이 동남아시아에 들어오기 시작해 이 지역의 무역 시장이 확대되었다. 이 역시 중국인의 동남아시아 진출 및 활동을 부추겼다.

16세기 초 남중국해에 진출한 포르투갈에 이어 16세기 후반에는 스페인이 필리핀의 마닐라를 중심으로 동남아시아 무역과 중국 무역 그리고 동남아시아와 중국 간 무역에 참가했으며, 17세기 초에는 네덜란드와 영국의 상인들이 말레이 반도와 자와 섬을 중심으로 남중국해에서 무역 활동을 전개하기 시작했다. 동남아시아 시장에 뛰어든 유럽인들은 중개인으로서 중국인 상인들을 필요로 했으며, 이에 따라 동남아시아에서 활동하는 화인의 숫자가 더욱 많아지게 되었다. 또한 16세기 말에 일본이 동남아시아 무역에 참가하기 시작했는데, 이 역시 남중국해에서 화상의 활동무대를 확장시키는 데 기여했다. 그 밖에 17세기 중엽 명·청 왕조 교체의 혼란으로 많은 중국인이 동남아시아 지역으로 피난 혹은 망명함으로써 동남아시아 화인 사회가 증대되었다. 중국의 정치적·사회적 요인으로 인해 동남아시아로의 중국인 이주가 촉발된 사례는 송·원 왕조 교체기에도 있었고 19세기 중엽 태평천국의 난과 20세기 전반 군벌 간 분쟁과 일제 침략에서도 확인된다.

명을 계승한 청은 해외무역을 근본적으로 국가의 안전에 위협적인 것으로 간주해 동남아시아와의 무역을 철저한 통제하에 두기 위해 노력했다. 따라서 17세기 중엽~19세기 말 청 왕조 시기 동남아시아 화인 사회의 양적 증대는 주로 중국 밖의 요인들 때문인데, 그중 가장 중요한 것은 서양인의 동남아시아 식민 진출이었다. 동남아시아에서의 식민지 건설과 그 경제의 장악을 중시한 유럽인들은 한편으로는 화인을 파트너로 삼았지만 다른 한편으로는 종종 경쟁상대로 간주했다. 그리하여 17세기와 18세기 필리핀과 인도네시아에서는 여러 차례에 걸쳐 많은 화인이 스페인인들과 네덜란드인들에 의해 학살당했다. 그러나 전체적으로 볼 때 서구 자본은 동남아시아의 경제를 활성화했으며, 이것은 화인의 활동 영역을 넓혔다.

이러한 점에서 가장 중요한 시기는 영국이 아시아에서 지배적인 영향력을 구축한 19세기였다. 인도양과 중국해에서의 영국의 무역 중심지로 1819년부터 건설되기 시작한 싱가포르를 비롯해 말레이 반도와 보르네오 섬 그리고 그 일대의 상업 중심지와 주석 광산 및 플랜테이션에 화인이 숱하게 몰려들었다. 영국의 식민지가 된 미얀마로도 중국인이 대거 유입되었다. 영국은 의도적으로 중국인을 자신의 식민지로 끌어들이기 위해 노력했으며, 그 과정에서 홍콩은 쿨리(coolie, 苦力) 즉 막일꾼을 포함한 중국인 노동자 즉 화공을 동남아시아로 송출하는 중국의 가장 중요한 항구로 기능을 발휘했다. 인도네시아에서는 19세기 말까지 네덜란드의 식민지가 수마트라, 칼리만탄, 술라웨시 등 외곽 도서들로 확대되자 중국인 상인들과 농장주들이 이를 따라 들어갔다. 인도차이나에서도 프랑스의 식민 지배가 확립되고 프랑스 자본이 들어옴에 따라 중국인의 대규모 이주가 일어났다.

19세기 중엽 이후 많은 중국인이 동남아시아로 이주한 것은 동남아시아로의 유럽 진출과 그에 따른 경제적 활동 때문만은 아니었다. 19세기 중엽 이후 가속화된 청 제국의 쇠퇴와 이와 더불어 진행된 중국에서의 경제적 상황 악화 및 사회적 불안 증가도 중국인을 동남아시아로 이주하게 만든 중요한 배경이었다. 중국의 정치적·경제적·사회적 압박 요인과 서구 자본의 동남아시아 유입이라는 유인 요인이 함께 작용해 많은 중국인으로 하여금 생계 유지와 가족 부양을 위해 동남아시아로의 이주를 선택하게 했던 것이다. 특히 가난에 쫓긴 젊은이들은 살기 위해 어떠한 모험도 마다하지 않았을 것이다.

여기서 화인은 동남아시아에서의 경제적 활동에서 왜 스스로 상업 중심지와 식민지를 개척하지 않고 서양의 뒤만 따라다녔는가에 대한 의문이 생긴다. 그에 대한 대답으로 다음의 두 가지를 내놓을 수 있다. 첫째, 남양 무역을 중요하거나 바람직한 것으로 여기지 않았던 중국 정부의 관점 때문이었다. 둘째, 본국 정부의 적극적인 후원을 등에 업고 있었던 포르투갈 및 스페인 상인이나 강력한 동인도회사의 배경을 갖고 있었던 네덜란드 및 영국 상인에 비해, 화인은 비록 그 수도 훨씬 많았고 동남아시아로의 진출과 활동의 역사가 훨씬 오래되었지만 중국 정부로부터의 지원이 없었을 뿐만 아니라 동남아시아에 정착한 화인 사회 내부에서도 식민지를 개척할 만큼 강력하고 효율적인 조직이 형성되지 않았다는 점을 생각할 수 있다.

4. 20세기 이후 화교 · 화인 사회의 변화

서양의 동남아시아 진출로 크게 발전할 수 있었던 동남아시아 화인 사회는 20세기에 두 번에 걸친 큰 변화의 계기를 맞이하게 된다. 첫 번째는 1911년 신해혁명을 전후로 한 시점으로, 중국에서 일기 시작한 민족주의 운동은 동남아시아의 화인에게도 영향을 미쳐 화인 사회의 활동과 성격에서 중국 지향적 정체성 내지는 중국 민족적 정체성이 강하게 나타나게 되었다. 그것은 '낙엽귀근(落葉歸根)' 즉 '해외에 떨어져 사는 낙엽 같은 존재인 화인이 언젠가는 뿌리인 중국에 돌아가게 된다'는 정신이 그 저변에 깔린 '화교 정체성'이었다.

이러한 변화는 20세기 초 특히 제1차 세계대전을 전후로 동남아시아의 전반적인 경제적 상황이 크게 발전한 것과 더불어 동남아시아 화인의 경제력이 크게 팽창한 시기에 일어났다는 점에서 중요한 의미를 갖는다. 그러나 더욱 중요한 것은 그 변화의 시기가 동남아시아에서 민족주의 정서가 확산되고 민족주의 운동이 전개되기 시작한 시기와 일치했다는 사실이다. 이로써 현지 사회로의 동화를 거부하는 경향을 가진 화인과 이들을 경원시하는 현지 사회 간의 갈등의 장이 마련되었다.

20세기 전반기 중국으로부터 동남아시아로 이주하는 중국 여성의 숫자가 증가하면서 동남아시아에 순혈 화인 가정이 많아지고 이로써 화인의 동남아시아 현지 사회로의 동화가 어려워졌다. 이 시기에 화인 사회의 내부적 조직력 및 단결력이 강화되어 중화총상회(中華總商會) 등 다양한 단체가 결성되었다. 전통적인 방식으로 동남아시아에서 부를 쌓았던 화인은 20세기 전반 유럽인의 경제 방식을 배우고 수용함으로써 동남아시아 현지 사회의 경제에 대한 통제력을 더욱 증대시키고 공고하게 구축할 수 있었다. 예컨대 전통적인 상업, 광업, 도정업 및 미곡 유통을 바탕으로 자본을 축적한 화인 사업가들은 서구식 운송회사, 금융업, 제조업, 무역회사 등으로 사업을 확대했다. 이런 과정을 통해 화인은 동남아시아 도처에서 현지 사회의 경제를 점차 지배해 나갔다.

그러나 식민주의 시기 동남아시아 국가들에서 화인은 경제적 위상에도 불구하고 정치적 영향력이 미약했다. 그것은 한편으로는 그들의 활동이 경제적 분야에 집중되어 있었기 때문이고, 다른 한편으로는 중국 정부로부터의 뒷받침이 없었기 때문이었다. 두 번째 원인은 중국의 관점에서 볼 때, 화인이 현지 지향적 정치 활동을 할 경우 자연히 중국에 대한 관심이 그만큼 적어지기 때문에 중국 정부가 굳이 그것을 후원할 필요가 없었을 것이라는 점에서 이해된다.

두 번째 계기는 제2차 세계대전이 끝난 1945년부터 1950년대까지로, 이 기간에 동남아시아의 여러 나라가 독립해 현지인 정치 엘리트의 주도하에 국민국가가 형성되기 시작했고, 1949년 중국이 공산화됨으로써 1950년 이후 중국으로부터 동남아시아로의 대규모 이주는 종식되었다. 이러한 두 가지 상황의 전개로 중국으로부터 새로운 이주의 물결을 받아들일 수 없게 된 화인 사회는 동남아시아의 현지인 정부들의 압박하에서 점차 현지 사회로 통합 내지는 동화할 수밖에 없었다. 그리하여 화인 사회의 활동과 성격은 현지 지향적 정체성 내지는 현지 국민적 정체성을 띠게 되었다. 그것은 '낙지생근(落地生根)' 즉 '떨어져 사는 해외의 땅에서 뿌리를 내리고' 그 나라 국민으로 산다는 '화인 정체성'이었다.

현지 국민적 정체성의 시기에 화인 사회와 관련해 가장 두드러진 특징 중 하나는 동남아시아 화인이 현지인 정부들의 반화인(反華人) 정책의 대상이 되었다는 사실이다. 예컨대 필리핀에서는 화인 경제의 상업 기반을 와해시키려는 동기에서 1947년 시장 국유화법과 1954년 소매 국유화법이 제정되었다. 1948년 독립 후 미얀마 정부는 버마 국적법, 부동산양도제한법, 외국인 등록조례 등을 제정해 미얀마 국적이 없는 자들의 공적인 활동을 불가능하게 했을 뿐만 아니라 그들에 대한 부동산 증여와 양도를 금지시켰다. 인도네시아에서는 1950년대 수카르노의 교도경제 체제에서 기업의 국유화가 진행되었고 1959년에는 농촌에서 화인의 유통업이 금지되었다. 태국에서는 피분 정부에 이어 사릿 정부도 1950년대 말에 화인의 직업을 제한하는 조치를 내렸다. 캄보디아와 베트남에서는 1956년 특정 직업에 화인을 포함한 외국인이 종사하는 것을 금지하는 민족주의적 경제 정책을 펼쳤다. 라오스에서도 이와 비슷한 정책이 1959년에 실시되었다. 인구의 약 3분의 1을 차지하는 말레이시아의 화인은 1957년 독립 이후 현지인 정부가 초기에는 자유 경제 정책을 채택했기 때문에 경제 활동에 제약을 받지 않았다. 그러나 1970년 이후 신경제 정책의 도입으로 그들 역시 토착민을 우대하는 불평등한 경제 정책을 겪어야 했다.

제2차 세계대전 후 국민국가 형성의 시기에 실시된 이러한 반화인 경제 정책에도 불구하고 화인들은 동남아시아의 대부분 국가에서 강력한 경제력을 유지했다. 그것은 화인 사회 내부의 상호 결속이란 요인 외에도 현지 사회의 정치 및 군부 엘리트와 결탁하여 사업을 유지하고 확대할 수 있었기 때문이었다. 특히 화인 사업가들은 탈식민 시대에 팽창하는 동남아시아의 국민경제에 편승해 금융업, 제조업, 건설업, 국제무역 등의 분야로 확대해 나갔으며 때로는 여러 분야에 걸쳐 사업을 벌이는 재벌 그룹으로 발전하기도 했다.

5. 동남아시아의 혼혈 화인 사회

동남아시아 화인 사회의 형성 및 발전과 관련해 간과할 수 없는 중요한 현상 중 하나는 이른바 혼혈 화인이다. 혼혈 화인은 오래전부터 동남아시아에 있었겠지만, 본격적인 혼혈 화인 사회는 서양의 동남아시아 진출 이후 형성되기 시작했다. 화인과 토착민 사이에서 태어난 혼혈 화인은 한편으로는 토착민 및 화인과 어우러져 현지 사회를 이루는 다양한 요소 중 한 부분을 구성했지만, 다른 한편으로는 토착민 및 화인과는 구별되는 독특한 사회·문화를 형성했다.

혼혈 화인은 대개 화인 남성과 토착민 여성의 결혼이나 동거를 통해 태어났다. 그 반대의 경우는 거의 없었다. 그 이유는 19세기 말 이전까지 중국에서 여성이 외국으로 나가는 것이 허용되지 않아 해외로 나가는 중국인 남성은 결혼 및 동거 파트너로 토착민 여성을 택할 수밖에 없었기 때문이었다. 그렇게 태어난 혼혈 화인들은 종종 자기들끼리 결혼했으며, 혼혈 화인 남성이 토착민 여성과 결혼하거나 혼혈 화인 여성이 새로 온 중국인과 결혼하기도 했다. 또 중국인 이민이 계속 유입되어 이들과 토착민 여성의 결혼 및 동거가 지속적으로 일어났다. 이로써 혼혈 화인 사회는 계속 확대되었다. 그러나 화인 남성과 토착민 여성의 자녀가 모두 혼혈 화인 사회의 구성원이 된 것은 아니었다. 다른 화인 가정이 없거나 도시에서 멀리 떨어진 시골에 살 경우 그 후손은 토착민 사회로 흡수되는 것이 보다 자연스러웠다. 또 화인 아버지가 아들을 중국식으로 양육하는 것을 선호할 경우 그는 지역의 화인 사회의 일부가 될 개연성이 컸다.

도서 동남아시아에서만 발달한 혼혈 화인 사회

혼혈 화인은 동남아시아의 모든 나라에 존재한다. 하지만 혼혈 화인에 대한 별도의 용어가 만들어져 그 개념이 구체적인 정치적 및 사회문화적 의미를 가진 것은 필리핀의 메스티소(Mestizo), 인도네시아 자와의 프라나칸(Peranakan), 말라야의 바바(Baba) 등이다. 여기서는 이 세 나라의 혼혈 화인 사회만 다룬다. 대륙 동남아시아 국가들에서는 혼혈 화인 사회가 명확한 형태로 나타나지 않았다. 그것은 다음과 같은 두 가지 요인 때문으로 보인다.

첫째, 확고한 서양 식민 통치하에 있었던 필리핀, 인도네시아, 말레이시아 등에서는 토착민이 종속적인 지위에 있었기 때문에 이런 나라들에서 토착민 사회로 동화되는 것은 혼혈 화인으로서는 하향적인 신분 이동을 의미했다. 그에 비해 식민 통치를 받지 않은 태국 그리고 프랑스가 토착 엘리트층의 전통적인 사회적 위상을 유지시킨 캄보디아와 라오스 등에서는 혼혈 화인이 토착민 사회로 동화 내지는 흡수되는 것에 별 거리낌이 없었다.

둘째, 혼혈 화인 사회가 발달한 인도네시아 및 말레이시아 등에서는 지배적 종교인 이슬람이 배타적인 유일신 신앙을 요구하는 반면, 태국과 캄보디아 등에서는 상좌불교가 정령 신앙 및 다신교 신앙에 대해 보다 포용적이며 대승불교를 기반으로 하는 화인의 종교적 전통에 보다 용이하게 접목될 수 있었기 때문에 혼혈 화인의 토착민 사회로의 동화가 보다 자연스럽게 이루어졌다.

필리핀에서는 가톨릭이 유일신 종교임에도 불구하고 메스티소가 대부분 가톨릭으로 개종한 것은 스페인 신부들의 적극적인 선교 활동 외에도 개종에 대한 스페인 식민 당국의 압박이 있었기 때문이었다. 그리고 가톨릭 공동체의 일부가 된 메스티소가 토착민 사회에 흡수되지 않았던 것은 식민 정부가 그들을 토착민인 인디오(Indio)와 중국인인 치노(Chino)와 구분했기 때문이었다. 이와 유사한 정책은 식민주의 시기 자와에서도 실시되었는데, 그것은 특히 프라나칸이 토착민 사회로 동화되는 것을 방지하기 위한 것이었다.

혼혈 화인 문화

혼혈 화인은 나름대로의 문화적 특성을 발전시켰다. 필리핀과 자와와 말라야의 화인들은 대부분 푸젠(福建)성 출신으로, 그들의 말로는 '혹키엔(Hokkien)'이라고 하는 복건어 즉 보다 정확하게는 '민남(閩南)어' 방언을 썼다. 하지만 혼혈 화인은 혹키엔과 토착어가 혼합된 독특한 피진(pidgin) 즉 혼성어를 사용했다. 피진의 가장 두드러진 측면은 양쪽 언어의 어휘가 혼용되는 것인데, 19세기 후반부터 20세기 초 사이 바바의 피진은 어휘의 약 3분의 2가 말레이어, 5분의 1이 혹키엔, 나머지가 영어, 네덜란드어, 포르투갈어, 타밀어 등으로 되어 있었다. 이 중 혹키엔 단어들은 상업, 종교, 가사(家事) 분야에서 주로 사용되었다. 또 혹키엔의 영향을 받아 말레이어

그림 56 말레이시아 믈라카의 뇨냐 식당

구문의 구조가 단순화되었다. 토착어는 같은 국가라도 지방에 따라 달라, 예컨대 중부 루손의 메스티소는 혹키엔에 타갈로그어를 혼용했으며, 다른 지방으로 가면 그것이 그 고장의 방언으로 대체되었다.

혼혈 화인의 혼종(混種) 문화는 종교, 음식, 의복, 가옥 등에서도 나타났다. 그리하여 예컨대 말레이시아에서는 혹키엔 요소와 말레이 요소가 뒤섞인 이른바 뇨냐(nyonya) 요리가 발달했다. 또 바바 사회에서는 전통적인 혹키엔 내지는 중국적인 가부장 문화가 완화되고 부계와 모계 양쪽을 모두 중시하는 말레이 사회의 양계적 친족 관계가 중시되었다.

필리핀의 메스티소

필리핀에서는 처음에는 중국에서 건너온 순혈 화인이 지배적이었으나, 점차 메스티소가 많아져 18세기 중엽이 되면 그 비율이 역전되었다. 이에 스페인 식민 당국은 메스티소를 분리할 필요를 느껴 마닐라에 인디오·치노·메스티소를 위한 각각의 그레미오(gremio) 즉 자치 행정 위원회를 설립했다. 보다 작은 도시에서는 인디오와 메스티소만 구분되었다. 1877년 메스티소는 29만 명에 달해, 당시 필리핀 전체 인구의 5.2퍼센트를 차지했다.

18세기 중엽부터 19세기 중엽까지 메스티소의 경제력과 사회적 위상은 점차 증가했다. 19세기 전반 메스티소는 쌀 및 상업작물의 생산과 국내 유통 및 해외 수출에서 지배적 위치를 점했으며 가톨릭교회에 이어 두 번째로 큰 대금업자였고 농촌의 지주들이었다. 사회적으로 그들은 스페인인보다 아래였으나 수적으로 훨씬 열세였던 스페인 메스티소와 거의 대등한 지위에 있었다. 그리하여 필리핀 토착민 가문들 중에는 화인 메스티소가 결혼을 통해 그들 사회로 융합되기를 바라는 자들이 적지 않았다.

그러나 19세기 후반 중국인 이주가 급증하고 치노의 경제적 활동이 활발해지자, 식민 당국이 화인 사회의 대표자로 임명하는 화인 행정관에 치노가 뽑혔으며 필리핀에서의 아편 사업도 치노가 담당하게 되었다. 이처럼 치노의 경제적 부와 사회적 영향력이 증대하자 이에 대해 불만을 품은 메스티소는 치노에 대해 적대감을 갖고 있던 인디오와 결합했으며 종내 토착민 사회로 동화되어 오늘날 필리핀 민족 즉 필리피노를 형성했다.

말라야의 바바

말레이 반도에서 바바 사회가 처음 형성된 곳은 믈라카였다. 이 국제적인 무역 도시에는 이미 1678년에 화인 남성 수백 명이 토착민 여성과 가정을 이루고 자녀를 낳아 키우며 살고 있었다. 1750년경 믈라카의 중국계 주민은 2천 명이 넘었으며, 바바가 중국 태생 화인보다 압도적으로 많았다.

영국이 18세기 말 피낭과 19세기 초 싱가포르를 식민지로 개척하자 믈라카의 바바가 대거 이 두 도시로 이동했다. 그리하여 말라야의 바바 사회는 19세기 동안 주로 피낭과 싱가포르를 중심으로 발전했다. 1800년 1천 명도 안 되던 피낭의 바바는 1891년 2만 3천여 명으로, 1823년 1천 명 미만이었던 싱가포르의 바바는 1891년 1만 6천 여명으로 늘었다. 이해 말레이 반도의 영국 식민지 즉 해협식민지의 바바는 4만 5천 명에서 5만 명 사이에 달해 전체 인구의 9~10퍼센트를 차지했다.

주로 상인 및 사업가로 활동한 바바는 말라야에서 경제적으로뿐만 아니라 사회적으로 영국인 다음의 지위를 누렸다. 그리하여 당시 말레이 반도에서 활동한 영국인 선교사 윌리엄 셸라비어(William G. Shellabear)는 바바를 "영국 식민지들의 화인 사회에서 가장 높은 교육을 받았고 가장 영향력 있는 부분"이라고 간주하면서 그들이 구사하는 크리올(creole) 즉 혼성어가 해협식민지뿐만 아니라 말레이 반도의 여러 지역에서도 "비즈니스 언어"로 통했다고 말한다.[1]

하지만 19세기 말라야에서 고무 등 상업작물과 주석 등 광물의 생산이 증대하고 생산을 담당할 인력으로서 중국인 이민이 대규모로 유입되자 '신객화인(新客華人)'이라고 불린 중국 태생 화인이 바바보다 점차 많아졌다. 이미 1840년대에 바바를 수적으로 앞지르기 시작한 신객화인은 1891년이 되면 17만 5천 여명에 달해 5만여 명인 바바를 압도했다. 수적으로 열세이고 경제적 부에서도 약화된 바바는 특히 푸젠 출신 신객화인과 사업상 긴밀한 협력 관계를 추구했다. 그 과정에서 바바의 문화에 혹키엔 요소가 더욱 강화되는 등 바바와 혹키엔 신객화인이 서로 더욱 가까워졌고, 마침내 바바 사회가 혹키엔 신객화인 사회로 흡수되었다.

인도네시아의 프라나칸

프라나칸은 원래는 혈통에 따른 개념이었지만 점차 인도네시아에서 태어난 화인을 지칭하는 용어가 되었다. 그에 따라 반대 개념인 토톡(totok)은 중국 태생의 화인을 가리킨다. 토톡과 프라나칸을 중국어로 각각 '신객화인' 즉 '새로 온 중국인'과 '토생화인(土生華人)' 즉 '현지 태생 중국인'이라 부르는 것도 그러한 맥락에서다.

프라나칸 사회는 자와 섬에서 18세기 중엽 이후 지속적으로 증가해 19세기 초가 되면 자와의 도시 지역에서 그들은 모든 중국계 주민 중 경제적·사회적으로 또한 수적으로 지배적인 집단이 되었다. 자와에서 프라나칸 수는 1810년에 10만여 명이었고 1900년에는 25만여 명에 달했다. 1930년 인도네시아 전체의 프라나칸은 약 75만 명이었는데, 그에 비해 토톡은 약 45만 명이었다. 네덜란드 식민 당국은 자와의 중국계 주민들을 행정적으로 통제하는 중간 관리자인 '카피탄(kapitan)'을 임명할 때 대부분 프라나칸 중에서 뽑았다.

1900년 이후 중국인 남성뿐만 아니라 여성의 이주가 증가하고 이로써 토톡 사회가 지속적으로 성장했다. 자와의 주요 도시들에서는 토톡이 주도하는 화인상공회의소가 설립되어 화인과 식민 당국 간 중개인 역할을 부분적으로 담당하는 등, 토톡이 화인 사회에서 점차 중요한 역할을 하게 되었다. 또 중화 민족주의의 분위기가 팽배했던 당시 토톡은 프라나칸에게 중국의 관습, 역사, 문화 등에 대한 관심을 일깨워 그들을 재중국화하기 위해 노력했다. 이에 맞서 네덜란드 식민 정부는 프라나칸의 네덜란드어 교육을 강화하는 등 그들을 네덜란드에 충실한 식민지 현지 사회의 신민으로 만들기 위해 애썼다. 하지만 양측의 노력은 바라던 결과를 얻지 못했다. 프라나칸은 완전히 토톡 사회에 동화되지도 않았고 완전히 네덜란드령 인도네시아 현지 사회의 정체성을 취하지도 않은, 나름의 특징을 지닌 집단으로 남게 되었다.

6. 화인의 경제적 위상 및 성공의 원인

동남아시아 화인들의 경제적 위상

동남아시아의 도시들을 돌아다니다 보면 행상이나 막노동 등을 하는 화인을 종종 볼 수 있다. 생계를 위해 힘들게 사는 화인의 모습은 19세기 후반부터 20세기 전반 동남아시아로 이주한 숱한 쿨리들이 이미 보여 주었다. 그러나 전체적으로 볼 때 화인은 토착민에 비해 경제적으로 성공적이며, 그것도 그들의 경제력을 압도할 정도다. 1990년대 중엽 동남아시아에서 10억 달러 이상의 자산을 가진 갑부의 86퍼센트가 화인이었다. 이 지역 상업의 소매 부문은 약 3분의 2가 화인의 손에 놓여 있다. 오늘날 동남아시아 화인의 경제적 위상은 〈표 5〉에서 엿볼 수 있다.

〈표 5〉에 따르면, 화인이 총인구의 약 11퍼센트를 차지하는 태국에서 2010년경 최상위 부호 40명의 반이 화인이며 그들의 재산 총액은 약 75퍼센트에 이른다. 필리핀에서는 인구의 약 1.6퍼센트에 불과한 화인 사회가 최대 부호 40명의 57.5퍼센트를 점하며 그 재산 총액은 약 76퍼센트에 달한다. 동남아시아의 대표적인 화인

표 5 동남아시아 주요 국가들에서의 화인 부호들의 경제적 위상(2010년)

(단위: %. 1억 달러, 명)

국가	화인 인구 비율	최상위 부호 40명의 재산 총액	최상위 부호 40명 중 화인 부호의 비중			
			인원수	인원수 비중	재산 총액	재산 비중
태국	11.0 (2007년)	364.65	20	50.0	273.5	74.99
말레이시아	23.7 (2006년)	512.67	25	62.5	382.6	74.63
싱가포르	77.0 (2007년)	456.84	37	92.5	418.9	91.69
인도네시아	4.1 (2007년)	420.75	19	47.5	272.2	64.69
필리핀	1.6 (2006년)	228.15	23	57.5	173.0	75.84

출처: 王望波·庄國土 編. 『2008年 海外華僑華人概況』. 北京: 世界知識出版社, 2010. p.14; 饒志明. "海外華商及其對中國經濟發展的作用." 丘進 編. 『華僑華人研究報告 (2011)』. 北京: 社會科學文獻出版社, 2011. p.270.

기업으로 필리핀의 SM그룹, 인도네시아의 살림(Salim)그룹, 태국의 CP그룹 등을 들 수 있다.

중국어 이름으로는 스즈청(施至成)인 헨리 시(Henry Sy, 1924~2019)의 SM그룹은 1958년 마닐라의 작은 '슈마트(Shoemart)' 즉 신발가게에서 시작해 오늘날 SM슈퍼몰(Supermall)로 알려진 마트·슈퍼마켓·백화점 체인, 금융업, 식품·음료 가공업, 부동산 투자 등 다양한 부문을 경영하는 복합기업이다. 2019년 1월 사망할 때 헨리 시는 필리핀의 최고 갑부로 평가되었다. 살림그룹은 중국어 이름으로는 림시우리옹 혹은 린사오랑(林紹良)으로 알려져 있는 수도노 살림(Sudono Salim, 1916~2012)에 의해 1972년 설립되었다. 식품, 금융, 보험, 자동차 등 다양한 부문을 포함하고 있는 살림그룹은 인도네시아 최대의 복합기업이다. 태국의 CP그룹 즉 짜런뽁카판(Charoen Pokphand)그룹은 중국어 이름으로는 셰궈민(謝國民)인 타닌 찌아라와논(Dhanin Chearavanont, 1937~) 회장이 이끄는 재벌기업이다. 1920년대 씨앗가게로 시작한 이

기업은 오늘날 사료·식품 가공업, 부동산 개발, 세븐일레븐 등 소매유통업, 통신, 외식업, 자동차, 제약, 금융 등에 걸친 재벌기업으로 발전했으며, 태국의 최대 민간 기업으로 꼽힌다.

화인이 경제적으로 성공한 원인

화인이 이룬 경제적 성공의 원인에 대해서는 다양한 설명이 있다. 흔히 듣는 이야기는 동남아시아에 온 중국인들이 본질적으로 장사 수완이 뛰어난 사람들이라는 것이다. 그러나 19세기 후반 이후 동남아시아에 이주해 온 중국인들은 대부분 상인이 아니라 농민이나 노동자였다. 화인이 경제적으로 성공한 원인에 대해서는 보다 적절한 다른 설명이 필요하다.

우선 화인은 어느 곳에 살든지 유교적 가치관을 바탕으로 한 중국 문화를 공유하는 것으로 알려져 있다. 싱가포르의 사회학자 쿽키안운(Kwok Kian Woon)은 이러한 화인의 중국 문화를 중국인이 해외로 이주할 때 함께 갖고 가는 "문화적 여행가방(cultural baggage)"이라고 표현했다.[2] 그것은 일상생활에서 무의식적으로 나타나는 중국적 가치와 관습으로 중국의 역사적 전통 및 문화에 대한 자부심, 조상 숭배, 가족·가문 중시, 체면 중시, '관씨(關係)' 중시, 교육 중시, 근면, 인내, 절약, 절제 등이 이에 속한다. 특히 '관씨' 즉 인간관계는 화인들이 사업에서 가장 중시하는 덕목 중 하나다. 그리하여 인도네시아 해운업계의 큰손인 통주(Tong Djoe, 唐裕, 1926~)는 인생에서 본질적인 것 두 가지 중 하나는 교육 및 능력이고 다른 하나는 '관씨'라고 말하면서, 특히 관씨를 소중히 여겨야 한다고 강조한다.[3]

중국 문화의 이러한 속성은 화인의 이른바 '문화적 자본'을 형성해 그들의 사회적·문화적 활동에 반영되어 왔다. 예컨대 가족·가문을 중시하는 화인의 사업

그림 57 베트남 호이안의 광조회관(廣肇會館). 광둥성 광저우(廣州) 지역과 자오칭(肇慶) 지역 출신 화인들의 회관

은 대개 개인이 아니라 가족 내지는 확대가족 차원에서 행해진다. 그리하여 사업은 한 개인의 죽음으로 끝나는 것이 아니라 확대가족의 연장선상에서 계속 이어진다. 투자된 자본의 이익 회수도 확대가족의 여러 대를 거쳐 이루어진다. 체면을 중시하는 화인들은 또한 사업에서 가문의 이름을 더럽히지 않도록 조심한다. 게다가 화인들은 소수민족이라는 점에서 강한 응집력을 갖고 있으며, 그것은 특히 동일한 고향 출신이며 동일한 방언을 쓰는 화인 간에 강한 집단의식을 불러일으킨다.

이러한 응집력과 집단의식은 푸젠성 출신 화인의 복건회관(福建會館), 객가인(客家人)의 객속회관(客屬會館), 하이난(海南) 섬 출신 화인의 해남회관(海南會館), 차오저우

그림 58 쿠알라룸푸르의 설융조주회관(雪隆潮州會館). 설(雪)과 융(隆)은 각각 '슬랑오르'와 '쿠알라룸푸르'의 중국어 약자이다.

(潮州) 출신의 조주회관(潮州會館) 같은 동일한 지역 및 방언 협회, 광둥성 후이저우(惠州)현 출신의 임(林)씨 가문의 혜주임씨종친회관(惠州林氏宗親會館) 같은 동일한 지역 및 성씨 협회를 낳았다. 이런 화인 조직은 조직원들에게 다양한 물질적·정신적 도움을 제공했으며 새로 도착한 중국인 이민자에게 숙식과 취업에서 실질적인 도움을 베풀기도 했다. 이처럼 가족·가문을 중시하고 집단의식을 갖고 있는 화인은 상호 신뢰와 신용의 구속성을 중시하는데, 신뢰와 신용은 잘 알려진 바와 같이 거래비용을 최소화하는 전형적인 요인으로 간주된다.

화인의 경제적 성공의 원인은 동남아시아 내부에서도 찾을 수 있다. 16~17세기

도서 동남아시아에서 주요 항구 및 수출품 생산지에 대한 유럽인들의 공격과 무역 독점으로 현지 토착민들의 상업·무역 활동의 전통이 단절되어 무역 시장에서 화상의 행동폭이 넓어졌다는 것은 앞에서 이미 언급되었다. 다른 중요한 내부적 요인은 전근대 시기 동남아시아의 전통적인 사회구조와 토착민의 전통적인 세계관에서 발견된다. 버마족, 타이족, 크메르족, 말레이족, 자와족 등 동남아시아의 저지대에 사는 다수민족 주민은 전통적으로 벼농사를 중시해 왔으며 관료가 되는 것을 최상의 사회적 출세로 간주했다. 상업은 천시되거나 무시되었다. 이처럼 상인 계층이 제대로 발달하지 않은 '직업적 갭'이 존재하던 현지 사회에서 화인은 틈새시장인 상업에서 자신의 활동 공간을 넓혀 나갈 수 있었던 것이다.

7. 동남아시아 화인 사회의 정체성과 전망

동남아시아 화인의 정체성

동남아시아 화인 사회에 대한 이해에서 가장 중요한 것은 정체성 문제다. 정체성의 방향에 따라 화인의 경제적·정치적 활동과 사회적 위치의 성격이 달라지며 화인 사회와 현지 사회의 관계가 결정되기 때문이다. 동남아시아 화인 사회의 정체성은 제2차 세계대전 이후 현지 국민적 정체성의 방향으로 나아가고 있다. 그러나 그 현지 국민적 정체성은 나라에 따라 강도와 성격에서 약간씩 차이가 있다.

필리핀의 화인들은 1975년 화인의 필리핀 국적 취득을 허용하는 귀화 조치와 1986년 마르코스 독재 체제를 무너뜨린 민중 혁명을 거치면서 오늘날 점차 필리핀 국민으로서의 인식을 갖는 현지 국민적 정체성이 강한 것으로 보인다. 화인이 동남아시아에서 유일하게 국가의 다수민족을 이루고 있는 싱가포르에서 그들은 싱가포르 국민적 정체성을 갖고 있다. 하지만 중요한 것은 싱가포르 국민적 정체성 자체가 중국 문화적 정체성을 바탕으로 형성되어 있다는 점이다.

태국은 그동안 동남아시아 국가들 가운데 화인의 현지 사회로의 동화 정도가 가장 높은 나라라고 간주되어 왔다. 하지만 태국 화인들의 오늘날 동태를 살펴보면, 비록 한편으로는 태국 국민으로서의 현지 국민적 정체성을 갖고 있지만, 다른 한편으로는 '중국적인 것(Chineseness)'을 간직하고 있는 것으로 보인다. 다시 말하면, 그들은 '이중적 정체성'을 취하고 있는데, 사실 동남아시아 국가들에 사는 화인의 정체성은 어느 정도는 모두 이중적 정체성이라고 할 수 있다.

말레이시아의 화인들은 싱가포르를 제외한 다른 동남아시아 국가들과 비교할 때 현지 사회로의 문화적 동화의 정도가 가장 낮다. 국민의 약 4분의 1을 구성하는 그들은 소수민족이라기보다는 말레이인와 함께 말레이시아를 구성하는 주요 종족집단으로서 정당정치 활동을 통해 자신의 집단적 이해관계를 공식적 정치에 반영해 왔으며, 그러한 활동을 통해 말레이시아 국민적 정체성에 참여해 왔다. 하지만 그들은 동시에 중국 문화적 정체성을 버리지 않고 있다. 말레이시아 화인들의 이러한 이중적 정체성은 성격과 정도에서 태국의 화인 사회와 미묘한 차이를 보여준다. 그 차이를 간략히 설명하면, 태국의 화인이 갖는 이중적 정체성의 '중국적인 것'은 더욱 잠재적인 성격을 띠는데 비해, 말레이시아의 경우는 더욱 노골적이라고 할 수 있다.

인도네시아의 화인들은 1966년 이후 신질서 시기에 수하르토 정부의 정책에 따라 경제력이 비약적으로 성장할 수 있었으나, 정치적·사회적·문화적 활동은 억제되어 중국적 정체성이 전반적으로 약화되었다. 정체성의 약화는 무엇보다도 화인의 중국어 능력의 상실, 인도네시아식 이름으로의 개명, 중국종교에서 기독교로의 개종 등에서 나타났다. 인도네시아 사회로 동화되어 화인과 토착민의 종족적 경계가 점차 모호해졌으며, 화인의 정체성이 현지 국민적 정체성으로 완전히 넘어간 것으로 보였다. 그러나 그들의 중국적 정체성은 적어도 인도네시아 토착민의 관점에서 볼 때 완전히 사라진 것이 아니었다. 이 점은 인도네시아 화인 역사에서 하나의 중대한 분수령이 된 1998년 반화인 폭동에서 인도네시아 토착민들이 화인들을 별개의 종족집단으로 보고 있다는 사실에서 드러났다. 한편 폭동을 실제로 경험하고 목격한 화인들은 자신들이 갖고 있다고 생각해 온 인도네시아 국민적 정체성이 허상(虛像)에 불과했다는 것을 문득 깨달았을 것이다.

화인의 국제적 네트워크 활동

동남아시아 화인의 사업은 최근 새로운 변화를 보여 주고 있다. 화인의 사업 활동은 과거에는 상업·금융·부동산·관광·식품가공 등에 집중되었으나, 세계화의 변화에 발맞추어 하이테크·정보기술·통신 등 최첨단 산업으로 과감하게 이동하고 확대되고 있다. 이것은 수출 산업의 발달로 동남아시아의 산업구조가 점차 제조업 중심으로 변화되는 것과 관련이 있다. 이러한 변화의 중심에는 신세대 화인이 있다. 과거 세대에 비해 일반적으로 교육 수준이 높고 세계화에 대한 감각이 더욱 뛰어난 이들은 조직적 활동에도 더욱 적극적이다. 그들은 소수민족으로서의 권리를 지키고 확장하는 데 더욱 민감하며 정치적으로도 더욱 능동적이다.

또 다른 중요한 변화는 화인의 비즈니스 활동이 국제화되고 있다는 점이다. 이것은 무엇보다도 화인 사업가의 국제적인 네트워크가 더욱 긴밀해지고 활성화되고 있다는 점에서 나타나고 있다. 화인 사업가의 국제적인 네트워크 활동은 이른바 사단(社團)을 중심으로 이루어진다. 비영리 단체인 사단은 중국의 오래된 상호부조적인 '사(社)'나 '회(會)'에서 발전한 것으로, 동향·친족·방언 등의 원칙을 바탕으로 만들어진 것이다. 앞에서 언급한 복건회관, 객속회관, 조주회관 등이 대표적인 예다. 태동의 배경과 구조에서 이미 알 수 있듯이, 지역주의 혹은 지방 편협적인 정서를 내포하며 따라서 그 이미지가 필연적으로 보수적일 수밖에 없는 사단은 오늘날 세계화의 흐름에 어울리지 않은 것으로 보일 수 있다. 특히 신세대 화인들에게는 사단의 존재가 그다지 매력적이지 않게 비칠 수 있다. "회관은 이제 죽어 가고 있다. 기껏해야 장례식이나 조상 제사 같은 일을 처리할 뿐이다", "회관이란 같은 방언을 말하고 같은 지방 출신인 사람들끼리 서로 만나 비참했던 옛 시절에 관해 이야기를 나누는 곳이다" 등의 말은 그러한 관점을 대변한다.

그러나 전통적인 화인 사단들 사이에서 세계화가 일어나고 있다. 그것은 특히 복건인의 모임인 '세계복건동향간친대회(世界福建同鄉懇親大會)', 객가인의 모임인 '세계객속간친대회(世界客屬懇親大會)', 조주인(潮州人) 청년들의 연례 회합인 '국제조청연의연회(國際潮青聯誼年會)' 같은 사단의 국제적 회합에서 엿볼 수 있다. 그들의 국제적 회합은 1980년대 중국의 개방 이후 빈번하게 열렸고 참석 인원의 규모도 과거에 비해 큰 폭으로 증가했다. 예컨대 1996년 말레이시아의 랑카위(Langkawi)에서 열린 제2회 세계복건동향간친대회에는 전 세계에서 약 2,500명의 복건인 대표가 참석했다. 화인 사단의 국제적 회합에는 중국의 정치인들과 현지 정치인들도 각별한 관심을 보인다. 그리하여 2012년 싱가포르에서 개최되어 4천 명 이상의 복건인이 모인 제7회 세계복건동향간친대회에는 싱가포르 정부의 부총리와 국방부장관이 참석했다. 화인 사단의 비즈니스 네트워크는 화인들 간 국경을 초월한 사업 활동뿐만 아니라 그들의 중국 내 고향 즉 교향(僑鄉)에까지 미쳐 교향의 산업 발전에 기여하기도 한다.

동남아시아의 중국인 신이민

동남아시아 화인 사회의 전망과 관련해 끝으로 살펴볼 중요한 측면은 최근 몇몇 동남아시아 국가들에 유입된 중국인 신이민(新移民)이다. '신이민'은 1970년대 이후 중국, 홍콩, 타이완 그리고 세계의 다른 국가들에서 온 중국인 이민을 가리키는 개념으로 '신화인(新華人)'이라고도 불린다. 중국인 학자들의 연구에 따르면, 2006~2007년 동남아시아 주요 국가들의 신이민 수는 인도네시아 10만 명, 태국 35~40만 명, 필리핀 20만 명, 미얀마 100~110만 명, 라오스 13만 명, 캄보디아 20~25만 명, 싱가포르 35만 명 등이었다.[4]

이 수치들 중 눈에 띄는 것은 미얀마의 신이민 100~110만 명으로, 대부분이 1990년대 후반 남부 중국에서의 홍수로 가산을 잃은 농민이었다. 그러나 미얀마의 신화인은 그 이전부터 유입되었다. 특히 1988년 10월 미얀마-중국 무역의 합법화 및 같은 해 12월 양국 국경 교역의 합법화 이후 그리고 1989년 11월 외국인의 자유로운 자본 유입을 허용한 외국인 투자법의 제정 이후 윈난성을 거쳐 중국 물품과 사람이 대규모로 미얀마에 들어왔다. 중국인들은 미얀마 동북부 및 중부의 주요 도시들 특히 만덜레에 집중적으로 이주해 왔다. 그리하여 1992~1993년 2년 동안 만덜레에 정착한 신이민은 약 5만 명에 이른 것으로 추정되었다. 1990년대 말 한 잡지의 기사에 따르면, 당시 만덜레 인구의 약 30퍼센트가 화인들이라고 한다.[5] 2007년 초 필자가 만덜레를 방문했을 때 도시의 상권은 화인들의 손에 놓여 있었으며 시장 곳곳에서 장사하는 신이민 중국인들을 쉽게 볼 수 있었다.

라오스의 중국인 신이민 규모도 이 나라 인구가 태국의 약 10분의 1에 불과하다는 점을 고려할 때 주목을 끈다. 1987년 라오스와 중국이 정식으로 외교관계를 수립한 후 이듬해 라오스 공산당 총서기 까이손 폼위한이 베이징을 공식 방문했으

그림 59 만덜레 시내의 화인 상가

며, 1990년에는 중국 총리 리펑(李鵬)이 위앙짠을 방문했다. 이로써 양국 관계가 긴밀해지면서 라오스에 대한 중국의 투자가 증대하고 라오스로 이주하는 중국인의 수가 크게 늘었다. 그리하여 1990년대 중엽에 라오스 서북부의 루앙남타는 "중국인 도시"가 되어 있었다.[6] 위앙짠의 화인 상권은 과거에는 도시의 서부 지역에만 발달되어 있었으나, 필자가 2011년 초 방문했을 때는 동쪽과 북쪽으로도 확장되어 있었다.

신이민의 라오스 유입은 2000년대 이후 가속화되었다. 특히 윈난성 성도 쿤밍(昆明)에서 징훙을 거쳐 라오스의 북부와 태국 북부 그리고 방콕에 이르는 이른바 '북-남 경제 회랑'의 도로망 중 라오스 구간이 2008년 3월 개통된 이후 중국인들

그림 60 라오스 위앙짠의 화인 상점들

의 라오스에 대한 투자와 이주가 더욱 촉진되었다. 중국인들은 이 경제 회랑을 따라 버스를 타고 내려와 라오스 북부의 주요 도시들에 저렴한 중국산 상품을 공급했으며, 그들 중 상당수는 라오스에 정착해 식당, 학원, 호텔, 미용원, 병원, 운송회사 등을 운영하거나 휴대폰, 가전제품, 자동차 및 오토바이, 가구 등을 파는 상점을 열었다. 신이민 중에는 농지를 임차해 고무 재배 등 농사를 짓는 자도 있었다. 또 중국 회사들이 2000년대 이후 주로 합작 사업의 형태로 라오스에서 도로·철도 건설 및 수력발전 댐 건설 그리고 광산 개발 및 고무 플랜테이션 사업 등을 벌여 왔는데, 이를 위해 많은 중국인 노동자와 기술자가 따라 들어왔다.

라오스의 화인 수는 2007년 전체 인구의 약 4.8퍼센트에 해당하는 28만 명이었으며, 그중 신이민은 13만 명이었다. 2010년 아시아개발은행의 조사에 따르면, 당시 라오스에서 행해지던 중국 기업들의 사업 프로젝트에 약 8만 명의 중국인 노동자와 기술자가 일하고 있었다.[7] 또 라오스 서북부의 보께오(Bokeo)주 똔픙(Tonpheung)군에 2010년부터 건설되기 시작한 골든트라이앵글 경제특구(Golden Triangle Special Economic Zone)에서 일하고 생활하는 주민은 거의 모두 중국인 신이민이었다. 이 두 가지 사례만을 보아도, 2010년대 말 현재 라오스의 신이민은 2007년의 13만 명보다 훨씬 많을 것이다.

캄보디아의 신이민 숫자도 이 나라의 인구 규모에 비해 대단하다. 중국인의 캄보디아 유입도 양국 간 긴밀한 관계의 진전과 더불어 진행되었다. 2002년 중국 정부는 1970년대 크메르루주 집권 시기 캄보디아가 중국에 진 빚을 탕감해 주었으며, 이를 계기로 캄보디아에 대한 중국의 영향을 더욱 강화하기 시작했다. 캄보디아 정부로서는 서방 국가들이 한편으로는 개발 원조를 제공하면서 다른 한편으로는 캄보디아의 부패와 인권 탄압을 비판하는 등 국정 개입이 갈수록 심해지자, 정치적 지지뿐만 아니라 경제적 도움을 제공하는 중국에 붙는 전략을 택했다. 2010년 두 나라는 '포괄적인 전략적 동반자 관계'를 수립했다.

캄보디아의 신이민 유입은 라오스에서와 비슷한 배경을 갖고 있다. 즉 캄보디아에 대한 중국 회사들의 대규모 투자와 중국 정부의 캄보디아에 대한 다양한 인프라 건설 프로젝트, 그리고 캄보디아 정부가 중국에 제공하는 사업상의 각종 특혜 등이다. 이에 따라 많은 중국인 기술자와 노동자 그리고 그 가족이 캄보디아에 들어 왔으며, 그중 상당 부분이 눌러앉은 것이다.

캄보디아의 신이민 규모는 2007년 이후 더 커진 것으로 보인다. 그 정황은 특히 수도 프놈펜과 시하누크빌(Sihanoukville) 즉 껌뽕사옴(Kampong Saom)에서의 최근 상황에서 짐작 가능하다. 캄보디아 남부에 위치한 이 나라 최대 항구인 껌뽕사옴은

2008년 경제특구로 설립된 이후 많은 중국 자금과 중국인이 들어왔다. 중국의 투자는 특히 호텔, 카지노, 주택 사업에 집중되어 건설 붐이 일어났으며 이와 더불어 부동산 가격이 치솟았다. 또 중국인이 포함된 다양한 범죄가 발생해 사회적 불안에 대한 우려가 제기되기도 했다. 프놈펜은 2018년 말 필자가 방문했을 때 시내 도처에 고층빌딩이 들어서 있었으며 신축 중인 건물도 많았다. 이들의 상당 부분은 중국 회사들의 소유로 주상복합 형태의 어떤 고층빌딩들은 중국인 신이민들을 위한 아파트 내지는 오피스텔이었다.

지금까지 살펴본 세 나라의 신이민 규모가 유달리 큰 것은 이들 국가와 중국의 특별한 관계에 기인한다. 라오스는 같은 사회주의 국가라는 측면 외에도 중국과 인접해 있어 중국에게는 남중국해 그리고 캄보디아, 태국, 말레이시아 등 다른 동남아시아 국가들로 진출하기 위한 통로로서 가치가 있다. 미얀마는 2010년대 중엽까지 군부 독재 체제 때문에 서방 세계로부터 경제 제재 조치를 당하고 고립된 상황에서 중국의 경제적·군사적 지원을 받았다. 중국으로서는 미얀마가 농산·임산·광산 자원의 보고일 뿐만 아니라 무엇보다도 중국의 인도양 진출을 위한 통로를 제공하기 때문이다. 캄보디아 역시 중국이 서방 국가들의 압박으로부터 자신을 보호해 주는 '고마운 이웃'이며 중국의 입장에서는 이 나라가 남중국해 진출을 위한 교두보이다.

하지만 현지인들은 최근 갑자기 불어난 중국인 신이민을 불신과 경계의 눈으로 바라보고 있다. 미얀마에서는 이미 1997년에 불교 사원 주지들이 만덜레에 중국인이 너무 많이 들어와 있는 문제를 지역의 군사령관에게 거론했다.[8] 라오스에서는 공산당 정부가 2009년 위앙짠에서 열리는 동남아시아게임의 경기장을 건설하기 위해 중국 회사들로부터 1억 달러를 빌렸으며 그 대가로 그들에게 위앙짠의 탓루앙 사원 근처의 습지 164평방킬로미터에 신도시를 건설할 수 있도록 토지 사용권을 주었다. 당시 이 신도시에 차이나타운이 들어서면 중국인 신이민이 5만 명 입주할 것이라는 소문이 나돌면서 라오스 국민 사이에서 이에 대한 우려와 비난의 목소리가 쏟아져 나왔다. 이에 라오스 당국은 소문을 부인하고 결국 토지 사용권 인가를 취소했다.[9] 필자의 2018년 말 캄보디아 현지조사 때 한 현지인은 프놈펜에 들어와 있는 그리고 향후 유입될 많은 중국인에 대한 불만을 토로하면서, 프놈펜에서 사업하는 중국계 신이민 가운데는 기존의 화인과는 달리 크메르어를 배우려고 하지 않고 고용한 크메르인에게 중국어를 배우게 해 장사하는 자가 많다는 이야기를 해 주었다.

미얀마, 라오스, 캄보디아 등 대륙 동남아시아의 세 나라에서 신이민 현상이 앞으로 어떤 규모로 발전하고 어떤 방향으로 전개될지는 현재로서는 예단하기 어렵다. 어쨌든 신이민 이슈는 동남아시아 '화인 문제'의 새로운 측면으로서 계속 주목되어야 할 것이다.

제13장

한국과 동남아시아의 관계

1. 한국–동남아시아 접촉 및 교류의 의미

한국과 동남아시아의 관계는 필연적으로 해양 교류의 성격을 띤다. 동아시아 세계에 속한 한국의 대외관계사는 전통적으로 대륙 중심의 시각에서 이해되어 왔다. 그리하여 한국의 역사 및 문화의 형성과 변화는 주로 중국과 만주 및 몽골을 포함한 대륙부 세계와의 관계 속에서 논의되어 왔다. 그러나 한반도는 지리적으로 바다로 열려 있는 공간이며 선사 및 고대 시기부터 남양 세계와 접촉 및 교류해 왔다. 해양을 통한 한국과 동남아시아의 교류를 다루는 이 글은 종래의 대륙 중심적인 한국의 대외관계에 대한 이해에 하나의 보완 내지는 균형을 제공할 수 있을 것이다.

한국과 동남아시아의 교류는 19세기까지의 전근대 시기에는 별로 많지 않았다. 그것은 한편으로는 조선 시대까지 대외관계의 초점이 중국에 두어졌기 때문이었으며, 다른 한편으로는 우리나라가 신라 시대 동아시아에서 무역 활동을 활발히 전개한 '해상왕' 장보고(張保皐) 같은 예외적인 사례가 있지만 본질적으로 해양을 통한 대외 교류에 주목하지 않았기 때문이었다. 그리하여 한국과 동남아시아의 역사적 관계는 인도–동남아시아, 중국–동남아시아, 일본–동남아시아 등의 관계가 지속적인 차원으로 발전한 것과는 달리 우연적이고 산발적이고 불규칙하게 일어난 '접촉'의 수준에 불과했다.

그러나 한국과 동남아시아의 접촉은 20세기 중엽 이후 점차 빈번해지고 지속적인 '관계'로 발전하고 있다. 한국전쟁과 베트남전쟁에서의 상호 군대 파견과 외교관계의 수립에 이어 무역량이 증대하고 동남아시아를 찾는 한국인 관광객의 수가 증가해 왔다. 최근에는 동남아시아 사람들의 한국으로의 노동 이주 및 결혼 이주가 계속 늘고 있으며, 노후의 삶을 위해 동남아시아 국가들로 이주하는 한국인도 많아지고 있다. 또 한류의 확산에 따라 한국의 대중문화에 관심 있는 동남아시아 사람이 늘고 그에 따라 한국을 방문하는 동남아시아 사람의 수도 증가하고 있다. 동남아시아는 이제 한국인의 삶과 긴밀히 연결된 이웃이 되었다. 동남아시아가 우리나라의 이러한 이웃이 되기까지 두 세계의 관계가 어떻게 발전했는지를 살펴보는 것은 의미 있는 일이다.

이 장에서 다루고자 하는 주제들은 다음과 같다. 첫째 선사 시대 한반도와 동남아시아 간 해양 교류의 가능성, 둘째 6세기 중국을 경유한 백제와 동남아시아 간 교류의 가능성, 셋째 7~8세기 한국 불교 승려들의 동남아시아 해로를 통한 인도로의 여행, 넷째 고려 시대 동남아시아 사람들의 한국으로의 이주, 다섯째 14세기 말에서 15세기 초 사이 한국-태국 및 한국-인도네시아의 무역 접촉, 여섯째 조선 시대 한국과 필리핀의 접촉, 일곱째 조선 시대 한국과 베트남의 교류, 여덟째 20세기 한국과 동남아시아의 교류 등이다.

2. 선사 및 고대 시기 동남아시아–한반도의 해양 교류

한반도와 동남아시아의 바다를 통한 접촉 및 교류는 선사 시대부터 시작된 것으로 보인다. 고대 시기 한반도와 동남아시아의 관계에 대한 역사적 증거가 희박하다. 관련 사료가 약간 있으나, 그것의 해석 문제 외에도 그 내용이 한반도와 동남아시아의 관계에 해당되는지 불명확하다. 사료란 것도 한국·일본·중국의 한문 사료며, 동남아시아에서는 관련 사료가 아직 발견되지 않았다. 야자수 잎, 목재, 천 등에 기록된 동남아시아의 고대 사료는 사실 이 지역의 무덥고 습한 환경에서 오래 보존되기가 거의 불가능하다.

선사 시대 동남아시아와 한반도의 교류는 무엇보다도 필리핀 해역에서 출발해 타이완과 쓰시마(對馬) 섬을 거쳐 한반도와 일본 열도 사이로 흐르는 쿠로시오(黑潮) 난류를 통해 이루어진 것으로 추측된다. 그러한 교류의 증거로 지석묘(支石墓) 즉 고인돌, 입석(立石) 즉 선돌, 석관묘(石棺墓) 즉 돌널무덤 등이 있다. 죽은 자의 혼령 숭배와 관련된 고인돌은 타이완, 인도네시아, 말레이시아, 일본, 중국, 인도 등 아시아 도처에서 발견되었다. 한반도에서는 호남 지역에서 가장 많이 출토된 고인돌은 그 분포에서 짐작할 수 있듯이, 우리나라로는 해양을 통해 전파된 것으로 보인다. 시신의 매장을 위한 돌널무덤도 동북아시아뿐만 아니라 동남아시아와 인도 등에 분포되어 있다. 역시 종교적 목적을 위해 세워진 것으로 보이는 선돌은 말레이시아와 인도네시아 등에도 널리 퍼져 있는데, 특히 머리 부분이 모자를 씌워놓은 것 같은 술라웨시 섬의 한 선돌은 전라남도 순천에서 발견된 것과 비슷하다.

최근 인도, 동남아시아, 타이완, 중국, 일본, 한국 등의 73개 종족 그룹에 속한 아시아인 1,928명의 유전자를 조사한 결과, 아시아 민족들 중 동남아시아의 민족들이 동북아시아의 민족들보다 더 오래되었고 더 다양하다는 것이 밝혀졌다. 또 조상으로부터 물려받은 특정 방향의 DNA 대립인자인 일배체형(haplotype)이 동북아시아 유전자 샘플의 경우 동남아시아 지역에서 발견되는 것이 50퍼센트인 데 비해, 중앙아시아 및 남아시아 지역에서 발견되는 것은 5퍼센트에 불과하다는 것도 밝혀졌다. 이 두 가지 사실은 중동 지방에서 출발한 이주의 물결이 동남아시아에 먼저 왔으며, 동북아시아 주민의 형성이 주로 동남아시아로부터 이주한 주민에 의해 이루어졌다는 것을 시사한다.

고대 한국과 중국의 해로는 우회로(迂廻路)라고도 불리는 연해로(沿海路)와 직항로(直航路)라고도 불리는 횡단로(橫斷路) 두 가지가 있었다. 이 중 횡단로는 한반도 서남 해안에서 황해를 횡단해 중국의 동남부 해안 지방에 이르는 바닷길을 일컫는다. 횡단로는 한반도와 중국 연안 그리고 나아가서는 남양 지역 간 교류의 중요한 통로로 사용되어, 이 해로를 통해 인도와 동남아시아를 포함한 남양 세계의 문물이 한반도로 유입되었다. 그러한 대표적인 예로 1~2세기 유적인 전라남도 해남의 패총(貝塚) 즉 조개무지와 3세기 유적인 경상남도 창원의 옹관묘(甕棺墓) 즉 독무덤과 공주의 무령왕릉에서 발굴된 유리구슬을 들 수 있다. 특히 이 유리구슬은 인도 외에도 말레이시아, 인도네시아, 태국, 베트남 등에서 발견되어 '인도-패시픽 유리구슬(Indo-Pacific glass beads)'로 불리는 것으로, 주로 인도 동남부 해안에서 기원전 3세기부터 기원후 3세기까지 생산되어 세계 도처로 교역되었다.

3. 6~8세기 한반도-동남아시아의 관계

중국을 경유한 백제-동남아시아의 교류

『일본서기(日本書紀)』의 킨메이(欽明) 왕 4년 즉 543년의 기록에 다음과 같은 서술이 있다.

> 가을 9월에 백제의 성명왕(聖明王)은 전부(前部) 내솔(奈率) 진모귀문(眞牟貴文)과 호덕(護德) 기주기루(己州己婁) 그리고 물부(物部) 시덕(施德) 마기모(麻奇牟) 등을 보내어 부남(扶南)산 물품과 노예 두 명을 바쳤다.[1]

이 기록에서 흥미로운 것은 백제가 캄보디아 남부와 베트남 남부 지역에 걸쳐 있던 나라인 부남의 물품과 노예를 어떻게 입수했을까 하는 점이다. 우선 노예와 관련해, 전근대 시기 동남아시아 해역에서 남중국해 연안에 걸쳐 광범위한 노예무역이 행해졌다는 사실에 주목할 필요가 있다. 노예는 매매에 의해서뿐만 아니라 종종 해안 지방에 대한 약탈과 납치로 획득되었다. 그 물품과 노예를 백제가 부남에 직접 갔거나 부남과의 직접적인 교역을 통해 확보한 것으로는 보이지 않는다. 부남이나 부남 주위의 인도차이나 지역에서 관련 비문이나 그 지역으로 백제의 선박이 왕래했다는 것을 입증하는 해양고고학적인 유물은 지금까지 발견되지 않았다. 또 『삼국사기(三國史記)』나 『삼국유사(三國遺事)』 등 한국의 사료에도 백제 사람들이 당시 부남 내지는 동남아시아 지역을 직접 방문해 무역을 했다는 것을 보여 주는 기록이 없는 것은 물론 그것을 암시하는 단서조차 보이지 않는다.

여러 사료에서 확인되는 6세기의 백제-중국 간 교류와 중국-부남 간 교류를 근거로 볼 때, 백제는 부남의 물품과 노예를 중국과의 무역을 통해 입수한 것으로 추측된다. 중국 사료들에 의하면, 부남 왕국의 조정은 5세기 말에서 6세기 전반에 걸쳐 빈번하게 중국의 광저우로 상선을 보내고 중국 정부에 각종 선물 내지는 조공을 바쳤다.[2] 중국 사료들에 따르면, 5세기 초부터 중국으로 사신을 파견해 공물을 바치기 시작한 백제는 6세기에 들어서서도 중국에 수시로 조공 사신을 보냈다.[3]

특히 백제가 543년에 부남의 물품을 일본에 바쳤다는 기록과 관련해, 534년과 541년에 백제가 양(梁)나라로 조공 사신을 파견했다는 기록은 중요한 것으로 판단된다. 『양서(梁書)』에 따르면, 백제는 534년과 541년 양에 여러 차례 사신을 파견해 토산물을 진상하면서 중국 정부에게 서적들과 학자 및 장인(匠人) 등을 요청했는데, 양나라 조정이 그 청을 들어주었다고 한다.[4] 이처럼 당시 양나라와의 교역을 통해 부남의 물품과 노예가 백제로 유입되었을 수 있다.

7~8세기 한국 승려들의 동남아시아 방문

7세기 초 중국이 당(唐)에 의해 통일된 이후 한국의 많은 승려가 불교를 공부하기 위해 중국으로 갔으며, 그중에는 불교에 대한 더욱 깊은 공부를 위해 인도로 간 자도 적지 않았다. 인도까지 간 한국의 승려 중에는 중국에서 배를 타고 동남아시아의 남중국해를 건너간 자도 더러 있었다. 이들이 이처럼 당나라 시대 중국에서 해로를 따라 동남아시아를 경유해 인도까지 여행했던 것은 5세기 이후 중국과 동남아시아 및 인도 간 해상 교통이 본격적으로 발달했기 때문에 가능한 일이었다.

당의 승려 의정(義淨, 635~713)이 쓴 『대당서역구법고승전(大唐西域求法高僧傳)』에는 아리야발마(阿離耶跋摩) 법사(法師), 혜업(慧業) 법사, 현태(玄太) 법사, 현각(玄恪) 법사, 혜륜(慧輪) 선사(禪師)와 익명의 두 사람 등 모두 일곱 명의 신라 불승이 중국에서 활동하다가 인도에 갔다고 기록되어 있다. 이 중 이름이 알려지지 않은 두 명의 신라 승려는 당시 당의 수도인 장안(長安)에서 출발해 배를 타고 인도에 가다가 실리불서국(室利佛逝國)의 서쪽에 있다는 파로사국(婆魯師國)에 이르러 그곳에서 모두 병에 걸려 죽었다고 한다. '실리불서국'은 7세기에 수마트라 섬 중부 북안의 팔렘방을 중심으로 흥기한 인도네시아의 고대 해상 왕국인 스리위자야임이 확실하며, '파로사국'은 수마트라 섬 서북부의 바루스(Barus) 일대에 있었던 고대 왕국으로 추정된다. 『대당서역구법고승전』은 또 고구려 출신의 현유(玄遊)가 중국의 승철(僧哲) 선사를 따라 7세기에 뱃길로 인도에 가다가 사자국(師子國) 즉 오늘날 스리랑카에서 출가해 승려가 되었다고 전한다.[5] 현유도 익명의 두 신라 불승처럼 믈라카 해협을 통과하는 항로를 택했던 것으로 보인다.

8세기에도 한국인으로서 중국에 공부하러 간 불교 승려가 많았다. 그중에는 인도로 구법 순례를 떠난 자가 종종 있었으며, 그러한 인물로 우리에게 잘 알려져 있는 혜초(慧超)가 있다. 704년경 신라에서 출생한 혜초는 719년 중국에 가서 불교 중에서도 특히 밀교를 공부했다. 그는 723년 당시 중국 남부의 최대 항구였던 광저우에서 배를 타고 동남아시아의 바닷길을 통해 인도양 벵골만의 서북부 연안에 위치해 있던 동천축국(東天竺國)에 도착한 후 인도의 여러 지방과 오늘날 파키스탄과 아프가니스탄, 투르크메니스탄, 우즈베키스탄, 타지키스탄 등을 여행했다. 혜초는 자신이 뱃길을 따라 인도까지 간 여정과 인도 및 그 주변 나라들에서 보고 듣고 겪은 것을 『왕오천축국전(往伍天竺國傳)』이란 여행기에 기록했다.

혜초는 중국에서 배를 타고 동남아시아를 거쳐 인도로 갔다. 이 사실은 8세기에서 9세기 사이 당나라에서 활동한 혜림(慧琳, 737~820)이 편찬한 『일체경음의(一切經音義)』를 통해 알 수 있다. 『일체경음의』는 당시 중국의 주요 불교 서적들에 나오는 난해한 단어들의 음과 의미를 설명해 놓은 일종의 주석서다. 이 책에 '각멸(閣蔑)'이란 지명이 소개되어 있는데, 혜림은 이 단어를 "곤륜(崑崙) 지방의 말이다. 옛 이름은 임읍국(林邑國)이다. 여러 곤륜 지방의 나라들 중에 이 나라가 최고로 컸는데 이 나라 또한 삼보(三寶)를 공경하고 믿었다"라고 설명한다.[6] 중국어 발음으로 '거메'가 되는 '각멸'은 그러나 임읍국 즉 짬빠 왕국을 가리키는 것으로 볼 것이 아니라, 오늘날 캄보디아에 대한 현지인의 명칭인 '크마에' 즉 '크메르'로 읽어야 타당할 것이다.

'각멸'은 『일체경음의』의 『혜초왕오천축국전』 상권 중 첫 번째로 등장하는 단어다. 이것은 혜초가 중국의 광저우에서 출항한 후 얼마 지나지 않아 캄보디아에 들렀거나 그 연안을 지나갔다는 것을 암시한다. 『일체경음의』의 『혜초왕오천축국전』 중권에서 첫 번째로 등장하는 단어는 '나형국(裸形國)'이다. 혜초가 문자 그대로 벌거벗은 주민을 만난 것으로 보이는 이 나라는 대개 말레이 반도 북부 서안의 한 왕국이거나 수마트라 섬의 북부 바다에 있는 니코바르 제도로 간주된다. 혜초는 캄보디아 남부 연안을 거쳐 니코바르 제도 혹은 말레이 반도 북부 서안에 도달하기까지 도중에 믈라카 해협을 통과했을 것이다. 옛날부터 남중국해에서 인도양으로 혹은 인도양에서 남중국해로 항해할 때는 일반적으로 믈라카 해협을 지나는 뱃길이 이용되었다. 앞에서 언급한 7세기 익명의 신라 스님들이 수마트라 섬 서부의 바루스까지 간 것에서도 볼 수 있듯이, 당시 중국에서 인도로 가는 승려 가운데는 믈라카 해협을 지나가는 항해 여정을 선호한 자가 많았다.

4. 고려 시대 한국–동남아시아의 교류

남만인(南蠻人) 왕삼석

한국과 동남아시아의 교류는 고려 시대(918~1392)에 들어서면 더욱 많아졌다. 『고려사(高麗史)』에는 왕삼석(王三錫)이란 자가 등장한다. 「열전(列傳)」에 의하면, 그는 '폐행(嬖幸)' 즉 '비천한 출신이지만 아첨으로 왕의 총애를 얻은 자'로 분류되어 있다. 왕삼석은 남만에서 상선을 타고 중국의 허베이(河北)성에 와 살던 중 당시 중국에 체류하던 고려의 충숙왕(忠肅王, 재위 1313~1330, 1332~1339)을 만났다. 의술, 마술(魔術) 그리고 사주·풍수를 바탕으로 한 방술(方術) 등을 약간씩 알고 있었던 것으로 보이는 왕삼석은 충숙왕의 눈에 들어 그를 따라 고려에 왔다. 왕의 신임을 받아 심지어 왕의 사부(師傅)라고 불린 그는 관직을 팔고 사람을 옥에 가두었으며 국왕의 총애를 등에 업고 대단한 권세를 누렸으나 결국 많은 조신들에게 미움을 받았다.[7] 사료에는 명확하게 기록되어 있지 않지만, 그는 충숙왕 재위 기간 중 고려에서 죽은 것으로 보인다.

왕삼석의 출신 지역인 '남만(南蠻)'은 『구당서(舊唐書)』와 『신당서』에서 현 중국 윈난성에 있었던 남조국(南詔國)과 미얀마, 베트남 중부 및 남부, 캄보디아, 인도네시아, 말레이시아 등 동남아시아 지역을 가리키는 개념으로 쓰였다.[8] 『송사(宋史)』는 삼불제국(三佛齊國) 즉 스리위자야를 "남만의 별종(南蠻之別種)"이라고 설명한다.[9] 중국 사료들에서의 이러한 '남만' 개념을 중시하고, 왕삼석이 배를 타고 중국에 왔다는 점 그리고 남조국이 10세기 초에 멸망했다는 사실을 고려할 때, 그를 동남아시아에서 온 사람이라고 보아도 무리 없을 것이다. 그러나 동남아시아 사람이 어떻게 해서 '왕삼석'이란 중국식 이름을 갖고 있었는지 의아스럽다. 『고려사』의 기록으로는 그가 동남아시아에서 살던 중국인이었는지 아니면 동남아시아 토착민이 중국에 와서 중국식 성명을 취한 것인지 알 수 없다.

베트남인의 한국 이주와 가문 설립

한국과 동남아시아의 교류에서 고려 시대에만 일어난 것으로 알려져 있는 특이한 일이 있다. 그것은 베트남인의 한국으로의 이주 및 한국에서의 가문 설립이다. 이와 관련해 세 가지의 이야기가 있다. 첫째는 이양혼(李陽焜)이란 베트남 왕자가 12세기 초에 한반도에 와 정선(旌善) 이씨(李氏) 집안을 세웠다는 것이고, 둘째는 이용상(李龍祥)이란 베트남 왕족이 13세기 초에 고려로 건너와 화산(花山) 이씨(李氏)의 시조가 되었다는 것이며, 셋째는 막딘찌(Mac Đinh Chi, 莫挺芝)라는 베트남 관리가 14세기 초에 한국 여인과의 사이에 자식을 낳았으며 이들에 의해 한국의 막(莫)씨 가문이 생겨났다는 것이다.

정선 이씨의 베트남인 이양혼 기원설은 『정선이씨족보(旌善李氏族譜)』에 근거한 것이다. 이에 따르면, 이양혼 즉 '리즈엉꼰(Ly Duong Con)'은 베트남 리(Ly, 李) 왕조(1009~

1225)의 제5대 왕 깐득(Can Đuc, 乾德)의 삼남(三男)으로 1114년에서 1125년 사이에 국난을 피해 한반도로 망명했다. 그러나 이 이야기에는 중대한 허점이 있다. 베트남 사료인 『대월사기전서(大越史記全書)』에 의하면, 깐득에게는 아들이 없었다. 그래서 그는 여러 제후의 아들들을 양자로 삼아 그들 중 하나인 리즈엉호안(Ly Duong Hoan, 李陽煥)을 태자로 임명했다. 또 리즈엉꼰이란 이름은 베트남 사료에서 발견되지 않는다. 베트남의 역사학자 판후이레(Phan Huy Le)는 왕실 인물이라도 베트남의 정사(正史) 사료에 이름이 잘못 기록되거나 심지어 누락될 수 있음을 지적하면서, 리즈엉꼰이 양자 중 한 명이었을 것으로 본다.

이 같은 문제 외에도 족보의 사료로서의 신빙성이 의심스럽다. 족보에 따르면, 족보는 1677년에 처음 편찬되었고 1771년, 1854년, 1856년에 보완되었다. 족보 중 특히 「교지사적(交趾事迹)」과 「안남국세기(安南國世紀)」 등은 이양혼의 베트남 행적과 관련된 정보를 담고 있는데, 이 부분은 모두 베트남 사료는 이용하지 않고 중국의 사서인 『송사』를 근거로 작성되었다. 이양혼의 정선 이씨 이야기는 대부분의 베트남 학자들 사이에서 역사적 사실로 받아들여지고 있고 한국에서도 이에 대해 관심을 보이는 사람이 있으나, 아직은 조심스럽게 접근할 필요가 있는 것으로 보인다.

화산 이씨 가문을 창건했다는 이용상의 이야기는 『화산이씨세보(花山李氏世譜)』, 『화산이씨가전실록(花山李氏家傳實錄)』, 『옹진부읍지(甕津府邑誌)』, 『수항문기적비(受降門紀蹟碑)』 등의 사료에 기록되어 있다. 『화산이씨세보』에 의하면, 이용상 즉 리롱뜨엉(Ly Long Tuong)은 리 왕조의 제6대 왕 아인똥(Anh Tong, 英宗, 재위 1138~1175)의 둘째 아들이다. 아인똥의 장남은 롱깐(Long Can)으로, 왕위를 계승해 까오똥(Cao Tong, 高宗, 재위 1176~1210)이 되었다. 까오똥은 재위 말에 동생인 리롱뜨엉에게 왕위를 물려주려고 했으나 리롱뜨엉이 사양했다. 까오똥이 죽은 후 왕위를 계승한 까오똥의 아들은 아직 어렸기 때문에 숙부인 리롱뜨엉과 평해공(平海公) 뀐뗏(君芯) 그리고 쩐녓찌에우(陳日照) 등 세 명이 섭정이 되었다. 쩐녓찌에우는 까오똥의 여동생의 남편이었다. 그 후 여동생과 쩐녓찌에우가 국정을 좌지우지하다가 마침내 나라를 빼앗았다. 이에 리롱뜨엉은 리 왕조가 망한 것을 보고 1226년에 꿘떳과 더불어 왕실의 제기(祭器)를 품에 안고 배를 타고 동쪽으로 항해해 고려의 옹진(甕津)군 화산에 다다랐다. 고려의 국왕 고종(高宗, 재위 1213~1259)은 1226년 가을에 이용상의 어진 덕에 대해 듣고 그를 화산군(花山君)에 봉했다고 한다.

화산 이씨가 베트남의 왕자 리롱뜨엉에 의해 창건되었다는 이야기는 앞서 언급한 여러 사료의 존재에도 불구하고 사실로 받아들이기에는 많은 문제가 있다. 결정적인 것은 리 왕조의 제6대 왕인 아인똥의 둘째아들이자 제8대 왕인 후에똥(Hue Tong, 惠宗, 재위 1211~1224)의 숙부로 그의 섭정을 지냈다고 하는 리롱뜨엉이란 사람의 이름이 베트남의 사료에 전혀 나타나지 않는다는 점이다. 게다가 『수항문기적비』, 『화산이씨세보』, 『화산군본전』 등의 여러 사료에 등장하는 베트남인들 그리고 이들의 활동과 연관되어 서술되어 있는 베트남의 역사는 『대월사기전서』나 『월사략(越史略)』 같은 베트남 사료의 내용과 비교할 때 맞지 않는 것이 적지 않다.

막씨의 베트남인 기원에 대한 이야기는 베트남의 역사학자인 반따오(Van Tao)에 의해 상세히 다루어졌다. 그에 의하면, 막딘찌는 베트남에서 과거에 급제한 후 관료로 활동하다가 1308년에 사신으로 발탁되어 중국에 파견되었다. 그는 베이징에서 고려 사신을 만났는데, 막딘찌와 가까워진 고려의 사신은 그를 고려로 초청해 자신의 사촌 여동생을 그에게 소개해 주어 애첩으로 삼도록 했다. 막딘찌는 그 후 애첩을 중국에 데리고 가 그곳에서 아들과 딸 각각 하나씩 낳았다. 그는 얼마 후 애첩과 자녀를 다시 고려로 데리고 와 이들을 그녀의 친정에 맡기고 베트남으로 귀국했다. 막딘찌는 그 후 고려를 다시 한 번 방문해 6개월 머물면서 아들 하나를 더 보았다. 막씨 가문은 그의 후손들에 의해 이어졌다. 그러나 막딘찌가 중국에서 고려의 사신과 교제했다는 에피소드는 물론, 고려 여인과의 결혼 및 후손과 관련된 이야기는 모두 베트남 사료는 물론 한국의 사료에서도 확인되지 않고 오직 베트남에 있는 막씨 가문에서 전승되어 온 것으로, 사실로 받아들이기가 어렵다.

5. 14세기 말~15세기 초 태국 및 인도네시아와의 무역 접촉

14세기 말 한국-태국의 무역 교류

『고려사』에는 공양왕(恭讓王, 재위 1389~1392) 3년인 1391년 음력 7월 부분에 다음과 같은 기록이 있다.

> 섬라곡 왕국이 나이 공(奈工) 등 여덟 명을 보내어 토산물을 바치며 서신을 보내어 이르기를, "섬라곡 왕이 이번에 나이 공 등을 사신으로 삼아 배를 감독케 하고 토산물을 싣게 하여 고려 국왕에게 바치도록 명했습니다"라고 했다. (서신은) 성명이 없고 봉인되어 있지 않으며 단지 작고 둥근 도장이 찍혀 있을 뿐인데, (그 진위를) 조사할 수도 없었다.…그들이 왕에게 아뢰기를, "무진년(戊辰年) 즉 1388년에 (저희 나라 왕의) 명령을 받들어 배를 출항해 일본에 도착해 1년을 그곳에 머물었다가 오늘 귀국에 이른 것입니다. 전하를 뵈올 수 있게 되니 여행의 피로를 잊어버립니다"라고 했다.[10]

섬라곡(暹羅斛)은 태국의 옛 명칭인 '시암'을 가리킨다. 당시 시암은 아유타야 왕조 시대로 대외무역 활동이 활발하던 시기였다. 『고려사』의 기록에 의하면, 나이 공 일행은 고려 조정에 한 서신을 바쳤는데, 이것은 그들을 태국 조정이 고려로 공식적으로 파견한 사절로 소개하고 있다. 그러나 서신은 시암 국왕의 이름이 없었을 뿐만 아니라, 어떠한 문자나 특별한 부호도 표시되어 있지 않은 작은 도장만 찍혀 있었고 심지어 봉인되어 있지 않아 도무지 국서(國書)로서의 모양새를 갖추고 있지 않았다. 이에 고려는 그 서신을 공식적인 것으로 인정하지 않았다.

당시 태국에서 '나이'라는 칭호가 무역선 선장에게 붙여졌다는 사실을 고려하면, 나이 공은 시암 국왕에게 속한 무역선의 선장 혹은 사무역에 종사하는 정크의 선장이었을 것이다. 어쨌든 그는 시암 정부가 고려로 정식으로 파견한 사신이 아니었던 것으로 보인다. 추측컨대 그는 시암을 기반으로 남중국해 및 동중국해에서 활동하는 무역 상인으로서 일본에 왔다가 거기서 고려에 대한 정보 내지는 소문을 듣고 고려에 왔던 것이다. 나이 공이 고려에 온 것은 새로운 무역 시장을 개척하려는 동기에서였을 것이다.

이러한 나이 공 일행의 1391년 고려 내방은 곧 결실을 맺어, 이성계가 조선 왕조를 창건한 이듬해인 1393년에 우리나라는 시암에서 온 또 다른 방문객을 맞이했다. 『태조실록』 1393년 음력 6월 16일의 기록에 다음과 같은 내용이 있다.

> 섬라곡 왕국은 그 신하인 나이 장사도(乃 張思道) 등 스무 명을 보내와 소목(蘇木) 일천 근과 속향(束香) 일천 근 그리고 토인(土人) 두 명을 바쳤다. 왕은 이 두 사람으로 하여금 궁궐 문을 지키도록 명령을 내렸다.[11]

이 기록의 나이 장사도는 나이 공처럼 무역선의 선장으로 간주된다. 그리고 그가 공식적인 사신이었더라면 응당 가져왔어야 할 시암 국왕의 국서에 대한 언급이 없는 점을 고려할 때 그가 사무역 상인이었으며, 특히 그 이름에서 짐작할 수 있듯이 태국에 체류하거나 활동 거점을 둔 화상(華商)이었을 것이다. 왕조 출범 직후 통상의 목적으로 온 태국 사람을 손님으로 맞이한 조선 조정은 희귀한 물품을 생산하는 동남아시아의 이 나라와 관계를 맺는 것에 관심을 보였다.

그 관심은 『태조실록』 1393년 음력 7월 5일의 기록에 나타나 있다. 이에 따르면, 조선은 1393년 말에서 1394년 초 사이에 시암 '사신' 일행의 내방에 대한 답례로 조선의 사절을 장사도 일행과 함께 태국으로 보냈다. 장사도는 조선의 사절과 함께 태국으로 돌아가는 길에 우선 일본에 들렀다가 거기서 해적의 습격을 받아 조선이 시암 정부에 보내는 선물과 화물이 모두 소실되었다. 장사도는 다시 조선에 돌아오지 않을 수 없었으며 이때 조선의 사절도 함께 돌아왔다.[12] 이것으로 태국에 사신을 파견하려던 한국의 첫 시도는 수포로 돌아갔다.

장사도 일행은 1394년 말에서 1395년 초 사이의 겨울에 다시 조선을 떠났는데 이때 다시 조선의 사절단을 배에 태우고 태국으로 향했다. 이 사절단의 태국행 결과는 『태조실록』 1396년 음력 7월 11일의 기록에서 엿볼 수 있다.[13] 하지만 이 기록은 조선의 사신 일행이 태국에서 어떤 활동을 했는지는 물론이려니와 그들이 과연 실제로 태국을 방문했는지에 대해 전혀 말해 주지 않는다. 태국의 사료들 중에도 14세기 말 조선 사신의 시암 방문에 관한 이야기를 담은 것이 발견된 적이 없다. 여러 정황으로 미루어 볼 때 조선 조정이 보낸 사절단은 당시 태국을 방문하지 않았던 것으로 보인다. 그 후 임득장(林得章)이라는 시암의 '사신'이 조선 사절단을 태우고 한국에 오다가 전라도 나주(羅州) 앞바다에서 왜구의 공격을 받았지만 천신만고 끝에 조선에 왔다는 이야기가 『태조실록』에 기록되어 있다.[14]

이 기록을 끝으로 『조선왕조실록』에는 아유타야 왕국으로부터의 내방객이나 태국으로의 사신 파견에 대한 이야기가 더 이상 나오지 않는다. 조선 시대 한국과 태국의 관계는 1397년 말에서 1398년 초 사이에 임득장이 조선을 떠난 후 더 이상 지속되지 않았던 것으로 보인다.

14세기 말~15세기 초 한국과 인도네시아 자와의 무역 접촉

14세기 말~15세기 초 한국과 자와 섬의 교류는 14세기 말 한국과 태국의 접촉을 통해서 그리고 그 접촉에 이어서 일어났다. 『태종실록』 1406년 음력 8월 11일 부분에 다음과 같은 기록이 있다.

> 남방의 야만국인 자와 왕국의 사신 진언상(陳彦祥)이 전라도의 군산도(群山島)에 이르러 왜구에게 약탈당했다…언상은 일찍이 갑술년 즉 1394년에 사신으로 와서 (조정에) 선물을 바쳤다. 그는 우리 조정에서 종사품(從四品)의 문관직인 서운부정(書雲副正)의 벼슬을 제수했던 자다.[15]

'자와 왕국'은 마자파힛 왕국을 가리키는 것으로 보인다. 1406년 진언상의 조선 방문에 대한 이야기는 『태종실록』 1406년 음력 9월 16일의 기록에 보다 상세히 정리되어 있다.

> 자와 왕국의 진언상 등이 돌아갔다. 임금께서 그들에게 물품을 후하게 하사함으로써 그들을 보냈다. 진언상이 의정부(議政府)에 글을 올려 말하기를…"영락 4년 5월 18일에 저희의 왕이 저희들을 보내면서 특별히 토산물을 갖고 가 (전하께) 진상하라고 했습니다. 이에 그해 5월 22일에 출발해…윤7월 1일에 조선의 전라도 진포 바깥의 군산도 외각에 다다랐을 때, 예기치 않았던 일본 해적을 만나 전부 약탈당하고

본선(本船)만 남았을 뿐입니다. 지금 돌아가도 좋다는 명령을 받았으나, 배를 탈 수부(水夫)들이 일본인들에게 태반 살해당하고 남은 자들은 잡혀가 배를 탈 사람이 적습니다…저희들이 타고 온 큰 배를…경쾌한 작은 배 한 척과 바꾸어 주시기를 원합니다. 내년에 다시 오겠습니다"라고 했다. 이에 왕이 허락했다.[16]

진언상은 그 이름에서 짐작할 수 있듯이, 남중국해 및 동중국해에서 무역을 하던 화상이었으며, 특히 인도네시아의 자와 섬을 기반으로 활동한 것으로 보인다. 그는 1394년에 조선에 '사신'으로 왔다고 되어 있지만, 자와 국왕의 국서 등 부가적인 언급이 없는 점으로 미루어 보아, 사무역 상인으로 왔던 것으로 보인다. 그러나 『태종실록』 1412년 음력 4월 21일의 기록에 의하면, 진언상은 그 후 자와 왕국의 공식적인 사신으로 일본에 파견되었으며, 거기서 자신의 손자인 실숭(實崇)을 선물과 함께 조선에 보내 과거의 은혜에 대한 감사를 표했다.[17] 1412년에 실숭 일행은 조선을 떠났으며, 이로써 조선 시대 한국과 자와 섬 사이의 교류는 끝난 것으로 보인다.

조선은 자와 섬과의 접촉에서 자와로의 사절단 파견을 시도하지 않았다. 조선과 인도네시아의 마자파힛 왕국 간 관계뿐만 아니라 조선과 태국의 아유타야 왕국 간 관계가 15세기 초에 이처럼 단절된 것은 한편으로는 한반도 연안을 포함한 동중국해에서의 왜구의 위협 때문이었으며, 다른 한편으로는 해외무역에 대한 조선의 조심스러운 내지는 소극적인 자세 때문이었던 것으로 보인다.

6. 조선 시대 한국-필리핀의 접촉

17세기 초 조선인 가톨릭 신자들의 마닐라 체류

임진왜란이 발발한 1592년부터 1597년 정유재란까지 여러 해 동안 많은 조선인이 일본에 끌려갔다. 그들 중에는 가톨릭을 믿는 일본인 다이묘(大名)들에 예속되어 있던 자가 많았으며, 그러한 조선인 가운데 상당수는 일본에서 가톨릭 신자가 되었다. 반(反)기독교 정책을 펼치고 있던 토쿠가와 이에야스(德川家康) 정부는 1613년 일본 전역에서 가톨릭 전파를 금하고 유럽인 신부 및 선교사뿐만 아니라 가톨릭 신앙의 포기를 거부하는 일본인도 해외로 추방한다는 칙령을 선포했다.

이에 따라 1614년 초가 되면 많은 유럽인 신부와 현지인 가톨릭 신자가 항구 도시 나가사키(長崎)에 집결해 마카오, 태국, 필리핀 등으로 가는 여러 배에 분승되었다. 마닐라로 간 사람은 350명이었으며, 거기에 조선인 세 사람이 포함되어 있었다. 이들은 박마리나(Pak Marina), 가요(Gayo), 토마스(Tomas) 등으로, 박마리나만 성이 박씨라는 것을 알 수 있을 뿐, 다른 두 명은 한국 성과 이름이 무엇인지 확인되지 않는다. 그들이 탄 배는 1614년 11월 초 나가사키를 떠나 그해 12월 21일 마닐라에 도착했다. 마닐라에 온 사람들은 대부분 인트라무로스(Intramuros) 밖에 있는 산미겔(San Miguel) 마을에 수용되었다. 인트라무로스는 스페인이 1571년 마닐라를 식민지 수도로 삼은 후 건설한 요새로서, 그 내부에는 식민 행정 관리와 군인 등의 스페인인을 비롯해 상류층 사람만 살았으며, 필리핀 현지인들은 대부분 성 밖의 마을들에 거주했다. 산미겔은 그러한 마을 중 하나였다.

산미겔 마을에 온 조선인 세 명 중 박마리나는 일본으로 끌려간 후 1606년에 가톨릭 신자가 된 여성으로, 1636년 만 64세의 나이로 사망할 때까지 그 마을에서 살았다. 그녀의 유골은 산미겔 성당의 묘지에 묻혔다. 가요는 조선에서 원래 불교 승려였던 자로 일본으로 끌려갈 때 20대의 나이였다. 그는 교토(京都)에서 일본인 주인의 친척 중 하나에게서 전도를 받아 가톨릭으로 개종했다. 가요는 마닐라에서 1615년 유럽인 선교사들과 함께 일본에 들어가 포교 활동을 하다가 1623년 체포되었으며 그 후 처형되었다.

토마스는 양반 계급 출신으로 1598년 일본에 붙잡혀 갔다. 그의 부친은 조선 조정의 관리가 되자 일본에 가는 사신 일행에게 아들의 행방을 수소문해 그를 본국으로 데려오도록 부탁했다. 1617년 일본에 파견된 조선의 사신은 일본 정부에게서 그가 필리핀으로 추방되었다는 말을 듣고는 마닐라 식민 당국에 토마스의 부친의 서신이 포함된 청원서를 보냈다. 부친의 서신을 수령한 토마스는 그것을 자신과 가까이 지내는 도미니크수도회 사제들에게 보여 주면서 자신이 조선으로 돌아갈 수 있도록 도와 달라고 부탁했다. 그러자 도미니크수도회 측은 그것을 조선에서의 가톨릭 선교를 위한 좋은 기회로 간주했다. 1618년 6월 중순 토마스는 유럽인 사제들과 함께 나가사키행 배를 탔다. 그러나 조선에 밀항하려는 도미니크수도회 사제들의 계획은 일본 당국에 들켜 실행되지 못했으며, 결국 토마스 혼자만 조선으로 돌아왔다.

19세기 초 우이도 주민들의 필리핀 루손 표류

전라남도 진도(珍島) 서쪽에 있는 우이도(牛耳島)에 사는 문순득이라는 상인은 1802년 1월과 2월 사이의 어느 날 홍어를 사기 위해 배를 타고 흑산도(黑山島) 남쪽에 있는 태사도(苔士島)에 갔다. 숙부인 문호겸(文好謙), 이백근(李白根), 박무청(朴無碃), 이중원(李中原) 등 어른 네 명과 김옥문(金玉紋)이라는 소년 한 명도 함께 갔다. 문순득 일행이 탄 배는 2월 20일 태사도에서 출항해 소흑산도로 항해하던 중 태풍을 만나 표류해 제주도 근처까지 떠밀려 내려갔다. 배는 계속 표류해 3월 3일에는 일본 류큐(琉球) 제도의 오오시마(大島) 섬에 도달했다.

문순득 일행은 그 후 류큐 제도의 여러 섬에서 11월 초까지 지내다가 중국으로 가는 배를 타고 11월 11일 출항했다. 조선인들이 중국행 선박에 태워 보내진 것은 당시 류큐, 베트남, 조선 등에 사람이 표류해 오면 이들을 일단 중국으로 보내야 하는 표류인 송환 체제 때문이었다. 그 배에는 조선인 여섯 명 외에 류큐 사람 예순 명과 역시 조난을 당한 중국 푸젠성 사람 서른두 명이 타고 있었다. 그러나 그 배는 도중에 거센 풍랑을 만나 또다시 표류해 11월 25일 여송(呂宋) 즉 필리핀 루손 섬의 '서남마의(西南馬宜)'에 도착했다. '서남마의'는 오늘날 루손 섬 동북부 연안의 카가얀(Cagayan)주나 이사벨라(Isabela)주 혹은 루손 섬 서북부의 일로코스노르테(Ilocos Norte)주의 한 지명을 가리키는 것으로 추정된다. 거기서 그들은 루손 섬의 동북부 근해에 다섯 개의 섬이 있다는 말을 듣고 13일 동안 항해해 그 근처까지 갔으나 그 지역의 풍속을 알지 못해 상륙을 포기했다. 이 섬들은 바부얀(Babuyan) 제도인 것으로 보인다.

그들은 다시 남쪽으로 항해해 12월 초순에는 '일로미(一咾嵋)'에 도착했다. '일로미'는 오늘날 일로코스수르(Ilocos Sur)주의 한 항구였을 것으로 추측된다. '일로미'에는 푸젠성 출신 중국인 수십 가정이 있었는데, 문순득 일행은 그중 한 가정에 기거하며 지냈다. 그러다가 함께 배를 타고 온 류큐 사람들이 푸젠 사람 다섯 명과 조선인 네 명과 함께 1803년 5월 6일 먼저 출발했다. 문순득의 숙부를 포함한 조선인 네 명은 1804년 4월과 5월 초 사이에 조선에 귀국했다. 문순득과 소년 김옥문은 다른 푸젠 중국인들과 함께 '일로미'에 계속 체류했다. 거기서 문순득은 면사를 구입해 그것으로 노끈을 꼬아 주민에게 판 돈으로 술과 담배를 샀다. 김옥문은 매일 땔나무를 베어 팔았다.

1803년 6월과 7월 사이 마카오에 사는 루손 출신 한 상인의 배가 '일로미'에 오자 지역 당국은 조선인들과 중국인들을 태워 광둥으로 데려가라고 지령을 내렸다. 이 조치 역시 당시 동아시아에서의 표류인 송환 방식에 의거한 것이었다. 이에 상선은 10월 13일 출항하여 10월 24일 마카오에 입항했다. 문순득과 김옥문은 거기서 몇 개월 지내다가 1804년 5월 30일 양저우(楊州)에 도착했으며, 이후 육로로 여행해 6월 말에 수도 베이징에 다다랐다. 그 후 그들은 베이징에 온 조선의 관리를 따라 국경 도시 의주(義州)를 경유해 1805년 1월 16일 한양에 도착했으며, 2월 7일 마침내 고향에 돌아왔다. 문순득은 우이도에 돌아온 후 당시 유배되어 그 섬에 거하고 있던 정약전(丁若銓)에게 자신의 표류 및 여행을 이야기해 주었으며, 정약전은 그의 경험담을 『표해시말(漂海始末)』이라는 제목의 책으로 엮었다.

1801년 제주도 표도인(漂到人)의 정체

『순조실록』에는 1801년 가을 제주도에 표류해 온 다섯 명의 외국인 이야기가 나온다. 정동유(鄭東愈, 1744~1808)가 1805년에서 1806년 사이에 쓴 『주영편(晝永編)』에 의하면, 그들의 이름은 열리난두, 안드러수, 마리안두, 꺼이단우, 분안시고 등이다.[18] 그들이 어느 나라에서 온 사람인지 알 수 없었던 조선 당국은 당시의 표류인 송환 방식에 따라 그들을 중국으로 보냈다. 하지만 중국 정부도 그들이 어느 나라 사람인지 파악하지 못하고 그들을 조선으로 되돌려 보냈다. 그들 중 한 사람은 중국 여행 중에 병사했고 또 한 사람은 1805년 제주도에서 병들어 죽었다.

1807년에 류큐 사람들이 제주도에 표류해 왔는데, 그들 가운데 과거에 루손에 표류한 적이 있었다는 궁평(宮平)이란 자가 있었다. 제주 당국은 그를 제주도에 여전히 체류하고 있던 세 명의 표도인과 만나게 했는데, 그들이 서로의 말을 알아듣는 듯한 모습을 보이자 표도인들을 '여송(呂宋)' 즉 루손 사람으로 단정했다.[19] 그 후 문순득이 루손에서 현지인이 쓰는 단어들을 기록한 것 그리고 현지인의 외모와 복장에 대해 묘사한 것을 갖고 왔는데, 제주도의 세 표도인들의 외모와 의복이 문순득의 묘사와 비슷하고 또 그가 기록한 루손의 단어들을 그들에게 말해 주었더니 그들이 알아듣고는 미친 사람 내지는 바보처럼 울부짖었다. 이에 조선 조정은 그들이 루손 사람이라고 최종 결론을 내렸다.[20]

그러나 과연 그들이 루손에서 온 필리핀 사람이었을까? 『순조실록』과 『주영편』에는 표도인들의 정체를 말해 주는 단서가 두 가지 있다.

첫 번째 단서는 『주영편』에 수록되어 있는 표도인들의 이름과 일상 어휘들이다.[21] 그들의 이름 중 열리난두, 안드러수, 마리안두 등은 포르투갈 이름인 페르난두(Fernando), 안드레수(Andreso), 마리안두(Mariando) 등으로 읽을 수 있다. 일상어들은 필리핀의 국어인 타갈로그어가 아닌 것이 분명하다. 그 말들은 대부분 포르투갈어나 스페인어로 보이는데, 만약 스페인어라면 표도인들이 루손 사람이라는 조선 당국의 단정이 옳았을 수 있다. 하지만 어휘의 상당 부분은 스페인어가 아니라 포르투갈어다. 예컨대 표도인들은 땅을 '떼라'라고 했는데, 이것은 스페인어 '티에라(tierra)'보다는 포르투갈어 '테라(terra)'와 일치한다. 아버지를 뜻하는 '빼'는 스페인어 '파드레(padre)'보다 포르투갈어 '파이'에 가깝고, 여성을 뜻하는 '몰열'은 스페인어 '무헤르(mujer)'보다 포르투갈어 '물예르(mulher)'와 비슷하며, 아홉을 가리키는 '노베'는 스페인어 '누에베(nueve)'보다 포르투갈어 '노브(nove)'에 가깝다.

두 번째 단서는 제주의 관리들이 표도인들에게 어디에서 왔느냐고 물으면 그들이 언제나 '막가외(莫可外)'라고만 대답하면서 동남쪽을 가리켰다는 점이다. 『주영편』에는 그 나라 이름이 '막가오'로 표기되어 있다. 제주의 관리들은 '막가외'를 처음 들어본 지명이라고 상부에 보고했으며, 조선 당국은 '막가외'를 여송국에 대한 '관음(官音)' 즉 루손에 대한 현지인의 명칭으로 보았다. 하지만 '막가외'와 '막가오'는 모두 마카오를 가리키는 것으로 보인다. 마카오는 제주도에서 볼 때 루손 섬보다는 좀 더 동남쪽에 있다. 마카오는 중국 명칭으로는 '아오먼(澳門)'으로, 포르투갈이 이 항구 도시를 16세기 중엽 식민지로 만든 후 '마카오'라고 부르기 시작했으며, 이후 주로 유럽인들 사이에 널리 통용되었다.

이와 같은 단서들을 고려할 때 1801년 제주도에 표류해 온 사람들은 루손 출신의 필리핀 사람이 아니라 마카오에서 온 포르투갈 사람 내지는 포르투갈계 혼혈인이었던 것으로 보는 것이 타당할 것이다.

7. 조선 시대 한국과 베트남의 교류

조선 시대 한국과 동남아시아의 교류에서 한국과 베트남 간 교류가 가장 많았다. 그것은 무엇보다도 베트남이 다른 동남아시아 국가들에 비해 한반도에 지리적으로 가깝다는 점 외에도 중국과 조공 관계에 놓여 있던 양국이 중국을 매개로 빈번한 접촉을 가질 수 있었기 때문이었다. 한국과 베트남의 교류는 조선인이 일본에 갔다가 거기서 일본 상선을 타고 베트남을 방문한 것, 조선인들이 표류해 베트남에 갔다가 고향에 돌아온 것, 조선의 사신과 베트남의 사신이 중국에서 만나 시문(詩文)을 교환하면서 교제한 것 등 다양한 형태로 일어났다.

17세기 초 조완벽의 베트남 방문

경상도 진주(晋州) 사람 조완벽은 일본이 조선을 1597년에 재침략했을 때 일본에 끌려가 교토로 갔다. 선비 출신으로 한문을 알았던 그는 한 일본 상인에게 발탁되어 그의 종자가 되어 그를 따라 1604년부터 1606년까지 3년 동안 매년 베트남을 왕래했다. 그는 일본 규슈(九州) 남단의 가고시마(鹿兒島)에 위치한 사쓰마(薩摩)주에서 배를 타고 출발해 중국 푸젠성의 장저우(漳州)와 광둥성의 광저우를 지나 베트남의 흥응우옌(Hung Nguyen)현에 도달했다. 흥응우옌은 베트남의 응예안(Nghe An)성의 남단에 있는 항구로 하노이에서 약 250킬로미터 떨어져 있다.

조완벽은 조선의 사신 여우길(呂祐吉)이 1607년 초에 일본에 와서 일본 군대에 포로로 잡혀간 조선인들의 송환 문제를 거론할 때 일본인 주인에게 조선으로 보내 줄 것을 간청했다. 여우길은 그해 9월에 귀국할 때 일본에서 1,240여 명의 조선인 피로인(被虜人)들을 데리고 왔는데, 거기에 조완벽도 포함되어 10년 만에 고향으로 돌아올 수 있었다. 조완벽은 베트남을 방문했을 때 관찰하고 체험한 것을 귀국 후 지인들에게 이야기해 주었다. 그 체험담이 「조완벽전」이라는 제목의 글로 정리되어 지봉(芝峰) 이수광(李睟光, 1563~1629)의 문집 『지봉집(芝峰集)』에 실렸다.

17세기 말 제주도 주민들의 베트남 표류

17세기 말에는 제주도 주민들이 표류해 베트남에 갔다가 조선으로 돌아온 일이 있었다. 이것은 『숙종실록』 1689년 음력 3월 4일의 기록에 간략하게 소개되어 있다. 그에 따르면, 제주도 사람 김태황(金泰璜)이 1687년 10월에서 11월 초 사이에 제주 목사가 조정에 진상하는 말들을 배에 싣고 가다가 풍랑을 만나 표류해 베트남까지 떠내려갔다. 이 이야기는 정동유의 『주영편』에 더욱 상세히 나와 있다.

이에 따르면, 1687년 제주도 주민 스물네 명이 탄 배가 제주해협의 추자도(楸子島) 부근에서 강풍을 만나 표류해 35일 만에 안남(安南)국에 도달했다. 그들이 도착한 곳은 오늘날 중부 베트남의 호이안(Hoi An)으로 세 명은 도착하자마자 얻은 찬물을 마시고 바로 실신해서 나중에 죽었다. 나머지 사람들은 물을 끓여 마셨다. 그들이 타고 온 배는 상륙 과정에서 완전히 파손되었다. 곧 그곳 군졸의 인솔로 호이안 맞은편의 한 섬에 보내진 그들은 매일 민가에 가서 쌀을 구걸해 연명할 수 있었다. 그들이 그 섬에서 산 지 여러 달이 지난 어느 날, 안남국 조정에서 그들 중 다섯 명을 수도로 불렀다. 그들은 안남국 조정으로부터 술과 음식 외에도 각자 쌀 1석과 돈 300전을 하사받았다. 이들은 그 나라 국왕에게 자신들을 본국으로 보내줄 것을 간청하는 글을 올렸다. 결국 제주도 표류민들은 1688년 음력 7월 안남국에 와 있던 중국 상선을 타고 고향에 돌아왔다. 그 과정에서 베트남 조정이 여러모로 도움을 주었는데, 이에 대해 정동유는 『주영편』에서 다음과 같이 말하고 있다.

> 안남국 국왕이 제주 사람들을 가엾게 여겨 600냥의 돈으로 중국 상선을 세 내어 그들을 애써서 실어 보냈으며 또 우리나라에 보내는 공문을 작성해 (우리 당국의) 회신을 반드시 받아오도록 한 것을 보면, 안남의 풍속이 인후(仁厚)한 것을 충분히 알 수 있다.[22]

15~19세기 조선 사신과 베트남 사신의 교류

조선 시대에 조선의 사신과 베트남의 사신이 중국에서 만나 교제한 일이 종종 일어났다. 중화 및 유교 문화권에 속했던 두 나라 모두 중국에 대해 조공 관계에 있었고 지식인층이 한문을 알고 있었기 때문에 가능했던 그러한 만남을 통해 그들은 한편으로는 사적인 교분을 쌓았으며, 다른 한편으로는 간접적으로나마 상대방 나라의 사회와 문화를 서로 배울 수 있었다. 양국 사신들의 교제는 대부분 시문(詩文) 형식의 필담으로 이루어졌다.

양국 사신들 간 시문의 창화(唱和)를 통한 만남은 15세기부터 19세기 중엽까지 일어났다. 예컨대 1460년 조선의 서거정(徐居正)과 베트남의 르엉꼭(Luong Coc, 梁鵠), 15세기 말 조선의 조신(曺伸)과 베트남의 레티끄(Le Thi Cu, 黎時擧), 조선의 홍귀달(洪貴達)과 베트남의 응우옌반쩟(Nguyen Van Chat, 阮文質)·응우옌비(Nguyen Vi, 阮偉), 1597년 조선의 이수광과 베트남의 풍칵코안(Phung Khac Khoan, 馮克寬) 간 교류가 있었다.

양국 사신들의 교제는 어떤 이유에서인지는 몰라도 17세기에는 그 사례가 보고되지 않지만, 18세기에는 이전에 비해 더욱 빈번하게 일어났다. 예컨대 1719년 조선의 유집일(兪集一)·이세근(李世瑾)과 베트남의 응우옌꽁항(Nguyen Cong Hang, 阮公沆), 1760년 조선의 홍계희(洪啓禧) 등과 베트남의 레꾸이돈(Le Quy Đon, 黎貴惇), 1778년 조선의 이광(李珖) 등과 베트남의 호시동(Ho Si Đong, 胡士棟) 간 교제가 있었다. 청 건륭제(乾隆帝, 재위 1736~1796)의 만수절(萬壽節) 축하 행사가 벌어진 1790년에는 황인점(黃仁點) 등 조선의 사신 일행 외에 실학자인 유득공(柳得恭)과 박제가(朴齊家) 등이 베이징에 가 베트남에서 온 판후이익(Phan Huy Ich, 潘輝益)과 보후이떤(Vo Huy Tan, 武輝瑨) 등을 만나 서로 시문을 교환했다. 19세기에는 1869년 조선 사신 남정순(南廷順)과 베트남 사신 응우옌뜨지언(Nguyen Tu Gian, 阮思僩)이 교류한 사례가 있다.

조선의 사신과 베트남의 사신이 서로 시문으로 교제하는 것이 왜 이처럼 빈번하게 일어났을까? 그것은 무엇보다도 조선과 베트남이 서로를 전근대 동아시아에서 중국 다음으로 유교적인 나라로 간주했기 때문인 것으로 보인다. 유교적 전통을 서로 공유하고 있다고 인식한 두 나라의 사신들은 서로를 자신의 문화적 품위와 국가적 품격에 손색이 없는 파트너로 인정해 상호 교류하는 데 거리낌이 없었을 뿐만 아니라, 오히려 서로 사귀기 위해 애쓰기도 했다. 그리하여 1760년에 베트남의 사신 레꾸이돈은 조선의 사신들을 만난 후 베트남과 조선이 "나라는 달라도 뜻이 합하고 지역도 같으며, 학문은 근본적으로 공자를 따른다"고 말했다. 그는 자신의 문집에서 조선을 "동방의 군자의 나라로서 신의(信義)를 기뻐하고 시서(詩書)에 충실하여 누구라도 (그 나라를) 경애하게 만들기에 족하다"고 평했다.[23]

8. 20세기 한국과 동남아시아의 관계

한국과 동남아시아의 교류는 앞에서 언급한 것처럼 사실상 19세기까지는 대부분 직접적이라기보다는 중국을 매개로 한 간접적인 것이었으며, 그것도 지속적이라기보다는 간헐적으로 이루어졌다. 그에 비해 20세기에는 양국의 교류가 훨씬 빈번하고 광범위하게 전개되었다. 그렇지만 그 관계가 항상 밝은 면만 갖고 있는 것은 아니었다. 제2차 세계대전 기간 동남아시아에 간 한국 사람들이 있었으나, 그것은 일본이 한국의 젊은이들을 징집해 인도네시아와 필리핀 등의 전선에 보냄으로써 또 한국 여성들을 미얀마 등에 주둔하는 일본군을 위한 '위안부'로 동원함으로써 이루어진 비극적인 배경의 역사에서 일어난 것이었다.

20세기 중엽에는 전쟁을 통한 사람들의 상호 왕래가 있었다. 1950년대 초 한국전쟁 때 태국은 우리나라에 육군 보병 약 1,300명과 해군 프리깃함 7척 그리고 공군 수송기 1개 편대를 파병했다. 필리핀은 약 1,500명의 육군을 파병했다. 태국군은 136명이 전사하고 469명이 부상했으며, 필리핀군은 92명 전사와 356명 부상을 기록했다. 오늘날 대한민국이 이렇게 건재하고 있는 것은 부분적으로는 태국 국민과 필리핀 국민의 희생 덕분이다. 동남아시아에서의 전쟁에 한국 군대가 파병된 적도 있었다. 베트남전쟁 참전이 바로 그것으로, 이 전쟁에서 한국 군인이 많이 희생되었다. 한국군은 1964년 7월부터 1973년 3월까지 8년 8개월간 연인원 31만 2,853명이 참전했으며, 전사자 4,597명, 순직자 277명, 기타 사망 293명, 부상자 1만 962명 등을 기록했다.

한국의 베트남전쟁 참가는 '라이따이한' 문제를 낳았다. '라이따이한'이란 '혼혈잡종'을 뜻하는 베트남어 '라이(lai)'와 전쟁 당시 베트남에서 한국에 대한 명칭으로 통하던 '다이한(Đai Han)'의 합성어로, 베트남전쟁에 참가한 한국인과 베트남 여성 사이에 태어난 베트남의 한국계 혼혈아를 가리킨다. 한국인 군인들과 민간인 기술자들은 주로 호찌민, 다낭, 꾸이년, 냐짱 등 베트남 중부 이남의 전략 요지에 주둔하고 생활했다. 그들 중 일부는 거기서 베트남 여성과 결혼하거나 동거했다. 라이따이한 문제는 이들이 베트남전쟁 기간 그리고 특히 1975년 베트남의 공산화 이후 베트남인 '아내'와 자식을 버리고 한국으로 귀국한 것에서 비롯되었다. 적게는 수천명 많게는 1만 명 이상으로 추정되는 라이따이한은 1975년 전쟁의 종식 이후 '적군의 자식'으로 따돌림을 받으며 살아 왔다. 외모에서도 종종 베트남인과 구별되는 이들은 사회적·경제적으로 차별을 받았으며, 최근까지 베트남 사회로 통합 및 동화되는 데 적지 않은 어려움을 겪었다.

한국과 동남아시아의 관계는 전반적으로 볼 때 20세기 후반부터 상호 건설적으로 발전되어 왔다. 한국은 1949년 필리핀을 필두로 1958년 태국, 1960년 말레이시아, 1973년 인도네시아, 1975년 싱가포르 등과 정식 외교관계를 수립했다. 한국은 오늘날 동남아시아 국가들과의 우호적 관계를 중시하고 있다. 정부의 '신아시아 외교'의 핵심 대상 지역 중 하나가 아세안이다. 중국과 일본은 오래전부터 동남아시아와 깊은 관계를 갖고 있다. 최근 한국과 아세안 사이에 친밀하고 상호 협력적인 관계가 구축되고 있다. 그동안 우리는 너무 미국과 유럽, 중국과 일본에만 신경을 써 왔다. 이제는 동남아시아에 대해 제대로 알고 동남아시아 사람들에게 더욱 가까이 다가가야 할 때가 왔다.

주

책을 펴내며

1 Anderson, Benedict. *The Spectre of Comparisons: Nationalism, Southeast Asia and the World*. London·New York: Verso, 1998. p.10, n.18.

2 Wolters, Oliver William. *History, Culture, and Region in Southeast Asian Perspectives*. Revised Edition. Ithaca: Southeast Asia Program, Cornell University, 1999. p.50.

제1장

1 한-아세안센터. 『2018 한아세안 통계집』. 서울: 한-아세안센터, 2019.

2 World Bank. *World Bank Indicators 2016*; ASEAN-Korea Center. *2016 ASEAN & KOREA in Figures*; CIA. *The World Factbook*; ADB. *Key Indicators for Asia and the Pacific 2018*.

제2장

1 재레드 다이아몬드. 『총, 균, 쇠』. 김진준 역. 서울: 문학사상사, 2010. 35쪽.

2 Mouhot, Henri. 1864. *Travels in Siam, Cambodia and Laos 1858-1860*. Singapore: Oxford University Press, 1992. Volume II, p.21.

3 Renaud, Jean. 1930. *Laos in the 1920s: The Gods, Monks and Mountains of Laos*. Translated and with an Introduction by Walter E. J. Tips. Bangkok: White Lotus, 2011. p.14.

4 http://www.news.agropages.com

제3장

1 안드레 군더 프랑크. 『리오리엔트』. 이희재 역. 서울: 이산, 2004. 57쪽.

2 재레드 다이아몬드. 『총, 균, 쇠』. 김진준 역. 서울: 문학사상사, 2010. 501쪽, 509쪽.

3 『南齊書』 卷58, 列傳39, 東南夷. 北京: 中華書局, 1977.

4 Benda, Harry J. and John A. Larkin. *The World of Southeast Asia: Selected Historical Readings*. New York: Harper & Row, 1967. pp.5-6에서 재인용.

5 義淨. 『大唐西域求法高僧傳』. 고려대학교 한국사연구소 엮음. 서울: 고려대학교 아세아문제연구소, 2015. 267쪽.

6 Pires, Tomé. *The Suma Oriental of Tome Pires: An Account of the East, from the Red Sea to China, Written in Malacca and India in 1512-1515*. Translated and Edited by Armando Cortesao. Vol.I. London: The Hakluyt Society, 1944. pp.286-287.

7 같은 책. p.133.

8 Finlayson, George. 1826. *The Mission to Siam and Hué 1821-1822*. Singapore: Oxford University Press,

1988. p.46.

9 Owen, Norman G. ed. *The Emergence of Modern Southeast Asia*. Honolulu: University of Hawaii Press, 2005. p.312.

제4장

1 Reid, Anthony. *Charting the Shape of Early Modern Southeast Asia*. Chiang Mai: Silkworm Books, 2000. p.165에서 재인용.

2 같은 책. p.164에서 재인용.

3 Thiphakorawong, Chaophraya. 1869. *Phraratcha phongsawadan krung ratanakosin ratchakan thi song*[라마 2세 시대 라따나꼬신 왕조의 역사]. Krung Thep: Khurusapha, 1961. pp.146-147.

4 C. 레비스트로스, 『역사와 문명』. 서정철 역. 서울: 서문문고, 1976. 21쪽.

5 위르겐 오스터함멜. 『식민주의』. 박은영·이유재 역. 서울: 역사비평사, 2006. 33쪽.

6 에드워드 W. 사이드. 『오리엔탈리즘』. 박홍규 역. 서울: 교보문고, 2009. 70쪽.

7 Osborne, Milton. *River Road to China: The Search for the Source of the Mekong, 1866-73*. Singapore: Archipelago, 1996. pp.37-47.

8 Benda, Harry J. and John A. Larkin. *The World of Southeast Asia: Selected Historical Readings*. New York: Harper & Row, 1967. p.78.

9 Lockard, Craig A. *Southeast Asia in World History*. New York: Oxford University Press, 2009. p.78에서 재인용.

10 Aldrich, Richard J. *The Key to the South: Britain, the United States, and Thailand during the Approach of the Pacific War, 1929-1942*. Kuala Lumpur: Oxford University Press, 1993. p.1.

11 Manila Declaration, Philippines, 15 December 1987(http://www.aseansec.org).

12 Vatikiotis, Michael R. J. "ASEAN 10: The Political and Cultural Dimensions of Southeast Asian Unity." *Southeast Asian Journal of Social Science* 27(1), 1999. p.81에서 재인용.

13 유인선. 『새로 쓴 베트남의 역사』. 서울: 이산, 2002. 178쪽에서 재인용.

14 Wang Gungwu. *Community and Nation*. St Leonards: Allen & Unwin, 1992. p.26.

15 Evers, Hans-Dieter. ed. *Sociology of South-East Asia: Readings on Social Change and Development*. Kuala Lumpur: Oxford University Press, 1980. pp.86-92.

16 안드레 군더 프랑크. 『리오리엔트』. 이희재 역. 서울: 이산, 2004. 281-282쪽.

17 East Asia Analytical Unit. *Overseas Chinese Business Networks in Asia*. Parkes: Department of Foreign Affairs and Trade, 1995. pp.119, 149.

18 해롤드 크라우치. 『동남아 권위주의의 역사적 기원』. 신윤환·전제성 역. 서울: 이매진, 2009. 61쪽.

19 같은 책. 52-53쪽.

20 PEW Research Center. http://www.globalreligious-futures.org(검색: 2016.2.26.).

21 한국컴퓨터선교회(http://kcm.kr)에 의하면, 인도네시아의 기독교인 비율은 약 16%로 그중 개신교

가 8.63%를 차지하며, 브루나이는 기독교인 비율이 11.3%(개신교 비율 5.73%)다(검색: 2016.3.1.).

22 동남아선교정보센터. 『동남아선교뉴스레터』 44, 2007; 71, 2014.

23 한국컴퓨터선교회에 의하면, 기독교인 인구 비율이 태국 1.62%(개신교 0.9%), 캄보디아 1.19%(개신교 0.98%), 라오스 1.85%(개신교 1.19%) 등이다(검색: 2016.3.1.).

24 Clarac, Achille. *Guide to Thailand*. Edited and Translated by Michael Smithies. Bangkok: Duang Kamol Book House, 1981. pp.9-11; Donner, Wolf. *Thailand: Land zwischen Tradition und Moderne*. München: Beck, 1996. pp.9, 44.

25 제임스 C. 스콧. 『조미아, 지배받지 않는 사람들-동남아시아 산악지대 아나키즘의 역사』. 이상국 역. 서울: 삼천리, 2015. 61쪽.

제5장

1 趙汝适. 『諸蕃志校釋』. 楊博文 校釋. 趙汝适·艾儒略. 『諸蕃志校釋·職方外紀校釋』. 楊博文·謝方 校釋. 北京: 中華書局, 2008. pp.48, 61; Chau Ju-Kua. 1225. *Chau Ju-Kua: His Work on the Chinese and Arab Trade in the twelfth and thirteenth Centuries, entitled Chu-fan-chi*. Translated from the Chinese and Annotated by Friedrich Hirth and W. W. Rockhill. St. Petersburg: Imperial Academy of Sciences, 1911. pp.70, 84.

2 Ma Huan. 1433. *Ying-Yai Sheng-Lan: 'The Overall Survey of the Ocean's Shores'*. Cambridge; Published for the Haklyut Society at the University Press, 1970. p.110.

3 「漂海始末」. 최성환. 『문순득 표류 연구—조선 후기 문순득의 표류와 세계인식』. 서울: 민속원, 2012. 299-300쪽.

4 Roberts, Edmund. 1837. *Embassy to the Eastern Courts of Cochin-China, Siam, and Muscat during the Years 1832-3-4*. Wilmington: Scholarly Resources, 1972. p.61.

5 Rhodes, Alexandre de. 1653. *Rhodes of Viet Nam: The Travels and Missions of Father Alexander de Rhodes in China and Other Kingdoms of the Orient*. Translated by Solange Hertz. Westminster: The Newman Press, 1966. p.44.

6 Finlayson, George. 1826. *The Mission to Siam and Hué 1821-1822*. Singapore: Oxford University Press, 1988. pp.304-305.

7 Hamilton, Alexander. *A New Account of the East Indies, Being the Observations and Remarks of Capt. Alexander Hamilton, Who Spent His Time there From the Year 1688 to 1723*. Volume Ⅱ. Edinburgh: John Mosman, 1727. pp.161-162.

8 Hallett, Holt S. 1890. *A Thousand Miles on an Elephant in the Shan States*. Bangkok: White Lotus, 1988, pp.80-81, 97-98.

9 Peck, Ellen M. H. *Travels in the Far East*. Cambridge: The University Press. 1909. pp.105-106.

10 La Loubère, Simon de. *Du royaume de Siam*. Michel Jacq-Hergoualc'h. *Étude historique et critique du livre de Simon de La Loubère 〈Du Royaume de Siam〉—Paris 1691*. Paris: Editions Recherche sur les

Civilisations, 1987. pp.191-192.

11 Khin Myo Chit. *Colourful Burma*. Rangoon: Daw Tin Aye, 1988. p.90.

12 Shway Yoe. 1882. *The Burman, His Life and Notions*. Scotland: Kiscadale, 1989, pp.76-77.

13 Antonio Pigafetta. *Magellan's Voyage around the World*. Trans. James A. Robertson. Ohio: A. H. Clark, 1906. Vol.Ⅱ. In: Benda, Harry J. and John A. Larkin. *The World of Southeast Asia: Selected Historical Readings*. New York: Harper & Row, 1967. p.25.

14 Ma Huan. 앞의 책. p.114.

15 Van Vliet, Jeremias. 1638, "Description of the Kingdom of Siam." Translated by L. F. van Ravenswaay. *Journal of the Siam Society* 7(1), 1910. p.83.

16 Gervaise, Nicolas. *Histoire naturelle et politique du Royaume de Siam*. Paris. 1688. p.103.

17 Shway Yoe. 앞의 책. p.280.

18 Gervaise, Nicolas. 앞의 책. p.88.

19 Bowring, John. 1857. *Kingdom and People of Siam*. 2 Volumes. Kuala Lumpur: Oxford University Press, 1969. Volume I, p.108.

20 趙汝适. 앞의 책. p.51; Chau Ju-Kua. 앞의 책. p.72.

21 鞏珍.『西洋番國志』. 北京: 中華書局, 1982. p.3.

22 Ma Huan. 앞의 책. p.92.

23 Wallace, Alfred Russel. 1869. *The Malay Archipelago: The Land of the Orang-utan, and the Bird of Paradise*. Kuala Lumpur: Oxford University Press, 1986. p.586.

24 Shway Yoe. 앞의 책. pp.71-72.

25 Roberts, Edmund. 앞의 책. p.334.

26 Crawfurd, John. 1828. *Journal of an Embassy to the Courts of Siam and Cochin China*. Kuala Lumpur: Oxford University Press, 1967. p.487.

27 Khin Myo Chit. 앞의 책. p.38.

28 Finlayson, George. 앞의 책. p.108.

29 Khin Myo Chit. 앞의 책. p.38.

30 Shway Yoe. 앞의 책. pp.71-72.

31 *Die Geschichte von Hang Tuah*. Translated by Hans Overbeck. München: C. H. Beck, 1986. p.154.

32 Finlayson, George. 앞의 책. p.128.

33 La Bourdonnais, Comte A. Mahé de. *A French Engineer in Burma and Siam (1880): With a Discussion on the Kra Canal Controversy*. Translated and with an Introduction by Walter E. J. Tips. Bangkok: White Lotus, 2014. p.143.

34 AsiaNews, 2015.07.29.

35 『梁書』 卷54, 列傳48, 諸夷, 狼牙脩國. 北京: 中華書局, 1977.

36 주달관.『진랍풍토기(眞臘風土記)』. 최병욱 역. 광주: 산인, 2013. 88쪽, 226쪽.

37 Groeneveldt, W. P. *Historical Notes on Indonesia and Malaya Compiled from Chinese Sources*. Jakarta: C. V. Bhratara, 1960. p.88에서 재인용.

38 Benda, Harry J. and John A. Larkin. 앞의 책. pp.26-27.

39 Temple, Richard C. ed. *The Itinerary of Ludovico di Varthema of Bologna from 1502 to 1508*. London, 1928. In: Lach, Donald F. *Southeast Asia in the Eyes of Europe: The Sixteenth Century*. Chicago: The University of Chicago Press, 1965. p.514.

40 La Loubère, Simon de. 앞의 책. pp.181-185.

41 Malcom, Howard. *Travels in South-Eastern Asia Embracing Hindustan, Malaya, Siam, and China*, 2 Vols. Boston: Gould, Kendall, and Lincoln, 1840. Vol.I, p.183.

42 Renaud, Jean. 1930. *Laos in the 1920s: The Gods, Monks and Mountains of Laos*. Translated and with an Introduction by Walter E. J. Tips. Bangkok: White Lotus, 2011. p.72.

43 Thiphakorawong, Chaophraya. 1869. *Phraratcha phongsawadan krung rattanakosin ratchakan thi si*[라마4세 시대 라따나꼬신 왕조의 역사]. 2 Lem. Krung Thep: Khurusapha, 1961. Lem 1, p.6.

44 Finlayson, George. 앞의 책. p.109.

45 Hallett, Holt S. 앞의 책. p.321.

46 Reid, Anthony. *Southeast Asia in the Age of Commerce 1450-1680, Volume One: The Lands below the Winds*. New Haven: Yale University Press, 1988. p.86에서 재인용.

47 趙汝适. 앞의 책. p.1; Chau Ju-Kua. 앞의 책. p.45.

48 Reid, Anthony. 앞의 책. pp.89-90.

49 Rhodes, Alexandre de. 앞의 책. p.207.

50 La Loubère, Simon de. 앞의 책. p.188.

51 Sangermano, Vincentius. 1818. *A Description of the Burmese Empire*. Translated by William Tandy. London: Susil Gupta, 1966. p.158.

52 Shway Yoe. 앞의 책. p.50.

53 La Bourdonnais, Comte A. Mahé de. 앞의 책. pp.99-100.

54 Bastian, Adolf. *Reise durch Kambodja nach Cochinchina. Die Voelker des Oestlichen Asien: Studien und Reisen*. Vierter Band. Jena: Hermann Costenoble, 1868. p.310.

55 Malcom, Howard. 앞의 책. Vol.I, pp.183-184.

56 Bastian, Adolf. 앞의 책. p.30.

57 Malcom, Howard. 앞의 책. Vol.I, p.184.

58 Shway Yoe. 앞의 책. pp.50-51.

59 Hallett, Holt S. 앞의 책. p.80.

60 Bastian, Adolf. 앞의 책. p.310.

61 La Bourdonnais, Comte A. Mahé de. 앞의 책. pp.99-100.

62 *Die Geschichte von Hang Tuah*. p.171.

63 이수광. 『芝峰集』. 서울: 성균관대학교 대동문화연구원, 1964. 243쪽.

64 『肅宗實錄』 卷23, 肅宗 17년 12월 乙酉.

65 Roberts, Edmund. 앞의 책. pp.239, 245.

66 Sangermano, Vincentius. 앞의 책. p.157.

67 Gervaise, Nicolas. 앞의 책. pp.113-114.

68 Hamilton, Alexander. 앞의 책. p.206.

69 Roberts, Edmund. 앞의 책. p.236.

70 Finlayson, George. 앞의 책. p.108.

71 Gervaise, Nicolas. 앞의 책. p.113.

72 Malcom, Howard. 앞의 책. Vol.I, p.185.

73 Dao Hung. "Black Beauty." *Heritage Fashion*. Vietnam Airlines. Feb-Mar 2001, p.29.

74 Malcom, Howard. 앞의 책. Vol.I, p.185.

75 오스카 베겔. 『인도차이나: 베트남·캄보디아·라오스』. 조홍국 역. 서울: 주류성, 1997. 44쪽.

76 Djamour, Judith. *Malay Kinship and Marriage in Singapore*. London: The Athlone Press, 1959. pp.19-22. Harry J. Benda and John A. Larkin. *The World of Southeast Asia: Selected Historical Readings*. New York: Harper & Row, 1967. pp.292-294에서 재인용.

77 Freedman, Maurice. "A Note on Social Organization in a Rural Area of Greater Djakarta." *Man* 60, 1960. pp.82-84.

78 Goethals, Peter R. "The Sumbawan Village." G. William Skinner. ed. *Local, Ethnic, and National Loyalties in Village Indonesia: A Symposium*. New Haven: Yale University Southeast Asian Studies, Cultural Report Series No.8, 1959. pp.15-18. Harry J. Benda and John A. Larkin. 앞의 책. pp.313-315에서 재인용.

79 Scott, William Henry. *Barangay: Sixteenth-Century Philippine Culture and Society*. 4th Printing. Manila: Ateneo de Manila University Press, 1999. pp.4-5; Zaide, Sonia M. The Philippines: A Unique Nation. Second Edition. Quezon City: All-Nations Publishing Co. 1999. p.62.

80 Sangermano, Vincentius. 앞의 책. pp.164-165.

81 Malcom, Howard. 앞의 책. Vol.I, p.198.

82 Shway Yoe. 앞의 책. pp.1-2.

83 Macgregor, John. *Through the Buffer State: A Record of Recent Travels through Borneo, Siam, and Cambodia*. London: F. V. White & Co., 1896. pp.123-124.

84 Le May, Reginald. 1926. *An Asian Arcady: The Land and Peoples of Northern Siam*. Bangkok: White Lotus, 1986. pp.103-104.

85 Sharp, Lauriston and Lucien M. Hanks. *Bang Chan: Social History of a Rural Community in Thailand*. Ithaca and London: Cornell University Press, 1978. p.160.

86 Le May, Reginald. 앞의 책. p.103.

제6장

1 Hallett, Holt S. 1890. *A Thousand Miles on an Elephant in the Shan States*. Bangkok: White Lotus, 1988. p.52.

2 Krom Silapakon. ed. *Silacharuek sukhothai lak thi 1*[수코타이 시대 비문 1집]. Bangkok: Mahawithayalai Ramkhamhaeng, 1976. pp.20-21.

3 주달관. 『진랍풍토기(眞臘風土記)』. 최병욱 역. 광주: 산인, 2013. 62쪽.

4 Ricklefs, M. C. *A History of Modern Indonesia since c. 1200*. 3rd Ed. Stanford: Stanford University Press, 2001. pp.47-48.

5 같은 책. p.133.

6 Ratchabanthitsathan. ed. *Saranukrom thai*. Bangkok: Ratchabanthitsathan, 1983-1984. pp.12249-12253.

7 같은 책. pp.1873-1874.

8 Kaufman, Howard Keva. *Bangkhuad: A Community Study in Thailand*. New York: J. J. Augustin, 1960. pp.201-202.

9 Khin Myo Chit. *Colourful Burma*. Rangoon: Daw Tin Aye, 1988. p.4.

10 *The Glass Palace Chronicle of the Kings of Burma*. Translated by Pe Maung Tin and G. H. Luce. Rangoon: Rangoon University Press, 1960. pp.81-82.

11 같은 책. pp.45-46.

12 같은 책. pp.75-77, 83-84.

13 같은 책. p.105.

14 Rhodes, Alexandre de. 1653. *Rhodes of Viet Nam: The Travels and Missions of Father Alexander de Rhodes in China and Other Kingdoms of the Orient*. Translated by Solange Hertz. Westminster: The Newman Press, 1966. pp.52, 59.

15 김요한 편. 『동아시아 무슬림을 알자』. Bridges 자료집 제1권. 한국오엠에프. 서울: Bridges, 2000. 10-11쪽.

16 Schwarz, Adam. *A Nation in Wanting: Indonesia in the 1990s*. St Leonards: Allen & Unwin, 1994. p.45에서 재인용.

제7장

1 Andaya, Barbara Watson. *The Flaming Womb: Repositioning Women in Early Modern Southeast Asia*. Honolulu: University of Hawaii Press, 2006. p.227.

2 『晉書』 卷97, 列傳67, 四夷. 北京: 中華書局, 1977.

3 Reid, Anthony. *Southeast Asia in the Age of Commerce 1450-1680, Volume One: The Lands below the Winds*. New Haven: Yale University Press, 1988. p.146에서 재인용.

4 Ngaosyvathn, Mayoury. *Lao Women: Yesterday and Today*. Vientiane: Hong Phim Latwisathakit, 1995.

pp.20-21.

5 Griswold, A. B. and Prasert na Nagara. "The Asokārāma Inscription of 1399 A.D." *Journal of the Siam Society* 57(1), 1969. p.55.

6 Shway Yoe. 1882. *The Burman, His Life and Notions*. Scotland: Kiscadale, 1989, pp.52-53.

7 Universellesproject. ed. "Chbab Srey—The Way to be the Perfect Cambodian Woman." https://universelles.net/2017/07/25/(검색일 2018.7.31).

8 Wenk, Klaus. "Ein Lehrgedicht für junge Frauen—Suphasit son ying—des Sunthon Phu." *Oriens Extremus* 12, 1965. pp.100-101.

9 Sangermano, Vincentius. 1818. *A Description of the Burmese Empire*. Translated by William Tandy. London: Susil Gupta, 1966. pp.236, 257-258.

10 鞏珍.『西洋番國志』. 北京: 中華書局, 1982. p.13.

11 Bowring, John. 1857. *Kingdom and People of Siam*. 2 Volumes. Kuala Lumpur: Oxford University Press, 1969. Volume 2, p.15에서 재인용.

12 Shway Yoe. 앞의 책. pp.52-53.

13 주달관.『진랍풍토기(眞臘風土記)』. 최병욱 역. 광주: 산인, 2013. 180쪽.

14 Hamilton, Alexander. *A New Account of the East Indies, Being the Observations and Remarks of Capt. Alexander Hamilton, Who Spent His Time there From the Year 1688 to 1723*. Volume Ⅱ. Edinburgh: John Mosman, 1727. p.179.

15 Roberts, Edmund. 1837. *Embassy to the Eastern Courts of Cochin-China, Siam, and Muscat during the Years 1832-3-4*. Wilmington: Scholarly Resources, 1972. p.285.

16 Earl, George Windsor. 1837. *The Eastern Seas, or Voyages and Adventures in the Indian Archipelago, in 1832-33-34*. Singapore: Oxford University Press, 1971. p.160.

17 Bigandet, P. "Notes to the Legend of the Burmese Buddha." *Journal of the Indian Archipelago*, Vol. IX, p.158. John Bowring. 1857. *Kingdom and People of Siam*. 2 Volumes. Kuala Lumpur: Oxford University Press. 1969. Volume 1, p.309에서 재인용.

18 Vincent, Frank. *The Land of the White Elephant: Sights and Scenes in South-Eastern Asia, A Personal Narrative of Travel and Adventure in Farther India Embracing the Countries of Burma, Siam, Cambodia, and Cochin-China* (1872-2). London: Sampson Low, Marston, Low, & Searle, 1873. p.27.

19 Peck, Ellen M. H. *Travels in the Far East*. Cambridge: The University Press, 1909. pp.104-105.

20 Damrong Tayanin. *Being Kammu: My Village, My Life*. Ithaca: Southeast Asia Program, Cornell University, 1994. pp.85-87.

21 Hallett, Holt S. 1890. *A Thousand Miles on an Elephant in the Shan States*. Bangkok: White Lotus, 1988. pp.128-130.

22 La Loubère, Simon de. *Du royaume de Siam*. Michel Jacq-Hergoualc'h. *Étude historique et critique du livre de Simon de La Loubère 〈Du Royaume de Siam〉—Paris 1691*. Paris: Editions Recherche sur les

Civilisations, 1987. p.237.

23 Pallegiox, Jean-Baptiste. 1854. *Description du Royaume Thai ou Siam*. 2 Volumes. Farnborough: Gregg International, 1969. Vol.I, p.230.

24 McGilvary, Daniel. 1912. *A Half Century among the Siamese and the Lao: An Autobiography*. Bangkok: White Lotus, 2001. p.178.

25 Le May, Reginald. 1926. *An Asian Arcady: The Land and Peoples of Northern Siam*. Bangkok: White Lotus, 1986. p.108.

26 Sangermano, Vincentius. 앞의 책. p.165.

27 Shway Yoe. 1882. pp.55, 57, 59.

28 Le May, Reginald. 앞의 책. pp.108-109.

29 Potter, Sulamith Heins. *Family Life in a Northern Thai Village: A Study in the Structural Significance of Women*. Berkeley: University of California Press, 1977. p.20.

30 Young, Ernest. 1898. *The Kingdom of the Yellow Robe*. Kuala Lumpur: Oxford University Press, 1982. pp.85-88.

31 Ma Huan. 1433. *Ying-Yai Sheng-Lan: 'The Overall Survey of the Ocean's Shores'*. Cambridge; Published for the Haklyut Society at the University Press, 1970. p.104.

32 Pires, Tomé. *The Suma Oriental of Tome Pires: An Account of the East, from the Red Sea to China, Written in Malacca and India in 1512-1515*. Translated and Edited by Armando Cortesao. Vol.I. London: The Hakluyt Society, 1944. p.102.

33 Smithies, Michael. "Body Ornamentation and Penile Implants in Siam and Pegu." *Journal of the Siam Society* 82(1 and 2), 1994. pp.83-84에서 재인용.

34 유인선. 「월남 전통사회에서의 여성의 지위」. 『아세아연구』 25(2), 1982. 169쪽에서 재인용.

35 유인선. 「베트남 여조사회에 있어서의 가부장권-여조형률을 중심으로」. 『아세아연구』 16(2), 1973. 361쪽에서 재인용.

36 Crawfurd, John. 1828. *Journal of an Embassy to the Courts of Siam and Cochin China*. Kuala Lumpur: Oxford University Press, 1967. pp.520-522.

37 Lockard, Craig A. *Southeast Asia in World History*. New York: Oxford University Press, 2009. p.61에서 재인용.

38 유인선. 「베트남 전통가족제도와 부부관계」. 『아시아문화』 5, 1989. 177-178쪽에서 재인용.

39 유인선. 「월남 전통사회에서의 여성의 지위」. 173쪽에서 재인용.

40 같은 논문. 173쪽에서 재인용.

41 White, John. 1824. *A Voyage to Cochin China*. Kuala Lumpur and Singapore: Oxford University Press, 1972. p.261.

42 유인선. 「월남 전통사회에서의 여성의 지위」. 173쪽에서 재인용.

43 Crawfurd, John. 앞의 책. pp.522-523.

44 Andaya, Barbara Watson. *The Flaming Womb: Repositioning Women in Early Modern Southeast Asia*. Honolulu: University of Hawai'i Press, 2006. p.206에서 재인용.

45 Poivre, Pierre. "Description of Cochinchina, 1749-50." Translated by Kristine Alilunas-Rodgers. Li Tana and Anthony Reid. eds. *Southern Vietnam under the Nguyen: Documents on the Economic History of Cochinchina (Đàng Trong), 1602-1777*. Data Paper Series. Sources for Economic History of Southeast Asia, no.3. Singapore: ISEAS, 1993. p.74에서 재인용.

46 유인선. 「월남 전통사회에서의 여성의 지위」. 175쪽에서 재인용.

47 유인선. 「전근대 베트남 사회의 양계적 성격과 여성의 지위」. 『역사학보』 150, 1996. 227쪽.

48 Pires, Tomé. 앞의 책. Vol.Ⅱ. p.267.

49 趙汝适. 『諸蕃志校釋』. 楊博文 校釋. 趙汝适·艾儒略. 『諸蕃志校釋·職方外紀校釋』. 楊博文·謝方 校釋. 北京: 中華書局, 2008. p.54; Chau Ju-Kua. 1225. *Chau Ju-Kua: His Work on the Chinese and Arab Trade in the twelfth and thirteenth Centuries, entitled Chu-fan-chi*. Translated from the Chinese and Annotated by Friedrich Hirth and W. W. Rockhill. St. Petersburg: Imperial Academy of Sciences, 1911. p.76.

50 Peletz, Michael G. "Neither Reasonable nor Responsible: Contrasting Representations of Masculinity in a Malay Society." Aihwa Ong and Michael G. Peletz. eds. *Bewitching Women, Pious Men: Gender and Body Politics in Southeast Asia*. Berkeley and Los Angeles: University of California Press, 1995. p.87.

51 Brenner, Suzanne A. "Why Women Rule the Roots: Rethinking Javanese Ideologies of Gender and Self-Control." Aihwa Ong and Michael G. Peletz. eds. *Bewitching Women, Pious Men: Gender and Body Politics in Southeast Asia*. Berkeley and Los Angeles: University of California Press, 1995. p.22.

52 Peck, Ellen M. H. 앞의 책. pp.373-374.

53 김예겸. 「인도네시아 자바 여성의 토착적 이미지」. 박장식 편. 『동남아 문화 이야기』. 서울: 솔과학, 2015. 86쪽에서 재인용.

54 Brenner, Suzanne A. 앞의 논문. p.23에서 재인용.

55 Robertson, James A. ed. *Magellan's Voyage around the World by Antonio Pigafetta*. Cleveland, 1906. Ⅱ, p.34. Lach, Donald F. *Southeast Asia in the Eyes of Europe: The Sixteenth Century*. Chicago and London: The University of Chicago Press, 1965. p.583에서 재인용.

56 Reid, Anthony. *Southeast Asia in the Age of Commerce 1450-1680, Volume Two: Expansion and Crisis*. New Haven and London: Yale University Press, 1993. p.149에서 재인용.

제8장

1 Benda, Harry J. and John A. Larkin. *The World of Southeast Asia: Selected Historical Readings*. New York: Harper & Row, 1967. pp.45-46에서 재인용.

2 Reid, Anthony. *Southeast Asia in the Age of Commerce 1450-1680, Volume One: The Lands below the Winds*. New Haven: Yale University Press, 1988. p.216.

제9장

1 Mendelson, E. Michael. *Sangha and State in Burma: A Study of Monastic Sectarianism and Leadership*. Edited by John P. Ferguson. Ithaca and London: Cornell University Press, 1975. pp.31-32에서 재인용.

2 *The Glass Palace Chronicle of the Kings of Burma*. Translated by Pe Maung Tin and G. H. Luce. Rangoon: Rangoon University Press, 1960. pp.6-7.

3 같은 책. pp.46-48.

4 『新唐書』 卷222, 列傳147, 南蠻列傳. 北京: 中華書局, 1977.

5 *The Glass Palace Chronicle of the Kings of Burma*. pp.153-155.

6 Sunait Chutintaranond. "Cakravartin: The Ideology of Traditional Warfare in Siam and Burma, 1548-1605." Ph.D. dissertation. Cornell University, 1990. pp.93-94에서 재인용.

7 *The Glass Palace Chronicle of the Kings of Burma*. pp.132-133.

8 Sarassawadee Ongsakul. *History of Lan Na*. Translated by Chitraporn Tanratanakul. Chiang Mai: Silkworm, 2005. pp.32-35에서 재인용.

9 Chulalongkon University. ed. *The Inscription of King Ramkamhaeng the Great*. Bangkok: Chulalongkon University Press, 1983.

10 Griswold, A. B. and Prasert ṇa Nagara. "The Epigraphy of Mahādharmarājā I of Sukhodaya." *Journal of the Siam Society* 61(1), 1973. pp.154-156.

11 Cushman, Richard D. and David K. Wyatt. trans. and ed. "Translating Thai Poetry: Cushman, and King Narai's 'Long Song Prophecy for Ayutthaya'." *Journal of the Siam Society* 89(1 and 2), 2001. pp.4-7.

12 Griswold, A. B. and Prasert ṇa Nagara. 앞의 논문. pp.139-142.

13 Sunait Chutintaranond. 앞의 논문. pp.95-96에서 재인용.

14 『南齊書』 卷58, 列傳39, 東南夷. 北京: 中華書局, 1977.

15 *The Glass Palace Chronicle of the Kings of Burma*. pp.143-144.

16 Chandler, David P. *A History of Cambodia*. Second Edition. St Leonards: Allen & Unwin, 1993. p.68.

17 주달관. 『진랍풍토기(眞臘風土記)』. 최병욱 역. 광주: 산인, 2013. 78-79쪽.

18 같은 책. 75-83쪽, 93쪽.

19 Chandler, David P. *The Land and People of Cambodia*. Philadelphia and New York: J. B. Lippincott, 1972. pp.74-75.

20 Chandler, David P. *A History of Cambodia*. pp.82-83에서 재인용. 크루스 신부의 캄보디아 방문 연도와 기간은 밀턴 오스본. 『메콩강-그 격동적인 과거와 불확실한 미래』. 조홍국 역. 서울: 진인진, 2018. 73쪽에 근거한 것임.

21 Sivaraman, Satya. "Cambodians flock back to Buddhism." *Asia Times Online*, September 6, 2001.

22 Le Boulanger, Paul. *Histoire du Laos Français*. Paris: Librairie Plon, 1931. pp.42-47.

23 Koenig, J. G. "Journal of a Journey from India to Siam and Malacca in 1779." *Journal of the Straits*

Branch of the Royal Asiatic Society, January 1894. pp.164-165.

24 Weber, Max. *Wirtschaft und Gesellschaft: Grundriss der verstehenden Soziologie*. Fünfte, Revidierte Auflage. Tübingen: J. C. B. Mohr, 1985. p.140.

25 Roberts, Edmund. 1837. *Embassy to the Eastern Courts of Cochin-China, Siam, and Muscat during the Years 1832-3-4*. Wilmington: Scholarly Resources, 1972. p.281.

26 Sivaraman, Satya. 앞의 글.

27 Renaud, Jean. 1930. *Laos in the 1920s: The Gods, Monks and Mountains of Laos*. Translated and with an Introduction by Walter E. J. Tips. Bangkok: White Lotus, 2011. p.54.

28 Hallett, Holt S. 1890. *A Thousand Miles on an Elephant in the Shan States*. Bangkok: White Lotus, 1988. pp.178-179.

29 Shway Yoe. 1882. *The Burman, His Life and Notions*. Scotland: Kiscadale, 1989. pp.218-219.

30 *The Glass Palace Chronicle of the Kings of Burma*. pp.64-65.

31 Shway Yoe. 앞의 책. p.153.

32 Kaufman, Howard Keva. *Bangkhuad: A Community Study in Thailand*. New York: J. J. Augustin, 1960. pp.183-184.

33 Malcom, Howard. *Travels in South-Eastern Asia Embracing Hindustan, Malaya, Siam, and China*, 2 Vols. Boston: Gould, Kendall, and Lincoln, 1840. Vol.1, p.259.

34 Terwiel, Barend Jan. *Monks and Magic: An Analysis of Religious Ceremonies in Central Thailand*. 2nd Revised Ed. London: Curzon, 1979. p.103.

35 Hla Pe. Burma: *Literature, Historiography, Scholarship, Language, Life, and Buddhism*. Singapore: ISEAS, 1985. p.184.

제10장

1 Countries with the largest Muslim population in the world.(https://www.worldatlas.com 검색일 2018.1.30.)

2 Geertz, Clifford. *The Religion of Java*. Chicago: The University of Chicago Press, 1976. p.357.

3 김형준. 「이슬람 부흥운동의 전개와 영향: 인도네시아의 사례」. 김형준·홍석준 편. 『동남아의 이슬람화 1: 1970년대 이후 종교와 경제의 변화』. 서울: 눌민, 2014. 25-26쪽.

4 Pires, Tomé. *The Suma Oriental of Tome Pires: An Account of the East, from the Red Sea to China, Written in Malacca and India in 1512-1515*. Translated and Edited by Armando Cortesao. Vol. I. London: The Hakluyt Society, 1944. p.182.

5 마르코 폴로. 『마르코 폴로의 동방견문록』. 김호동 역주. 서울: 사계절, 2000. 431쪽.

6 *Sějarah Mělayu or 'Malay Annals'*. A Translation of Raffles MS 18 with Commentary of C. C. Brown. *Journal of the Malayan Branch of the Royal Asiatic Society* 25(2 & 3), 1952. p.54.

7 Pires, Tomé. 앞의 책. p.132.

8 같은 책. pp.137, 143, 155.

9 같은 책. p.213.

10 *Sějarah Mělayu or 'Malay Annals'*. 앞의 책. p.110.

11 Peletz, Michael G. "'Ordinary Muslims' and Muslim Resurgents in Contemporary Malaysia: Notes on an Ambivalent Relationship." Robert W. Hefner and Patricia Horvatich. eds. *Islam in an Era of Nation-States: Politics and Religious Renewal in Muslim Southeast Asia*. Honolulu: University of Hawai'i Press, 1997. p.241.

12 Hefner, Robert W. "Islamization and Democratization in Indonesia." Robert W. Hefner and Patricia Horvatich. eds. *Islam in an Era of Nation-States: Politics and Religious Renewal in Muslim Southeast Asia*. Honolulu: University of Hawai'i Press, 1997. p.88.

13 Peletz, Michael G. 앞의 논문. pp.259-264.

14 Sukarno. "The Panca Sila [June 1, 1945]." Roger M. Smith. ed. *Southeast Asia: Documents of Political Development and Change*. Ithaca and London: Cornell University Press, 1974. p.176.

15 김형준. 「종교 자유에 대한 변화하는 해석: 인도네시아의 사례」. 『동남아시아연구』 5, 1997. 6쪽에서 재인용.

16 The Constitution of the Federation of Malaya [August 31, 1957]. Roger M. Smith. ed. *Southeast Asia: Documents of Political Development and Change*. Ithaca and London: Cornell University Press, 1974. pp.264-265.

17 김형준. 「이슬람 부흥운동의 전개와 영향: 인도네시아의 사례」. 45쪽에서 재인용.

제11장

1 Gervaise, Nicolas. *Histoire naturelle et politique du Royaume de Siam*. Paris. 1688. pp.61-62.

2 Flanza, Myrthena L. "Conflicting Land Use and Ownership Patterns and the 'Moro Problem' in Southern Philippines." Miriam Coronel Ferrer. ed. *Sama-Sama, Facets of Ethnic Relations in South East Asia*. Quezon: Third World Studies Center, University of the Philippines Diliman, 1999. p.69, table 13.

3 McKenna, Thomas M. "Appreciating Islam in the Muslim Philippines: Authority, Experience, and Identity in Cotabato." Robert W. Hefner and Patricia Horvatich. eds. *Islam in an Era of Nation-States: Politics and Religious Renewal in Muslim Southeast Asia*. Honolulu: University of Hawai'i Press, 1997. p.56에서 재인용.

제12장

1 Skinner, G. William. "Creolized Chinese Societies in Southeast Asia." Anthony Reid. ed. *Sojourners and Settlers: Histories of Southeast Asia and the Chinese*. St Leonards: Allen & Unwin, 1996. pp.58-59에서 재인용.

2 Kwok Kian Woon. "Relations with Non-Chinese: Ethnicity." Lynn Pan. ed. *The Encyclopedia of the*

Chinese Overseas. Singapore: Archipelago Press and Landmark Books, 1998. p.114.

3 Liu Hong. "Social Capital and Business Networking: A Case Study of Modern Chinese Transnationalism." 『東南アジア研究』 39(3), 2001. p.368.

4 王望波·庄國土 編. 『2008年 海外華僑華人概況』. 北京: 世界知識出版社, 2010. p.14.

5 Tatlow, Dermot. "China's Shadow: A Growing Presence from Next Door Spurs a Rethink in Yangon." *Asiaweek* May 28, 1999.

6 Stuart-Fox, Martin. *Buddhist Kingdom, Marxist State: The Making of Modern Laos*. Bangkok: White Lotus, 1996. p.237.

7 Tan, Danielle. "'Small is Beautiful': Lessons from Laos for the Study of Chinese Overseas." Journal of Current Chinese Affairs 41(2), 2012. pp.67, 78에서 재인용.

8 Lintner, Bertil. "Ethnic Scapegoat." *Far Eastern Economic Review*, April 10, 1997. pp.18-19.

9 Tan, Danielle. 앞의 논문. pp.86-87.

제13장

1 『日本書紀』 卷19, 欽明天皇 4년 秋九月. 坂本太郎·家永三郎·井上光貞·大野晋 校注. 東京: 岩波書店, 1965.

2 『梁書』 卷54, 列傳48, 諸夷, 扶南國. 北京: 中華書局, 1977.

3 『南史』 卷79, 列傳69, 夷貊下 東夷 西戎 蠻 西域諸國 北狄, 百濟. 北京: 中華書局, 1977; 『梁書』 卷54, 列傳48, 諸夷, 百濟.

4 『梁書』 卷54, 列傳48, 諸夷, 百濟.

5 義淨. 『大唐西域求法高僧傳』. 고려대학교 한국사연구소 엮음. 서울: 고려대학교 아세아문제연구소, 2015. 77-85, 129-130쪽.

6 慧琳. 『一切經音義 10』. 김혜경 역. 서울: 동국대학교부설동국역경원, 2000. 342쪽.

7 『高麗史』 卷124, 列傳37, 嬖幸2, 王三錫. 서울: 연세대학교 국학연구원, 1981.

8 『舊唐書』 卷197, 列傳147, 南蠻 西南蠻. 北京: 中華書局, 1977; 『新唐書』 卷222, 列傳147, 南蠻列傳. 北京: 中華書局, 1977.

9 『宋史』 卷489, 列傳248, 外國伍. 北京: 中華書局, 1977.

10 『高麗史』 卷46, 世家, 恭讓王2, 3년 7월 戊子.

11 『太祖實錄』 卷3, 太祖 2년 6월 癸酉. 서울: 국사편찬위원회, 1986.

12 『太祖實錄』 卷6, 太祖 3년 7월 甲戌.

13 『太祖實錄』 卷10, 太祖 5년 7월 丙子.

14 『太祖實錄』 卷11, 太祖 6년 5월 丁丑.

15 『太宗實錄』 卷12, 太宗 6년 8월 丁酉. 서울: 국사편찬위원회, 1986.

16 『太宗實錄』 卷12, 太宗 6년 9월 壬申.

17 『太宗實錄』 卷23, 太宗 12년 4월 乙亥.

18 정동유. 『晝永編』. 서울: 서울대학교 고전간행회, 1971. 91쪽.

19 『純祖實錄』 卷10, 純祖 7년 8월 己卯. 서울: 국사편찬위원회, 1986.

20 『純祖實錄』 卷12, 純祖 9년 6월 乙卯.

21 정동유. 앞의 책. 92-93쪽.

22 같은 책. 91쪽.

23 응우엔 밍 뜨엉. 「1760년 중국 북경에서의 베트남 사신 레뀌돈(黎貴惇)과 조선 사신 홍계희·조영진·이휘중과의 교류」. 『한국 베트남 관계사 국제 심포지엄』. 동북아역사재단, 2008. 270-271쪽에서 재인용.

참고문헌

한글 문헌

가토 쓰요시.「민족지와 지역연구-타인에 대한 시선」. 야노 토루 엮음.『지역연구의 방법』. 아시아지역경제연구회 역. 서울: 전예원, 1997.

『高麗史』. 서울: 연세대학교 국학연구원, 1981.

고병익.『혜초의 길을 따라』. 서울: 동아일보사, 1985.

고병익.「혜초의 인도 왕로에 대한 고찰」.『불교와 諸科學: 개교80주년기념논총』. 서울: 동국대학교출판부, 1987.

권율·이재호·조홍국 외.『아세안의 경제발전과 한·아세안 개발협력』. 서울: 대외경제정책연구원, 2010.

길인성.「근대 전기의 향료무역과 동남아 경제」. 고우성 외.『동남아의 정치경제: 산업화와 발전전략』. 서울: 서울프레스, 1995.

김동엽.「필리핀 무슬림 분리주의 운동의 발생과 전개: 이슬람 부흥운동의 맥락에서」.『동아연구』65, 2013.

김동엽.「인도네시아 술라웨시 또라자의 장례문화」. 박장식 편.『동남아 문화 이야기』. 서울: 솔과학, 2015.

김동엽.「필리핀 마라나오 무슬림의 결혼 풍습」. 박장식 편.『동남아 문화 이야기』. 서울: 솔과학, 2015.

김동엽.「필리핀 사회 속의 무슬림 소수민족: 필리피노와 모로의 평화적 공존을 향하여」. 김형준·홍석준 편.『동남아의 이슬람화 2: 인도네시아, 말레이시아, 필리핀, 베트남에서의 정치, 사회문화의 다양성과 갈등』. 서울: 눌민, 2017.

김병근.『수중고고학에 의한 동아시아 무역관계 연구』. 서울: 국학자료원, 2004.

김병모.「韓國 巨石文化 源流에 관한 硏究」. 한국민족학회 편.『문화론 하나』. 서울: 문덕사, 1995.

김병서·박성용.「필리핀의 정치적 종교 갈등과 평화모색」. 이삼열 외.『아시아의 종교분쟁과 평화』. 서울: 오름, 2005.

김영애.「태국의 산업화와 교육을 통한 말레이 무슬림 통합정책」. 오명석 편.『동남아의 지역주의와 종족갈등』. 서울: 오름, 2004.

김예겸.「인도네시아 자바 여성의 토착적 이미지」. 박장식 편.『동남아 문화 이야기』. 서울: 솔과학, 2015.

김요한 편.『동아시아 무슬림을 알자』. Bridges 자료집 제1권. 한국오엠에프. 서울: Bridges, 2000.

김인아.「동남아시아의 '씹는 담배' 문화」. 박장식 편.『동남아 문화 이야기』. 서울: 솔과학, 2015.

김인아.「미얀마 로힝자 분쟁에 대한 역사적 고찰」.『아시아연구』21(1), 2018.

김재원.「판차실라(Pancasila)의 나라-인도네시아」.『민족연구』30, 2007.

김종욱.「베트남 민간신앙 체계에 관한 고찰」.『동남아연구』 7, 1997.
김현구·박현숙·우재병·이재석.『일본서기 한국관계기사 연구(Ⅱ)』. 서울: 일지사, 2003.
김형준.「종교 자유에 대한 변화하는 해석: 인도네시아의 사례」.『동남아시아연구』 5, 1997.
김형준.「전통의례의 이슬람화: 개혁주의 이슬람과 자바의 전통 종교」.『국제지역연구』 3(1), 1999.
김형준.「인도네시아의 변화하는 이슬람과 국가」. 김영수 외.『동남아의 종교와 사회』. 서울: 오름, 2001.
김형준.「이슬람 부흥운동의 전개와 영향: 인도네시아의 사례」. 김형준·홍석준 편.『동남아의 이슬람화 1: 1970년대 이후 종교와 경제의 변화』. 서울: 눌민, 2014.
다뚝 자이날 아비딘 빈 압둘 와히드 편저.『말레이시아사』. 소병국 편역. 서울: 오름, 1998.
데이비드 스타인버그.『버마/미얀마: 모두가 알아야 할 사실들』. 장준영 역. 서울: 높이깊이, 2011.
동남아선교정보센터.『동남아선교뉴스레터』.
마르코 폴로.『마르코 폴로의 동방견문록』. 김호동 역주. 서울: 사계절, 2000.
매리 하이듀즈.『동남아의 역사와 문화』. 박장식·김동엽 역. 서울: 솔과학. 2012.
문은영·최동주.「필리핀의 여성복지정책과 여성의 규정성」.『아시아여성연구』 42, 2003.
미르치아 엘리아데.『종교사 개론』. 이재실 역. 서울: 까치, 1993.
밀턴 오스본.『한 권에 담은 동남아시아 역사』. 조흥국 역. 서울: 오름, 2000.
밀턴 오스본.『메콩강—그 격동적인 과거와 불확실한 미래』. 조흥국 역. 서울: 진인진, 2018.
박광섭.「필리핀 이슬람 과격 무장단체의 알 카에다 주요 연계」.『아시아연구』 8(1), 2005.
박금희.「인도네시아 세계종교의 경쟁과 그 완화를 위한 모색」. 이삼열 외.『아시아의 종교분쟁과 평화』. 서울: 오름, 2005.
박번순.「동남아 기업과 경제」. 한-아세안센터 편.『동남아 경제 거인들의 어깨에서 아세안 경제를 보다』. 서울: 나무와숲, 2015.
박사명.「필리핀 화인사회의 구조와 위상」.『동남아시아연구』 7, 1999.
박사명·박은경·신윤환·오명석·전경수·조흥국.『동남아의 화인사회—형성과 변화』. 서울: 전통과 현대, 2000.
박성용.「필리핀 민다나오 원주민들의 문화·종교적 갈등 연구」. 이삼열 외.『아시아의 종교분쟁과 평화』. 서울: 오름, 2005.
박은홍.「포스트-탁신 시대의 '붉은셔츠': 이념·조직·행동」.『동남아시아연구』 23(1), 2013.
박장식.「동남아시아 언어세계의 다양성」.『동남아의 사회와 문화』. 서울: 오름, 2000.
박장식.「현대 미얀마의 종교적 갈등: 그 원인과 배경」. 김영수 외.『동남아의 종교와 사회』. 서울: 오름, 2001.
박장식.「미얀마 여카잉 무슬림(로힝자)의 딜레마 재고(再考): 종교 기반 종족분쟁의 배경과 원인」.『동남아시아연구』 23(1), 2013.
박장식 외.『동남아의 사회와 문화』. 서울: 오름, 2000.
박장식 편.『줌인 동남아시아』. 서울: 솔과학. 2012.
박현규.「《皇越詩選》과 베트남 사신의 조선 관련 시」.『베트남연구』 4, 2003.

박희병. 「17-18세기 조선 지식인의 베트남 인식」. 『한국 베트남 관계사 국제 심포지움』. 하노이 대우호텔, 2007.
반따오. 「막딩치[莫挺芝]와 14세기의 대월(大越)과 고려(高麗) 관계-베트남·한국간 우정의 계승발전을 생각하며」. 『동아시아에 있어서의 한국과 베트남의 역사와 현실』. 제2회 한·베트남 국제학술대회. 중앙대학교, 2001.
버나드 루이스 편. 『이슬람문명사』. 김호동 역. 서울: 이론과 실천, 1996.
버틸 린트너. 『아웅산수찌와 버마 군부』. 이희영 역. 파주: 아시아네트워크, 2007.
벤저민 히긴스. 「머리말」. 클리퍼드 기어츠. 『농업의 내향적 정교화-인도네시아의 생태적 변화 과정』. 김형준 역. 서울: 일조각, 2012.
부썬 투이. 『베트남 베트남 사람들』. 배양수 역. 서울: 대원사, 2002.
새뮤얼 헌팅턴. 『문명의 충돌』. 이희재 역. 서울: 김영사, 1997.
서용석. 「필리핀의 식민지 경험과 사회발전: 1898-1946」. 『비교사회』, 1, 1997.
石井米雄 편. 『동남아의 불교 수용과 전개』. 박경준 역. 서울: 불교시대사, 2001.
소병국. 「동남아 연구의 현황과 과제」. 한국외대대학원 지역학연구회 편. 『지역학의 현황과 과제』. 서울: 한국외국어대학교출판부, 1996.
소병국. 「현대 말레이시아의 이슬람 부흥운동: 말레이인의 사회·문화 생활에 미친 영향」. 『국제지역연구』 3(1), 1999.
소병국·조흥국. 『불교군주와 술탄-태국과 말레이시아 왕권의 역사』. 서울: 전통과 현대, 2004.
송정남. 『베트남의 역사』. 부산: 부산대학교출판부, 2000.
송정남. 「베트남 딩(dinh: 亭)에 관한 연구-옌 서(Yen So: 安所)마을을 중심으로」. 『국제지역연구』 7(3), 2003.
송정남. 『베트남 사회와 문화 들여다보기』. 서울: 한국외국어대학교출판부, 2013.
「受降門紀蹟碑」. 최상수. 『韓國과 越南과의 關係』. 한월협회, 1966.
『肅宗實錄』. 서울: 국사편찬위원회, 1979.
『純祖實錄』. 서울: 국사편찬위원회, 1986.
신윤환. 「동남아의 화인(화교): 아세안 4개국 사례 비교연구 서론」. 고우성 외. 『동남아의 정치경제-산업화와 발전전략』. 서울: 서울프레스, 1995.
신윤환. 『인도네시아의 정치경제: 수하르또 시대의 국가, 자본, 노동』. 서울: 서울대학교출판부, 2001.
안드레 군더 프랑크. 『리오리엔트』. 이희재 역. 서울: 이산, 2004.
앙리 마스페로. 『도교』, 신하령·김태완 역. 서울: 까치, 1999.
앨버틴 가우어. 『문자의 역사』. 강동일 역. 서울: 새날, 1984.
양승윤 편역. 『인도네시아사』. 서울: 대한교과서주식회사, 1994.
에드워드 W. 사이드. 『오리엔탈리즘』. 박홍규 역. 서울: 교보문고, 1999.
오명석. 「이슬람, 아닷(adat), 근대화 속에서의 말레이 여성의 정체성 변화」. 『한국문화인류학』 30(1), 1997.

오명석.「말레이시아의 화인사회(1945-1969): 독립과 馬華의 정체성」.『동남아시아연구』 7, 1999.
오명석.「동남아 이슬람의 쟁점: 이슬람과 현대성」.『아시아리뷰』 1(1), 2011.
오명석.「동남아 이슬람과 글로벌 이슬람 네트워크」.『동남아시아연구』 25(2), 2015.
오스카 베겔.『인도차이나: 베트남·캄보디아·라오스』. 조흥국 역. 서울: 주류성, 1997.
요아나 브라이덴바흐·이나 추크리글.『춤추는 문화』. 인성기 역. 서울: 영림카디널. 2003.
「甕津府邑誌」. 최상수.『韓國과 越南과의 關係』. 한월협회, 1966.
원순구.「단식월 라마단의 역설-식품 소비량 오히려 40% 증가」. Chindia Plus 95, August 2014.
위르겐 오스터함멜.『식민주의』. 박은영·이유재 역. 서울: 역사비평사, 2006.
유왕종.「내전을 갈아엎고 자치의 씨앗을 뿌린 필리핀 무슬림 모로족」. 한국이슬람학회.『끝나지 않은 전쟁: 이슬람 세계의 소수민족 분쟁』. 서울: 청아, 2002.
유인선.「베트남 여조사회에 있어서의 가부장권 – 여조형률을 중심으로」.『아세아연구』 16(2), 1973.
유인선.「월남 전통사회에서의 여성의 지위」.『아세아연구』 25(2), 1982.
유인선.「베트남 전통가족제도와 부부관계」.『아시아문화』 5, 1989.
유인선.「싱가포르 150년사(1819-1969)-어촌에서 독립국가로」.『아세아연구』, 36(2), 1993.
유인선.「전근대 베트남 사회의 양계적 성격과 여성의 지위」.『역사학보』 150, 1996.
유인선.「베트남인의 남진과 남부문화의 형성」.『동방학지』 105, 1999.
유인선.『새로 쓴 베트남의 역사』. 서울: 이산, 2002.
유인선.「베트남 李 왕조의 후손 李龍祥의 行蹟」. 한국-베트남 관계사 국제 심포지움. 하노이 대우호텔. 2007.
유인선.「베트남 리 왕조와 한국 정선(旌善) 이씨(李氏)의 起源」. 2012년 베-한 국제학술대회『황숙 이용상과 베-한 협력관계의 과거와 현재』. Ho Chi Minh. 2012.
윤대영·응우옌 반 낌·응우옌 마인 중.『1862~1945, 한국과 베트남의 조우--교류, 소통, 협력의 중층적 면모』. 서울: 이매진, 2013.
윤양노.「동남아시아 민속복의 유형과 착장」.『동남아시아의 직물과 복식문화』. 온양민속박물관 개관 18주년 기념학술회의. 서울: LG패션, 1996.
윤진표.『현대 동남아의 이해』. 서울: 명인문화사, 2016.
응우옌 밍 뜨엉.「중세 시기 베트남 사신들과 조선 사신들의 접촉」.『한국 베트남 관계사 국제 심포지움』. 하노이 대우호텔, 2007.
응우옌 밍 뜨엉.「1760년 중국 북경에서의 베트남 사신 레뀌돈(黎貴惇)과 조선 사신 홍계희·조영진·이휘중과의 교류」.『한국 베트남 관계사 국제 심포지엄』. 동북아역사재단, 2008.
義淨.『大唐西域求法高僧傳』. 고려대학교 한국사연구소 엮음. 서울: 고려대학교 아세아문제연구소, 2015.
이경찬.「말레이시아 이슬람부흥운동의 정치적 함의」.『동남아시아연구』 11(봄), 2001.
이도학.「百濟의 交易網과 그 體系의 變遷」.『韓國學報』 63, 1991.
이병도.「태국 남부 이슬람지역 폭력사태의 구조적·이념적 요인」.『동남아연구』 17(2), 2007.

이병도.「태국의 최근 정치적 갈등: 그 평가와 전망」.『동남아연구』 19(3), 2009.
이삼열·박금희.「인도네시아 기독교도-무슬림 종교분쟁 연구: 중부 술라웨시의 뽀소와 말루꾸 군도를 중심으로」. 이삼열 외.『아시아의 종교분쟁과 평화』. 서울: 오름, 2005.
이수광.『芝峰集』. 서울: 성균관대학교 대동문화연구원, 1964.
이와모도 유다까 외.『동남아 불교사-상좌부 불교의 전개와 현황』. 홍사성 역. 부천: 반야샘, 1987.
이인숙.「유리와 고대 한국」. 국제한국학회 편.『실크로드와 한국 문화』. 서울: 소나무, 1999.
이태형.「싱가포르 최대 시티하비스트교회 콩히 목사가 말하는 성장 비결」.『국민일보』, 2010년 1월 9일.
장준영.『하프와 공작새-미얀마 현대정치 70년사』. 서울: 눌민, 2017.
재레드 다이아몬드.『총, 균, 쇠』. 김진준 역. 서울: 문학사상사, 2010.
정동유.『晝永編』. 서울: 서울대학교 고전간행회, 1971.
정법모.「필리핀은 어떻게 '몰의 천국'이 되었나」. 한-아세안센터 편.『동남아 경제 거인들의 어깨에서 아세안 경제를 보다』. 서울: 나무와숲, 2015.
『旌善李氏族譜』. 載寧, 1938.
정수일.『고대문명교류사』. 서울: 사계절, 2001.
정수일.『혜초의 왕오천축국전』. 서울: 학고재, 2004.
제대식.「자바사회의 종교적 혼합성 요인 분석」.『동남아시아연구』 7, 1999.
제임스 스콧.『농민의 도덕경제—동남아시아의 반란과 생계』. 김춘동 역. 서울: 아카넷, 2004.
제임스 C. 스콧.『조미아, 지배받지 않는 사람들—동남아시아 산악지대 아나키즘의 역사』. 이상국 역. 서울: 삼천리, 2015.
조태영.「서파푸아 무슬림과 기독교도 간 긴장과 갈등의 원인」. 김형준·홍석준 편.『동남아의 이슬람화 2: 인도네시아, 말레이시아, 필리핀, 베트남에서의 정치, 사회문화의 다양성과 갈등』. 서울: 눌민, 2017.
조흥국.「17세기 후반 태국의 중국 및 일본 무역」.『民族과 文化』 1, 1993.
조흥국.「태국과 말레이 무슬림 간의 알력에 대한 역사적 고찰」.『동남아시아연구』 3, 1994.
조흥국.「탈식민지 시대의 버마 군부에 대한 역사, 사회문화적 고찰」.『민족과 문화』 2, 1994.
조흥국.「태국 불교의 개혁주의 운동」.『전통과 현대』 가을호, 1997.
조흥국.「1910년 이전 태국 화인사회 연구」.『민족과 문화』 7, 1998.
조흥국.「근대 이전 한국과 동남아시아간 접촉에 대한 역사적 고찰」.『국제·지역연구』 제8권 제1호, 1999.
조흥국.「현대 태국 화인사회의 발전과 변화」.『동남아시아연구』 7, 1999.
조흥국.「동남아 불교권과 이슬람권의 기독교 선교: 태국과 인도네시아의 비교」.『선교-문화 연구』, 4, 2000.
조흥국.「불교적 이상과 정치적 욕망: 18세기 말 태국 국왕들의 불교관 비교연구」. 김영수 외.『동남아의 종교와 사회』. 서울: 오름, 2001.

조흥국.「메콩강의 경제적 잠재력과 유역국가들의 상호관계에 대한 역사적 고찰」. 조흥국 외.『메콩강과 지역협력』. 부산: 부산외국어대학교출판부, 2002.
조흥국.「태국의 지역 및 종족갈등에 대한 시론적 연구」.『동아연구』 51, 2006.
조흥국.「태국 여성의 지위와 역할의 변화」.『국제지역연구』 9(4), 2006.
조흥국.『태국-불교와 국왕의 나라』. 서울: 소나무, 2007.
조흥국.「영국 식민진출 이후 미얀마 화인사회의 형성과 변화」.『동남아시아연구』 17(1), 2007.
조흥국.「식민주의 시기 및 일본 점령기 타이 역사의 평가」.『동남아시아연구』, 18(1), 2008.
조흥국.「동남아시아의 종교와 기독교 선교」.『신학과 선교』, 22(2), 2008.
조흥국.『한국과 동남아시아의 교류사』. 서울: 소나무, 2009.
조흥국.「17세기 후반 태국의 무슬림 사회와 마카사르인 폭동에 관한 연구」.『동남아시아연구』 23(2), 2013.
조흥국.『근대 태국의 형성』. 서울: 소나무, 2015.
조흥국.「타오 수라나리(Thao Suranari)와 1820년대 라오스-태국 전쟁에 대한 역사논쟁」.『역사와 세계』 49, 2016.
조흥국.「라오스 화인사회의 형성과 변화」.『로컬리티 인문학』 16, 2016.
조흥국·윤진표·이한우·최경희·김동엽.『동남아시아의 최근 정치·외교에 대한 전략적 평가: 태국, 베트남, 인도네시아, 필리핀을 중심으로』. 대외경제정책연구원, 2011.
조흥국·이광수·이희수·박구병·이한규.『제3세계의 역사와 문화』. 한국방송통신대학교출판문화원, 2015.
주달관.『진랍풍토기(眞臘風土記)』. 최병욱 역. 광주: 산인, 2013.
최상수.『韓國과 越南과의 關係』. 서울: 한월협회, 1966.
최성환.「문순득의 표류경험과 문화사적 의미」.『홍어장수 문순득—아시아를 눈에 담다』. 2012년 기획특별전. 목포: 국립해양문화재연구소, 2012.
최재현.「낑붕땃띠, 세상과 처음 만나는 날」.『국제이해교육』 16, 2006.
최호림.「북부 베트남의 민간의례 개혁과 그 영향에 관한 연구」.『한국문화인류학』 36(2), 2003.
크리스티네 쉬르마허.『이슬람과 사회』. 김대옥·전병희 역. 인천: 바울, 2010.
클라이브 크리스티 편저.『20세기 동남아시아의 역사』. 노영순 역. 서울: 심산, 2004.
클로드 레비스트로스.『역사와 문명』. 서정철 역. 서울: 서문문고, 1976.
클리퍼드 기어츠.『농업의 내향적 정교화-인도네시아의 생태적 변화 과정』. 김형준 역. 서울: 일조각, 2012.
『太祖實錄』. 서울: 국사편찬위원회, 1986.
『太宗實錄』. 서울: 국사편찬위원회, 1986.
『파발마』. 한국선교연구원.
판후이레.「旌善 李氏, 12세기 이래 高麗에 정착한 베트남 출신의 李氏」. 한국-베트남 관계사 국제 심포지움. 하노이 대우호텔. 2007.

페르낭 브로델. 『물질문명과 자본주의 II-2: 교환의 세계 下』. 주경철 역. 서울: 까치글방, 2007.
「漂海始末」. 최성환. 『문순득 표류 연구—조선 후기 문순득의 표류와 세계인식』. 서울: 민속원, 2012.
피오나 컬로그. 『동남아의 예술세계』. 박장식 외 공역. 서울: 솔과학, 2012.
필립 쇼트. 『폴포트 평전』. 이혜선 역. 서울: 실천문학사, 2008.
하우봉. 「조선시대 동남아시아 국가와의 교류」. 하우봉 외. 『해양사관으로 본 한국사의 재조명』. 서울: 재단법인 해상왕장보고기념사업회, 2004.
한국컴퓨터선교회. http://kcm.kr.
한-아세안센터. 『2018 한아세안 통계집』. 서울: 한-아세안센터, 2019.
해롤드 크라우치. 『동남아 권위주의의 역사적 기원』. 신윤환·전제성 역. 서울: 이매진, 2009.
해밀턴 알렉산더 R. 기브. 『이슬람 그 역사적 고찰』. 최준식·이희수 공역. 서울: 문덕사, 1993.
허남혁. 「태국의 CP그룹과 글로벌푸드 시스템」. 한-아세안센터 편. 『동남아 경제 거인들의 어깨에서 아세안 경제를 보다』. 서울: 나무와숲, 2015.
慧琳. 『一切經音義 10』. 김혜경 역. 서울: 동국대학교부설동국역경원, 2000.
홍석준. 「말레이 전통종교와 신앙」. 『동남아선교뉴스레터』 13, 2000.
홍석준. 「이슬람 부흥의 문화적 특징과 의미: 말레이시아의 사례」. 김형준·홍석준 편. 『동남아의 이슬람화 1: 1970년대 이후 종교와 경제의 변화』. 서울: 눌민, 2014.
「花山君本傳」. 최상수. 『韓國과 越南과의 關係』. 한월협회, 1966.
「花山李氏世譜」. 최상수. 『韓國과 越南과의 關係』. 한월협회, 1966.
히로사치야. 『소승불교와 대승불교』. 강기희 역. 서울: 민족사, 1994.

중국어 및 일본어 문헌

『嘉定城通志』. 戴可來·楊保筠 校注. 『嶺南摭怪等史料三種』. 鄭州: 中州古籍出版社, 1991.
鞏珍. 『西洋番國志』. 北京: 中華書局, 1982.
『舊唐書』. 北京: 中華書局, 1977.
郡司喜一. 『德川時代の日暹國交』. 東京: 東亞經濟調査局, 1938.
金永鍵. 『印度支那と日本との關係』. 東京: 富山房, 1943.
『南史』. 北京: 中華書局, 1977.
『南齊書』. 北京: 中華書局, 1977.
『明史』. 北京: 中華書局, 1977.
方雄普·謝成佳 主編. 『華僑華人概況』. 北京: 中國華僑出版社, 1993.
三木榮. 『日暹交通史考』. 東京: 古今書院, 1934.
『宋史』. 北京: 中華書局, 1977.
『新唐書』. 北京: 中華書局, 1977.
『梁書』. 北京: 中華書局, 1977.
王望波·庄國土 編. 『2008年 海外華僑華人概況』. 北京: 世界知識出版社, 2010.

饒志明.「海外華商及其對中國經濟發展的作用」. 丘進 編.『華僑華人研究報告 (2011)』. 北京: 社會科學文獻出版社, 2011.

『日本書紀』. 坂本太郎·家永三郎·井上光貞·大野晋 校注. 東京: 岩波書店, 1965.

田中健夫.「倭寇と東アジア通交圏」. 網野善彦 外.『列島內外の交通と國家』. 日本の社會史. 第1卷. 東京: 岩波書店, 1987.

趙汝适.『諸蕃志校釋』. 楊博文 校釋. 趙汝适·艾儒略.『諸蕃志校釋·職方外紀校釋』. 楊博文·謝方 校釋. 北京: 中華書局, 2008.

『中外關係史譯叢』. 第2輯. 上海: 上海譯文出版社, 1985.

『晋書』. 北京: 中華書局, 1977.

和田久德.「十四伍世紀における 東南アジア船の東アジア來航と琉球國」.『球陽論叢』12, 1986.

和田久德.「琉球と李氏朝鮮との交涉-十伍世紀東アジア·東南アジア海上交易の一環とし」. 石井米雄·辛島昇·和田久德 編.『東南アジア世界の歷史的位相』. 東京: 東京大學出版會, 1992.

黃枝連.『東南亞華族社會發展論』. 上海: 上海社會科學院出版社, 1992.

타이어 문헌

Krom Silapakon. ed. *Silacharuek sukhothai lak thi 1*[수코타이 시대 비문 1집]. Bangkok: Mahawithayalai Ramkhamhaeng, 1976.

Ratchabanthitsathan. ed. *Saranukrom thai*[태국 백과사전]. Bangkok: Ratchabanthitsathan, 1983-1984.

Thiphakorawong, Chaophraya. 1869. *Phraratcha phongsawadan krung ratanakosin ratchakan thi song*[라마 2세 시대 라따나꼬신 왕조의 역사]. Krung Thep: Khurusapha, 1961.

Thiphakorawong, Chaophraya. 1869. *Phraratcha phongsawadan krung rattanakosin ratchakan thi si*[라마4세 시대 라따나꼬신 왕조의 역사]. 2 Lem. Krung Thep: Khurusapha, 1961.

서양어 문헌

Abejo, Raymund Arthur G. "Early Philippine-Korean Contact: Exiled Korean Catholics in the Philippines during the 17th Century." Yoon Hwan Shin and Chayachoke Chulasiriwongs. eds. *Relations between Korea and Southeast Asia in the Past*. ASEAN University Network and Korean Association of Southeast Asian Studies, 2005.

Acharya, Amitav and Ananda Rajah. "Introduction: Reconceptualizing Southeast Asia." *Southeast Asian Journal of Social Science* 27(1), 1999.

Adas, Michael. *The Burma Delta: Economic Development and Social Change on an Asian Rice Frontier, 1852-1941*. Madison: The University of Wisconsin Press, 1974.

ADB. *Key Indicators for Asia and the Pacific 2018*.

Agoncillo, Teodoro A. *History of the Filipino People*. 8th Ed. Quezon City: Garotech, 1990.

Aldrich, Richard J. *The Key to the South: Britain, the United States, and Thailand during the Approach of the*

Pacific War, 1929-1942. Kuala Lumpur: Oxford University Press, 1993.

Andaya, Barbara Watson. *The Flaming Womb: Repositioning Women in Early Modern Southeast Asia*. Honolulu: University of Hawai'i Press, 2006.

Andaya, Barbara Watson and Leonard Y. Andaya. *A History of Malaysia*. Basingstoke: Macmillan Education, 1982.

Anderson, Benedict. *The Spectre of Comparisons: Nationalism, Southeast Asia and the World*. London·New York: Verso, 1998.

Anshari, Saifuddin. "Islam or the Panca Sila as the Basis of the State." Ahmad Ibrahim, Sharon Siddique and Yasmin Hussain. eds. *Readings on Islam in Southeast Asia*. Singapore: ISEAS, 1985.

Anuman Rajadhon, Phya. "The Phi." *Journal of the Siam Society* 41(2), 1954.

Anuman Rajadhon, Phya. "The Khwan and Its Ceremonies." *Journal of the Siam Society* 50(2), 1962.

Aragon, Lorraine V. *Fields of the Lord*. Honolulu: University of Hawai'i Press, 2000.

ASEAN Secretariat. *ASEAN Statistical Yearbook 2018*.

AsiaNews. Vatican.

Assist News Service. London.

Bagchi, Tista. "Bengali Writing." Peter T. Daniels and William Bright. eds. The World's Writing Systems. Oxford: Oxford University Press, 1996.

Bastian, Adolf. *Reise durch Kambodja nach Cochinchina. Die Voelker des Oestlichen Asien: Studien und Reisen*. Vierter Band. Jena: Hermann Costenoble, 1868.

BBC News. London.

Bellwood, Peter. *Prehistory of the Indo-Malaysian Archipelago*. Revised Edition. Honolulu: University of Hawai'i Press, 1997.

Bellwood, Peter. "The Origins and Dispersals of Agricultural Communities in Southeast Asia." Ian Glover and Peter Bellwood. eds. *Southeast Asia from Prehistory to History*. London and New York: Routledge Curzon, 2004.

Bellwood, Peter and Ian Glover. "Southeast Asia: Foundations for an Archaeological History." Ian Glover and Peter Bellwood. eds. *Southeast Asia from Prehistory to History*. London and New York: Routledge Curzon, 2004.

Benda, Harry J. and John A. Larkin. *The World of Southeast Asia: Selected Historical Readings*. New York: Harper & Row, 1967.

Bitterli, Urs. *Alte Welt—neue Welt: Formen des europäisch-überseeischen Kulturkontaktes vom 15. bis zum 18. Jahrhundert*. München: Deutscher Taschenbuch Verlag, 1992.

Bless, Roland. *"Divide et impera"?: Britische Minderheitenpolitik in Burma 1917-1948*. Stuttgart: Franz Steiner, 1990.

Bowring, John. 1857. *Kingdom and People of Siam*. 2 Vols. Kuala Lumpur: Oxford University Press, 1969.

Boxer, C. R. *The Portuguese Seaborne Empire 1415-1825*. Middlesex: Penguin Books, 1969.

Brenner, Suzanne A. "Why Women Rule the Roots: Rethinking Javanese Ideologies of Gender and Self-Control." Aihwa Ong and Michael G. Peletz. eds. *Bewitching Women, Pious Men: Gender and Body Politics in Southeast Asia*. Berkeley and Los Angeles: University of California Press, 1995.

Bright, William. "The Devanagari Script." Peter T. Daniels and William Bright. eds. *The World's Writing Systems*. Oxford: Oxford University Press, 1996.

Bright, William. "Kannada and Telegu Writing." Peter T. Daniels and William Bright. eds. *The World's Writing Systems*. Oxford: Oxford University Press, 1996.

Brown, David. *The State and Ethnic Politics in Southeast Asia*. London and New York: Routledge, 1994.

Buchholt, Helmut and Ulrich Mai. "Marktagenten und Prügelknaben: Die gesellschaftliche Rolle von Händlerminoritäten in der Dritten Welt." *Die Erde* 123(4), 1992.

Cady, John F. "Religion and Politics in Modern Burma." *Journal of Asian Studies* 12(2), 1953.

Cady, John F. *Southeast Asia: Its Historical Development*. New York: McGraw-Hill, 1964.

Chambert-Loir, Henri and Anthony Reid. "Introduction." Henri Chambert-Loir and Anthony Reid. eds. *The Potent Dead: Ancestors, Saints and Heroes in Contemporary Indonesia*. Crows Nest and Honolulu: Allen & Unwin and University of Hawai'i Press, 2002.

Chandler, David. *The Land and People of Cambodia*. Philadelphia: J. B. Lippincott, 1972.

Chandler, David P. *A History of Cambodia*. 2nd Ed. St Leonards: Allen & Unwin, 1993.

Chandra, Dilip. "The Role of Islam in Contemporary Indonesia: Search for a New Paradigm." Paul van der Velde and Alex McKay. eds. *New Developments in Asian Studies: An Introduction*. Leiden and Amsterdam: International Institute for Asian Studies, 1998.

Chau Ju-Kua. 1225. *Chau Ju-Kua: His Work on the Chinese and Arab Trade in the Twelfth and Thirteenth Centuries, Entitled Chu-fan-chi*. Translated from the Chinese and Annotated by Friedrich Hirth and W. W. Rockhill. St. Petersburg: Imperial Academy of Sciences, 1911.

Chin Yahan. "Amazing, But True!: A Woman Rules in a Cambodian Traditional Marriage." *Sangsaeng* 24, Spring 2009.

Cho, Hung-Guk. *Die politische Geschichte Thailands unter der Herrschaft König Narais* (r. 1656-1688). Seoul: Munduksa, 1994.

Cho, Hung-Guk. "Siamese-Korean Relations in the late Fourteenth Century." *Journal of the Siam Society* 94, 2006.

Cho, Hung-guk. "The 1592 Japanese Invasion of Korea and Diplomacies of Siam and China." *Journal of Asian History* 51(1), 2017.

Chulalongkon University. ed. *The Inscription of King Ramkamhaeng the Great*. Bangkok: Chulalongkon University Press, 1983.

Clarac, Achille. *Guide to Thailand*. Edited und Translated by Michael Smithies. Bangkok: Duang Kamol

Book House, 1981.

Coedès, Georges. *The Making of South East Asia*. Translated by H. M. Wright. Berkeley: University of California Press, 1966.

Coedès, Georges. *The Indianized States of Southeast Asia*. Translated by Sue Brown Cowing. Honolulu: University of Hawaii Press. 1968.

Conze, Edward. ed. *Buddhist Texts through the Ages*. New York and Evanston: Harper & Row, 1964.

Coppel, Charles A. *Indonesian Chinese in Crisis*. Kuala Lumpur: Oxford University Press, 1983.

Coughlin, Richard J. *Double Identity: The Chinese in Modern Thailand*. Hong Kong: Hong Kong University Press, 1960.

Court, Christopher. "The Spread of Brahmi Script into Southeast Asia." Peter T. Daniels and William Bright. eds. *The World's Writing Systems*. Oxford: Oxford University Press, 1996.

Crawfurd, John. 1828. *Journal of an Embassy to the Courts of Siam and Cochin China*. Kuala Lumpur: Oxford University Press, 1967.

Cropley, Ed. "Malay Separatists lay behind Southern Thai Unrest." *Swissinfo*, August 28, 2005.

Cushman, Richard D. and David K. Wyatt. (trans. and ed.). "Translating Thai Poetry: Cushman, and King Narai's 'Long Song Prophecy for Ayutthaya'." *Journal of the Siam Society* 89(1 and 2), 2001.

Damrong Tayanin. *Being Kammu: My Village, My Life*. Ithaca: Southeast Asia Program, Cornell University, 1994.

Dao Hung. "Black Beauty." *Heritage Fashion*. Vietnam Airlines. Feb-Mar 2001.

Davids, T. W. Rhys and William Stede. eds. *The Pali Text Society's Pali-English Dictionary*. London: The Pali Text Society, 1979.

Der Koran. 1992. Aus dem Arabischen übersetzt von Max Henning. Stuttgart: Philipp Reclam jun.

Die Geschichte von Hang Tuah. Translated by Hans Overbeck. München: C. H. Beck, 1986.

Diller, Anthony. "Thai and Lao Writing." Peter T. Daniels and William Bright. eds. *The World's Writing Systems*. Oxford: Oxford University Press, 1996.

Donner, Wolf. *Thailand: Land zwischen Tradition und Moderne*. München: Beck, 1996.

Earl, George Windsor. 1837. *The Eastern Seas, or Voyages and Adventures in the Indian Archipelago, in 1832-33-34*. Singapore: Oxford University Press, 1971.

East Asia Analytical Unit. *Overseas Chinese Business Networks in Asia*. Parkes: Department of Foreign Affairs and Trade, 1995.

Eiseman, Jr., Fred B. 1996. *Bali: Sekala and Niskala. Volume I: Essays on Religion, Ritual, and Art*. Hong Kong: Periplus Editions.

Ende, Werner. "Die Ursprünge des Zwölferschia." Maria Haarmann. ed. *Der Islam: Ein Lesebuch*. München: C. H. Beck, 1992.

Endreß, Gerhard. "Askese und Mystik." Maria Haarmann. ed. *Der Islam: Ein Lesebuch*. München: C. H.

Beck, 1992.

Evans, Grant. *The Politics of Ritual and Remembrance: Laos since 1975*. Chiang Mai: Silkworm Books, 1998.

Evans, Grant. *A Short History of Laos: the Land in Between*. Crows Nest: Allen & Unwin, 2002.

Evans, Grant. ed. *Asia's Cultural Mosaic: An Anthropological Introduction*. New York: Prentice Hall, 1993.

Evers, Hans-Dieter. ed. *Sociology of South-East Asia: Readings on Social Change and Development*. Kuala Lumpur: Oxford University Press, 1980.

Ferrer, Miriam Coronel. "Introduction, The Plurality of Coexistence in Southeast Asia." Miriam Coronel Ferrer. ed. *Sama-Sama, Facets of Ethnic Relations in South East Asia*. Quezon: Third World Studies Center, University of the Philippines Diliman, 1999.

Fieldhouse, David K. *Die Kolonialreiche seit dem 18. Jahrhundert*. Frankfurt am Main: Fischer Taschenbuch Verlag, 1965.

Finlayson, George. 1826. *The Mission to Siam and Hué 1821-1822*. Singapore: Oxford University Press, 1988.

Flanza, Myrthena L. "Conflicting Land Use and Ownership Patterns and the 'Moro Problem' in Southern Philippines." Miriam Coronel Ferrer. ed. *Sama-Sama, Facets of Ethnic Relations in South East Asia*. Quezon: Third World Studies Center, University of the Philippines Diliman, 1999.

Freedman, Maurice. "A Note on Social Organization in a Rural Area of Greater Djakarta." *Man* 60, 1960.

Fryer, Donald W. and James C. Jackson. *Indonesia*. London: Ernest Benn, 1977.

Furnivall, J. S. "Plural Societies." Hans Dieter Evers. ed. *Sociology of South-East Asia: Readings on Social Change and Development*. Kuala Lumpur: Oxford University Press, 1980.

Gair, James W. "Singhala Writing." Peter T. Daniels and William Bright. eds. *The World's Writing Systems*. Oxford: Oxford University Press, 1996.

Geertz, Clifford. *The Religion of Java*. Chicago: The University of Chicago Press, 1976.

Gervaise, Nicolas. *Histoire naturelle et politique du Royaume de Siam*. Paris. 1688.

Gilquin, Michel. *The Muslims of Thailand*. Translated by Michael Smithies. Chiang Mai: Silkworm, 2005.

Global Times. Beijing.

Goh, Robbie B. H. *Christianity in Southeast Asia*. Singapore: ISEAS, 2005.

Göttner-Abendroth, Heide. *Das Matriarchat II, 1: Stammesgesellschaften in Ostasien, Indonesien, Ozeanien*. 2., durchgesehene und ergänzte Auflage. Stuttgart: W. Kohlhammer, 1999.

Griswold, A. B. and Prasert na Nagara. "The Asokārāma Inscription of 1399 A.D." *Journal of the Siam Society* 57(1), 1969.

Griswold, A. B. and Prasert ṇa Nagara. "The Epigraphy of Mahādharmarājā I of Sukhodaya." *Journal of the Siam Society* 61(1), 1973.

Groeneveldt, W. P. 1960. *Historical Notes on Indonesia and Malaya Compiled from Chinese Sources*. Jakarta: C. V. Bhratara.

Groslier, Bernard Philippe. *Hinterindien: Kunst im Schmelztiegel der Rassen*. Baden-Baden: Holle, 1980.

Gross, Rita M. *Buddhism after Patriarchy: A Feminist History, Analysis, and Reconstruction of Buddhism*. Albany: State University of New York, 1993.

Hagen, Everett E. *The Economic Development of Burma*. Washington, D. C.: National Planning Association, 1956.

Hainsworth, Geoffrey B. ed. *Southeast Asia: Women, Changing Social Structure and Cultural Continuity*. Ottawa: University of Ottawa Press, 1981.

Hall, D. G. E. *A History of South-East Asia*. 4th Ed. London and Basingstoke: The Macmillan, 1981.

Hall, Kenneth R. "An Introductory Essay on Southeast Asian Statecraft in the Classical Period." Kenneth R. Hall and John K. Whitmore. eds. *Explorations in Early Southeast Asian History: The Origins of Southeast Asian Statecraft*. Ann Arbor: Center for South and Southeast Asian Studies, The University of Michigan, 1976.

Hallett, Holt S. 1890. *A Thousand Miles on an Elephant in the Shan States*. Bangkok: White Lotus, 1988.

Hamilton, Alexander. *A New Account of the East Indies, Being the Observations and Remarks of Capt. Alexander Hamilton, Who Spent His Time there From the Year 1688 to 1723*. Volume Ⅱ. Edinburgh: John Mosman, 1727.

Hamilton, Alexander. *A Scottish Sea Captain in Southeast Asia 1689-1723*. Edited by Michael Smithies. Chiang Mai: Silkworm Books, 1997.

Hanisch, Rolf. *Philippinen*. München: Beck, 1989.

Harish, S. P. "Ethnic or Religious Cleavage? Investigating the Nature of the Conflict in Southern Thailand." *Contemporary Southeast Asia* 28(1), 2006.

Hefner, Robert W. "Islam in an Era of Nation-States: Politics and Religious Renewal in Muslim Southeast Asia." Robert W. Hefner and Patricia Horvatich. eds. *Islam in an Era of Nation-States: Politics and Religious Renewal in Muslim Southeast Asia*. Honolulu: University of Hawai'i Press, 1997.

Hefner, Robert W. "Islamization and Democratization in Indonesia." Robert W. Hefner and Patricia Horvatich. eds. *Islam in an Era of Nation-States: Politics and Religious Renewal in Muslim Southeast Asia*. Honolulu: University of Hawai'i Press, 1997.

Heinze, Ruth-Inge. *Tham Khwan: How to Contain the Essence of Life*. Singapore University Press, 1982.

Heller, Erdmute. *Arabesken und Talismane: Geschichte und Geschichten des Morgernlandes in der Kultur des Abendlandes*. München: C. H. Beck, 1992.

Higham, Charles. *The Archaeology of Mainland Southeast Asia: From 10,000 B.C. to the Fall of Angkor*. Cambridge: Cambridge University Press, 1989.

Hill, Ann Maxwell. "Chinese Funerals and Chinese Ethnicity in Chiang Mai, Thailand." *Ethnology* 31, 1992.

Hilsdon, Anne-Marie. "Invisible Bodies: Gender, Conflict and Peace in Mindanao." *Asian Studies Review* 33, 2009.

Hla Pe. *Burma: Literature, Historiography, Scholarship, Language, Life, and Buddhism*. Singapore: ISEAS, 1985.

Htin Aung, Maung. "The Thirty-Seven Lords." *Journal of the Burma Research Society* 39, June 1956.

Htin Aung, Maung. *Folk Elements in Burmese Buddhism*. London: Oxford University Press, 1962.

Huard, Pierre and Maurice Durand. *Vietnam: Civilization and Culture*. Translated by Vu Thien Kim. Hanoi: Ecole Française d'Extrême-Orient, 1994.

Ibrahim, Anwar. "Muslims Have No Monopoly over 'Allah'." *The Wall Street Journal*, January 25, 2010.

Ishii, Yoneo. "Seventeenth Century Japanese Documents about Siam." *Journal of the Siam Society* 59(2), 1971.

Ishii, Yoneo. *Sangha, State, and Society: Thai Buddhism in History*. Translated by Peter Hawkes. Honolulu: The University of Hawai'i Press, 1986.

Ishii, Yoneo. "The Rekidai Hôan and Some Aspects of the Ayutthayan Port Polity in the Fifteenth Century." *The Memoirs of the Toyo Bunko* 50, 1992.

Jackson, Peter A. *Buddhism, Legitimation, and Conflict*. Singapore: ISEAS, 1989.

Jensen, Hans. *Signs, Symbols and Script: An Account of Man's Efforts to Write*. Translated by George Unwin. New York: G.P. Putnam's Sons, 1969.

Jeshurun, Chandran. *The Contest for Siam 1889-1902: A Study in Diplomatic Rivalry*. Kuala Lumpur: Penerbit Universiti Kebangsaan Malaysia, 1977.

Johns, Anthony H. "Islamization in Southeast Asia: Reflections and Reconsiderations with Special Reference to the Role of Sufism." 『東南アジア研究』 31(1), 1993.

Kahn, Joel S. ed. *Southeast Asian Identities: Culture and the Politics of Representation in Indonesia, Malaysia, Singapore, and Thailand*. New York: St. Martin's Press, 1988.

Kamala Tiyavanich. *Forest Recollections: Wandering Monks in Twentieth-Century Thailand*. Honolulu: University of Hawai'i Press, 1997.

Kano, Hiroshi. "Changing Beliefs about the Guardian Spirits in Modern Bangkok with Special Reference to Shrines and Idols." IAHA 14th Conference. Bangkok: Chulalongkorn University, 1996.

Kaufman, Howard Keva. *Bangkhuad: A Community Study in Thailand*. New York: J. J. Augustin, 1960.

Kawanami, Hiroko. "Charisma, Power(s), and the Arahant Ideal in Burmese-Myanmar Buddhism." *Asian Ethnology* 68(2), 2009.

Kent, Alexandra. "Shades of Gender and Security in Cambodia." Helle Rydstrøm. ed. *Gendered Inequalities in Asia: Configuring, Contesting and Recognizing Women and Men*. Copenhagen: NIAS Press, 2010.

Keyes, Charles F. "Buddhism and National Integration in Thailand." *The Journal of Asian Studies* 30(3), 1971.

Keyes, Charles F. *The Golden Peninsula: Culture and Adaptation in Mainland Southeast Asia*. Reprinted. Honolulu: University of Hawai'i Press, 1995.

Khin Myo Chit. *Colourful Burma*. Rangoon: Daw Tin Aye, 1988.

Kobata, A. and Matsuda, M. *Ryukyuan Relations with Korea and South Sea Countries*. Kyoto, 1969.

Koenig, J. G. "Journal of a Journey from India to Siam and Malacca in 1779." *Journal of the Straits Branch of the Royal Asiatic Society*, January 1894.

Kubitscheck, Hans-Dieter. *Südostasien: Völker und Kulturen*. Berlin: Akademie, 1983.

Kubitscheck, Hans Dieter and Ingrid Wessel. *Geschichte Indonesiens vom Altertum bis zur Gegenwart*. Berlin: Akademie, 1981.

Kuipers, Joel C. and McDermott, Ray. "Insular Southeast Asian Scripts." Peter T. Daniels and William Bright. eds. *The World's Writing Systems*. Oxford: Oxford University Press, 1996.

Kwok Kian Woon. "Relations with Non-Chinese: Ethnicity." Lynn Pan. ed. *The Encyclopedia of the Chinese Overseas*. Singapore: Archipelago Press and Landmark Books, 1998.

La Bourdonnais, Comte A. Mahé de. *A French Engineer in Burma and Siam (1880): With a Discussion on the Kra Canal Controversy*. Translated and with an Introduction by Walter E. J. Tips. Bangkok: White Lotus, 2014.

La Loubère, Simon de. *Du royaume de Siam*. Michel Jacq-Hergoualc'h. *Étude historique et critique du livre de Simon de La Loubère 〈Du Royaume de Siam〉—Paris 1691*. Paris: Editions Recherche sur les Civilisations, 1987.

Lach, Donald F. *Southeast Asia in the Eyes of Europe: The Sixteenth Century*. Chicago: The University of Chicago Press, 1965.

Ladwig, Patrice. "The Genesis and Demarcation of the Religious Field: Monasteries, State Schools, and the Secular Sphere in Lao Buddhism (1893-1975)." *Sojourn* 26(2), 2011.

Ladwig, Patrice. "Haunting the State: Rumours, Spectral Apparitions and the Longing for Buddhist Charisma in Laos." *Asian Studies Review* 37(4), 2013.

Larkin, Emma. *Secret Histories: Finding George Orwell in a Burmese Teashop*. London: John Murray, 2004.

Le Boulanger, Paul. *Histoire du Laos Français*. Paris: Librairie Plon, 1931.

Le May, Reginald. 1926. *An Asian Arcady: The Land and Peoples of Northern Siam*. Bangkok: White Lotus, 1986.

Lester, Robert C. *Theravada Buddhism in Southeast Asia*. Ann Arbor: The University of Michigan Press, 1973.

Liow, Joseph. "The Truth about Pondok Schools in Thailand." *Asia Times Online*, September 3, 2004.

Ling, Trevor. *Buddhism, Imperialism and War: Burma and Thailand in Modern History*. London: George Allen & Unwin, 1979.

Ling, Trevor. ed. *Buddhist Trends in Southeast Asia*. Singapore: ISEAS, 1993.

Lintner, Bertil. "Ethnic Scapegoat." *Far Eastern Economic Review*, April 10, 1997.

Liu Hong. "Old Linkages, New Networks: The Globalization of Overseas Chinese Voluntary Associations and Its Implications." *The China Quarterly* 155, 1998.

Liu Hong. "Social Capital and Business Networking: A Case Study of Modern Chinese Transnationalism." 『東南アジア研究』 39(3), 2001.

Lockard, Craig A. *Southeast Asia in World History*. New York: Oxford University Press, 2009.

Luce, Gordon H. (trans.). "The Shwegugyi Pagoda Inscription, Pagan, 1141, A.D." *The Journal of Burma Research Society* 10, 1920.

Ma Huan. 1433. *Ying-Yai Sheng-Lan: 'The Overall Survey of the Ocean's Shores'*. Cambridge; Published for the Haklyut Society at the University Press, 1970.

Macgregor, John. *Through the Buffer State: A Record of Recent Travels through Borneo, Siam, and Cambodia*. London: F. V. White & Co., 1896.

Magnis-Seseno, Franz. 1997. *Javanese Ethics and World-View: The Javanese Idea of the Good Life*. Jakarta: Penerbit PT Gramedia Pustaka utama.

Malcom, Howard. *Travels in South-Eastern Asia Embracing Hindustan, Malaya, Siam, and China*. 2 Vols. Boston: Gould, Kendall, and Lincoln, 1840.

Maliki, Nor Zarifah, Aldrin Abdullah and Azizi Bahauddin. "Recalling the Transitional Space: City home and Kampung home." Asian Conference on Environmental-Behaviour Studies, Chung-Ang University, Seoul, 25-27 August, 2014.

Manguin, Pierre-Yves. "The Southeast Asian Ship: A Historical Approach." *Journal of Southeast Asian Studies* 11(2), 1980.

Maung Lay, Khin. "Burma Fuels the Rohingya Tragedy." *Far Eastern Economic Review* 172(2), March 2009.

McCargo, Duncan. "Things Fall Apart? Thailand's Post-Colonial Politics." *Suvannabhumi* 9(1), 2017.

McGilvary, Daniel. 1912. *A Half Century among the Siamese and the Lao: An Autobiography*. Bangkok: White Lotus, 2001.

McKenna, Thomas M. "Appreciating Islam in the Muslim Philippines: Authority, Experience, and Identity in Cotabato." Robert W. Hefner and Patricia Horvatich. eds. *Islam in an Era of Nation-States: Politics and Religious Renewal in Muslim Southeast Asia*. Honolulu: University of Hawai'i Press, 1997.

Mendelson, E. Michael. *Sangha and State in Burma: A Study of Monastic Sectarianism and Leadership*. Edited by John P. Ferguson. Ithaca and London: Cornell University Press, 1975.

Milner, Anthony. *The Malays*. Malden: Wiley-Blackwell, 2011.

Mistry, P. J. "Gujarati Writing." Peter T. Daniels and William Bright. eds. *The World's Writing Systems*. Oxford: Oxford University Press, 1996.

Moisy, Claude. *Birma*. Aus dem Französischen übersetzt von Kurt Jung. Lausanne: Editions Rencontre, 1964.

Morev, Lev. "Religion in Laos Today." *Religion, State & Society* 30(4), 2002.

Mouhot, Henri. 1864. *Travels in Siam, Cambodia and Laos 1858-1860*. Volume I and II. Singapore: Oxford University Press, 1992.

Munir, Lily Zakiyah. "'He Is Your Garment and You Are His …': Religious Precepts, Interpretations, and Power Relations in Marital Sexuality among Javanese Muslim Women." *Sojourn* 17(2), 2002.

Mutalib, Hussin. *Islam in Southeast Asia*. Singapore: ISEAS, 2008.

Nakamura, Rie. "Coming of Islam to Champa." *Journal of the Malaysian Branch of the Royal Asiatic Society* 73(1), 2000.

Neo, Jaclyn L. "What's in a Name? Malaysia's 'Allah' Controversy and the Judical Intertwining of Islam with Ethnic Identity." *International Journal of Constitutional Law* 12(3), 2014.

Ngaosyvathn, Mayoury, *Lao Women: Yesterday and Today*. Vientiane: Hong Phim Latwisathakit, 1995.

Nguyen The Anh. "Indochina and the Malay World: A Glimpse on Malay-Vietnamese Relations to the Mid-Nineteenth Century." *Asia Journal* 3(1), 1996.

Nitibaskara, Ronny. "Observations on the Practice of Sorcery in Java." C. W. Watson and Roy Ellen. eds. *Understanding Witchcraft and Sorcery in Southeast Asia*. Honolulu: University of Hawai'i Press, 1993.

Nyanatiloka. *Visuddhi-Magga oder der Weg zur Reinheit. Die Grösste und Älteste Systematische Darstellung des Buddhismus. Aus dem Pali übersetzt*. Konstanz: Christiani, 1952.

Ong, Aihwa. "State Versus Islam: Malay Families, Women's Bodies, and the Body Politics in Malaysia." Aihwa Ong and Michael G. Peletz. eds. *Bewitching Women, Pious Men: Gender and Body Politics in Southeast Asia*. Berkeley and Los Angeles: University of California Press, 1995.

Osborne, Milton. *River Road to China: The Search for the Source of the Mekong, 1866-73*. Singapore: Archipelago, 1996.

Owen, Norman G. ed. *The Emergence of Modern Southeast Asia*. Honolulu: University of Hawai'i Press, 2005.

Pallegiox, Jean-Baptiste. 1854. *Description du Royaume Thai ou Siam*. 2 Volumes. Farnborough: Gregg International, 1969.

Pan, Lynn. ed. *The Encyclopedia of the Chinese Overseas*. Singapore: Landmark Books, 1998.

Peck, Ellen M. H. *Travels in the Far East*. Cambridge: The University Press. 1909.

Peletz, Michael G. "Knowledge, Power, and Personal Misfortune in a Malay Context." C. W. Watson and Roy Ellen. eds. *Understanding Witchcraft and Sorcery in Southeast Asia*. Honolulu: University of Hawai'i Press, 1993.

Peletz, Michael G. "Neither Reasonable nor Responsible: Contrasting Representations of Masculinity in a Malay Society." Aihwa Ong and Michael G. Peletz. eds. *Bewitching Women, Pious Men: Gender and Body Politics in Southeast Asia*. Berkeley and Los Angeles: University of California Press, 1995.

Peletz, Michael G. "'Ordinary Muslims' and Muslim Resurgents in Contemporary Malaysia: Notes on an Ambivalent Relationship." Robert W. Hefner and Patricia Horvatich. eds. *Islam in an Era of Nation-States: Politics and Religious Renewal in Muslim Southeast Asia*. Honolulu: University of Hawai'i Press, 1997.

Peng Dajin. "Ethnic Chinese Business Networks and the Asia-Pacific Economic Integration." *Journal of Asian and African Studies* 35(2), 2000.

PEW Research Center. http://www.globalreligious-futures.org.

Pires, Tomé. *The Suma Oriental of Tome Pires: An Account of the East, from the Red Sea to China, Written in Malacca and India in 1512-1515*. Translated and Edited by Armando Cortesao. Vol. I. London: The Hakluyt Society, 1944.

Poivre, Pierre. "Description of Cochinchina, 1749-50." Translated by Kristine Alilunas-Rodgers. Li Tana and Anthony Reid. eds. *Southern Vietnam under the Nguyen: Documents on the Economic History of Cochinchina (Đàng Trong), 1602-1777*. Data Paper Series. Sources for Economic History of Southeast Asia, no. 3. Singapore: ISEAS, 1993.

Potter, Sulamith Heins. *Family Life in a Northern Thai Village: A Study in the Structural Significance of Women*. Berkeley: University of California Press, 1977.

Purcell, Victor. *The Chinese in Southeast Asia*. London: Oxford University Press, 1965.

Radtke, Bernd. "Islamische Rechtsquellen." Maria Haarmann. ed. *Der Islam: Ein Lesebuch*. München: C. H. Beck, 1992.

Rakow, Meg Regina. *Laos and Laotians*. Honolulu: University of Hawai'i Press, 1992.

Rambitan, Stanley R. "Christian-Muslim Relations in Indonesia: A General Introduction." *Rec Mission Bulletin* 20(2), 2000.

Reid, Anthony. *Southeast Asia in the Age of Commerce 1450-1680, Volume One: The Lands below the Winds*. New Haven: Yale University Press, 1988.

Reid, Anthony. "The Rise and Fall of Sino-Javanese Shipping." V. J. H. Houben, H. M. J. Maier and W. van der Molen. eds. *Looking in Odd Mirrors: The Java Sea*. Leiden: Rijksuniversiteit te Leiden, 1992.

Reid, Anthony. *Southeast Asia in the Age of Commerce 1450-1680. Volume Two: Expansion and Crisis*. New Haven and London: Yale University Press, 1993.

Reid, Anthony. *Charting the Shape of Early Modern Southeast Asia*. Chiang Mai: Silkworm Books, 2000.

Reissner, Johannes. "Zinsverbot und Armensteuer." Maria Haarmann. ed. *Der Islam: Ein Lesebuch*. München: C. H. Beck, 1992.

Renaud, Jean. 1930. *Laos in the 1920s: The Gods, Monks and Mountains of Laos*. Translated and with an Introduction by Walter E. J. Tips. Bangkok: White Lotus, 2011.

Rhodes, Alexandre de. 1653. *Rhodes of Viet Nam: The Travels and Missions of Father Alexander de Rhodes in China and Other Kingdoms of the Orient*. Translated by Solange Hertz. Westminster: The Newman Press, 1966.

Ricklefs, M. C. "Six Centuries of Islamization in Java." Nehemia Levtzion. ed. *Conversion to Islam*. New York: Holmes & Meier, 1979.

Ricklefs, M. C. *A History of Modern Indonesia since c. 1200*. 3rd Ed. Stanford: Stanford University Press, 2001.

Roberts, Edmund. 1837. *Embassy to the Eastern Courts of Cochin-China, Siam, and Muscat during* the *Years*

1832-3-4. Wilmington: Scholarly Resources, 1972.

Rodrigue, Yves. *Nat-Pwe: Burma's Supernatural Sub-Culture*. Gartmore: Kiscadale, 1992.

Rössler, Martin. "Islamization and the Reshaping of Identities in Rural South Sulawesi." Robert W. Hefner and Patricia Horvatich. eds. *Islam in an Era of Nation-States: Politics and Religious Renewal in Muslim Southeast Asia*. Honolulu: University of Hawai'i Press, 1997.

Salomon, Richard G. "Brahmi and Kharoshthi." Peter T. Daniels and William Bright. eds. *The World's Writing Systems*. Oxford: Oxford University Press, 1996.

Sangermano, Vincentius. 1818. *A Description of the Burmese Empire*. Translated by William Tandy. London: Susil Gupta, 1966.

Sarassawadee Ongsakul. *History of Lan Na. Translated by Chitraporn Tanratanakul*. Chiang Mai: Silkworm, 2005.

SarDesai, D. R. *Southeast Asia: Past & Present*. 4th Ed. Boulder: Westview, 1997.

Schiller, Eric. "Khmer Writing." Peter T. Daniels and William Bright. eds. *The World's Writing Systems*. Oxford: Oxford University Press, 1996.

Schimmel, Annemarie. *Der Islam: Eine Einführung*. Stuttgart: Philipp Reclam Jun. 1990.

Schumann, Hans Wolfgang. *Buddhismus: Stifter, Schulen und Systeme*. Fourth Edition. Olten und Freiburg: Walter-Verlag, 1985.

Schwarz, Adam. *A Nation in Wanting: Indonesia in the 1990s*. St Leonards: Allen & Unwin, 1994.

Scott, William Henry. *Barangay: Sixteenth-Century Philippine Culture and Society*. 4th Printing. Manila: Ateneo de Manila University Press, 1999.

See, Teresita Ang. "The Ethnic Chinese as Filipinos." Leo Suryadinata. ed. *Ethnic Chinese as Southeast Asians*. Singapore: ISEAS, 1997.

Sĕjarah Mĕlayu or 'Malay Annals'. A Translation of Raffles MS 18 with Commentary of C. C. Brown. *Journal of the Malayan Branch of the Royal Asiatic Society* 25(2 & 3), 1952.

Shamsul, A. B. "Identity Construction, Nation Formation, and Islamic Revivalism in Malaysia." Robert W. Hefner and Patricia Horvatich. eds. *Islam in an Era of Nation-States: Politics and Religious Renewal in Muslim Southeast Asia*. Honolulu: University of Hawai'i Press, 1997.

Sharma, Sanjeev. *Cambodia: An Historical Overview*. Honolulu: Center for Southeast Asian Studies. School of Hawaiian, Asian and Pacific Studies. University of Hawai'i at Manoa, 1994.

Sharp, Lauriston and Lucien M. Hanks. 1978. *Bang Chan: Social History of a Rural Community in Thailand*. Ithaca and London: Cornell University Press.

Shway Yoe. 1882. *The Burman, His Life and Notions*. Scotland: Kiscadale, 1989.

Sivaraman, Satya. "Cambodians flock back to Buddhism." *Asia Times Online*, September 6, 2001.

Skidmore, Monique. "In the Shade of the Bodhi Tree: Dhammayietra and the Re-awakening of the Community in Cambodia." *Crossroads* 10(1), 1996.

Skinner, G. William. *Chinese Society in Thailand: An Analytical History*. Ithaca: Cornell University Press, 1957.

Skinner, G. William. "Creolized Chinese Societies in Southeast Asia." Anthony Reid. ed. *Sojourners and Settlers: Histories of Southeast Asia and the Chinese*. St Leonards: Allen & Unwin, 1996.

Smith, Bardwell L. *Religion and Legitimation of Power in Thailand, Laos, and Burma*. Chambersburg: Anima, 1978.

Smith, George Vinal. *The Dutch in Seventeenth-Century Thailand*. Northern Illinois University, 1977.

Smithies, Michael. "Body Ornamentation and Penile Implants in Siam and Pegu." *Journal of the Siam Society* 82(1 and 2), 1994.

Soh Byungkuk. *Ideology and Shaping of Malaysia: A Socio-Intellectual History*. Jakarta: Penerbit Universitas Indonesia, 2012.

Somboon Suksamran. *Buddhism and Political Legitimacy*. Bangkok: Chulalongkorn University, 1993.

Spiro, Melford E. *Burmese Supernaturalism*. Expanded Edition. Philadelphia: The Institute for the Study of Human Issues, 1978.

Spiro, Melford E. *Buddhism and Society: A Great Tradition and Its Burmese Vicissitudes*. 2nd Expanded Ed. Berkeley: University of California Press, 1982.

Stein, Sabina. "Interreligious Tension in South and Southeast Asia." *CSS Analyses* 148, 2014.

Steinberg, David Joel. *The Philippines: A Singular and a Plural Place*. Second Edition. Revised and Updated. Boulder, San Francisco, & Oxford: Westview Press, 1990.

Steinberg, David Joel. ed. *In Search of Southeast Asia: A Modern History*. Revised Edition. Sydney and Wellington: Allen & Unwin, 1989.

Stuart-Fox, Martin. *Buddhist Kingdom, Marxist State: The Making of Modern Laos*. Bangkok: White Lotus, 1996.

Sukarno. "The Panca Sila [June 1, 1945]." Roger M. Smith. ed. *Southeast Asia: Documents of Political Development and Change*. Ithaca and London: Cornell University Press, 1974.

Sunait Chutintaranond. "Cakravartin: The Ideology of Traditional Warfare in Siam and Burma, 1548-1605." Ph.D. dissertation. Cornell University, 1990.

Swearer, Donald K. *The Buddhist World of Southeast Asia*. Albany: State University of New York Press, 1995.

Tambiah, S. J. *World Conqueror and World Renouncer*. Cambridge: Cambridge University Press, 1977.

Tambiah, S. J. *The Buddhist Saints of the Forest and the Cult of Amulets: A Study in Charisma, Hagiography, Sectarianism, and Millenial Buddhism*. Cambridge: Cambridge University Press, 1984.

Tan, Danielle. "'Small is Beautiful': Lessons from Laos for the Study of Chinese Overseas." *Journal of Current Chinese Affairs* 41(2), 2012.

Tarling, Nicholas. *A Concise History of Southeast Asia*. New York: Frederick A. Praeger, 1966.

Tatlow, Dermot. "China's Shadow: A Growing Presence from Next Door Spurs a Rethink in Yangon." *Asiaweek* May 28, 1999.

Taylor, J. L. *Forest Monks and the Nation-state*. Singapore: ISEAS, 1993.

Taylor, Philip. "The Ethnicity of Efficacy: Vietnamese Goddess Worship and the Encoding of Popular Histories." *Asian Ethnicity* 3(1), 2002.

Terwiel, Barend Jan. *Monks and Magic: An Analysis of Religious Ceremonies in Central Thailand*. 2nd Revised Ed. London: Curzon, 1979.

Terwiel, Barend Jan. *A History of Modern Thailand 1767-1942*. St Lucia: University of Queensland Press, 1983.

Thararat Chareonsonthichai. "Echoes from the Sacred Mounts: The Challenge of Female Tutelary Spirits in Luang Prabang." *Journal of the Siam Society* 105, 2017.

The Associated Press. New York.

The Constitution of the Federation of Malaya [August 31, 1957]. Roger M. Smith. ed. *Southeast Asia: Documents of Political Development and Change*. Ithaca and London: Cornell University Press, 1974.

The Glass Palace Chronicle of the Kings of Burma. Translated by Pe Maung Tin and G. H. Luce. Rangoon: Rangoon University Press, 1960.

The Guardian. London.

The HUGO Pan-Asian SNP Consortium. "Mapping Human Genetic Diversity in Asia." *Science* 326. 11 December, 2009.

The Independent. London.

The International New York Times. Paris.

The New York Times. New York.

The Pāṭimokkha: 227 Fundamental Rules of a Bhikkhu. With Introduction by Phra Sāsana Sobhaṇa (Suvaḍḍhano). Translation of the Pāli by Ñāṇamoli Thera. Bangkok: King Mahā Makuta's Academy, 1969.

The Preamble to the 1945 Constitution [August 18, 1945]. Roger M. Smith. ed. *Southeast Asia: Documents of Political Development and Change*. Ithaca and London: Cornell University Press, 1974.

The Washington Times. Washington.

Time. New York.

Trager, Frank N. and Koenig, William J. *Burmese Sit-Tàns 1764-1826: Records of Rural Life and Administration*. Translated by William J. Koenig. Tucson: The University of Arizona Press, 1979.

Turnbull, C. M. *A History of Singapore 1819-1975*. 4th Imp. Kuala Lumpur: Oxford University Press, 1982.

Umemoto, Diane L. "The World's Most Civilized Chew." *Asia* July/August 1983.

Universellesproject. ed. "Chbab Srey—The Way to be the Perfect Cambodian Woman." https://universelles.net/2017/07/25/(검색일 2018.7.31).

Van Vliet, Jeremias. 1638, "Description of the Kingdom of Siam." Translated by L. F. van Ravenswaay. *Journal of the Siam Society* 7(1), 1910.

Vatikiotis, Michael R. J. "ASEAN 10: The Political and Cultural Dimensions of Southeast Asian Unity." *Southeast Asian Journal of Social Science* 27(1), 1999.

Vincent, Frank. *The Land of the White Elephant: Sights and Scenes in South-Eastern Asia, A Personal Narrative of Travel and Adventure in Farther India Embracing the Countries of Burma, Siam, Cambodia, and Cochin-China (1872-2)*. London: Sampson Low, Marston, Low, & Searle, 1873.

Von der Mehden, Fred R. *Religion and Modernization in Southeast Asia*. New York: Syracuse University Press, 1986.

Walker, Andrew. *The Legend of the Golden Boat: Regulation, Trade and Traders in the Borderlands of Laos, Thailand, China and Burma*. Honolulu: University of Hawai'i Press, 1999.

Wallace, Alfred Russel. 1869. *The Malay Archipelago: The Land of the Orang-utan, and the Bird of Paradise*. Kuala Lumpur: Oxford University Press, 1986.

Wan Mahmood, Suria Saniwa bin. "De-radicalization of Minority Dissent, A Case Study of the Malay-Muslim Movement in Southern Thailand, 1980-1994." Miriam Coronel Ferrer. ed. *Sama-Sama, Facets of Ethnic Relations in South East Asia*. Quezon: Third World Studies Center, University of the Philippines Diliman, 1999.

Wang Gungwu. *China and the Chinese Overseas*. Singapore: Times Academic Press, 1991.

Wang Gungwu. *Community and Nation*. St Leonards: Allen & Unwin, 1992.

Watcharasakwet, Wilawan and Mariyam Ahmad. "No Ties between Thai Deep South Rebels, Islamic State: Study." *Benar News*, November 9, 2017.

Weber, Max. *Wirtschaft und Gesellschaft: Grundriss der verstehenden Soziologie*. Fünfte, Revidierte Auflage. Tübingen: J. C. B. Mohr, 1985.

Wechsler, Maxmillian. "An Eerie Peace in Kelantan." *Bangkok Post*, February 19, 2006.

Weggel, Oscar. "Pesantren – Stätten islamischer Gelehrsamkeit in Indonesien." Maria Haarmann. ed. *Der Islam: Ein Lesebuch*. München: C. H. Beck, 1992.

Wenk, Klaus. "Ein Lehrgedicht für junge Frauen—Suphasit son ying—des Sunthon Phu." *Oriens Extremus* 12, 1965.

Wertheim, W. F. "The Trading Minorities in South-East Asia." Hans-Dieter Evers. ed. *Sociology of South-East Asia: Readings on Social Change and Development*. Kuala Lumpur: Oxford University Press, 1980.

Wheatley, Julian K. "Burmese Writing." Peter T. Daniels and William Bright. eds. *The World's Writing Systems*. Oxford: Oxford University Press, 1996.

White, John. 1824. *A Voyage to Cochin China*. Kuala Lumpur and Singapore: Oxford University Press, 1972.

White, Joyce C. *Ban Chiang: Discovery of a Lost Bronze Age*. Philadelphia: The University Museum, University of Pennsylvania, 1982.

Williams, Lea E. *Southeast Asia: A History*. New York: Oxford University Press, 1976.

Williams, Louise. *Wives, Mistresses and Matriarchs: Asian Women Today*. St Leonards: Allen & Unwin, 1998.

Winzeler, Robert L. *The Peoples of Southeast Asia Today: Ethnography, Ethnology, and Change in a Complex Region*. Lanham: Rowman & Littlefield Publishers, 2011.

Wirawan, A. A. Bagus. "Inter-Ethnic Conflict in Sumbawa." Miriam Coronel Ferrer. ed. *Sama-Sama, Facets of Ethnic Relations in South East Asia*. Quezon: Third World Studies Center, University of the Philippines Diliman, 1999.

Wolters, Oliver William. *History, Culture, and Region in Southeast Asian Perspectives*. Revised Edition. Ithaca: Southeast Asia Program, Cornell University, 1999.

Wyatt, David Kent. *Thailand: A Short History*. New Haven and London: Yale University Press, 1984.

Yen Ching-hwang. *The Ethnic Chinese in East and Southeast Asia: Business, Culture and Politics*. Singapore: Times Academic Press, 2002.

Yoshihara Kunio. *The Rise of Ersatz Capitalism in South-East Asia*. Quezon City: Ateneo de Manila University Press, 1988.

Young, Ernest. 1898. *The Kingdom of the Yellow Robe*. Kuala Lumpur: Oxford University Press, 1982.

Zaide, Sonia M. *The Philippines: A Unique Nation*. 2nd Ed. Quezon City: All-Nations Publishing Co. 1999.

지도 출처, 그림 출처

지도 출처

〈지도 1〉 ©Cho Hungguk 2019

〈지도 2〉 ©Cho Hungguk 2019

〈지도 3〉 ©Cho Hungguk 2019

〈지도 4〉 ©Cho Hungguk 2019

그림 출처

〈그림 1〉 ©Cho Hungguk 2019

〈그림 2〉 ©Cho Hungguk 2011

〈그림 3〉 https://commons.wikimedia.org/wiki/File:IfugaoTerraces,_Philippines.jpg

〈그림 4〉 ©Cho Hungguk 2004

〈그림 5〉 ©Cho Hungguk 2011

〈그림 6〉 ©Cho Hungguk 2003

〈그림 7〉 ©Cho Hungguk 1999

〈그림 8〉 ©Cho Hungguk 2003

〈그림 9〉 ©Cho Hungguk 2011

〈그림 10〉 ©Cho Hungguk 2009

〈그림 11〉 ©Cho Hungguk 2006

〈그림 12〉 ©Cho Hungguk 1999

〈그림 13〉 ©Cho Hungguk 1999

〈그림 14〉 ©Cho Hungguk 2019

〈그림 15〉 ©Cho Hungguk 1997

〈그림 16〉 ©Cho Hungguk 2004

〈그림 17〉 ©Cho Hungguk 2008

〈그림 18〉 ©Cho Hungguk 2003

〈그림 19〉 https://upload.wikimedia.org/wikipedia/commons/c/c2/Vietnamese_old_woman_with_black_teeth.jpg

〈그림 20〉 ©Cho Hungguk 2003

〈그림 21〉 ©Cho Hungguk 1999

〈그림 22〉 ©Cho Hungguk 2005

〈그림 23〉 ©Cho Hungguk 2006

〈그림 24〉 ©Cho Hungguk 2005
〈그림 25〉 ©Cho Hungguk 2007
〈그림 26〉 ©Cho Hungguk 2019
〈그림 27〉 ©Cho Hungguk 1997
〈그림 28〉 ©Cho Hungguk 1997
〈그림 29〉 ©Cho Hungguk 1997
〈그림 30〉 ©Cho Hungguk 2019
〈그림 31〉 Nguyen Khac Can and Nguyen Ngoc Điep. eds. Encyclopedia Hanoivietnam. Hanoi: Nha Xuat Ban Hoa Dan Toc, 2000.
〈그림 32〉 https://commons.wikimedia.org/wiki/File:COLLECTIE_TROPENMUSEUM_Een_dukun_tijdens_de_bereiding_van_zijn_geneesmiddelen_TMnr_60027035.jpg
〈그림 33〉 ©Cho Hungguk 2007
〈그림 34〉 ©Cho Hungguk 2005
〈그림 35〉 ©Cho Hungguk 2009
〈그림 36〉 ©Cho Hungguk 2001
〈그림 37〉 ©Cho Hungguk 1999
〈그림 38〉 https://commons.wikimedia.org/wiki/File:Batak_Pustaha_%3D_Magic_Book,_leaf_73.tif
〈그림 39〉 http://upload.wikimedia.org/wikipedia/en/d/dc/Grantha_Consonants.svg
〈그림 40〉 ©Cho Hungguk 1992
〈그림 41〉 ©Cho Hungguk 1997
〈그림 42〉 ©Cho Hungguk 2019
〈그림 43〉 ©Cho Hungguk 2007
〈그림 44〉 ©Cho Hungguk 2003
〈그림 45〉 ©Cho Hungguk 2009
〈그림 46〉 ©Cho Hungguk 2009
〈그림 47〉 ©Cho Hungguk 2008
〈그림 48〉 ©Cho Hungguk 2007
〈그림 49〉 ©Cho Hungguk 2009
〈그림 50〉 ©Cho Hungguk 2007
〈그림 51〉 ©Cho Hungguk 2008
〈그림 52〉 ©Cho Hungguk 2018
〈그림 53〉 ©Cho Hungguk 2011
〈그림 54〉 ©Cho Hungguk 2010
〈그림 55〉 ©Cho Hungguk 2010
〈그림 56〉 ©Cho Hungguk 2016

〈그림 57〉 ©Cho Hungguk 1999
〈그림 58〉 ©Cho Hungguk 2016
〈그림 59〉 ©Cho Hungguk 2007
〈그림 60〉 ©Cho Hungguk 2011

찾아보기

ㄷ

ㄹ

ㅁ

ㅇ

ㅈ

ㅊ

ㅋ

ㅌ

ㅍ

ㅎ